STEFAN ZWEIG
DER FLIEGENDE SALZBURGER

Mit freundlicher Unterstützung
des Landes Salzburg

www.residenzverlag.at

© 2003 Residenz Verlag, Salzburg–Wien–Frankfurt/Main
Alle Rechte vorbehalten
Druck und Bindung: Ueberreuter Buchproduktion, Korneuburg
Printed in Austria
ISBN 3-7017-1336-7

GERT
KERSCHBAUMER

STEFAN ZWEIG

DER FLIEGENDE
SALZBURGER

Residenz Verlag

INHALT

218 – Zweig & Max Reinhardt / 167
182 – „Genie"
170 – Zweig vs. Begleiteren „große Mücke"!

INHALT

Von jenem Geheimsten meiner geistigen
Lebensentfaltung weiß jenes Buch kein
Wort: darum mußte ich lächeln. Alles ist
wahr darin – nur das Wesenhafte fehlt.
Es beschreibt mich nur, aber es sagt
mich nicht aus. Es spricht bloß von mir,
aber es verrät mich nicht.

Stefan Zweig, *Verwirrung der Gefühle*

Ich hoffe, daß Sie trotz allem Ihr schönes
Salzburg nicht gänzlich aufgeben. Sie
werden nirgends auf der Welt einen Ort
finden, der reicher an gegenwärtiger
und vergangener Schönheit ist. Und Ihr
Bild bleibt mit Salzburg verbunden.

Romain Rolland an Stefan Zweig, 30. 12. 1935

Hauptbahnhof Salzburg, heute mit dem Symbol aus der
k. u. k. Monarchie

(Foto Margit Winkler, Salzburg)

I

Im k. k. Theater

Es gibt Krach im Kronland Salzburg. Das darf freilich nicht passieren, schon gar nicht im heiteren k. k. Theater. Es gedeiht so wunderschön im Operetten-Himmel – *Hoheit tanzt Walzer* und zwar immerfort. Zwischendurch nervt der moralische Überlauf – etwa beim klassischen deutschen Trauerspiel, das sich der Bildungsbürger erwartet und das zum Renommee eines Theaters im Umkreis der mondänen Reichshauptstadt gehört. Die feudalen Provinzpforten werden aber im Nu verrammelt, wenn ein notorischer Bürgerschreck wie Hans Seebach – ein Salzburger Original – mit seinem unsittlichen Lustspiel *Junggeselle* vorspricht. Es wird von der verknöcherten Obrigkeit und ihrer moralinsauren Zensur flugs entsorgt, allerdings im Buchhandel mit einer Schleifenaufschrift beworben:»In Salzburg verboten!«

So fürsorglich sind Sittlichkeit und Geschäftssinn im Bürgertum verwurzelt. Es passiert dennoch und nur dank der sprichwörtlichen Konzilianz der Habsburger Monarchie, dass ein gewagtes Renommierstück in das Salzburger Schmuckkästchen eindringt: die Tragikomödie *Das weite Land* von Arthur Schnitzler. Der Skandal ist allerdings hausgemacht, denn hier rumort das stockkatholische Salzburg, wenn sein Leibblatt, die *Salzburger Chronik*, am 24. Jänner 1913 über die Wiener Juden herzieht, als ob sie vogelfrei wären:»Ach nein, dieser Schnitzlersche Hausherrensohn heißt ja gar nicht Hofreiter, sein Vater hat sicherlich Kohn oder Levi oder Teitelbaum geheißen und die ganze Gesellschaft des *Weiten Land* besteht aus Wiener Salzgries- und Roßau-Juden, denen ihr dichtender Stammesgenosse nur arisch-deutsche Namen gegeben hat, um sie, wenigstens für den ersten Blick der Theaterbesucher, unkenntlich zu machen. [...] Deutsche Direktoren deutscher Bühnen sollten solche den deutschen Namen schändende jüdische Unmoral nicht zur Aufführung annehmen. – dt. [Franz Donat]«

Die getadelten Theaterdirektoren sind weder in Deutschland noch im protestantischen Preußen zu Hause, sondern in der k. u. k. Monarchie. Mit ihrer Konzilianz scheint es nicht weit her zu sein – entgegen der Meinung in der österreichischen Memoirenliteratur, in der seit jeher die Geheimzeichen durcheinander geraten: k. k. und k. u. k., also kaiserlich-königlich und kaiserlich und königlich. Mit dem beleibten Doppelnamen der gleichgeschlechtlichen Staatspartner Österreich und Ungarn lässt sich weder ein Theater noch ein Beamter so prägnant schmücken und adeln und so nachhaltig domestizieren und verhätscheln wie mit den kreischenden Lauten kaka und kaundka. Der eingefleischte Republikaner hat ein geringes Verständnis für den altväterlichen Schlossgeist und respektiert dennoch das ewige Konterfei von Franz Joseph, Kaiser von Österreich und König von Ungarn. Wenn der konziliante Monarch eine einfache Zigarre – die Virginier – raucht, dann tut das ebenso der loyale Bürger, Vater wie Sohn.

Man qualmt also die Kaiserzigarre, gibt sich bescheiden und gutbürgerlich. Doch manch einer träumt davon, einmal im k. k. Hofburgtheater gespielt zu werden. Dort hat am 26. Oktober 1912 ein Drama Weltpremiere:

Das Haus am Meer. Es wird exakt vier Monate später, am 26. Februar, im Salzburger k. k. Theater nachgespielt. Als der schwere Vorhang fällt, huscht der nervöse Dichter auf die grelle Bühnenrampe: »Ich tauche unbesorgt in den Vorhang, hinter dem sich plötzlich das glitzernde Haus auftut. Ich sehe überall Beifall, helle Gesichter, erkenne sogar einzelne, werde achtmal gerufen.« Eine geistige Adelung – so empfindet es der bürgerliche Dichter Stefan Zweig. Er sonnt sich in der theatralischen Prozedur jedoch ausschließlich im kaiserlich-königlichen Haus der Reichshauptstadt, in der Salzburger Provinz glänzt der Debütant durch Abwesenheit.

Der Autor wird die drei Salzburger Theaterkritiken vom 27. Februar lesen, aber nicht einmal ignorieren. Deshalb fehlen leider in seinem Tagebuch die entsprechenden Eintragungen. Die Salzburger Resonanz ist jedenfalls beachtlich. Die rasche Aufnahme seines Werkes erklärt sich wohl aus der am 7. Dezember bestens gelungenen Premiere im königlichen Hoftheater München – eine starke Empfehlung. Das Fräulein Emmy Berndl in der weiblichen Hauptrolle der Münchner Inszenierung ist der willkommene Star im Salzburger k. k. Theater, das sich an der nahen Münchner Theaterwelt orientiert.

Über die Herkunft des fremden Debütanten besteht kein Zweifel: er ist Wiener, noch dazu einer aus der Gruppe *Junges Wien*. Uneinig ist sich die Kritik über seinen Vornamen: Stephan oder Stefan Zweig: »Dieser Name, der Umwelt noch wenig bekannt, bedeutet eine große Persönlichkeit, deren Dichten tiefstes Erleben und Bekennen ist.« So schöngeistig würdigt ihn die *Salzburger Wacht*, das aufmüpfige Parteiorgan der Sozialdemokratie. Spürbar reservierter sind dagegen die bürgerlichen Blätter, die christlichsoziale *Salzburger Chronik* sowie das deutschliberale *Salzburger Volksblatt*. Sie wollen ihren Lesern keinesfalls verschweigen, dass der Dichter Stephan Zweig eine fremde Spezies ist. Es heißt trotzdem wohlwollend: »[...] denn es ist das kraftsprühende Werk eines Dichters, der über die blassen Schattendramen seiner engeren Artgenossen hinausgekommen ist.« Allerdings ein sehr verdächtiges Lob, das Stefan Zweig für sein deutsches Versdrama einheimst: Das Stück wird als die gelungene Überwindung der Décadence à la Hofmannsthal und Schnitzler gedeutet.

Dabei darf man zum Verständnis des Dramas und seiner Kritik eine Tatsache nicht übersehen: die Vorherrschaft des deutschen Herren, seiner Sprache und Literatur im Vielvölkerreich der Habsburger, wie es die beiden k. k. Professoren Ferdinand Kummer und Karl Stejskal mit ihrem *Deutschen Lesebuch für österreichische Gymnasien* so mustergültig vorexerzieren – die Schrifttumspflege der Nationaldichter Goethe, Schiller, Uhland, Geibel und dergleichen, der verbleibende Rest ist Deutsch-Österreich, in Summe eine auf Großdeutschland fixierte Identität. Mit dem Schauspiel *Das Haus am Meer* bedient der studierte Germanist Zweig den großen deutschen Theatermarkt und ein Publikum, bei dem das männliche Geschlecht noch eine tragende und tragische Rolle spielt.

Die Bühnenanweisung lautet: »Das Ganze wirkt durch Alter und Festigkeit sehr deutsch, die Diele und die Gläser blinken reingescheuert in der Sonne.« Der Schauplatz kann schlecht an der italienischen oder dalmatinischen Küste des Vielvölkerreiches sein, das Haus am Meer steht fest verwurzelt in der Nähe einer norddeutschen Hafenstadt. Dort lebt die Lotsenfamilie Krüger, der Oheim, der Neffe Thomas und seine lebensfreudige Frau

Katharina, die ihre dunkle Vergangenheit verheimlicht. Damit sie ans Licht kommt, muss ein Unheil über das friedliebende Haus hereinbrechen: Es ist die fremde ausländische Gewalt, die deutsche Männer einfängt, sie zu Rekruten macht und im Lotsenhaus einquartiert. Am nächsten Morgen sollen die Gefangenen in die Neue Welt verfrachtet werden, um sie auf der Seite der britischen Kolonialherren gegen die abtrünnigen Nordamerikaner in den Kampf zu schicken. Die Geschichte spielt zwar im 18. Jahrhundert, vor dem Ersten Weltkrieg ist jedoch der Kampf um die Meere und Kolonien sehr aktuell. Deshalb schaut das *Salzburger Volksblatt* recht feindselig auf den Weltbeherrscher: »Die Gesalbten des Herrn, die Träger des Gottesgnadentums nahmen damals die Rechte für sich in Anspruch, schamlosen Menschenschacher treiben zu dürfen, ihre männlichen Untertanen als Kanonenfutter in den Krieg zu senden, der England die Herrschaft jenseits des Ozeans erhalten sollte.«

Es ist ein verzwicktes deutsches Feindbild. Die Salzburger Sympathien gehören zur Gänze den deutschen Opfern im Trauerspiel. Im Haus am Meer, auf deutscher Erde, sollen die deutschen Rekruten zum letzten Mal nächtigen, bevor sie eingeschifft werden. Da wird die verdrängte Vergangenheit der Frau von einem Rekruten verraten: Katharina sei eine liederliche Dirne. Ihren biederen Ehemann Thomas ergreift panische Angst. Deswegen will er sich für den denunzierenden Rekruten opfern, der viel lieber in seiner Heimat sesshaft werden würde. Nun erfährt Thomas, dass seine Frau schwanger ist, dass er Vater wird. Thomas hält dennoch Wort und opfert sich für den fremden Mann. Er verlässt seine schwangere Frau, fährt in die Neue Welt – eine Flucht, die zwanzig Jahre dauern wird.

Verbittert vom Los, das er in der Welt der Heimatlosen findet, und in der Hoffnung auf einen Stammhalter
kehrt Thomas in die Alte Welt und in das Haus seiner
Ahnen zurück. Auf der deutschen Heimaterde erwartet
den Heimkehrer kein männlicher Nachwuchs, es ist eine Tochter, so rothaarig, hübsch und missraten wie ihre
Mutter vor zwanzig Jahren. Katharina ist nun eine ver-
lebte Frau mit einem jungen Liebhaber, der eine hässli-
che Beziehung zu seiner Stieftochter hat, zu der Tochter
von Thomas. Abermals schlägt ihn panische Angst vor
der weiblichen Sexualität und Verworfenheit in die
Flucht. Draußen am Meer ankert ein Schiff, das in die
Welt der Heimatlosen segeln wird.

Die folgende Katastrophe erfahren die Zuschauer aus
dem Mund der lasterhaften jungen Frau. Sie schaut hinaus auf das Meer, sieht wie ihr Stiefvater und Liebhaber
den fremden Vater zum rettenden Schiff rudert und wie
die Rivalen beim Zweikampf im dunklen Meer unter-
gehen – eine theatralische deutsche Tragödie. Sie passt in
das Theater, das gelegentlich eine moralische Anstalt sein
will, und dazu gehört die gespielte Entrüstung über die
Unmoral, die das triebhafte und sündige Weib zu ver-
körpern scheint. Deshalb applaudiert – wider alle Vorbehalte – die antisemitische Sittenwächterin, die *Salzburger Chronik*.

Auf unsteten Bahnen

Während der Salzburger Aufführungen ist der flüchtige Wiener Dramatiker am Semmering. Um den mondänen Kurort zu erreichen, benutzt Zweig die k. k. Südbahn. Der schnellste Zug braucht gut zwei Stunden, und seine eiserne Route ist kurvenreich bis zum Scheitelpunkt – ein Erlebnis, das der 31-jährige Junggeselle ganz allein genießen möchte. Derweilen ist seine Liebhaberin, eine verheiratete Frau mit zwei Töchtern, im südlichen Tirol. Die Liebenden schreiben einander täglich, überliefert sind aber bloß die Briefe der Frau und ein paar Eintragungen im lückenhaften Tagebuch des Mannes. Zweig will seinem Publikum partout keinen Blick durch das Schlüsselloch gönnen. Einmal reißt er sogar vier Seiten aus seinem Tagebuch. Neugierige Leser können immerhin so viel erkennen, dass die verheiratete Frau noch im Jahr 1912 die Beziehung anbahnt und dass sich Frau von Winternitz und Herr Dr. Zweig einige Monate schicklich siezen.

Von ihrer Sensibilität und Offenheit ist Zweig angenehm berührt: »Nachmittags bei Frau von Wi. Das nun ein gutes Gespräch mit einer wahrhaft sensiblen Frau, die wohl das Zarteste ist, was man sich erdenken kann aber mit einer Energie der seelischen Aufrichtigkeit, die sie groß macht. Wie sie das sagte, es sei tragisch, die Kinder immer nur von einem Manne zu bekommen – wie kühn wie edel das auszusprechen. [...] Dann Frau von Win. bei mir, die in ihrer stillen scheuen Art mich unendlich anzieht. Sie ist so fest in ihrer Hilflosigkeit, so gütig in ihrer Stille, so weiblich in ihrer Klugheit. Ich wage mich gar nicht erotisch heran: hier wäre nur zu zerstören, nichts zu schenken, als die Illusion einer Stunde und dieser Unterton des Verhaltenseins in unsern Beziehungen ist sehr reizvoll.«

Alsbald duzen einander Friderike und Stefan, auch ganz intim mit Kosenamen. Die gemeinsame Nacht in einem Hotel ist ein Geschenk der Frau zum 31. Geburtstag des Mannes. Er revanchiert sich an ihrem 30. Geburtstag ebenso in einem Hotel und notiert in sein Tagebuch immerhin eine literarisch verschlüsselte Anspielung: »[...] wobei die Karten der Pervers. immer offener ausgebreitet werden. Prachtvoll das Hélène-Fourment-Spiel in der Ofendämmerung.« Der Schlüssel zu dieser Anspielung steckt in den Anmerkungen der publizierten Tagebücher: Stefan Zweig übersetzt ein Buch des Belgiers Émile Verhaeren: *Rubens* (Leipzig 1913). Hélène Fourment, die Nichte und Frau von Peter Paul Rubens, steht ihm häufig Modell, so auch zum lasziven Bild *Das Pelzchen* − es »ist sicher das vollkommene Wunder eines blanken und schauernden Frauenkörpers. Die Peinlichkeit der genau eingehaltenen Naturwahrheit (man sieht sogar oberhalb des Knies die Spuren der Strumpfbänder im Fleische eingedrückt) macht sie allerdings bloß zum Bilde eines Körpers, aber doch wie viel Leben, Licht, kühn gemengte Scham und Schamlosigkeit, Furcht und Freude, Liebe und Hingabe spiegeln sich in diesem jungen und jubelnden Gesichte«.

Während der Abwesenheit von Friderike findet ihr Liebhaber Stefan die Schamlosigkeit bei einer weiblichen Person am Semmering. Von ihr lässt er sich sagen, dass es doch tragisch wäre, wenn der nervenschwache, nervöse und gehetzte Mann von seinem trauten bürgerlichen Heim zu einer fremden Frau flüchten würde. Am

Semmering arbeitet der Dichter an einer Novelle – *Mondscheingasse* vermutlich: Der einsame Ich-Erzähler wandert zielstrebig in ein abseitiges französisches Milieu: »Ich liebe diese Gassen in fremden Städten, diesen schmutzigen Markt aller Leidenschaften ...« Hinter den lockenden Beinen einer Hure lauert ihr abgehalfterter Ehemann, der vor dem Fremden die triste Lebensgeschichte ausbreitet, wie aus einem männlichen Geizhals und Sadisten ein höriges Opfer wird – die Moral der Geschichte: quäle keine Frau, sie zahlt es dir heim, und hüte dich vor der gefährlichen Leidenschaft. An die Moralpredigt hält sich der Dichter keineswegs. Er reist nach seinem Semmering-Erlebnis, von seiner Unrast getrieben, an ein gefährliches Ufer, fern jeder bürgerlichen Sittsamkeit.

Etwa 35 Stunden Fahrzeit sind es vom Wiener Westbahnhof über Innsbruck bis zur Gare de l'Est in Paris (laut Fahrplan der k. k. Staatsbahnen). Am rechten Seine-Ufer entdeckt Stefan Zweig seine Maison, in der er fortan diskret absteigt: *Hôtel Beaujolais* im ruhigen Trakt des *Palais Royal* mit der schönen Aussicht auf die Gärten. Stefan Zweig ist ein junger Mann, seine belgischen wie französischen Freunde sind wesentlich älter: Émile Verhaeren, Romain Rolland und Léon Bazalgette. Die väterlichen Autoritäten und Meister sind anscheinend reine Geistesmenschen, die mit Vorliebe tagsüber parlieren. Einmal ist auch der Dichter Rainer Maria Rilke mit von der Partie. Die fünf Herren nehmen ihren Déjeuner im *Le Bœuf à la Mode*, Rue de Valois. Von hier schickt Stefan eine nette Grußkarte mit lauter männlichen Namen an seine Friderike. Kaum ist die Pariser Dunkelheit angebrochen, wird der Mann schwach: »[...] abends dann mit Marcelle. Entlastung von allem Geistigen in starkem körperlichen Spiel bis zur Ermattung.« Mit einer Frau vom Typ der Hure kann der Mann Sexualpraktiken wie Minette genießen, was mit einer ehrbaren Frau und Mutter unschicklich und abstoßend wäre. Außerdem möchte er sich den Vorzügen der Doppelmoral hingeben: Geist und Körper, Tugend und Laster.

Auf der Retourfahrt nimmt Zweig den flotten Kurswaggon zurück nach Wien. Er unterbricht jedoch seine Bahnreise und ist am Donnerstag, dem 24. April 1913, in der schon vertrauten Mozartstadt, um hier, sicherlich längst angemeldet, seinen Höflichkeitsbesuch bei einem prominenten Wiener Bekannten abzustatten, der seit dem Vorjahr im noblen Schloss Arenberg residiert. Der 50-jährige Hermann Bahr ist ebenso Vaterfigur und Meister, wie aus Zweigs Tagebuch unschwer hervorgeht: »Mittags nach rascher guter Fahrt in Salzburg angelangt, das ich zum ersten Mal nicht in Regen, sondern hell mit frischen Farben, einem ausgespülten klaren Himmel sehe. Ein bisschen Rast im Garten von Mirabell, der schmuck ist, noch mit zu jungem Grün, dann zu Bahr, der weit weg im alten Arenbergschloß eine Etage bewohnt. Ein herrliches weites Zimmer, bei dem die Bücher an den Wänden wirklich nur Rand sind, sie, die bei uns sich in den Raum hineindrängen, ein Tisch, der all dies breit beherrscht und tiefe Fauteuils zur Rast, er selbst darin, grau und hoch, freundlich, etwas weniger wild im Blick und dem eruptiven Wort, hell und bedeutend im Ansehen, breit in den Schritten. Er erzählt mir von seiner Freude diesen Garten zu haben in dieser Stadt der Erinnerungen, wo sein Urgroßvater Büchsenspanner war, [wo er] seine Frau Base als Äbtissin hat, er mit vierzehn Jahren seine Unschuld verlor und er geheiratet hat. [...] Wir verstehen uns sehr gut, es wird 1 Uhr nachts

– ein zehnstündiges Gespräch also – bis ich langsam an die Bahn schlendere und sehr gut heimreise.«

Unerwähnt lässt Zweig seine bevorstehende Laudatio auf den 50-jährigen Dichter, der aus Wien geflüchtet ist und Salzburg zum Alterssitz erwählt hat. Seine feudale Atmosphäre, Behaglichkeit und Ruhe fesseln den Großstädter. Es mag schon eine gewisse Übereinstimmung vorhanden sein, wenn Zweig die Metropole der Habsburger als faule, verwesende Stadt apostrophiert (Tagebuch 3. 5. 1913). Das bedeutet aber nicht, dass er dem Salzburger Hermann Bahr in allem folgt. Der um 19 Jahre ältere Mann macht nach wie vor rabiate Wendungen: einst mit seiner Maturarede ein Revoluzzer, nun mit seiner Wien-Verdrossenheit und abgeklärten Weisheit – zurück in die Kindheit, Natur und Provinz – ein patriotischer Wortführer. Seine späte Heimischwerdung oder Einwurzelung lässt sich heute in der Hermann Bahr-Bibliothek leicht erkunden: *Die Mozartstadt, Einladung nach Salzburg, Das österreichische Wunder, Kriegssegen* und *Schwarzgelb*.

Im knorrigen Dichterwald des Kronlandes Salzburg ist Zweig trotz seines gelungenen Debüts am k. k. Theater noch ein Fremdling. Seine Novellen- und Gedichtbände *Die Liebe der Erika Ewald, Silberne Saiten, Die frühen Kränze, Erstes Erlebnis* et cetera werden von den Salzburger Volks- und Intelligenzbüchereien ignoriert, jedenfalls nicht erworben. Bücher, die sich seit den 20er und 30er Jahren in der Studienbibliothek (heute Universitätsbibliothek) befinden, sind entweder Geschenke Zweigs oder Exemplare aus der Bahr-Bibliothek mit handschriftlichen Widmungen – etwa: »Hermann Bahr / innigen Dank für gastliche Stunden in Salzburg / Stefan Zweig 2. 5. 1913« in *Der verwandelte Komödiant*.

Bahr und Zweig haben ein besonderes Faible für Goethe und Weimar. Zweigs Bücher erscheinen im *Insel Verlag* zu Leipzig, unweit der Goethe-Stadt. Zweig und sein Verleger Anton Kippenberg sind Goethe-Verehrer und Autografensammler. Sie verstehen sich als Goethe-Deutsche – weltseitig, wie Zweig des Öfteren betont. Die universale deutsche Kultur verbindet ihn ebenso mit dem Franzosen Romain Rolland: »Sie [die Musik] hat ihm Deutschland nahegebracht, dann Goethe, den er fast jeden Tag zur Hand nimmt.« Darüber freut sich Zweig, denn er ist seinerseits in der romanischen Welt zu Hause und im Französischen bestens bewandert. Er hat mindestens zwei Zungen, eine nationale, die er im Frieden zügelt, und eine übernationale, die seine Freunde zu schätzen wissen.

Zudem verdankt Rolland seinem um 15 Jahre jüngeren Freund die Bekanntheit in Deutschland und Österreich. Zweig vermittelt ihm zuerst einmal einen deutschen Verlag für den großen Romanzyklus *Jean-Christophe, Johann Christof* auf Deutsch. Alsbald ist der Österreicher nach den hehren Worten von Rolland »mein lieber Botschafter in der ganzen germanischen Welt«. Dazu gehört auch Salzburg, die Mozartstadt, die zu Rollands liebsten Orten in Deutschland zählt, wie er nach seiner Reise anno 1896 bekennt. Für ihn ist Österreich bloß der geschlagene und gefügige Vasall Deutschlands. Dagegen erhebt Zweig keinerlei Einwände. Er gesteht dem Franzosen sogar, dass er sich im literarischen Wien nicht wohl fühle. Herausragen soll nur der gute Riese Hermann Bahr. Wenn Zweig die Metropole der Habsburger als dekadente Stadt abqualifiziert, dann weiß er sich mit Rolland und Bahr einig.

Einen Namen macht sich Zweig als kongenialer Nachdichter von Émile Adolphe GustaveVerhaeren.Der um 26 Jahre ältere Belgier vom Caillou-qui-bique spielt eine gewichtige Rolle im Leben Zweigs. Er ist ein glühender Bewunderer von Verhaeren und äußerst erfolgreich, dessen literarisches Werk auf dem deutschen Markt bekannt zu machen und durchzusetzen.Der Belgier reist allerdings ungern nach Deutschland und mokiert sich einmal über die schlechten Manieren der Deutschen. Das deutet Zweig als wachsende Abneigung gegen alles Deutsche, was gerade ihm als Goethe-Deutschem missfallen muss.

Verhaeren, Rolland, Bahr und Zweig verbindet auch ihr Bekenntnis zu Gegenwart und Zukunft.Daher schätzen sie die Botschaft des amerikanischen Dichters Walt Whitman: Er ist derVerkünder eines neuen, naiv-ungebrochenen Lebensgefühls,einer kameradschaftlichen Liebe und Weltverbrüderung. Die amerikanische Sendung wird in Europa von einem gemeinsamen Freund stimuliert, vom französischen Schriftsteller Léon Bazalgette: *Walt Whitman. L'homme et son œuvre* (Paris 1908). Die erfrischende Bruderschaft vermengt Zweig allerdings mit der modrigen Welt der Väter und Söhne. Zweig, der Großstädter und Ästhet,schlüpft mitVorliebe in die Rolle des devoten Sohnes, der seinen verehrten Meistern Verhaeren,Rolland,Bazalgette und Bahr huldigt – eine Rolle, die insbesondere Bahr, Naturbursch und Bergfex, gerne annimmt. So sind Zweig und Bahr doch ein ungleiches Gespann. Sehr ausgeprägt ist bei Bahr der Glaube an die privilegierte Rolle oder Mission der Provinz- und Mozartstadt, bedingt durch ihre Schönheit, ihre sagenhafte Geschichte und günstige geografische Lage am Rande der Monarchie – ihre Grenzen sind offen.

Rund um den Knoten

Zweig, der Globetrotter – Afrika, Indien, Panama, Kanada, England, Ostende, Paris –, besitzt zu keiner Zeit ein Automobil. Man fährt Eisenbahn, zweite oder erste Klasse, braucht dazu bloß das nötige Geld und Billet, bei Polizeikontrollen die Legitimationskarte oder den Pass. Damit kann Zweig auf der Stahlschiene das zerfahrene Fin de Siècle überwinden. Für die sechsstündige Fahrt von Wien nach Salzburg benutzt er die Kaiserin Elisabeth-Bahn der österreichischen West-Magistrale. Salzburg, die Hauptstadt des gleichnamigen Kronlandes, ist für alle Reisen in den Osten, Westen, Norden und Süden ein bedeutender Knoten. Die noch junge Tauernbahn verbindet das Kronland mit Kärnten und Triest, dem Seehandelsplatz der Monarchie, und sogar mit der Reichshauptstadt Berlin und dem Buchzentrum Leipzig, Sitz des *Insel Verlags*. Die Nordroute der Tauernbahn läuft über Mühldorf am Inn. Der direkte Schnellzug nach Berlin sowie in die Gegenrichtung verkürzt die Fahrzeit um einige Stunden.

Für die anderen Routen in den Norden und Westen, nach Frankreich, Belgien und Holland, ist freilich die bayrische Hauptstadt der zentrale Knoten – mit Salzburg durch die Maximilianbahn verbunden. Eine Schiene führt von der Mozartstadt über die Knoten Bischofshofen und Schwarzach-Sankt Veit – hier mit Südbahn- und Tauernbahn-Anschluss – nach Innsbruck. Um die Fahrzeit zu verkürzen, wählt der Reisende den Schnellzug über Rosenheim in Bayern. Die Monarchie hat das Durchfahrtsrecht. Von Innsbruck geht die Reise in den Süden oder via Arlberg in den Westen, in die Schweiz, und über Basel nach Frankreich, mit einem Kurs- und Schlafwaggon in die Saisonstadt Ostende. Somit ist Salzburg in das internationale Eisenbahnnetz bestens eingebunden.

Der Salzburger Bahnhof ist ein Glanzstück: ein Aufnahmegebäude mit 51 Räumen, Appartements für den kaiserlichen Hof, Wartehallen, österreichische und bayrische Post-, Telegrafen- und Zollbüros, Restaurants und Treppen aus Untersberger Marmor. Mit dem Bau der Tauernbahn und Lokalbahnen bekommt Salzburg einen weitaus größeren, aber weniger feudalen Bahnhof, der überdies verrußt, solange die Lokomotiven mit Torf oder Kohle betrieben werden. Die Dampfloks haben allerdings illustre Namen: sie sind Persönlichkeiten.

Besondere Salzburger Attraktionen sind die Ischler Bahn in das kaiserliche Salzkammergut, die Zahnradbahn auf den Gaisberg und die Drahtseilbahn auf die Festung Hohensalzburg. Die Stadt hat sogar eine eigene Eisenbahn- und Tramway-Gesellschaft. Ihre Linien laufen vom Bahnhof in den Norden, in den Süden zur Gaisbergbahn, und in den Westen zur offenen bayrischen Grenze, von dort nach Berchtesgaden und zum Königssee. Mit der Elektrifizierung der Bahnstrecke Berchtesgaden – Salzburg verkehren sogar Schnellzüge, die auch beim *Café Bazar* halten. Salzburg zieht nach und leistet sich ebenfalls eine elektrische Stadtbahn und geruchlose Tramway. Salzburger, die der guten alten Dampfzeit nachtrauern, können im reizenden Büchlein *Die Dampftramway oder Meine alten Tanten reisen um die Welt* schmökern. Sein Autor heißt Erhard Buschbeck, ein Salzburger Schriftsteller, lange Zeit Dramaturg am Burgtheater, befreundet mit Georg Trakl, Hermann Bahr und Stefan Zweig.

Mit Volldampf entwickelt sich der Fremdenverkehr zu einer Wachstumsbranche. Die Mozartstadt — zirka 36.000 Einwohner, 25 katholische Kirchen, eine evangelische Kirche und eine Synagoge — ist das romantische Reiseziel schlechthin. Vom reich geschmückten kaiserlichen Bahnhof trabt ein nobler Zweispänner die wenigen Meter zum Renommierhotel *de l'Europe*. Hier geben Erzherzog Eugen, Protektor der Mozart-Feste, und der Thronfolger Franz Ferdinand ihre Routs. Hinter dem Parkhotel in der Elisabeth-Vorstadt liegt völlig abgeschirmt ein lärmender Viehmarkt. Von dort werden die brüllenden Rinder zum Bahnhof getrieben. Den Gegenzug nutzen arbeitswillige Mädchen und Burschen aus ländlichen Kreisen von Oberösterreich — eine Zuwanderung, die sich auf die Arbeitervororte verteilt und die Herrschaft der städtischen Honoratioren nicht bedrängen kann.

Die Stadt hat eine bekannte theologische Fakultät und somit eine katholische Intelligenz. Ihre vornehme *Leo-Gesellschaft* schart sich um den prominenten Professor für Moraltheologie Ignaz Seipel, der mit dem Pazifisten Heinrich Lammasch, Professor für Völkerrecht in Wien und Mitglied des Herrenhauses, befreundet ist. Gegen die schmale katholische Respektabilität regt sich der beinharte deutsche Kern von Salzburg. Sein Advokat Julius Sylvester — er hat den Beinamen *Judenfresser* — gilt als der Herr von Salzburg. Trotz des bösen Rufes avanciert der Lokalpolitiker zum Präsidenten des Reichsrates in Wien. Dort gibt man sich besonders moderat und konziliant, hilft sogar den Salzburger Juden bei ihrem Bemühen um eine eigene Kultusgemeinde. Darauf wählen sogar die Juden den Abgeordneten Sylvester, der in Salzburg der bestimmende Hausherr bleibt. An Einfluss verlieren die Altliberalen, die Freidenker wie der Chefredakteur des *Salzburger Volksblattes*, Rudolf Freisauff von Neudegg. Er ist ein ortsbekannter Freimaurer der intimen *Tischgesellschaft Mozart*.

Die Freimaurerei fruchtet aber wenig, denn Salzburg gibt sich ganz deutsch, oder wie die Altliberalen ätzen: deutscher, am deutschesten. Das halten die Nationalen für besonders jung und modern, dynamisch und expansiv – die aggressive Bewegung gegen den verunglimpften altösterreichischen Schlendrian und dekadenten Hochadel – lauter Witz- und Lachfiguren. Lutziwutzi heißt im Volksmund der kaiserliche Bruder, der von Wien in das Salzburger Schloss Kleßheim abgeschoben wird. Erzherzog Ludwig Viktor erweckt den Anschein, altmodisch und vernagelt zu sein. Es sind aber seine nationalen Spötter, die sich aus Intoleranz gegenüber der allzu progressiven Kunst von Georg Trakl völlig abschotten und sich frisch, fromm, fröhlich und frei auf der Heimatscholle tummeln. Da ist auch Carl Hinterhuber ganz in seinem Element. Der Apotheker und Lehrherr von Georg Trakl stillt seinen Durst mit Vorliebe in den gemütsfeuchten Bräustübeln, wo er gegen die Entartung und Verschandelung von Salzburg wettert.

Den deutschnationalen Aufstand tragen die schmissigen Herren in ihren Knopflöchern zur Schau: Ihr Symbol ist die blaue Kornblume, die Lieblingsblume des Fürsten Otto von Bismarck. Auf sein Deutsches Reich, den mächtigen Bruder, ist die bürgerliche Opposition und Subkultur im katholischen und zugleich antiklerikalen Österreich ausgerichtet, leicht durchschaubar in der grenznahen Mozartstadt mit ihrer kunstsinnigen Vereinsmeierei. Sogar eine schmucke Hausfassade am Waagplatz wird symbolisch verunstaltet. Links vom älteren

Bild des Erzherzog Karl prangt die junge Inschrift zu Ehren des deutschen Reichsgründers: »Bismarck, dem Mann von Blut und Eisen. Der Verein der Salzburger Schönerianer«. Es ist die schlagkräftige lokale Fußtruppe, benannt nach Georg Ritter von Schönerer, dem vordersten katholischen Trommler der Heim-ins-Reich-Bewegung.

Vom schlagenden Burschenschaftler bis zum feuerspringenden Turner reicht der Kreis der Sympathisanten im kleinstädtischen Raum. Beim Promenieren grüßt man einander arteigen mit »Heil! – Heil!«. Andächtig verharrt man im Kurgarten vor dem steinernen Ehrenmal des Salzburger Turnvereins: »Jahn. Den Deutschen kann nur durch Deutsche geholfen werden.« Zum bärtigen Turnvater Friedrich Ludwig Jahn fleht man um Hilfe. Das Völker- und Rassengemisch wäre Österreichs Unheil. Man kämpft verbissen um die Rassenreinheit und den Nachruhm in der Walhalla und verschafft sich irdische Vorfreude durch das Vereinsstatut mit dem Arier-Paragraphen, der alle dunklen Fremdlinge als minderwertig punziert und sie so von der sprichwörtlichen österreichischen Geselligkeit ausgrenzt.

Das deutsche Salzburg kennt seine wenigen Fremdlinge an ihren Namen. Die 45 jüdischen Familien sind aber geschützt durch die junge israelitische Kultusgemeinde und ihren ehrwürdigen Rabbiner Adolf (Abraham) Altmann. Ihm allein öffnet sich die Honoratioren-Gesellschaft. Der Rabbiner ist sogar ein anerkanntes Mitglied der *Gesellschaft für Salzburger Landeskunde*. Ihre Mitteilungen illustrieren die Rangfolge der Prominenz im sozial zerklüfteten Kronland: Seine k. u. k. Hoheit Erzherzog Eugen, Erzbischof Johannes Katschthaler, Präsident des Reichsrates Julius Sylvester, Landespräsident Levin Graf Schaffgotsch, Landeshauptmann Prälat Alois Winkler, Bürgermeister Max Ott und Gemeinderat Otto Troyer.

Es ist aufschlussreich zu beobachten, wie sich die hierarchische Ordnungsmacht in einem leidigen Streitfall verhält. Der jüdische Kantor Hermann Kohn möchte gerne ein kleines Restaurant eröffnen, das koschere Kost anbietet. Dies begründet Kohn mit dem religiösen Bedürfnis der 45 Familien und der vielen jüdisch-orthodoxen Gäste in der Saisonstadt Salzburg. Das würde auch den Fremdenverkehr ankurbeln, gibt der Jude arglos zu bedenken. Sein höfliches Gesuch beunruhigt allerdings die judenfeindlichen Gemeinderäte, die sich um das deutsche Antlitz der Mozartstadt sorgen. Es gäbe genug Wirtshäuser und Schnapsbuden, heißt es im negativen Bescheid. Das jüdische Speisehaus muss dennoch bewilligt werden – dank der Hochbürokratie im Kronland und in der Kaiserstadt.

Gegen den riesigen Schmelztiegel, den Prunk und Reichtum der Metropole, die von lauter artfremden Juden beherrscht wäre, richtet sich der altdeutsche Ingrimm und Dünkel der kleinen Provinz.

Brennendes Geheimnis

Wien VIII, Kochgasse 8 lautet die Adresse des Junggesellen Stefan Zweig. Er hat einen Diener: »Eintritt des
Dieners. Endlich wieder Ordnung in meiner Wirrnis.«
(Tagebuch 1. 10. 1912) Das Leben des Herrn kann der
Diener Josef allerdings nicht in Ordnung bringen, es ist
und bleibt verworren. Seine Tagebücher und Novellen
erlauben doch gewisse Rückschlüsse auf sein Liebes-
leben.

In der Bahr-Bibliothek steht ein Exemplar des Sam-
melbandes *Erstes Erlebnis* mit der Widmung: »Hermann
Bahr in innigster Verehrung – Stefan Zweig«. Über sein
Thema weiß der Ältere ganz gut Bescheid. Eros und
Moral, dazwischen ist eine Kluft: Begierden auf der
einen Seite, Abwehr und Enthaltsamkeit auf der anderen.
Davon ist auch die Beziehung zu Friderike von Winter-
nitz, Mutter zweier Kinder, berührt, wie aus den Tage-
büchern hervorgeht. Am 1. Mai 1913 notiert Zweig:
»Besuch Fri's. Sie ist lieb und zart. Ich wünschte mir das
Sinnliche aus ihr fort. Es stört, gerade bei ihr mir das
reine Empfinden ihrer wunderbaren Welt. Sie verbringt
hier die Semmeringnacht: ich bin sehr froh an ihr und
werde wieder selber klar.« – Die Semmeringnacht?
Spricht Zweig einfach von einer Übernachtung am
Semmering oder gebraucht er diesen Begriff als Code-
Wort?

Seine Tagebücher, Briefe und Novellen haben ihre
Geheimnisse. Nicht von ungefähr heißt eine Novelle, die
in der exzentrischen Welt des Höhenkurorts spielt, *Brennendes Geheimnis* – »Mais tais-toi donc, Edgar!« Edgar ist
ein pubertierender Knabe, der unter der Liebelei seiner

erotischen Mutter leidet und alsbald den verhassten Verführer attackiert. Der forsche Baron hätte das finstere Tunnelerlebnis nicht gescheut, muss sich nun aber mit der Eroberung der Landschaft begnügen. Der eifersüchtige Knabe flüchtet in das Elternhaus und wird dort für sein Schweigen gegenüber dem Vater mit der ersehnten Mutterliebe belohnt. Nun gehört die Frau allein ihrem Sohn: »Er fühlte die Küsse und fühlte die Tränen, sanft die Liebkosung erwidernd, und nahm es nur als Versöhnung, als Dankbarkeit für sein Schweigen. Erst später, viele Jahre später, erkannte er in diesen Tränen ein Gelöbnis der alternden Frau, daß sie von nun ab nur ihm, nur ihrem Kinde gehören wollte, eine Absage an das Abenteuer, ein Abschied von allen eigenen Begehrlichkeiten.«

Es ist freilich ein Denkspiel: Der pubertierende Knabe und der reife Baron haben das gleiche Verlangen: sie begehren die Mutter und Frau – ein Tabubruch, den der Autor Zweig auf zwei Figuren verteilt. Andernfalls, mit einer Figur, dem Sohn, wäre die Geschichte ein Skandal, der auf das Elternhaus des Autors ausstrahlen würde. So bleibt sein gewagter Tabubruch nur eine Andeutung. Seine fiktive Figur, der Sohn, kann mit seinem Schweigen immerhin der Frau die Zuneigung abnötigen, sie ganz in Besitz nehmen und den bösen Vater verdrängen – ein Wunschdenken des Autors? Er begehrt sowohl eine sinnliche Frau wie jene Zufallsbekanntschaft am Semmering als auch eine reine Frau wie die Mutter Friderike von Winternitz.

Eine Suite im *Grandhotel Panhans* wird Zweig nicht im Sinn haben, wenn er schreibt, dass Friderike hier die Semmeringnacht verbringt. Das ist nur ein Ausdruck für das Problem, das der schwache oder neurotische Mann mit der sinnlichen Frau und Mutter hat. Hält der Mann an seinem Verhältnis fest, dann verläuft seine Lebensbahn doppelgleisig: neben dem festen moralischen Halt wechselnde Abenteuer und Amouren. Zweig liest gerade Friderikes unveröffentlichten Roman *Ruf der Heimat*, »in dem ich mich selbst erkennen muß, wie beschämt aber, so verschönt zu sein.« In der Figur eines Edelmannes glaubt Zweig sich zu erkennen. Er will den gesellschaftlichen Rahmen ihrer Beziehung verändern, die in den besseren Kreisen als unschicklich gilt.

Das Dreiecksverhältnis schadet jedenfalls dem Ruf der verheirateten Frau, deren Ehe in einer kritischen Phase steckt. Ihr Mann Felix von Winternitz ist ziemlich gleichgültig und daher mit der Trennung einverstanden, nur die Töchter Alice Elisabeth (Alix oder Lix) und Susanne (Suse) sowie deren Großvater müssen geschont werden. Jakob von Winternitz hat seine Enkelkinder sehr lieb und schätzt auch die Schwiegertochter. Die Eltern von Stefan, Ida und Moritz Zweig, sollen weder vom Verhältnis ihres Sohnes noch von der Scheidung etwas erfahren. Die Prozedur muss also diskret ablaufen, am besten außerhalb von Wien, im Bezirksgericht Baden. Die Last hat allein Friderike mit ihren Töchtern zu tragen, denn einige Wochen vor dem Scheidungstermin, dem drohenden Ungemach, flüchtet ihr Stefan in sein Pariser *Hôtel Beaujolais*, wo ihn Marcelle, seine Gespielin, erwartet: »Sie ist prachtvoll in ihrer Offenheit und wir verbringen eine stürmische und heiße Nacht.«

Im fernen Wien ist Friderike über das frivole Pariser Leben des Junggesellen informiert, sie verzeiht und schickt ihm Liebesgrüße: »Ich bin immer Dein Lamm, das mit Dir froh sein will. Hab' auch keine Sorge, daß Du mich in Kämpfen zurückläßt. [...] Ich will, daß Du niemals eine Mahnung spürst. Bleib nur frei und kühl, wie Du Dir zu sein dünkst. Ich glaube an Dich – aber ich will nichts von Dir. Ich habe mich jetzt frei gemacht, weil ich reiner vor Dir und vor mir selbst sein will und weil es ein Wunsch von Dir war. Es war der erste, den Du geäußert hast, und ich wartete schon lange auf einen. Aber denke nicht, daß es nicht in der Entwicklung der Dinge stand. Du hast mir nur den Kampf und den Entschluß erleichtert. Dafür danke ich Dir, was immer auch kommen mag. Lebwohl Brüderchen und bleib gut Deinem Lamm.«

Im Frühling 1914 ist es geschafft, ihre Ehe wird geschieden. So steigt sie allein in den Fernzug nach Paris, wo sie ihrem Brüderchen das Osterlamm überreicht und dabei ihr Versprechen hält, das *Hôtel Beaujolais* zu meiden. Zweig begründet sein Dreiecksverhältnis weder im Tagebuch noch im Briefwechsel, er will wohl einfach sein amphibisches Wesen ausleben. Es schwimmt gelegentlich im fließenden dunklen Gewässer, braucht aber den festen Grund und Halt der guten Gesellschaft, der Frau von Winternitz – »sie hat die Macht der Beruhigung über mich« (Tagebuch 4. 8. 1914).

Falls von einer Heirat die Rede ist, stößt das Paar unweigerlich auf einen Paragraphen im *Allgemeinen Bürgerlichen Gesetzbuch*: »§ 62. Ein Mann darf nur mit einem Weibe, und ein Weib darf nur mit einem Manne zu gleicher Zeit vermählet sein. Wer schon verehelichet war und sich wieder verehelichen will, muß die erfolgte Trennung, das ist die gänzliche Auflösung des Ehebandes, rechtmäßig beweisen.«

Die katholische Ehe von Friderike und Felix von Winternitz wird offensichtlich nur zivilrechtlich geschieden oder für nichtig erklärt und ist daher nach dem katholischen Recht weiterhin gültig. Die Monarchie kennt zwar die Notzivilehe und die Dispensation von Ehehindernissen, sie wird aber keinesfalls der katholischen Kirche in die Quere kommen und Bigamie legalisieren wollen. Es wird schon Gründe haben, wenn die Liebenden es vorziehen, eine wilde Ehe zu führen – immerhin sehr unschicklich. Daher muss wenigstens der Schein gewahrt werden: Friderike, Lix und Suse wohnen in der Nähe von Wien, in Baden, und Stefan pendelt zwischen Wien und der reizenden Kurstadt.

Im fliegenden Zug

Entlang den österreichischen Bahnen sollten eigentlich lauter glückliche Friedenskinder aufwachsen. Es ist doch viel Zeit verronnen seit dem letzten verlorenen Krieg anno 1866. Die siegreichen Preußen gründen allerdings ihr Deutsches Reich – ohne Österreich freilich. Dieser Ausschluss frustriert so manche Herrschaften, die viel lieber im kraftstrotzenden deutschen Kaiserreich marschieren als im dahinsiechenden Vielvölkerreich flanieren möchten. Die beiden Reiche sind zwar durch ein Militärbündnis gegen den äußeren Feind miteinander verschweißt, im geschützten Haus wird aber flott darum gestritten, wer die bessere Kultur hat: Protestanten oder Katholiken, Modernisten oder Traditionalisten, Deutschnationale oder Christlichsoziale, Waffennarren oder Friedensapostel, Tugendbolde oder Finsterlinge – ein Kampf der Kulturen!

Die Fronten sind reichlich verworren und die Köpfe verbohrt. Das bewirkt vor allem das Kulturkampfzeug der Dichter und Denker – »Gegen Rom und Juda!« Im historischen Monsterroman *Der Kampf um Rom* lässt Professor Felix Dahn seinen nordgermanischen Haustross gegen Süden donnern (29 Auflagen bis zum Jahr 1917). Ebenso hart umkämpft ist das römische Salzburg, einst Juvavum. Im Roman *Felicitas* fabuliert der Dichter von den raffenden Römern und Juden, die das schaffende Völkchen von Juvavum unterjochen und ausrauben. Es kann freilich nur von den edlen Germanen befreit werden. Der Schundroman aus dem Jahr 1882 strotzt vor Karikaturen und Klischees (in mehreren Auflagen vor dem Weltkrieg).

Nebenher werden die Pseudogermanen auf den stählernen Kampf gegen die alten Traditionsmächte getrimmt. »Die Waffen hoch!«, provoziert Felix Dahn, als die Österreicherin Bertha von Suttner mit ihrem Friedenswerk *Die Waffen nieder!* international Furore macht. Vergöttert wird der Kriegskünder Dahn, als er im reichsdeutschen Schnellzug in das Kronland Salzburg einfährt. Dem gemeinen Fußvolk spendiert der Professor einen festlichen Prolog für ein inszeniertes Germanengetümmel in Bärenfellen. So sind die Salzburger Bürger artgemäß kostümiert, um ihre urgermanische Abstammung zur Schau zu tragen (Morzg bei Salzburg 1910). Bei diesem Theater spielt der schnarchende Kaiser Karl im Untersberg eine sagenhafte Rolle. Ist das Chaos perfekt, dann wird der Reichsgründer aus dem Sagenberg preschen, um die letzte Schlacht gegen die dunklen Mächte zu schlagen und das dritte Reich einzuläuten. Das dicke Ende muss Felix Dahn zu seinem Glück nicht miterleben – er stirbt rechtzeitig.

So kriegsbegeistert wie Dahn und seine Germanen sind beileibe nicht alle Salzburger. Robert Preußler, der Glasbläser und Arbeiterdichter, sozialdemokratische Politiker und Redakteur der *Salzburger Wacht*, serviert seinen Arbeitern gerne Goethe. Sein Völkerfrieden scheint aber selbst der Monarchie nicht geheuer zu sein, da die *Salzburger Wacht* laufend beschlagnahmt wird – zum letzten Mal vor dem Krieg am 25. Juli 1914. Da haben Preußler, Zweig und Winternitz noch keinen Kontakt zueinander. Als in Sarajewo der österreichische Thronfolger und seine Gemahlin erschossen werden, sind Winternitz und Zweig in Baden bei Wien.

Das Attentat scheint den Dichter nicht sonderlich zu erschüttern, denn er reist, wie mit Émile Verhaeren ausgemacht, nach Belgien. Zweig genießt einige Tage im feinen Seebad Le Coq, während sich die politische Lage dramatisch zuspitzt: zuerst das Ultimatum und die Kriegserklärung an Serbien, bald der drohende deutsche Überfall auf das neutrale Belgien. Das kann und will der österreichische Kurgast einfach nicht glauben! Als der politische Zank aber die noble Atmosphäre des Seebades vergiftet, stürmen die aufgeschreckten Fremden nach Ostende, um den letzten Expresszug vor Kriegsbeginn zu erwischen. Die Österreicher meiden die Route durch das Feindland Frankreich. Zweig flüchtet »im fliegenden Zug« nach Deutschland: »[...] da überkommt einen wieder freudig – wie so oft – die Ahnung deutscher Kraft«, schreibt er in seinem ersten Kriegsfeuilleton *Heimfahrt nach Österreich*.

Zweig ist nun wieder in Wien oder in Baden. Er notiert – unmittelbar nach dem deutschen Einmarsch in Belgien – am 5. August im Tagebuch: »Meine Angst um Deutschland ist namenlos – Österreich, unser Vermögen, meine Gefahr ist mir nicht halb so viel.« Am 7. August bemerkt Zweig, nun hocherfreut: »Gute Nachrichten. Lüttich zuerst vergeblich, dann erfolgreich von den Deutschen gestürmt – eine Heldentat.« Am 25. August ist Zweig am Stimmungsgipfel: »Die deutschen Siege sind herrlich: wie der Fächer der Armeen sich jetzt aufrollt gegen den Griff, gegen Paris zu.« Allein auf das siegestrunkene Deutschland ist sein Hurrapatriotismus fixiert. Der wird zur Massenhysterie und verwirrt sogar die Sozialdemokratie – trotz ihres friedfertigen Goethe –, die am Ende doch mehr deutsch als universal ist.

Solange Zweig auf seinem Schreibtisch – quasi Aug in Aug mit Goethe – bloß Tagebuch schreibt, werden dicke Freundschaften schwerlich in die Brüche gehen. Doch bald, am 19. September 1914, erscheint sein offener Berliner Brief *An die Freunde in Fremdland*, in dem er seine chers amis verleugnen möchte: »Und ich bin nur dann ganz wahr, wenn ich euch einzelne verleugne: der geringste plattdeutsche Bauer, der kaum ein Wort meiner Sprache versteht und sicherlich kein Wort meines Herzens, steht mir näher in diesen Stunden als ihr, ihr Lieben ...« – »Ich bin unserem Europa treuer als Sie, lieber Stefan Zweig, und ich verleugne keinen meiner Freunde«, erwidert Romain Rolland aus Genf.

Zweig braucht geraume Zeit, bis er für den neutralen Europakurs empfänglich ist. Noch am 1. Dezember ist der Goethe-Deutsche auf den Kulturhochstand der Reichshauptstadt Berlin fixiert. Dort publiziert er sein Bekenntnis zum deutschen Dichtertum: denn »wir haben in der deutschen Sprache einzig unsere geistige Heimat«, wobei Zweig im Feuilletontitel seine österreichische Herkunft in Gänsefüßchen setzt – *Vom »österreichischen« Dichter.*

Es ist bestimmt nicht der Monarch, der den kriegsuntauglichen Zweig dazu animiert, sich freiwillig zum
Militärdienst zu verpflichten – »Jedenfalls ist der Wunsch
meiner Mama erfüllt«, vertraut der Sohn seinem Tagebuch an. Am 1. Dezember, am Tag des Berliner Be-
kenntnisses, steckt der 33-jährige erstmals in der österreichischen Uniform: »[...] ein seltsames Gefühl trotz
alledem! Man kommt sich ein wenig lächerlich vor mit
dem Säbel, wenn man nicht dreinhauen soll.« Zweig
braucht lediglich die Feder zu zücken, denn er dient im
k. u. k. Kriegsarchiv, in der erlesenen Dichtermannschaft
des Offiziers Franz Karl Ginzkey, bei dem man das
Handwerk rasch erlernt, wie selbst ungustiöse Kriegslei-
chen zu stubenreinen Helden herausgeputzt werden.
Für die nützliche Schreibarbeit im Zimmer 535 wird
Zweig bald zum Titularfeldwebel befördert – »ich spür's
als Ironie«.

Am 27. Dezember 1914 notiert er in sein Tagebuch:
»In einer Zeitung das herrliche Wort Goethes zu Eckermann am 14. März 1830 gelesen und sofort nachge-
schlagen: es macht mich leicht. Jede Zeile darin war Ent-
spannung, Bestätigung meines dunkelsten Empfindens,
das vom unkriegerischen und kriegerischen Menschen
sagt meine tiefste Seele. Ich will es mir über den Schreibtisch nageln, um nicht wankelmütig zu werden gegen
meine eigenen Überzeugungen.«

Goethe sagt am 14. März 1830 im Gespräch mit
Eckermann: »[...] Ich weiß recht gut, ich bin vielen ein
Dorn im Auge, sie wären mich alle sehr gern los; und da
man nun an meinem Talent nicht rühren kann, so will
man an meinen Charakter. Bald soll ich stolz sein, bald
egoistisch, bald voller Neid gegen junge Talente, bald in
Sinnenlust versunken, bald ohne Christentum, und nun

endlich gar ohne Liebe zu meinem Vaterlande und meinen lieben Deutschen. [...] Nein, ein Begabter und ein Talent verfolgt das andere. Platen ärgert Heine, und Heine Platen, und jeder sucht den andern schlecht und verhaßt zu machen, da doch zu einem friedlichen Hinleben und Hinwirken die Welt groß und weit genug ist, und jeder schon an seinem eigenen Talent einen Feind hat, der ihm hinlänglich zu schaffen macht! Kriegslieder schreiben und im Zimmer sitzen – das wäre meine Art gewesen! [...] Bei mir aber, der ich keine kriegerische Natur bin und keinen kriegerischen Sinn habe, würden Kriegslieder eine Maske gewesen sein, die mir sehr schlecht zu Gesicht gestanden hätte. Ich habe in meiner Poesie nie affektiert. Was ich nicht lebte und was mir nicht auf die Nägel brannte und zu schaffen machte, habe ich auch nicht gedichtet und ausgesprochen. Wie hätte ich nun Lieder des Hasses schreiben können ohne Haß! [...]«

Mittlerweile nagt der Zweifel des uniformierten Österreichers am eigenen Deutschsein. Zweig räsoniert über die deutsche Kaiservergötterung und mangelhafte Demokratie und blickt dabei neidvoll auf Frankreich und England. Im Februar 1915, nach einem Besuch des deutschen Verlegers Anton Kippenberg in Wien, relativiert Zweig sein Deutschsein auf ironische Weise: »Mir ist es eine angenehme Enttäuschung, zu sehn, daß die Deutschen nicht alle so auf den Heldentod erpicht sind, wie es von Ferne den Anschein hat [...].« Allmählich sieht er sich in einer doppelten Opferrolle, in die er als Jude und als Deutscher gedrängt würde. Gegenüber Romain Rolland behauptet Zweig im März 1915: »Das Schicksal, persönlich für eine Rasse gehaßt zu werden, hat mich mein jüdisches Blut seit Jahren lächelnd ertragen gelehrt, ich werde es nun auch mit dem andern Sinn meines Wesens, als Deutscher, geruhig tragen.«

Zwischen dem Heute und Gestern

Erhellend ist in diesem Zusammenhang auch die Gegenüberstellung von Passagen aus den Tagebüchern mit den Memoiren *Die Welt von Gestern*, die bekanntlich im Exil erscheinen (Erstausgabe, Stockholm 1942), freilich nicht im *Insel Verlag* des Goethe-Deutschen Anton Kippenberg, dessen Freundschaft Zweig jedoch nicht verleugnen will. Das Goethe-Bild bleibt ebenfalls unverrückt, der Genius aus Weimar als Inbegriff »unserer Kultur« – wohl der universalen deutschen Kultur, allerdings in der Welt der Vergangenheit.

Die Generation der Goethe-Deutschen ist durch den Rassismus längst entzweit. Die Gemeinsamkeit verflüchtigt sich, schwirrt aber noch einmal durchs Gedächtnis. Es ist ein wehmütiges und desillusioniertes Erinnern, das mit dem Ausbruch des Zweiten Weltkrieges schließt. Da ist Stefan Zweig gerade im englischen Exil und staatenlos. Er beklagt den Verlust Österreichs und die absurde Situation, dass »wir Österreicher« in England den feindlichen Ausländern, den Deutschen und Nazis, zugezählt werden.

Die Absurdität kommt aber erst zum Vorschein, wenn Zweig in seiner *Welt von Gestern* sagt, dass die Juden, die aus Deutschland oder aus der deutschen Kulturgemeinschaft verstoßen werden, in England als feindliche Deutsche gelten: »Denn war eine absurdere Situation einem Menschen zu erdenken, der längst ausgestoßen war aus einem Deutschland, das ihn um seiner Rasse und Denkart willen als widerdeutsch gebrandmarkt, als nun in einem anderen Land auf Grund eines bürokratischen Dekrets einer Gemeinschaft zugezwungen zu werden, der er als Österreicher doch niemals zugehört?«

Aus der verzwickten Situation flüchtet Zweig – im fliegenden Zug der Erinnerung – in das beseelte Panoptikum Österreich-Ungarn. Dort sucht er auch die Schuldigen an der aktuellen Misere, wobei er auf das traditionelle Feindbild der Monarchisten zurückgreift: »Aber schon tauchte eine dritte Blume auf, die blaue Kornblume, Bismarcks Lieblingsblume und Wahrzeichen der deutschnationalen Partei, die – man verstand es nur damals nicht – eine bewußt revolutionäre war, die mit brutaler Stoßkraft auf die Zerstörung der österreichischen Monarchie zugunsten eines – Hitler vorgeträumten – Großdeutschlands unter preußischer und protestantischer Führung hinarbeitete.«

Das ist freilich eine rückdatierte Prophezeiung, denn Entsprechungen gibt es nirgendwo in der Korrespondenz und in den Feuilletons aus dem Ersten Weltkrieg – ganz im Gegenteil: Zweig verbietet sich den Deutschenhass, selbst dann, wenn er mit den deutschen Kriegsgräueln im neutralen Belgien konfrontiert wird. 1914 ist die deutsche Kraft noch ein Faszinosum, im Erinnerungsbuch ist die Geschichte schon umgeschrieben. Zweig will bereits im August 1914 die dräuende Katastrophe gesehen haben, als deutsche Vernichtungsmaschinen gegen Belgien rollen – »Schaudernd stieg ich wieder in den Zug und fuhr weiter, nach Österreich zurück. Jetzt gab es keinen Zweifel mehr: ich fuhr in den Krieg.«

Im Ersten Weltkrieg wird auch das Haus von Émile Verhaeren verwüstet. Es sollte einen Freund nicht verwundern, wenn der Belgier zum Deutschenhasser wird. Für Zweig ist es aber eine entsetzliche Botschaft, als sich Verhaeren über die Zerstörung seiner Heimat empört. Sein Gedicht *Das blutende Belgien* sei so ziemlich das Dümmste und Infamste, was man sich denken könne, bemerkt Zweig im Tagebuch. Er verabscheut zwar die Pressekampagne gegen Verhaeren, kann sich aber lange nicht zu einer Solidaritätsadresse oder Versöhnungsgeste aufraffen. Erst im Frühjahr 1916 setzt Zweig mit seinem Genfer Feuilleton *La Tour de Babel* ein Friedenszeichen, das Émile Verhaeren dazu bewegt, die gebrochene Freundschaft zu kitten: liebe Grüße mit dem Ausdruck der Bewunderung für das Feuilleton.

Der böse Zufall will es, dass Verhaeren in seinem französischen Domizil Rouen, wo ihn Zweig einmal besucht, von einem Zug überfahren und getötet wird: am 28. November 1916, am 35. Geburtstag von Zweig. Er kondoliert der Witwe und schreibt seine *Erinnerungen an Émile Verhaeren* (100 Exemplare für Freunde, Privatdruck, Wien 1917). Auch in seiner *Welt von Gestern* stehen nur schöne Worte über Verhaeren, die auf ihren Autor genauso zutreffen: »[...] und er begeisterte sich an seiner eigenen Begeisterung, er begeisterte sich wissentlich, um sich in dieser Leidenschaft stärker zu spüren.« Der leidenschaftliche Deutschenhass von Verhaeren bleibt unerwähnt.

Auf einem anderen Blatt im Erinnerungsbuch wird der verabscheute Feindeshass durchaus hervorgekehrt. Er zielt allerdings in die Gegenrichtung: *Hassgesang gegen*

England. Der giftspeiende Dichter des Ersten Weltkrieges heißt Ernst Lissauer – der erschütterndste Fall laut Zweig, denn Lissauer wäre der preußisch-assimilierteste Jude und überdies ein Protestant, wie Zweig betont. Seine Abscheu vor Lissauer gipfelt in einem Urteil, das er in Klammer stellt: »(dieser feiste, verblendete kleine Jude Lissauer nahm das Beispiel Hitlers voraus)« – eine monströse Anschuldigung, für die es in der Beziehungsgeschichte keinen handfesten Grund gibt. Die beiden sind doch gut befreundet, weder im Ersten Weltkrieg noch in der Zwischenkriegszeit verliert Zweig ein schlechtes Wort über den Freund. Lissauer erlaubt sich lediglich, Frau von Winternitz den Hof zu machen, was freilich belächelt wird. Wenn Lissauer seine verständnisvollen Freunde in Salzburg beehrt, dann herrscht eitel Wonne. »Ich habe ihn eigentlich sehr gern«, bemerkt Zweig im Tagebuch.

So gesehen ist es unbegreiflich, wenn Zweig den Freund nachträglich zum Nazi-Juden macht. Mit dem Schreckgespenst möchte Zweig wohl sein eigenes Identitätsproblem verscheuchen. Zweig muss erst böse Erfahrungen machen, ehe er sich genötigt sieht, den jüdischen wie österreichischen Traum vom deutschen Wesen auszuträumen. Dazu drängt ihn ein teurer Freund und schlimmer Quälgeist: Er ist Altösterreicher, Monarchist und prominenter Dichter und dennoch ein Luftmensch in der *Welt von Gestern*: Joseph Roth.

Unter den Propheten

Vor dem unvermeidlichen Tod des greisen Monarchen Franz Joseph soll der Thronwechsel juristisch ausgetüftelt werden. Dazu braucht Seine k. u. k. Hoheit Erzherzog Franz Ferdinand einen beschlagenen Juristen, der ein feines Mitglied des Wiener Herrenhauses zu sein hat. Merkwürdig ist, dass der erwählte Professor Heinrich Lammasch als Pazifist bekannt und damit der gesellschaftlichen Ächtung ausgesetzt ist. Das widerfährt der berühmten Bertha von Suttner ebenso wie dem Wissenschaftler Lammasch, der nach der Jahrhundertwende an den Friedens- und Abrüstungskonferenzen in Den Haag teilnimmt und sogar den Vorsitz am Schiedsgerichtshof innehat. Das Haus Habsburg gibt sich besonders konziliant, wenn der namhafte Pazifist zum Berater des herrischen Thronfolgers berufen wird. Von dessen Charakter ist Lammasch freilich wenig angetan, er registriert bei ihm einen misslichen Ton: »Es muß alles bumsbums gehen.« Am 28. Juni 1914 wird der Thronfolger ermordet.

Lammasch, Professor für Straf- und Völkerrecht in Wien, entscheidet sich, vorzeitig in den Ruhestand zu treten, nicht zuletzt wegen der Anfeindungen von seiten der Kriegstreiber. Er möchte sich gerne im katholischen Kreis des Moraltheologen Ignaz Seipel einigeln. Im Salzburger Adressenbuch von 1914 ist vermerkt: Dr. Heinrich Lammasch, k. k. Hofrat und Universitätsprofessor i. R., Franz Joseph-Straße 21.

Trotz des Bedürfnisses nach der heiligen Ruhe bleibt Lammasch erklärter Gegner des Bündnisses mit dem militanten Deutschen Reich. In seinem Wettrüsten und

Imperialismus sieht Lammasch eine Gefahr für den Frieden und die Existenz von Österreich-Ungarn. Als das Kriegsgetümmel losbricht, prophezeit Lammasch den fürchterlichen Kladderadatsch. Das will er aber durch seine internationalen Kontakte und sein öffentliches Auftreten verhindern oder zumindest abfedern: *Gegen den Völkerhaß* heißt der Essay, den Lammasch in der Wiener Zeitschrift *Para Pacem* publiziert. Doch damit kann er sich schwerlich gegen die eiserne Phalanx des Siegfriedens im eigenen Land behaupten. Er braucht also Verbündete. Im August 1915 ist der Pädagoge Friedrich Wilhelm Förster, ein friedliebender Deutscher, bei Lammasch zu Besuch.

Wie es der Zufall will, ist Friderike von Winternitz zu der Zeit in Parsch bei Salzburg, zuerst in einem Sanatorium, wo sie eine böse Infektion auskurieren lässt, und dann zur Erholung in einer Pension. Sie knüpft Kontakte zu den friedensbewegten Menschen, die nie der grassierenden Kriegshysterie verfallen sind. Winternitz, Lammasch und Förster verstehen einander auf Anhieb. Der im nahen Schloss Arenberg lebende Hermann Bahr gehört nicht zur Friedenspartie, denn er ist ein nationaler Geiferer, der mit seinem Buch *Kriegssegen* an der Heimatfront auftrumpft und seinen Freund Stefan Zweig damit derart verärgert, dass ihre Beziehung schwer gestört ist. Es dauert beinahe zwei Jahre, bis Bahr den Pazifismus und seine Apostel zu schätzen weiß und mit Zweig wieder redet.

Nach wie vor darbt der Titularfeldwebel Stefan Zweig im Zimmer 535 des k. u. k. Kriegsarchivs. Er ist ein introvertierter, stimmungsabhängiger, mitunter depressiver und fluchtanfälliger Charakter. Außer Dienst – notabene – schreibt er Tagebuch, es ist ein authentisches Stimmungsbarometer. Im Februar 1915 liest Zweig einen erfreulichen Essay über den Frieden, der ihm aber noch zu leise und zu zögerlich ist – »Wie könnten diese Menschen sprechen!« (Essay von Ellen Key, schwedische Pädagogin, Titel nicht zu ermitteln)

Im März 1915 schreibt Zweig: »Man muß nur die Leute mahnen, später ›aufrichtig‹ zu erzählen: ein Buch, eine Broschüre gegen die Vergötterung des Krieges beschäftigt mich innerlich.« Wohl zur Selbsttherapie fasst er den Gedanken an ein pazifistisches Werk. Im Mai sind es der brutale deutsche Seekrieg und die italienische Kriegserklärung an Österreich, die sein Denken und Schreiben bestimmen: »[...] ich sehe einen Zusammenbruch. Ich denke jetzt an die Tragödie *Jeremias*, die ich ja immer schon schreiben wollte.« Der reifende Kriegsgegner und Pazifist muss sich noch schützen und einkapseln. Im Juni notiert er: »Ich bin jetzt in meinem Stück und seitdem tut die Außenwelt mir weniger weh, seitdem bin ich gerechtfertigt vor mir selbst. Es ist die einzige Flucht, da Länder und Städte gesperrt sind.«

Im Frühsommer 1915 ist Zweig auf einer Art Kriegsfahrt im verwüsteten Kronland Galizien. Er registriert die Reverenz, die ihm galizische Juden erweisen, und bemerkt: »Sie sind die einzigen ganz getreuen Österreicher.« Im September spürt Zweig die umkippende Stimmungslage bei den großstädtischen Intellektuellen: »Es ist übrigens jetzt nicht mehr feuilletonistisch modern, kriegsbegeistert zu sein, man trägt jetzt Menschlichkeit.«

Im November 1915 bekommt Zweig unerwartet Post aus dem feindlichen Frankreich, das Geschenk einer ungebrochenen Freundschaft: *Vous êtes des Hommes*, ein neuer Gedichtband mit der Widmung »Fraternellement« von Pierre Jean Jouve, einem Rollandisten. Der

Meister selbst hat ebenfalls eine Überraschung parat: seine Sammlung von friedensbewegten Essays *Au-dessus de la Mêlée*. Es sind Glückssträhnen für Zweig, denn Rolland ist mittlerweile eine Berühmtheit. Er ist in der Genfer Zentrale des Internationalen Roten Kreuzes tätig und dort zuständig für die Vermittlung von Nachrichten und den Austausch von Kriegsgefangenen. Rolland ist ein passionierter Neutraler und Europäer, der bewusst zwischen den Kriegsfronten steht und dafür im nationalistischen Frankreich geächtet wird. Andernorts wird er mit dem Literaturnobelpreis gewürdigt. Der Geldsegen fließt in das Rote Kreuz. So ist Romain Rolland das bewundernswerte Vorbild, der Übervater quasi, wie Zweig einmal bekennt: »Mein Ziel wird dereinst sein, nicht ein großer Kritiker, eine literarische Berühmtheit zu werden – wohl aber eine moralische Autorität. Ein Mann wie Sie einer für Europa, für die ganze Welt schon sind.«

Die beiden Charaktere sind doch zu unterschiedlich. Rolland weiß vermutlich nicht einmal, dass Zweig im k. u. k. Kriegarchiv einschlägige Dienste verrichtet. Nur von seiner rein literarischen Arbeit dringt die Kunde ins Ausland: Zweigs Feuilleton *La Tour de Babel* erscheint in der Genfer Zeitschrift *Le Carmel* (Frühjahr 1916). Im Turm zu Babel sieht Zweig das geistige Monument der menschlichen Solidarität und der Einheit Europas, die nach Kriegsende wieder errichtet werden sollen – ein optimistischer Ausblick.

Im Jahr 1916 bedroht das Kriegsgetümmel allerdings die Wiener Stiftskaserne. Dort sind sogar die kriegsuntauglichen Archivdiener von Nachmusterungen betroffen. Zweig muss sich mehrmals der ärztlichen Prozedur unterwerfen – ein Nervenleiden wird attestiert, eine Erholung verordnet. Im Herbst 1916 verbringen Friderike

Winternitz und Stefan Zweig einen mehrwöchigen Urlaub in Salzburg, *Parkhotel Nelböck*, Weiserstraße 2, laut Meldeschein.

Es genügt ein Blick auf den Stadtplan, um zu sehen, dass Bahr und Zweig einander räumlich sehr nahe sind: ein gesunder Spaziergang oder eine vergnügliche Fahrt mit der behäbigen Tramway, und die eingefrorene Verbindung könnte aufgewärmt werden. Zweig bittet höflichst um eine Audienz, der alte Meister reagiert aber unwirsch: Er hätte in Deutschland zu tun. Da ist er wohl lieber als in der Zwickmühle, denn niemand lässt sich gerne zu Selbstanklagen nötigen. Bahr könnte allerdings den Spieß auch umdrehen und dem vorlauten Zweig selbst peinliche Vorhaltungen machen. Jedes anständig-patriotische Haus besitzt schließlich das Buch *Unsere Offiziere. Episoden aus den Kämpfen der österreichisch-ungarischen Armee im Weltkrieg 1914/15.* Herausgeber ist das k. u. k. Kriegsarchiv – alle Beiträge erscheinen anonym, als Mitarbeiter werden jedoch genannt: Rudolf Hans Bartsch, Franz Karl Ginzkey, Viktor Hueber und Stefan Zweig.

Heldenfrisieren nennt sich der löbliche Schreibdienst von Ginzkey und Zweig, mit denen Bahr persönlich bekannt ist. Unbekannt ist ihm allerdings, dass Zweig ein aufmüpfiges Drama schreibt. Bei seinem Salzburger Aufenthalt vertieft sich dieser in das Friedenswerk des biblischen Propheten Jeremias und findet interessierte Gesprächspartner im katholischen Bekanntenkreis von Friderike. Sie notiert überglücklich am 5. November 1916 im Tagebuch: »Gestern hat mich Hofrat Lammasch besucht. Seine äußere Erscheinung ist schön, wird es immer sein, hochgewachsen, mit weißem Bart, gütigen schwarzen Augen. In seiner Güte und Liebenswürdigkeit eine Bescheidenheit, die mich ergriffen hat. [...] Gute Stunden noch gestern, Arbeit im Freien, Stefan war zweimal mit Lammasch zusammen, er war gleich nach seinem Besuch wieder im Hotel. Sie haben sich sehr verstanden. Bin froh, ihm für so viele Menschen einen so wertvollen gebracht zu haben.« Bedeutsam muss die Begegnung mit dem Propheten Lammasch auch für Zweig sein, denn er berichtet davon sogar seinem Freund Romain Rolland.

Der Traumurlaub, die ruhige Atmosphäre, die Kontakte und die Spaziergänge an der Salzach und auf dem Kapuzinerberg motivieren Friderike und Stefan Zweig sicherlich dazu, sich in der Saisonstadt Salzburg anzusiedeln – eine Art Zweitwohnsitz. Als beide in die Kaiserstadt heimkehren, ist dort das politische Klima äußerst gereizt, vor allem wegen des Attentats auf Karl Graf Stürgkh, den österreichischen Ministerpräsidenten. Die Schüsse stammen aus dem Revolver des Sozialdemokraten Friedrich Adler. Es ist der mörderische Protest eines Stubengelehrten gegen die Kriegstreiber.

Im November 1916 stirbt der Monarch Franz Joseph, der Verantwortliche für das Militärbündnis und die Kriegserklärung. Thronfolger ist sein junger Großneffe Karl, der den sinnlosen Krieg durch einen Sonderfrieden mit dem Feind rasch beenden will. Die Zeit ist reif, da der amerikanische Präsident Woodrow Wilson den Frieden ohne Sieg proklamiert. Bald läuft die erste geheime Mission des Kaisers, die bekanntlich kläglich scheitert – die Sixtus-Affäre. Darin ist Heinrich Lammasch zwar keinesfalls verwickelt, er soll aber im Sinne des Friedenskaisers wirken und ist sogar als Ministerpräsident im Gespräch. Davor schreckt der pensionierte Wissenschaftler allerdings zurück. Seiner Meinung nach wäre die Existenz der Monarchie nur durch einen Frieden gesichert, der mit einer inneren Umgestaltung der Doppelmonarchie einherginge. Lammasch denkt dabei an eine Föderation von Nationalstaaten. Zu mächtig sind seine politischen Gegner, die Ungarn wie die Deutschen, die Christlichsozialen wie die Deutschnationalen, die ihre Vorherrschaft brachial verteidigen und den kaiserlichen Verständigungsfrieden als Verrat an der Waffenbrüderschaft verteufeln.

Der hochmütige Siegfrieden regiert das Wiener Herrenhaus, wo Lammasch ein treues Mitglied ist. Er allein hat die Zivilcourage, dort mehrere pazifistische Reden zu halten und dabei dem deutsch–österreichischen Bündnis und Imperialismus energisch die Stirn zu bieten. Dieses Verhalten muss doch einigen Herren imponieren.

Am 8. Juli 1917 erscheint in der *Neuen Freien Presse* eine Rezension von Zweig, der das Werk des französischen Kriegsgegners Henri Barbusse *Le Feu – Journal d'une escouade* leidenschaftlich rühmt. Für ihn ist nur der Krieg der Feind, nicht die Deutschen. Andernfalls würden gewisse Ressentiments die positive Aufnahme des Werkes erschweren – sogar bei Pazifisten wie Zweig. Ihm bietet das Antikriegsbuch von Barbusse die einmalige Chance, sich als Wortführer feuilletonistisch zu positionieren. In Salzburg vollzieht Hermann Bahr gerade eine geistige Kehrtwendung, indem er couragiert einen deutschen Nationalisten attackiert und die Pazifisten Rolland, Förster und Lammasch als Weise und Tapfere preist. Darauf erwidert Stefan Zweig: »Endlich stehen Sie dort, wo ich und manche Ihrer besten Freunde Sie seit drei Jahren erwartet haben!« Ein wenig selbstgerecht und überheblich ist der jüngere Zweig, wenn er von seinem alten Meister forsch verlangt, er solle sich öffentlich anklagen und sein Buch *Kriegssegen* einstampfen lassen.

Zweig schwelgt im Glücksgefühl, als er seine zweijährige Geistesarbeit endlich präsentieren kann: *Jeremias. Eine dramatische Dichtung in neun Bildern*, gewidmet seiner Gefährtin Friderike Maria von Winternitz (Luxus- und Standardausgaben, *Insel Verlag*, Leipzig 1917). An die Adresse von Hermann Bahr eilt ein Exemplar mit Begleitschreiben: »Ich glaube damit ein Werk und ein wichtiges getan zu haben: und doch, wie fühle ich dieses kleine Opfer gering neben der Tat eines Friedrich Adler, der uns allen das Wort freigeschossen und Österreich vielleicht gerettet hat.« Gewagt ist dieser rhetorische Salto mortale Zweigs, wenn er der politischen Gewalt ein stärkeres Gewicht beimisst als dem gewaltfreien Opfer. Der Pazifismus treibt seltsame Blüten.

Am 6. Oktober 1917, während des fernen Grauens der 12. Schlacht am Isonzo, klagt Stefan Zweig über seine Situation: Er, der Globetrotter, müsse schon das dritte Jahr im idiotischen Zimmer 535 des k. u. k. Kriegsarchivs dahinvegetieren. Am 27. Oktober unterschreibt Dr. Stefan Zweig, Schriftsteller, Wien VIII, Kochgasse 8, einen Kaufvertrag, der ihn zum Eigentümer der Liegenschaft EZ 481 auf dem Kapuzinerberg macht. Schon am 4. November sind Friderike und Stefan Zweig in der Mozartstadt, ein Aufenthalt von wenigen Tagen. Das Paar sieht das einstige Jagdschlösschen der Erzbischöfe in einem verwilderten Zustand und plant die unvermeidlichen Sanierungen. Friderike ergreift dabei sicherlich die Initiative.

Währenddessen soll Zweig – so will es zumindest sein Fernblick in der *Welt von Gestern* – auf ein brisantes Geheimnis stoßen: auf die Friedensmission von

Lammasch, wobei Zweig auf seinem Ruhmesblatt die treue Gefährtin Friderike sang- und klanglos löscht. Es ist viel mehr ihr katholisch-monarchistischer Bekanntenkreis um Heinrich Lammasch, den Zweig in seinem Erinnerungsbuch enthusiastisch würdigt. Eine Begegnung im November 1917 ist durchaus möglich, Lammasch kann jedoch niemanden in seine geheime Mission einweihen, ehe die USA auch Österreich-Ungarn den Krieg erklären und ihren Friedensplan verkünden (7. Dezember 1917 bzw. 8. Jänner 1918).

Friedensschalmeien

Am 12. November 1917 reisen Friderike und Stefan in die neutrale Schweiz. Da Zweig eine militärisch unwichtige Person ist, muss er einflussreiche Beziehungen haben und für seinen Sonderurlaub eine Pflichtkür versprechen, die mit gewissen Behörden abgestimmt ist, vor allem mit der k. u. k. Gesandtschaft in Bern, die um Sympathien für die friedliebende Monarchie zu werben hat. Nichts anderes wird von Zweig erwartet als Vorträge und Lesungen im Sinne der Friedenspolitik. Für Friderike und Stefan ist es aber eine Flucht vor den gesellschaftlichen Zwängen in Österreich und somit eine Fahrt in die Freiheit.
Nach einem turbulenten Zwischenspiel im Zürcher Traditionshotel *Zum Roten Schwert* und im *Café Odeon*, in der Zentrale der Pazifisten, Revolutionäre, Deserteure

und Spione, ist das österreichische Paar in Villeneuve am Genfersee, im *Hôtel Byron*, wo Romain Rolland und seine Schwester Madeleine seit Kriegsbeginn leben. Hier schreibt Stefan Zweig an seinem 36. Geburtstag das *Testament meines Gewissens*: das heilige Versprechen, nie mehr Militärdienst zu verrichten. Anschließend ist das Paar in Genf, wo es die Freundschaft mit Henri Guilbeaux und Pierre Jean Jouve vertieft und den Künstler Frans Masereel schätzen lernt. Der Belgier beteuert, es wären gar nicht die aggressiven Preußen, die seinen Besitz zerstört hätten, vielmehr der böse Krieg. Das beeindruckt Zweig, es bedrückt ihn aber, dass sein Sonderurlaub bald ausläuft. Zweig reist nach Bern und bittet dort höflichst den k. u. k. Gesandten, er möge sich um eine Verlängerung der Dienstfreistellung bemühen. Die Empfehlung erfolgt aber erst nach absolvierter Pflichtkür.

Am 12. Dezember wird vom *Lesezirkel Hottingen* die mit Spannung erwartete Lesung im Zürcher Schwurgerichtssaal veranstaltet. Die Gedichte *Vous êtes des Hommes* und das Drama *Jeremias* werden selbstverständlich in den Originalsprachen vorgetragen. Am Lesepult sind mit Pierre Jean Jouve und Stefan Zweig zwei Pazifisten aus verfeindeten Ländern vereint. Das ist für den Franzosen nicht ungefährlich, denn das Fraternisieren mit dem Feind wird in Frankreich verfolgt und bestraft. Keine Gefahr besteht indes für den indifferenten Bürger der Monarchie Österreich-Ungarn – »Österreich ist ungern im Krieg«, so wird hinter vorgehaltener Hand gespöttelt. An den Fronten wird zwar gekämpft und gemordet, auf neutralem Boden darf und soll jedoch die Versöhnung zelebriert werden. Da erweist selbst der k. u. k. Generalkonsul den verbrüderten Dichtern diskret die Ehre, was

Zweig in seinem Tagebuch zerknirscht festhält: »Entsetzlich für mich die Episode des Gen. Con., der uns im Zimmer erwartet, sich Jouve vorstellen lässt und ihm dann gratuliert. Wie sie uns schaden! Wie sie jene in Gefahr bringen! Entsetzlich dieses Netz, das uns umstellt schwer und leicht. Le piège éternel!«

Auch wenn die Verlängerung des Sonderurlaubs gewährt wird, möchte sich Zweig von der wohlwollenden Monarchie komplett freispielen. Der erste Schritt dazu ist sein Vertrag mit der Wiener *Neuen Freien Presse*, die ihn als politischen Korrespondenten in der Schweiz engagiert. Sein erstes Feuilleton erscheint bereits am 23. Dezember: *Das Herz Europas. Ein Besuch im Genfer Roten Kreuz*. Sein Thema ist der Gefangenenaustausch, seine Botschaft lautet: die Kriegsopfer des Nationalismus sind international und neutral. Die wachsende Resonanz und Bekanntheit verdankt Stefan Zweig weitgehend seiner Friderike und ihren einflussreichen Beziehungen, ist doch der verehrte Großvater ihrer Kinder, Jakob von Winternitz, im Pressebüro des Außenministeriums tätig. Friderike ist längst wieder in der Kaiserstadt, um zu Weihnachten bei ihren Kindern Suse und Lix zu sein und die Erlaubnis zur gemeinsamen Ausreise zu erwirken.

Mittlerweile fällt die Entscheidung im Zürcher Stadttheater: Hier soll am 27. Februar 1918 das Drama *Jeremias* seine Weltpremiere haben. »Ich bin bereit, vier Akte zu streichen – ich verkaufe ja meine Seele für die Freiheit«, bekennt der Autor. Bei der Generalprobe ist der großmütige Dichter und rührige Korrespondent freilich anwesend. Die *Neue Freie Presse* erhält daher schon am Premierentag die Theaterkritik – mittels Telegramm ohne Unterschrift selbstverständlich, da der

Autor das eigene Werk überschwänglich lobt (die anonyme Kritik erscheint am 4. März): »Die kühne Kriegsdichtung des österreichischen Autors, die in der Buchausgabe längst starke Wirkung hervorgerufen hat, zeigte sich auf der Bühne in ihren dramatischen Vorzügen. [...]«

Das Drama entsteht in der kriegführenden Monarchie, sein theatralischer Schauplatz ist aber das dem Untergang geweihte alte Jerusalem: »Die Tore rammelt zu ... die Riegel vor ... zum Wall ... zum Walle! ... Oh Wächter, schlimme Wächter ... sie kommen ... sie sind da ... Brand über uns ... im Tempel Brand ... Hilfe ... zu Hilfe! ... Die Mauer fällt, die Mauer ...«

Ein jüdisches Thema soll es sein. Jeremias ist der Friedensprophet, Hananja sein Widerpart, Prophet des Volkes und des Krieges. Auf ihn hört der König von Jerusalem, als er – im Vertrauen auf das Kriegsbündnis, auf die Schwertbrüderschaft mit den Ägyptern – dem Feind den Krieg erklärt. Die Babylonier sind jedoch übermächtig, sie schlagen die Ägypter und belagern die Festung Jerusalem. Nun wird lange über den Frieden verhandelt, doch der schlecht beratene König von Jerusalem missachtet das gnadenvolle Angebot der Babylonier. Wegen der schlimmen Versorgungslage und der unvermeidlichen Streitigkeiten kann Jerusalem schließlich erobert werden. Der Feind blendet den König und tötet dessen Söhne. Das geschlagene Volk hört endlich auf seinen Friedensapostel und zieht mit ihm in die Verbannung. Mit dem höchst erbaulichen Schlusswort – »Man kann ein Volk bezwingen, doch nie seinen Geist« – gibt der Dichter dem sinnlosen Untergang einen tröstlichen Sinn, ganz im Geiste von Romain Rolland, seiner Dialektik der Niederlage – ihrer Umwertung in einen Triumph.

Dabei denkt Zweig an das bevorstehende Kriegsende, wenn das Deutsche Reich (Ägypten) und die
Habsburger Monarchie (Jerusalem) vernichtet sein werden. Die Analogie hängt an einem verblassten Symbol:
führt doch der katholische Kaiser den abenteuerlichen
Titel »König von Jerusalem«. Mit seinem traurigen Ende verschwindet der Schutz für das jüdische Volk, es wird
aus seinem Land vertrieben – eine Prophezeiung? Zweig
äußert sich einmal über das drohende Schicksal der
österreichischen Juden, die ohne Schutzherrn dastehen:
»Erbitterung wird sich nach dem Krieg nicht gegen die
Kriegshetzer, die Reichspost-Partei [die Christlichsozi-
alen], sondern gegen die Juden entladen. Ich bin überzeugt – felsenfest –, daß nach dem Kriege der Antisemitismus die Zuflucht dieser ›Großösterreicher‹ sein wird.«
Wie ein Seismograph erfasst der Dichter das rassistische
Beben, wobei er einen Verursacher ausblendet: die Kornblumen-Blauen oder Großdeutschen.

Noch haben die österreichischen Juden in dem un-
verblendeten Kaiser Karl ihren Schutzherrn. Als der
amerikanische Präsident Wilson am 8. Jänner 1918 seinen Friedensplan verkündet, ist Heinrich Lammasch der
berufene Friedensvermittler des Kaisers. Erste Kontakte
knüpft Lammasch schon in Salzburg, Ende Jänner sollen
in der neutralen Schweiz geheime Gespräche über den
Friedensplan anlaufen. Das Vorhaben kann allerdings
nicht streng geheim sein, da wilde Gerüchte umher-
schwirren.

Friderike von Winternitz hat eine vertrauenswürdi-
ge Quelle und spricht persönlich mit Lammasch. Dann
reist sie – wie mit Zweig vereinbart – in die Schweiz. Das
Liebespaar vergnügt sich eine Weile in Sankt Moritz, wo
Zweig die Neuigkeit aufschnappt und als politische Sen-

sation – die österreichische Friedensrolle, die Lammasch so vorbildlich vertritt – auf dem Postweg Romain Rolland überbringt. Die Mitwisser kennen allerdings nicht den Ort der Geheimgespräche. Das Büro der internationalen Friedensgesellschaft, die Schweizer Regierung und die Gesandtschaften sind in Bern. In der Nähe liegt das intime Schloss, in dem ein amerikanischer Diplomat und Lammasch ergebnislos über den Frieden reden. Lammasch ist sichtlich enttäuscht, entsprechend sind die Eindrücke, die er niederschreibt: *Friedensversuche mit Präsident Wilson*.

In Bern tagt alsbald die pazifistische Frauenbewegung, für die sich Friderike von Winternitz seit Kriegsbeginn engagiert. Es ist aber Stefan Zweig, der bei der Eröffnung des Kongresses für Völkerverständigung die österreichische Friedensnobelpreisträgerin rühmen darf, die vor Kriegsbeginn verstorben ist: »[...] Sie aber, Bertha von Suttner, hatte einsam die tragische Mission übernommen, die ewige Aufstörerin zu sein, unbequem ihrer Zeit wie Kassandra in Troja und Jeremias in Jerusalem.«

Zweig lobt in seiner Rede auch die Zeitschrift der Pazifisten, Neutralen und Freidenker und ihren Herausgeber Alfred Hermann Fried, ebenfalls Friedensnobelpreisträger. In seiner *Friedenswarte* erscheint auch ein Feuilleton von Zweig: *Bekenntnis zum Defaitismus*: »Schreien wir unsere Kriegsfeindschaft mit diesem Wort in die Welt. Seien wir Flaumacher in der eisernen Zeit! Soyons défaitistes! Siamo disfattisti!« Damit will Zweig die nationalistischen Angriffe auf »Monsieur Rolland, initiateur du défaitisme« parieren, vergreift sich aber im Ton und trifft dabei auch seine Freunde, die Rollandisten, die ja in Frankreich als Flau- oder Miesmacher angeschwärzt und als Verräter gebrandmarkt werden.

Zur Abschreckung möchte Frankreich ein Exempel statuieren: an Henri Guilbeaux, dem streitbaren Herausgeber der Genfer Zeitschrift *Demain*. Da er im Ausland ist, kann das Todesurteil nicht vollstreckt werden. Zweig ist freilich entsetzt, lässt sich aber nicht beirren und kann sich von der kriegführenden Monarchie gänzlich freispielen. Er muss dafür nur einen offiziellen Rüffel einstecken. Am 20. September 1918 bemerkt Zweig im Tagebuch: »[...] dann die Besprechung mit Wiesner [Friedrich von Wiesner, Sektionschef im k. u. k. Außenamt], der mir seine allerhöchste Unzufriedenheit einschüchternd mitteilen wollte und dabei auf eiserne Entschlossenheit stieß (denn von dem Cadaver Österreichs lasse ich mich nicht mehr einschüchtern und noch weniger von seinen Diplomaten, die dies stille und beschauliche Land in den Abgrund eines falschen Heroismus gestoßen haben.)«

Zweig verabschiedet sich von der Monarchie, seinem Vaterland, das ihm nur Pflicht, Zwang und Krieg bedeutet. *Der Zwang* heißt eine Geschichte, die Zweig in der Schweiz schreibt. Ein junger Mann, Ferdinand, will den Wehrdienst verweigern, aus Gewissensgründen, wie es scheint. Er flüchtet wohl eher aus Angst vor dem Grauen und Sterben in das benachbarte idyllische Friedensland, die Schweiz. Hier möchte Ferdinand mit seiner Paula ungestört leben. Da erreicht den friedfertigen Mann aber der Einberufungsbefehl aus dem Vaterland. Nun wird Ferdinand vom Pflichtgefühl übermannt und dabei in einen Konflikt mit seiner Frau getrieben. Paula redet ihm vergeblich ins Gewissen. Ihr schwacher Mann rennt davon. An der Grenze stößt Ferdinand auf die Kriegsgräuel – in der Person eines schwer verwundeten Franzosen, der dem Österreicher für dessen Anteilnahme und Mitleid dankt. Bei dieser Geste kommt dem wankelmütigen Ferdinand »wie ein Blitz« die Erleuchtung: »Das sollte er tun? Menschen so schänden, Brüdern nicht mehr ins Auge zu blicken als mit Haß, teilhaftig werden an dem großen Verbrechen durch freien Willen?«

Das pazifistische Pathos ist zeitgemäß, wirkt aus der Ferne freilich maskenhaft. Ferdinand soll aber als geläuterter Mensch nach Hause gehen, um vor die Augen seiner strengen Frau treten zu können. So will es der Autor, der selbst sein Gewissen beruhigen möchte. Zweig will den Frieden in Österreich und beobachtet besorgt die politischen Vorgänge jenseits der Grenze.

Nach der gescheiterten Friedensmission ist Hofrat Lammasch der Sündenbock aller verblendeten Patrioten, deren Schwertbrüderschaft weitermordet. Er lässt sich aber nicht mundtot machen: Völkerbund statt Völkermord ist seine edle Devise. Lammasch ist der leidenschaftliche Apostel der künftigen Weltorganisation des Friedens, und er ist überdies der Mann der letzten Stunde am Hof des Kaisers, sein letzter Ministerpräsident. Lammasch hätte die Stärke gehabt, Österreich noch zu retten und den schrankenlosen Annexionsdrang des Deutschen Reiches zu stoppen, behauptet Zweig im Erinnerungsbuch – aus dem Blickwinkel des Zweiten Weltkriegs. Den äußeren Feind erkennt Zweig im Herbst 1918 aber nicht.

Am 29. Oktober bringt die *Neue Zürcher Zeitung* auf ihrer Titelseite einen Artikel von Stefan Zweig. Er muss feststellen, dass der Ministerpräsident von den diversen österreichischen Parteien torpediert und selbst von seinen christlichsozialen Freunden im Stich gelassen wird, als er die Völker der Monarchie durch eine Exekutive verklammern möchte. Der Rettungsversuch scheitert mit dem Waffenstillstand und der Proklamation der Republik Deutsch-Österreich. Hierauf flüchtet der kaisertreue Lammasch für eine Weile in die Schweiz, doch schon bald wird er zum allerletzten Mal gebraucht: als Berater der deutsch-österreichischen Friedensdelegation, in deren Sonderzug er zusteigen darf. Verbittert vom Unrecht, das seinem Österreich in Saint Germain widerfährt, zieht er sich endgültig in sein Salzburger Haus zurück.

Kapuzinerberg 5, Ansichtskarte

(Salzburger Landesarchiv)

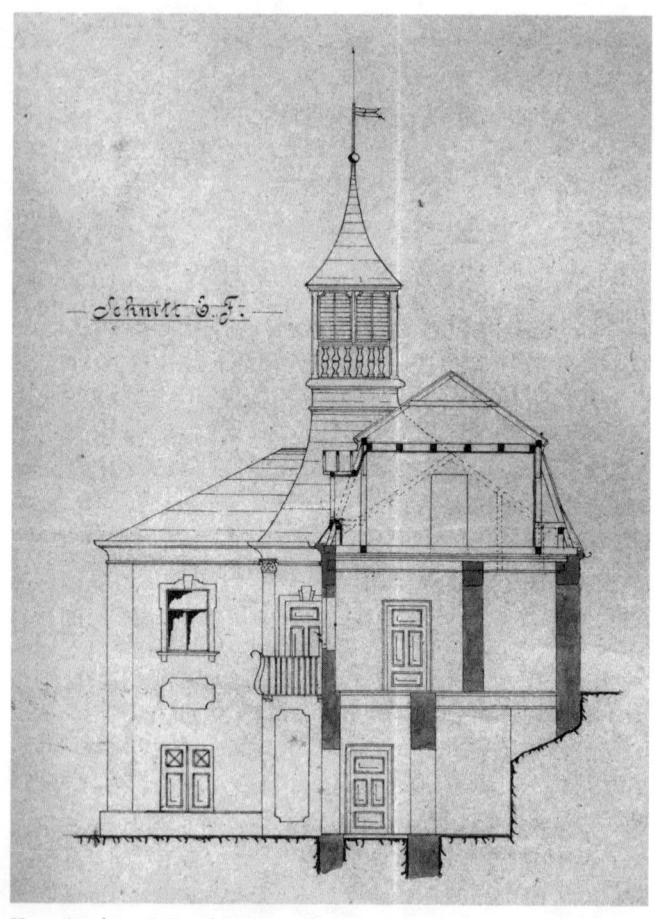

Kapuzinerberg 5, Bauskizze Fassade
(Salzburger Stadtarchiv)

II

Die dritte Taube

Im ersten Buch Moses liest Stefan Zweig die Geschichte von der Sintflut. Nach vielen dunklen Tagen strandet die Arche auf dem Berg Ararat. Nun schickt Noah seine Tauben ins Freie, um zu erkunden, ob die schwere Gottesprüfung vorüber sei. Die zweite Taube hat einen Ölblatt im Schnäbelchen, was bedeutet, dass die Bäume schon aus dem Wasser schauen und der Friede bald einkehren wird. Nach weiteren sieben Tagen lässt Noah die dritte Taube ausfliegen. – Da wird die biblische Geschichte von Zweig weitergesponnen: »Von der Taube aber, der dritten, hat er [Noah] niemals wieder vernommen und auch die Menschheit nicht, nie ward ihre Legende gekündet bis in unsere Tage.«

Zweig ist ihr Künder und er sieht sich wohl selbst als Legendentaube. Sie fliegt aus dem Dunkel in das Licht, aus der dumpfen Enge in die klare Weite, genießt die würzige Luft, die grenzenlose Freiheit und wird so zum schwingenden Traum. Eines schönen Tages wird die ermüdete Taube von der Erdschwere angezogen. Das Vögelchen flattert in den schützenden Wald, nistet versunken im Laub oder hört die fernen Stimmen der menschlichen Zivilisation – noch ganz ohne Ängste. Als über die ruhige Stätte des Friedens die Kriegsmaschinen hereinbrechen, muss die Taube fliehen. Nun fliegt sie über die grausame Welt, um den seligen Frieden und das Ölblatt der Verheißung zu suchen – ein langer rastloser

Flug, auf dem sie zusehends flügelmatt wird. »Auf ihren Schwingen schweben all unsere schwarzen Gedanken, in ihrer Angst wogen all unsere Wünsche, und die da zwischen Himmel und Erde zitternd schwebt, die verirrte Taube, unser eigenes Schicksal kündet sie nun, der ungetreue Bote von einst, an den Urvater der Menschheit. Und wieder harrt wie vor tausenden Jahren eine Welt, daß einer die Hand ihr entgegenbreite und erkenne, es sei genug nun der Prüfung.« (Legenden und Märchen unserer Zeit, Wien–Leipzig 1917)

Die elegische Geschichte von der Friedenstaube schreibt Zweig während des Krieges, vermutlich noch im Jahr 1916, als er unter Depressionen im Kriegsarchiv leidet und deshalb einen Erholungsurlaub zugestanden bekommt. Einem Wiener Kollegen schreibt er aus Salzburg: »Erst seit den Jahren, da ich von Wien fort bin, fühle ich mich frei, obzwar mein Leben nur eine einzige Flucht geworden ist vor dieser Stadt. [...] Wie ich jetzt die Freiheit genieße, kann ich Dir nicht sagen. Kein Wiener Mensch. Keine Leute, nur Landschaft und Arbeit, die beiden Wesensquellen meines Glückes und absolute Vergessenheit des Kriegs.«

Mit dem Dienstantritt im Wiener Kriegsarchiv verfolgen ihn wieder Albträume. Er will in der widerlichen Sphäre der Großstadt nicht mehr leben und sobald wie möglich weg: »All das ist mir so klar geworden auf einem kleinen Urlaub (dem ersten!), den ich in Salzburg verbrachte und wo ich wunderbar spürte, daß ich nichts mehr entbehre, wenn ich die Freiheit habe. Ich habe gearbeitet, habe mich gespürt, hier [in Wien] verbraucht man sich im Widerstand gegen die Einfältigkeit der Meinungen innerlich zielloser Menschen, gegen die Idiotie der Gerüchte, gegen die Täglichkeit des Tages.« Über die idiotischen Gerüchte schweigt sich Zweig leider aus. Wäre er davon nicht selbst betroffen, würde er sich nicht beklagen. Zweig ist jedenfalls kein Pazifist ohne Makel. Das erkennt auch der gefürchtete Karl Kraus, den Zweig in seiner *Welt von Gestern* als den »Meister des giftigen Spotts« apostrophiert. Unerwähnt bleiben aber die verbalen Attacken gegen die uniformierte Literatenherde im Kriegsarchiv, wobei Zweig noch mit kleinen Blessuren davonkommt.

Vor künftigen Demaskierungen hat Zweig aber wohl Angst, da er sich mit dem Thema sogar literarisch auseinandersetzt. Sein Kammerspiel *Legende eines Lebens* will er aber nicht als Schlüsselstück verstanden wissen, wie er im Vorspann ausdrücklich betont – etwas verdächtig. In seinem Theaterstück geht es um die drohende Aufdeckung einer manipulierten oder geglätteten Dichterbiografie. Die Gefahr kann mit der Flucht und dem Rückzug in die Provinz nicht aus der Welt geschafft werden. Für Zweig muss es noch andere Motive geben. Schon vor dem Krieg äußert er seine Aversion gegen die Metropole Wien und ihre dekadente Salonkultur. Darin kann oder will Zweig keine Zukunft sehen. Geraume Zeit fixiert er den deutschen und internationalen Markt, auf dem er seine Karriere begründen will. Dazu braucht er ein abgeschirmtes Domizil, ein Refugium sowie einen günstigen Bahnknoten. In der Grenzstadt Salzburg am westlichen Rand der Monarchie kann Zweig sich zugleich einigeln und am weiten Horizont orientieren.

Bei der schleichenden Kriegsinflation muss man schon ein Mordsglück haben, wenn die gewünschte Immobilie – »vornehmer Herrensitz aus dem 16. Jahrhundert bei Salzburg« – auf dem Markt angeboten wird, »besonderer Umstände halber«, wie die nichtssagende

Begründung in der Annonce vom 2. September 1917 lautet. Kaum zwei Jahre ist das sogenannte Paschingerschlössl auf dem Salzburger Kapuzinerberg im Besitz des Wiener Juristen Josef Kranz, als am 27. Oktober in der Kanzlei des Hof- und Gerichtsadvokaten Dr. Ignaz Stiedry der Kaufvertrag unterschrieben wird. Der Käufer muss seinen Traum anständig bezahlen: 90.000 Kronen (= 37.500 Goldkronen) in Barem, besagt der Kaufvertrag.

Nun ist Stefan Zweig der Eigentümer, sein Sparbuch ist geplündert, sogar seine Wertpapiere sind verkauft. Das Geld ist aber gut angelegt und kann nicht mehr von der Inflation aufgefressen werden. Da ihm die Schriftstellerei noch kein Vermögen beschert, muss er hart arbeiten, als Feuilletonist und Übersetzer. Zweig ist allerdings gut situiert, er ist Teilhaber der Firma Moritz Zweig, mechanische Weberei in Ober-Rosenthal bei Reichenberg in Böhmen mit einer Niederlassung in Wien I, Eßlinggasse 13. Die Geschäfte erledigt der ältere Bruder Alfred Zweig. Folglich kann der jüngere seine Bindung an das Wiener Elternhaus lockern. Stefan Zweigs Hauptwohnsitz ist nach wie vor Wien, denn sein teures Salzburger Haus ist anfänglich nur als Zweitwohnsitz für die wärmere Jahreszeit vorgesehen.

Über die treibende Kraft hinter dem Hauskauf will der Mann nicht reden. Man ist daher auf die Memoiren seiner Partnerin, ihre *Spiegelungen des Lebens*, angewiesen: »Wenn ich nicht irre, so hatten wir schon im Oktober 1916 anläßlich unseres Aufenthaltes im *Parkhotel Nelböck* in Salzburg davon gesprochen, daß es schön wäre, hier zu leben. Bei einem Spaziergang auf den Kapuzinerberg, nahe dem Kloster auf einer Bank sitzend, sah ich eine schlossartige Villa mit dem typisch österreichischen gelben Anstrich, ungemein fröhlich und zugleich geheimnisvoll längs der Einfriedungsmauer des Berges hingebaut, in einem parkartigen Garten. Mein Traum strich um dieses märchenumsponnene Haus, das ganz still und tatsächlich unbewohnt in der Herbstsonne durch gelbe Bäume leuchtete. Zehn Monate später, als der Gedanke, uns irgendwo anzusiedeln, greifbare Formen angenommen hatte, lasen wir eine Annonce von einem Besitz, der in Salzburg zu verkaufen sei. Wir ließen uns die Beschreibung kommen und waren entzückt von all dem Reizvollen, was sie enthielt. Daß der Besitz sich am Kapuzinerberg befand, machte ihn noch geheimnisvoller, denn ich entsann mich, daß außer dem Schlößchen (nein, das konnte doch nicht zu haben sein!) nur noch zwei oder drei im Walde gelegene oder etwa solche auf der anderen Seite des Berges in Frage kämen. Stefan ließ mich reisefertig machen und gab mir freie Hand zu verhandeln. Es war das Traumschlößchen, allerdings mit allerlei Schäden. Ich ließ mir einen Baumeister kommen, ließ Gutachten aufnehmen, ging Verhandlungen mit der Elektrizitätsgesellschaft ein, mit dem Telephonamt, und als diese günstig verliefen, leitete ich den Kauf ein.«

Der Kapuzinerberg ist ein bewaldeter Hügel, eine grüne Stadtlunge, ein Paradies für das gehegte Wild und dazu ein idealer Ort für Liebespaare. Er bietet eine schöne Aussicht hinab auf die Türme und Dächer der Stadt und auf die Eisenbahn oder hinüber auf das Gebirge bis nach Bayern. Das Paschingerschlössl, wie das Haus Kapuzinerberg 5 genannt wird, liegt etwas abgeschieden auf dem Westhang. Für den Aufgang braucht man gesunde Beine, andernfalls ist von den vielen Stufen und vom steilen Knüppelweg abzuraten. Auch mit dem Fuhrwerk oder Automobil ist die Zufahrt schwer zu bewältigen, im Winter kaum oder gar nicht. Das einstige Jagdschlösschen der Erzbischöfe ist noch nicht winterfest und als ständiger Wohnsitz ungeeignet, solange nicht alle Räume geheizt werden können – dennoch ein Traumhaus für jemanden, der nach feudalen Verhältnissen trachtet.

Die bittere Salzburger Pille

Stefan Zweig ist zwar ein Eigenbrötler, er braucht aber die solide Gesellschaft seiner Friderike. Sie ist eine moderne Frau mit Bubikopf und auch sonst sehr aufgeschlossen und verständnisvoll. Das muss sie freilich sein, denn Zweig ist überaus bindungsscheu und obendrein untreu. Mit seinen Seitensprüngen muss sich Friderike wohl abfinden, sie ist eingeweiht und gönnt ihm seine »Unterhaserl«: »Wenn ich nur immer sein Oberhaserl bin.« Auf eine dauerhafte wilde Ehe können sich die beiden schon wegen der Kinder nicht einlassen, eine legale Zivilehe wird aber durch schändliche Paragraphen erschwert. Der gute Wille dazu ist allerdings vorhanden, selbst bei Stefan Zweig, der seine Braut solang wie möglich von seiner Familie und insbesondere von seiner Mutter fernhält – gleich wie der junge Dichter im Schauspiel *Legende eines Lebens*.

Einem Wiener Freund gesteht Zweig, dass er schon längere Zeit ohne Wissen seiner Eltern mit einer Frau zusammenlebe, quasi verheiratet sei. Als das Paar im November 1917 den väterlichen Freund Romain Rolland besucht, kann sich Zweig dazu aufraffen, Frau von Winternitz als seine Frau vorzustellen: »Sie bewundert Sie ebenso wie ich, und sie hat während des Krieges großartige Dinge vollbracht. Sie ist seit Jahren meine Frau – allerdings nicht vor unserem Gesetz in Österreich, das geschiedenen katholischen Frauen die Wiederverheiratung verbietet. Das ist eine einzige Schande, unter der wir in unserem Land zu leiden haben, doch besteht sie meines Erachtens allein für den Staat und nicht für den wohlgebildeten Menschen.«

Während des Krieges besteht keinerlei Aussicht auf eine Heirat in Österreich. Solange wollen Stefan, Friderike und ihre Töchter in der neutralen Schweiz bleiben. Auf dem teuren Pflaster können sie sich kein Appartement mit separaten Räumen leisten, weshalb sie gezwungen sind, getrennt in kleinen Hotelzimmern zu hausen. Es sind krause Verhältnisse, die Zweig bedrücken und in Depressionen stürzen. Er sieht sich vom Fluch des Provisorischen, des ewigen Wanderns und Umherirrens verfolgt und bemerkt dabei sein schon krankhaftes Bedürfnis nach bürgerlicher Ordnung und Bedienung.

In zunehmendem Maße wird Zweig vom unstillbaren Verlangen nach seiner Bibliothek und seinem Traumhaus gequält. Es ist wiederum Romain Rolland, dem Zweig sein leidendes Herz ausschüttet: »Oh, wann werde ich endlich ganz unbehelligt mit ihr [Friderike] in unserem kleinen Haus in Salzburg leben und arbeiten können.« – »Mein kleines Haus in Salzburg geistert in mir wie ein schöner Traum. Wann werde ich mich dort einrichten und mein Leben leben dürfen?«

Mit dem Waffenstillstand vom November 1918 rückt auch der innere Friede in greifbare Nähe. Der 37-jährige Zauderer muss seinem Herzen allerdings erst einen kräftigen Stoß geben. Es dauert noch gut zwei Monate, bis er das überaus heikle Problem anpackt, das er vor sich herschiebt: die längst fällige Aussprache mit seiner Mutter über sein Intimverhältnis und seinen neuen Wohnsitz – die bittere Salzburger Pille, wie Zweig wörtlich sagt.

In einem undatierten Brief an die Partnerin schreibt er merkwürdig verschleiert über seine Rückkehr und über Züge, die in Österreich wieder verkehren würden. Aus einem anderen Brief geht jedoch eindeutig hervor, dass Zweig im Jänner 1919 allein und unter widrigen Verhältnissen nach Wien reist, wo er aber nicht ankommt. Er schaut nach seinem Salzburger Traumhaus und fährt zurück, um seinen Koffer zu suchen, der auf der Hinreise verloren gegangen sei. Die seltsame Geschichte erzählt Zweig seinem Wiener Freund Viktor Fleischer: »Lieber Victor, ich war schon unterwegs, habe in Salzburg mich meines Hauses und der Billigkeit des Lebens dort gefreut (Rindfleisch 3 K in den Restaurants, 5 K in den guten Hotels) und wollte trotz der scheußlichen Reise nach Wien, da musste ich einem Koffer nach [-reisen und] zurück nach Innsbruck und hatte dann genug. Ich komme ja bald, jetzt nachdem ich gesehen habe, wie wohnlich es bereits in Salzburg ist und will endlich meinen Frieden haben [...]. Aber im März breche ich definitiv die Zelte ab und komme heim, alles zu ordnen, zu heiraten und davonzugehen (nicht Friderike, sondern der ganzen Stadt [Wien], die ich in ihrem Unglück nicht auf die Dauer würde ertragen können).«

Zweig findet also in dem vermissten Gepäckstück einen Vorwand zur Flucht vor dem geplanten Friedensgespräch mit seiner Mutter. Er getraut sich nicht unter vier

Augen zu sagen, dass er vom Elternhaus, sogar von Wien weglaufen möchte und dass in Salzburg schon das leere Nest wartet. Nach dem gescheiterten Anlauf im Jänner 1919 möchte Zweig sein schlechtes Gewissen auf dem kürzeren Postweg erleichtern. Als ihm seine Mutter liebevoll antwortet, schickt er umgehend die frohe Botschaft an seine Partnerin, die mit den Töchtern noch am Genfer See ist: »Ich erhalte eben beifolgenden Brief von meiner Mutter, aus dem Du siehst, daß ich, ohne Dir ein Wort zu sagen, ganz in Deinem Sinne gehandelt habe, und daß ihrerseits, wie ich vermutete, keine Schwierigkeit vorliegt. Freilich habe ich heute die bittere Salzburger Pille auch senden müssen, es ist jetzt mit den Heimlichkeiten genug.«

Über das verschwiegene Intimverhältnis ist seine Mutter längst von vertraulicher Seite informiert. Seine Übersiedlung ist für sie aber ein schwerer Schlag, denn am liebsten würde sie die ganze Familie an ihr Haus binden. Sie schreibt dennoch rührende Briefe, zuerst ihrem geliebten Steferl und im Februar 1919 der liebsten Frau Friderike: »[...] Stefan bedarf einer ganz außergewöhnlich zarten Behandlung, deren Notwendigkeit Sie als kluge Frau wohl erkannt haben werden. Sein Herz ist gut, seine Denkungsweise eine edle. [...]« So spricht die gefürchtete Mama, die ihren sensiblen Sohn aus ihrer Obhut entlässt und mit guten Ratschlägen der jüngeren und offenbar verständnisvolleren Mutter anvertraut. Bald unterschreibt Friderike ihre Briefe an Stefan mit *Mumu*.

Zweig ist gewillt, seine katholische Partnerin zu heiraten, sobald die Ehereform durchgeht. Sie verzögert sich wegen der Vorbehalte der katholischen Bischöfe und der christlichsozialen Partei, wie Zweig angesichts des bischöflichen Protestbriefes »Gegen die Ehebrecher«

missmutig feststellt. Die katholische Kirche wolle sich dem Wunsch der Andersgläubigen nicht beugen, heißt es verschwommen.

Am 27. Februar berichtet Zweig seinem Verleger Anton Kippenberg von seinen Plänen, Träumen und Ängsten: »Ja, ich gedenke baldigst zu heiraten. Ich lebe seit Jahren in wilder Ehe (die aber sehr sanft ist) mit Frau von Winternitz, der mein *Jeremias* gewidmet ist und von der ein wunderbarer großer Roman bei S. Fischer erscheint. Da sie katholisch geschieden ist, war jede zweite Heirat in Österreich für sie Bigamie und fiel unter das Strafgesetz. Nun, wir haben geduldig gewartet, bis dieses alte Österreich unterging und ziehen im Mai oder Juni nach Salzburg, wo ein kleines Schlössel mit wunderbarem Garten so ziemlich das darstellen wird, was von unserm einstmals recht beträchtlichen Vermögen übrigbleibt, vielleicht noch, falls uns Spartacus [Aufstand der revolutionären Linken] verschont, ein kleines Rentlein. Aber ich habe längst über Alles das Kreuz gemacht, ich weiß, wenn nur einmal Ruhe wird, komme ich schon gut durch, ein Garten und ein Haus ist schließlich alles, was ich ersehnte. Und geht es nicht, so kommt eben die Sammlung unter den Hammer; ich sehne mich nur nach fünf Jahren wieder einmal in eigenem Zimmer und mit meinen Büchern zu sein.«

Friderike, ihre Töchter und ihr »Stefzi« sind noch in der Schweiz, der Reisetag rückt allerdings näher. Der 24. März 1919 ist ein besonderer Tag in der kleinen österreichischen Grenzstation Feldkirch, was Zweig in seinem Erinnerungsbuch *Die Welt von Gestern* minutiös festhält: »Langsam, ich möchte fast sagen, majestätisch rollte der Zug heran, ein Zug besonderer Art [...]. Da erkannte ich hinter der Spiegelscheibe des Waggons hoch

aufgerichtet Kaiser Karl, den letzten Kaiser von Österreich und seine schwarzgekleidete Gemahlin, Kaiserin
Zita. Ich schrak zusammen: der letzte Kaiser von Österreich, der Erbe der habsburgischen Dynastie, die sieben-
hundert Jahre das Land regiert, verließ sein Reich! [...]
In diesem Augenblick war die fast tausendjährige Monarchie erst wirklich zu Ende. Ich wußte, es war ein anderes Österreich, eine andere Welt, in die ich zurückkehrte.«

Es ist tatsächlich so, jedenfalls laut Presseberichten:
Der Exkaiser reist am 24. März 1919, um 15 Uhr 45, in
einem Sonderzug der Entente, der Siegermächte, über
die Grenze in das unfreiwillige Asyl, während Stefan
Zweig aus der Gegenrichtung und dem freiwilligen
Schweizer Exil kommt (sein Einreisetag ist nicht zu ermitteln, lediglich der Tag der Anmeldung in Salzburg:
26. März 1919). Es ist allerdings unverständlich, warum
Zweig im Jahr 1919 rein gar nichts von der unvergess-
lichen Minute an der Grenze berichtet. Es schaut so
aus, als ob Zweig erst zwanzig Jahre später dem längst
verschwundenen toten Kaiser ins Angesicht blicken
möchte.

Nach dem Ersten Weltkrieg und dem Untergang der
Kaiserreiche ist Zweig ungewöhnlich optimistisch. So
klingt auch der erste Brief, den er aus Salzburg dem befreundeten deutschen Schriftsteller Paul Zech schreibt:
»Ich bin heil aus dem Getümmel heimgekehrt, meine
Nerven sind ganz fest und sicher, ich lebe in Salzburg,
der entzückendsten Stadt Österreichs in einem Hause,
das ich mir vor dem Einsturz der Krone noch kaufte, mit
meiner Frau und arbeite viel, gebe für die *Insel* das große Werk der *Bibliotheca Mundi* [eine besondere Litera-
turreihe in seinem Leipziger Verlag] heraus und spüre

mich zum erstenmal gesammelt. In Frankreich sind mir die Freunde treu geblieben, in Briefen atme ich europäische Luft und so leugne ich die Niederlage: ich fühle mich aufrechter als je und gehe über die Trümmer der Kaiserreiche unbekümmert meinen Weg in unser gutes Europa hinein.«

Im Kapuzinerreich

Die Nachbarn sind Mönche, Kapuziner, sogenannte braune Brüder der Nachtigallen, die in den Fußstapfen des heiligen Franziskus wandeln. Ihr stattliches Kloster gibt dem grünen Hügel seinen Namen, er könnte wegen des steilen Kreuzwegs, der vor dem einladenden Klostertor endet, auch Kalvarienberg heißen. Das Kruzifix der letzten Station steht knapp an der umfriedeten Liegenschaft EZ 481, Kapuzinerberg 5. Hinter einem verschlungenen Garten mit alten Bäumen liegt ein verborgenes Haus, lang gestreckt und an den Felsen gebaut: das entzückende Jagd-, Ziegler- oder Paschingerschlössl mit einem Türmchen, einer Terrasse und einem Pavillon.

Das Gebäude hat damals ein anderes Aussehen, wie der Betrachter anhand eines historischen Fotos feststellen kann. Heute muss der Wanderer vor dem hohen Zaun mit Stacheldraht stehenbleiben und darf das fremde Eigentum nicht betreten. Aber auch von außen bestätigt sich die Bedrohungsangst, das Schutz- und Prestigebedürfnis der Bewohner. Man residiert auf der Anhöhe fern von Menschengewimmel, hat rückseitig den bewaldeten Felsen, westseitig die Befestigungsmauer, die zur Stadt hinabfällt, und ostseitig die Klostermauer, hinter der die leutseligen Nachbarn leben.

Hier, wo die natürliche Zeit stillzustehen scheint, wird davon berichtet, dass die Fratres ihren Nachbarn Friderike und Stefan Zweig ewig gewogen seien. Ein häufiger Gesprächspartner ist Pater Gallus, der bärtige Guardian, der das literarische Werk seines Nachbarn bewundert, besonders den *Jeremias*. Das aus der Großstadt zugereiste Paar sucht freilich keinen tristen Verbannungsort, das abgeschiedene Kapuzinerreich soll vielmehr ein Zufluchtsraum sein, eine Kleinwelt der heiligen Ordnung, eine Trauminsel inmitten des gefürchteten Chaos und der grassierenden Hungersnot.

Doch auch in diesem Reservat herrscht nicht allein der göttliche Friede. Im März 1919 ist das verwilderte Traumschlösschen von unliebsamen Bewohnern besetzt. Da hausen eine Ziege und ihre Herrin, die Gärtnerin des vormaligen Besitzers, rundum tummeln sich ihre halbwüchsigen Kinder und deren verwahrloste Kumpane. Es sollen lauter kriegsgeschädigte und arbeitslose Menschen sein, die zu grimmigen Kommunisten und Wilddieben werden und sich so durch das grausame Leben fretten. Sie nutzen das verlassene Refugium als Depot für ihr Diebesgut, mit dem die Schränke vollgestopft sind. Es wäre ein Leichtes, die wilden Hausbesetzer durch einen Polizeitritt hinauszubefördern, die neuen Hausherren sind allerdings Menschenfreunde.

Einstweilen können sie das desolate Haus ohnehin nicht beziehen und müssen mit dem *Parkhotel Nelböck* beim Bahnhof Vorlieb nehmen. Auch hier gibt es helle

Aufregung: Die Schweizer Kinderfrau, die in das fremde Hungerland mitreist, bekommt eine Blinddarmattacke und wird im letzten Augenblick aus den Fängen des Hotelarztes gerettet, der umsonst auf die begehrten Schweizer Franken spekuliert. Der Schweizerin vergehen die schlimmen Bauchschmerzen, und beglückt reist sie in ihre Heimat zurück. Lix und Suse, zwölf und neun Jahre jung, sind alsbald in der Obhut ihrer vertrauten Lisi, die aus Wien kommt. Friderike Winternitz ist keine Rabenmutter, sie muss vielmehr dauernd außer Haus, um mit den Handwerkern zu verhandeln und in diversen Ämtern vorzusprechen. Diese Aufgaben fallen allein ihr zu, da ihr Mann unter einer selbstbenannten Bürophobie leidet und die ihm widerwärtigen Tätigkeiten delegiert – an seinen Bruder Alfred genauso wie an seine Friderike.

Schon am 29. März, am vierten Tag des Salzburg-Aufenthaltes, flüchtet Zweig nach Wien, vor Ungeduld explodierend, wie er sagt. Es ist eine überstürzte Abreise, da ihm auf der Fahrt alles Mögliche einfällt, was noch zu erledigen wäre. Seine unbezahlten Rechnungen im Hotel sind eine Bagatelle im Vergleich zu den Problemen, die ihm durch den Kopf rasen, während der Nachkriegszug auf der Westbahn dahinkriecht. Das steigert die Unrast, die Zweig so oft befällt und in Kontrast steht zu seinem Bedürfnis nach Ruhe, Sicherheit und Ordnung.

Auf der schrecklichen Bahnreise fühlt er sich dazu gedrängt, seiner charakterfesten Frau detaillierte Verhaltensregeln zu erteilen, die er von der Station Wels per Post ins *Nelböck* schickt – hier nur eine kleine Auswahl: »5) Bestelle Alles was wir vereinbarten. Das Haus soll wenigstens in gutem Zustand und jederzeit bewohnbar sein, wir können entweder uns selbst daran freuen oder es besser verkaufen oder vermieten. [...] 7) Den ärgsten Fall, daß Du nicht bleiben darfst, will ich gar nicht ins Auge fassen: wir werden Uns schon verteidigen, eventuell tue ich es öffentlich und processiere um Rückgabe der Steuer. Solltest Du aber fort müssen, so bleibt nichts übrig als Wien, wir werden dort unser möglichstes tun, um das Salzburger Haus zu erobern und von Wien wird das leichter sein. Die Kinder wirst Du entweder in Salzburg unterbringen oder in Wien der Großvater und Vater sich ein wenig bemühen, sie zu versorgen. [...] Ich weiß, wie stark Du bist, Du wirst Dir schon durchhelfen, spare nicht, aber vor allem ordne Alles so, daß Du dann ohne Sorgen um die Kinder bist. Wenn sie nur zum Essen haben, das ist jetzt das Einzig wichtige, Erziehung, seelische Behandlung, Lernen, das sind Nebensachen. Das einzig Wichtige ist in Ordnung zu kommen, in irgend eine, was für eine ist gleichgültig, ob sie ein bißchen besser oder schlechter ist. Nur Ordnung muß es sein. Herzlichst Dein Stefan«

Die Frau soll Ordnung schaffen, quasi ihren Mann stellen. Das ist mitunter teuflisch kompliziert, da Friderike Winternitz weder Miteigentümerin des Hauses noch Ehefrau des Eigentümers ist. Mit dem Realbesitz können der Eigentümer und seine legitimen Angehörigen das Heimatrecht erwerben. Besitz- und Rechtlose dürfen sich aber nicht ohne weiteres an einem fremden Ort häuslich niederlassen. Sie sind überdies mit der sogenannten Zuzugssperre konfrontiert, denn wegen der Versorgungskrise will sich jedes Bundesland die fremden Mitesser vom Leibe halten. Die geschiedene Frau, offiziell in Wien ansässig und daher nach Salzburg illegal zugezogen, ist sich der Gefahr bewusst, gemeinsam mit ihren Kindern ausgewiesen zu werden. Friderike Win-

ternitz läuft von Amt zu Amt, um die nötige Aufenthaltserlaubnis für den gesamten Haustross zu erwirken.
Das glückt ihr überraschend schnell. Ob dabei der Einfluss einer politischen Partei und eine Spende für wohl-
tätige Zwecke im Spiel gewesen sind, will sie uns nicht
erzählen. Sie weiß jedenfalls, wie Schwierigkeiten auf
eine diskrete und menschliche Art zu lösen sind.

So geschieht es auch im besetzten Haus: Die alte
Gärtnerin kann dazu überredet werden, samt Ziege in
eine kleine Stadtwohnung zu ziehen – fortan muss das
unglückliche Tier in den engen Räumen und Gassen
meckern. Ein besseres Los sollen die vaterlosen Kinder
der Gärtnerin haben, denn ihnen wird sowohl finanziell
als auch moralisch unter die Arme gegriffen. Als der
Sohn, der immerhin schon einiges auf dem Kerbholz
hat, eines Tages wieder einmal in flagranti erwischt wird,
attestiert ihm die gütige Hausherrin tadelloses Verhalten.
Durch die beharrliche Fürsprache und Unterstützung
kommt er schließlich glimpflich davon und mausert sich
geläutert zum Obmann der Arbeitslosen. Bitter ist das
Los seiner Schwester: Sie soll sich auf dem Kapuzinerberg auskurieren, stirbt aber bald an Tuberkulose.

Das gelbe Schlössl wird derweilen hurtig saniert,
vorrangig das schadhafte Dach und die geborstene
Zimmerdecke. Handwerker und Arbeitslose gibt es genug, Materialien aber sind rar und teuer. Leitungen für
das elektrische Licht und das Telefon müssen noch gelegt werden. Unumgänglich ist eine Zentralheizung,
wenn der Frost über die Idylle hereinbricht. Obwohl
es noch Jahre dauern wird, bis die Behausung komfor-
tabel ist, soll das unfertige Nest schon im Frühling
1919 bezogen werden – »Mein Haus in Salzburg lockt
mich sehr, ich hoffe, noch im Mai mich dort einzu-

richten«, schreibt Zweig am 4. April seinem Freund in Villeneuve.

In Wien startet Zweig seine Laufbahn als Botschafter des Nobelpreisträgers und Parade-Europäers Romain Rolland. Seine *Déclaration de l'Indépendance de l'Esprit* soll von prominenten Intellektuellen aus allen Nationen mitgetragen werden. Zweig freut sich über das positive Echo seines Aufrufes, aber überhört dabei nicht die negativen Stimmen. Am 14. April informiert er Rolland über die unterschiedlichen Reaktionen und über eine Neuigkeit: »Strauss und Reinhardt wollen ein großes Theater gründen – unseligerweise in Salzburg. Die bezaubernde kleine Stadt, mein Refugium, würde damit ein Bayreuth werden! Ich bin etwas in Sorge darüber, denn ich verabscheue die Massen an Snobs für mein ruhiges Leben. Jedoch – es wird bis dahin noch Jahre dauern. Nächste Woche ziehe ich um, um den 1. Mai, und dann schreibe ich das Buch über Sie zu Ende.«

Zweig sieht seine Idylle bedroht und mokiert sich über das geplante große Theater, die Salzburger Festspiele, die wider Erwarten bald mit dem *Jedermann* eröffnet werden. Mit Max Reinhardt, dem Starregisseur und Herrn im Salzburger Schloss Leopoldskron, hat Zweig bislang wenig Glück. Seine Stücke einschließlich *Jeremias* sind bei Reinhardt noch auf kein Wohlwollen gestoßen. An der beidseitigen Skepsis wird auch die räumliche Nähe in Salzburg nichts ändern. Seltsamerweise nennt Zweig nur die Namen von zwei illustren Gründervätern: Max Reinhardt und Richard Strauss. Der Dritte im Bunde ist der Freund des Komponisten, sein Librettist Hugo von Hofmannsthal. Er ist als Dichter bereits arriviert und daher seinem jüngeren Rivalen um einiges voraus. Außerdem kann sich Hofmannsthal mit den Mächtigen glänzend arrangieren und dabei als nationalkonservativer Patriot profilieren.

Zweig, der ein anderes Naturell hat, trachtet danach, sich die Mächtigen vom Leib zu halten. Sein Friedenswerk soll fern von allen Wiener Macht- und Intrigenspielen heranreifen, in Salzburg wie in Leipzig. Dem *Insel Verlag* meldet Zweig ganz förmlich die Verlegung seines ständigen Wohnsitzes: »Ich bitte freundlichst und zuverlässig vormerken zu wollen, daß meine Adresse (bisher Wien, VIII., Kochgasse 8) ab 1. Mai 1919 ständig lautet: Dr. Stefan Zweig / Salzburg / Kapuzinerberg 5.«

Zweig macht Ernst mit seinem Versprechen, das Junggesellendasein aufzugeben. Er räumt die Wiener Wohnung, verpackt seine geliebte Bibliothek und Autografensammlung und schreibt seiner Partnerin, dass er die Wiener Sekretärin nach Salzburg mitnehmen möchte, um mit ihr ein Archiv aufzubauen – »Liebe, denk Dir aus, wie herrlich das für Stefan Pascha wäre. Nur diese ersten Monate sind ja wichtig den Karren aufzuzäumen, dann läuft er von selbst.« Davon ist die Hüterin des Salzburger Hauses wenig erbaut, sie wird schon allein zurechtkommen mit ihrem Stefan Pascha, wie Zweig im intimen Kreis liebevoll und vermutlich nicht ohne Grund tituliert wird. Der Mann hat offenbar mehrere Gesichter, mit denen die Frau mühsam umzugehen lernen muss. Im April treffen einander die beiden in Wien, wo er ihrer Mutter und sie seinen Eltern vorgestellt wird. Diese spendieren Möbel, Wäsche und anderes mehr.

Mit der schwierigen Übersiedlung wird eine Spedition beauftragt. Fuhrwerke und Träger schaffen die Lasten auf dem alten Knüppelweg ins Salzburger Haus, das noch vor dem 1. Mai bezogen und eingerichtet wer-

den kann. Dazu gibt es eine treffliche Passage aus Friderikes Erinnerungen *Stefan Zweig – Wie ich ihn erlebte*: »Der
Salzburger Garten quoll über in seiner wundervollen
Obstblüte, als Stefan auf seinem Kapuzinerberg Einzug
hielt. Er bezog für sich selbst zwei Zimmer, die auf eine
riesige Terrasse gingen, und einen sehr großen Biblio-
theksraum im unteren Stockwerk, vor dem später eine
größere Registratur eingerichtet wurde, die gleichfalls
mit Büchern und mit der immer wachsenden Sammlung
der Autographenkataloge angefüllt war. Neben seinen
Zimmern im oberen Stockwerk lag der ›Saal‹, der riesige Rokokoraum mit der bilderreichen Tapete des berühmten französischen Tapetenmalers Dufour. An diesen
schönen, einzigartigen Raum schloss sich mein winzi-
ger Salon mit Balkon, mein Schlafzimmer, das Badezimmer und das Kinderzimmer. Es gab noch eine Mansarde,
den kleinen Turm, im Parterre ein altertümlich panee-
liertes Gartenzimmer mit anschließender Waschküche
und Glashaus, und eine Etage tiefer zwei Dienerzimmer
neben einer riesigen Küche.«

Anhand der Beschreibung kann man sich immerhin
vage orientieren. Das Haus hat drei Etagen: Parterre und
zwei Obergeschosse. Die Herrschaften logieren freilich
ganz oben, auf der Westseite sind die beiden Räume von
Stefan, davor die Riesenterrasse und rechts davon der
Rokokosaal oder Salon mit der wertvollen Panoramatapete *Monumente von Paris* aus dem Atelier Joseph Dufour, und angrenzend östlich für Friderike, Alix und Suse drei Zimmer mit Balkon, dazwischen das Badezimmer. Im mittleren Geschoss befinden sich einige Zimmer, die Speisekammer und der Speisesalon, die Bibliothek und die Registratur, auf der Ostseite ein Gang und
der Pavillon. Das Parterre dient der Versorgung.

In den besagten Memoiren heißt es weiter:»Wir waren nicht allein im Hause, denn wir hatten, der Wohnungsnot Rechnung tragend und dem späteren Gesetz vorgreifend, einer Familie zwei Räume abgegeben. Diese Vorläufer der sogenannten Zwangsmieter hatte ich unter den Polizisten gewählt, was ich auch wegen der sehr einsamen Lage des Hauses zweckmäßig fand.« In der Nachkriegszeit werden tatsächlich fremde Personen in geräumigen Privathäusern, Villen und Schlössern einquartiert. Damit ist eine eigene Kommission befasst, die sich im Haus Kapuzinerberg 5 schwerlich davon beeindrucken lässt, dass hier schon ein Zwangsmieter samt Anhang lebt. Der riesige Salon, der zwischen den Intimräumen des Paares liegt, böte ausreichend Platz für mindestens zwei Familien mit unbeschränkter Kinderzahl, heißt es. Die Hüterin des Hauses setzt daraufhin alle Hebel in Bewegung, um Störungen von ihrem Mann fernzuhalten. Selbst das Amt für Denkmalschutz wird eingeschaltet. Es würde gegen jede Änderung des kunsthistorisch wertvollen Saales Einspruch erheben. Letztendlich fruchtet eine sehr hohe Geldsumme, die dem kommunalen Wohnbau zugute kommt. Mit diesem Freikauf wird die Bedrohung für den teuren Hausfrieden abgewehrt.

Da der Dichter viel unterwegs ist, hin und wieder auch die ganze Familie, braucht das abgelegene Heim, das schöne Schlössl samt seinen Schätzen, allerdings einen Schutz. Aus diesem Grund wird immer ein Polizist bei der Auswahl der Mieter bevorzugt. Mitte der Zwanzigerjahre wird die Familie Schirl aufgenommen. Franz Schirl ist Oberwachmann, dann Revierinspektor und schließlich Rittmeister der Polizei. Die dreiköpfige Familie wohnt vierzehn Jahre im Haus. Ihre Beziehung zum Hausherrn, der in seiner Privatsphäre ungern ein fremdes Gesicht sieht und noch weniger eine Uniform oder Waffe, muss demnach ausnehmend gut sein. Der Besitz wird regelmäßig von schädlichen Gästen heimgesucht, von Gartenschläfern aus der Familie der Nagetiere. Werden die Eindringlinge allzu frech, vermag Herr Schirl mit der Dienstpistole Ordnung zu schaffen.

Die Wohnverhältnisse sind keinesfalls bedrückend, aber irgendwie absonderlich. Das Haus hat ein Badezimmer, das der Familie Zweig vorbehalten ist. Da kein spezielles Gästezimmer existiert, kommen als Hausgäste in erster Linie intime Freunde in Betracht, die im Arbeitszimmer, im Salon oder in der Bibliothek übernachten müssen. Friderike Zweig bemerkt in ihren Memoiren, dass hier in der Nachkriegszeit häufig ein geliebter Freund wohnt: Erwin Rieger, Jahrgang 1889, der Stiefsohn von Oberst Veltzé aus dem Kriegsarchiv, ein Kadett und Antimilitarist, Romanist, Übersetzer und Schriftsteller. Er ist Stefans linke Hand und sein Biograf: *Stefan Zweig – Der Mann und das Werk* (1928).

Da von den Bewohnern auf Anhieb keine Meldescheine zu finden sind, muss man in den Adressenbüchern blättern, die nach amtlichen Quellen erstellt werden. Im Adressenbuch 1919 ist immerhin der Hausherr eingetragen, mit falschem Vornamen: Dr. Johann Zweig, Schriftsteller. In den folgenden Büchern finden sich beide: Dr. Stephan und Friederike Zweig. Mit dieser Schreibweise scheint sich das Ehepaar abzufinden.

Dispensehe

Friderike Zweig deutet das Procedere der Dispensehe in ihren *Spiegelungen des Lebens* so: »Es wurde von jeher auch innenpolitisch viel ›gepackelt‹. Stefan und ich haben nach dem Krieg mit mehr als dreißigtausend angehenden Ehepaaren daraus Nutzen gezogen. Auf dem Schreibtisch des christlichsozialen Landeshauptmanns Dr. Franz Rehrl lag im Jahre 1919 unsere Eingabe zwekks Erteilung einer Dispens, zugunsten der Möglichkeit meiner Wiederverheiratung, da meine frühere Ehe eine katholische gewesen war. Dr. Rehrls christlichsoziale Zugehörigkeit hinderte ihn, so freundlich er mir auch gesinnt war, ihr stattzugeben. So legte er, als er auf Urlaub ging, den Akt auf das Pult des Vizelandeshauptmannes Preußler, dessen sozialdemokratische Partei sich für die Dispensehen eingesetzt hatte und sie durch das Innenministerium durchsetzen konnte.«

Diese Deutung ist zumindest nicht unwahrscheinlich, es ist allerdings fraglich, ob die Salzburger Politiker Rehrl und Preußler – im Jahr 1919 die Stellvertreter des Landeshauptmannes Oskar Meyer – mit der betreffenden Angelegenheit zu tun haben. Die Parteipresse gibt allein Einblicke in die Streiterei um die Dispens- und Zivilehen im allgemeinen. Nach dem Protestbrief der katholischen Bischöfe werden die Sozialdemokraten als böse Agenten von Ehebrechern, Juden und Ketzern hingestellt. Die Ehereform scheitert am entfesselten Kulturkampf. Nach wie vor gilt die alte Version des *Allgemeinen Bürgerlichen Gesetzbuches*: Darin ist von der Möglichkeit der Dispensation, der Nachsicht oder Befreiung von Ehehindernissen zu lesen. Es ist im Grunde eine Ermessenssache, deren Spielraum von den politischen Kräften bestimmt wird. Die weisungsgebundene Verwaltung braucht sich bei ihren Entscheidungen bloß auf die gültigen Paragraphen zu berufen.

Mit dieser Situation ist Friderike Maria Winternitz also konfrontiert. Ihre erste Ehe kann nach katholischem Recht nicht annulliert worden sein, sonst bräuchte sie nicht um die Bewilligung einer Dispensehe zu bitten. Es muss für die gläubige Katholikin schmerzlich sein, ihre geliebte Kirche zu verlassen, um ein Hindernis für die ersehnte Ehe mit Stefan Zweig zu beseitigen.

Noch am selben Tag reicht sie ein handschriftliches Gesuch bei der Salzburger Landesregierung ein: »Endgefertigte bittet unter beiliegender Begründung um Dispens des Ehebandes und um die Erlaubnis der Wiederverehelichung mit dem Dichter und Schriftsteller Dr. phil. Stefan Zweig, damit die Möglichkeit eines nach herrschenden Begriffen sittlichen Zusammenlebens geschaffen sei und ihren Kindern aus ihrer geschiedenen Ehe wieder väterliche Obhut und Familienleben vergönnt werde. Die Gesuchstellerin ist derzeit konfessionslos. Zuständigkeit, Ansässigkeit und Dokumente über die Religionszugehörigkeit der Brautleute liegen bei, so wie Begründung der Scheidung und Wiederverehelichung. Mit der Bitte um baldige Gewährung ergebenst Friderike Maria Winternitz / Schriftstellerin / Salzburg, 17. Juli [19]19 / Kapuzinerberg 5 / Beiliegend: / 1. Taufschein / 2. Trauschein / 3. Scheidungsdokument / 4. Heimatschein / 5. Erklärung der Konfessionslosigkeit / 6. Begründung / 7. Meldezettel Dr. Stefan Zweigs.«

Im amtlichen Protokoll wird die Religion und Abstammung der Brautleute penibel registriert. Daran lässt sich noch kein Antisemitismus erkennen, obschon die dominante christlichsoziale Partei den »reindeutschen Charakter des Landes Salzburg« anstrebt. Nichtsdestotrotz erwerben Friderike Winternitz und Stefan Zweig die Aufenthaltserlaubnis problemlos. Nun will die getaufte Jüdin, die nach katholischem Recht verheiratet ist und sich von der Kirche trennt, einen Juden heiraten. Gemäß § 83 ABGB sollen allerdings nur die von der Gesuchstellerin vorgetragenen wichtigen Gründe geprüft werden.

Im Protokoll der Salzburger Landesverwaltung vermisst man jedoch den ausdrücklichen Hinweis auf die zivilrechtlich getrennte Ehe von Dr. Felix und Friderike Winternitz, auf das Sorgerecht der geschiedenen Frau für ihre Töchter, auf die neue Lebenspartnerschaft, den gemeinsamen Wohnsitz und den vorhandenen Wohlstand. Ein juristischer Laie kann das nur so erklären, dass die Salzburger Landesverwaltung auf die mächtige Stimme der katholischen Kirche hört und lieber die vorherrschenden unsittlichen Verhältnisse, wilde Ehen und dergleichen in Kauf nimmt. Aus welchen Gründen auch immer, dem Gesuch wird nicht stattgegeben. – Unterschrift des Vizepräsidenten der Landesregierung Franz von Baillou. Friderike Winternitz ist immerhin berechtigt, gegen die Entscheidung der Landesregierung vom 8. August 1919 binnen vier Wochen zu berufen.

Das leidige Problem wird auffallend rasch der höheren Instanz in Wien zugeschoben. Nun soll das Staatsamt des Inneren sein Plazet zur Dispensehe geben. Stefan Zweig ist freilich ungeduldig und möchte die Sache beschleunigen. Am 26. September schreibt er seiner lieben Fritzi: »Ich war heute im Ministerium, ließ mir den (unerledigten) Akt suchen, verlangte Zutritt zum Referenten – mich begrüßt freundschaftlich Trentini [Albert von Trentini, Dichter und Beamter]. Natürlich wie alle auf Urlaub gewesen, keine Ahnung vom Akt – verzweifelt, vor acht Tage hätte er es glatt erledigt. Heute muß er wegen des neuen Erlasses es pro forma zu ›Erhebungen‹ nach Salzburg zurücksenden. Verspricht es noch heute und dringend zu tun.«

Trentinis Schreiben vom 26. September – »gegen rascheste Wiedervorlage« – liegt am 3. Oktober bei der Salzburger Landesregierung. Mit der Akte befassen sich nun Baillou und Rehrl, der Stellvertreter des Landeshauptmannes, und zwischendurch der Stadtmagistrat. Da die Angelegenheit nicht sofort erledigt wird, ist Zweig wütend: »[...] wenn man mir nicht zubilligt, was man 80.000 Leuten innerhalb 4 Wochen zugebilligt hat, so werde ich die Sache publik machen und die Herrschaften werden etwas erleben. Ich habe gar keine Lust, in dieser Welt der Packeleien mir etwas von Obrigkeiten gefallen zu lassen. Mir war es um Beschleunigung zu tun.« In Salzburg werden die Erhebungen in die Länge gezogen: Die Polizei muss den Leumund der Brautleute prüfen, Friderike Winternitz wird mehrmals vorgeladen, während Zweig auf einer dreiwöchigen Lesetournee in Deutschland weilt. Nach seiner Rückkehr vergehen abermals mehrere Wochen des Zuwartens.

Der Behördenvorgang der Landesregierung ist in gestochenem Kurrent abgefasst, auf den oberen Ecken der Amtsschrift ist vermerkt: »Dr. Rehrl« und »Sehr dgd« (sehr dringend). Beim Lesen des Protokolls fällt die folgende Beurteilung auf: »Der neue Mann [= durchgestrichen, ersetzt durch:] erkorene Bräutigam ist der offenbar [= durchgestrichen, ersetzt durch:] der bekannte Schriftsteller Stefan Zweig, mit welchem die Bittstellerin seit 5 Jahren vertraut ist u. alle Anstalten zu einer dauernden Lebensgemeinschaft getroffen hat. Aus erster Ehe sind 2 Kinder vorhanden, um die sich der geschiedene Ehegatte anscheinend nicht kümmert. Besondere Umstände liegen nicht vor. In Betracht kommt nur die zerrüttete Ehe, die anscheinend glückliche neue Verbindung u. die öffentliche Stellung des erkorenen Bräutigams Stefan Zweig, also ein vorwiegend gesellschaftliches Moment.«

Daran schließt die Mitteilung der Landesregierung an das Staatsamt für Inneres: »Obzwar aus den Akten hervorgeht, daß keine Aussicht auf eine Wiedervereinigung der geschiedenen Ehegatten zu bestehen scheint u. auf der anderen Seite die beabsichtigte Wiederverehelichung zum Vorteile der Bittstellerin und der Kinder wäre, auch an dem sittlichen u. gesellschaftlichen Wert der neuen Verbindung nicht zu zweifeln ist, vermag die Landesregierung dennoch nur auf Abweisung zu beantragen, weil dem Gesuch um Nachsicht von dem Ehehindernisse des § 111 ABGB – das Band einer gültigen Ehe kann zwischen katholischen Personen nur durch den Tod des einen Ehegatten getrennt werden – die zwingende Norm des Gesetzes gegenüber steht, von welcher auch nach den vom Staatsamte herausgegebenen Weisungen nur unter ganz außerordentlichen Umständen abgegangen werden könnte. Derartige Umstände liegen jedoch hier nicht vor. S., am 17. Nov, 1919 [Unterschriften Baillou und Rehrl]«

Mit der Abweisung der Berufung befasst sich prompt das Staatsamt für Inneres (Trentini). Seine lakonische Weisung, die am 28. November 1919, dem 38. Geburtstag von Zweig, im Posteinlauf der Landesregierung liegt, beendet die wilde Ehe: »Die erbetene Nachsicht ist hiermit erteilt.« Das Paar wird extra aus dem Ministerium telegrafisch benachrichtigt.

Anfang 1920 erreicht die beiden die traurige Nachricht, dass Heinrich Lammasch in Salzburg gestorben ist. Am 10. Jänner berichtet Zweig seinem Freund in Villeneuve vom seltsamen Begräbnis: »Nie im Leben habe ich eine solche Beerdigung gesehen, so ärmlich so traurig, wir waren fünf Personen am Grabe eines ehemaligen Ministerpräsidenten eines Dreißig-Millionen-Landes, des großen und berühmten Gelehrten, eines großen Heros des Denkens. Nicht ein einziges Mitglied der Regierung, keiner seiner einstigen Parteigänger; alle hatten sie Angst, für Monarchisten zu gelten, wenn sie dem Begräbnis des letzten Getreuen des unglücklichen Karl beiwohnen. Meine Frau und ich, die wir während des Krieges durch seine große Güte, durch die Klarheit seiner Sicht Unterstützung erfuhren, waren zu Tränen gerührt. So begräbt man die Besiegten unsterblicher Ideen! Mir bleibt für immer ein Ekel vor jeglicher Politik.«

In den Erinnerungen der Tochter Marga Lammasch wird das Grab ihres Vaters beschrieben: »Auf dem stillen Friedhof von Aigen bei Salzburg, inmitten der herrlichen Natur, die Papa so sehr geliebt hatte, umgeben von den Bergen, die er zeitlebens zu seinen liebsten Freunden zählte, strebt ein gotischer Bogen ins Himmelsblau und die Worte, die da über seinem Namen stehen: ›Selig die Friedensstifter, denn sie werden Söhne Gottes genannt werden‹, muten an, als wären sie ganz besonders für diesen wahren, echten Friedensapostel gesprochen, der hier im seligen Frieden ruht.«

Nach dem Begräbnis wird auf dem Kapuzinerberg die Hochzeit geplant. Im Namen von Dr. Stefan Zweig wendet sich Friderike Winternitz-Zweig an den löblichen Stadtmagistrat: »Gefertigter beabsichtigt an Stelle des alten verrosteten Einfriedungsgitters auf seinem Besitze Kapuzinerberg 5 ein einfaches schmiedeeisernes Gartentürl mit Conglomerat-Säulen wie laut beiliegender Skizze ersichtlich zu errichten, bittet diesbezüglich um Genehmigung zur Aufstellung.« Die Pforte zur Villa Zweig soll das Hochzeitsgeschenk von Friderike für ihren Stefan sein.

Die Erfahrungen mit dem Salzburger Amtsschimmel sind vermutlich dafür ausschlaggebend, dass die beiden es vorziehen, im Wiener Rathaus zu heiraten, wo Ziviltrauungen gang und gäbe sind. Der Bräutigam muss aber allein reisen, »leider ganz unweiblich begleitet«, wie er beklagt, da die Braut die Zeremonie nicht ein weiteres Mal erleben möchte. Sie scheint ihre Erinnerungen und Gefühle nicht unterdrücken zu können. Der gemeinsame Freund Felix Braun bekommt die schriftliche Vollmacht, das feierliche Jawort der Braut aussprechen zu dürfen. Mit dem Stellvertreter, dem Bräutigam und den Trauzeugen, Eugen Antoine und Hans Prager, stehen am 28. Jänner 1920 ausschließlich Männer vor dem Standesbeamten. Als dieser dem Brautpaar viele Kinder wünscht, erlaubt sich der Bräutigam zu lachen, wie sich der Stellvertreter der Braut erinnert.

Der abwesenden Frau ist in Salzburg eher zum Weinen zumute. In ihrem Brief vom 30. Jänner, den ihr Ehemann in Wien erhält, überspielt sie ihre Empfindungen ein wenig: »Mein Lieber, wie hast Du die Hochzeitsnacht verbracht? Steffi, jetzt fällt mir ein, daß ich vielleicht einen bräutlichen Brief an die Eltern hätte schreiben sollen. Aber ich kann nicht, das siehst Du doch wohl ein. Ich spüre so gar keine Veränderung. Das ist so, weil Du mir meine Sentimentalität abgewöhnt hast.

Wäre sie eingeschaltet, schriebe ich Dir einen Brief, den Du Dir einrahmen könntest. Es schwebt mir so dunkel vor, was ich Dir darin sagen würde – aber wie gesagt, es ist nichts damit, und meine Gebete, mein Liebling, bete ich auch wenn Du bei mir bist. [...] Es küßt Dich *Mumu*.«

Mumu ist eine 37-jährige Frau, die wohl die Mama ersetzen soll und sich einen Sohn wünscht – von ihrem zweiten Mann. Will er nicht oder kann er nicht? Es steht jedem frei, sich von Spekulationen leiten zu lassen, augenscheinlich ist, dass es Zweig nach der Trauung nicht so eilig hat, seine Frau mit einem Geschenk oder einer Hochzeitsreise zu beglücken. Eine Zugsperre soll es sein, die ihn von der sofortigen Heimreise abhält. Derweilen beschäftigt sich die Ehefrau mit der Post, mit einem Berg voller Probleme, wie sie feststellt: »Da heißt es immer alles zu lesen, denn sonst kommen Berge zusammen und wieder keine Ordnung. Dir würde ja ein Blick zur Sonderung genügen. Sehr lästig sind mir beim Ordnen die Frauenbriefe aus der Zeit, wo ich dachte, daß neben mir nicht so viel anderes Raum hatte, andererseits sind Briefe dabei, die Dich in den Augen der biederen Frau M. als Don Juan erscheinen ließen. Es ist also unmöglich, daß Du ihr die Korrespondenz zur Durchsicht gibst. Du hast selbst vergessen, was für und wie viel unmögliche Briefe darunter sind. Aber mit der Zeit kommt schon gute Ordnung in alles.«

Der Herr im Haus

Frau M. ist die 1881 geborene Anna Meingast. Sie ist eine Kriegerwitwe, die Mutter des kleinen Willi, mit dem sie in der Linzergasse wohnt, ganz in der Nähe des Aufgangs zum Kapuzinerberg. Auf die Bewerbung der in ärmlichen Verhältnissen lebenden Frau erwidert der Hausherr [undatierter Brief in der Sammlung Meingast, Salzburger Literaturarchiv]: »Sehr geehrte Frau Meingast, ich empfing Ihr frdl. Offert, das mir durchaus sympathisch ist, doch wäre es nur von Wichtigkeit, dass die gewünschte Sekretärin auch gewisse, wenn auch geringe Kenntnis des Französischen besitzt, um in der Orthographie solcher Namen sicher zu sein [dazu die Fußnote: es handelt sich bei mir vielfach um Correspondenzen in denen solche Namen vorkommen]. Jedenfalls möchte ich Sie bitten, mich, wenn es Ihnen möglich ist, Sonntag zwischen 10 – 11 Uhr aufzusuchen, ich habe im Ganzen ausser Ihrem Offerte nur noch zwei in Betracht gezogen und möchte dann die Entscheidung nach persönlicher Besprechung treffen. Mit den besten Empfehlungen Ihr sehr ergebener Dr. Stefan Zweig«

Ab November 1919 ist Frau Meingast seine Sekretärin. Das Verhältnis zwischen ihr und ihrem verehrten Herrn Doktor Zweig ist geprägt von Loyalität, Diskretion und Vertrauen, das die heikelsten Angelegenheiten einschließt: Korrespondenz, Werkniederschrift, Bibliografie, Hauptbuch, Geld, Bankvollmacht, Verträge et cetera. Zweig und Meingast schätzen einander. Er ist ihr gegenüber sensibel und splendid und kümmert sich bis ins Jahr 1938 hinein um ihr Wohlergehen, ebenso um das ihres heranreifenden und studierenden Sohnes.

Für die bürgerliche Ordnung und Diskretion sorgt in erster Linie die Hausherrin. Friderike Zweig leidet allerdings unter dem brüchigen Hausfrieden und muss manchmal ihrem Gram und Ärger Luft machen. Im August 1920 schreibt sie einem Freund des Hauses: »Mit dem ›Knaben‹ [Stefan], wie Du sagst, ist es oft schwer, denn er ist zuweilen heftig, auch vor Leuten und das ertrag ich nicht immer mit der den Anlässen entsprechenden Gleichmut (Für den Fall als Du Getratsch über unsere ›Ein‹stimmigkeit hören solltest, nimm es bitte nicht tragisch). Auch ärgern mich die Zudringlichkeiten der intellektuellen fallobstreifen Frauengezimmer, die einfach über meinen Kopf hinweg ihre Fallübungen an ihm erproben, so daß ich schon einen rechten Ekel vor meinem eigenen Geschlecht habe. Schön haben wir es, paradiesisch. Aber jeder kleine Winkel wäre mir lieber mit mehr Unbehelligkeit im eigenen Haus. – Ich lasse noch Platz für Stefan. Uns geht es gut. Fritzi ist sehr eifersüchtig, obwohl meine Fehltritte noch an den Fingern der Hand abzuzählen sind und doch von vornherein escomptiert werden. Aber das ist ihr schwacher Punkt, leider auch der meine. [...] Stefan.«

Seine Eroberungen und Amouren scheint die Ehefrau bald gelassen hinzunehmen. Sie kann darüber sogar Witze machen, beispielsweise in ihrem Brief vom Juni 1923, den ihr Mann in einem norddeutschen Kurort erhält: »Nun zu Dir, mein lieber Mann (nicht Männe, bitte). Hast Du wieder ein Giraffenweibchen von einem Kieler *Mehr*busen gefunden? Bring mir ein Photo mit, damit ich sehe, welche Wege Dein Geschmack einschlägt.« Humor dient der Frau möglicherweise dazu, ihre Verletzlichkeit zu überspielen. Eine sogenannte nor-

91

male Ehe wird sie mit ihrem Stefan nicht führen können, damit muss sie sich irgendwie abfinden.

Als Stefan Zweig im August 1927 in der Schweiz auf
Kur ist, schreibt ihm seine *Mumu* einige nette Zeilen, die
den Anschein erwecken, als ob sie mit seinen Fehltritten
einverstanden wäre und ihn dazu sogar animieren würde: »Mein Liebes, casanovre, so wie es Dir am besten behagt, teils so, teils so, wird wohl das Vernünftigste sein.
Der Schreibtisch bleibt an seinem Fleck, das andere ist
nicht so stabil, wie Du ja oft klagst. Sei tausendmal gegrüßt von *Mumu*.« Es ist eine von vielen Briefstellen, die
einem uneingeweihten Leser unverständlich erscheinen.
Mit der geheimnisvollen Formulierung »teils so, teils so«
können gewisse Neigungen des alternden Casanova gemeint sein. Der Mann soll jedenfalls sein Leben ausko-
sten – außer Haus freilich. Seine Seitensprünge und
anderen Schwächen quittiert die tolerante Frau mit der
Forderung, dass der Schreibtisch an seinem angestamm-
ten Platz zu bleiben hat.

Stefan Zweig hat auch ein öffentliches Laster: Er ist
süchtig nach seiner Virginier. Vor seiner Ehe scheint ihm
die Kaiserzigarre – ohne Reminiszenz an die Monarchie
– ein pures Vergnügen zu sein: »Viele Grüße von meiner
treuen Braut *Virginia Brissago* und Deinem Stefan
Zweig.« Als er aber auf dem Kapuzinerberg rastlos
arbeitet und dabei eine Zigarre nach der anderen
qualmt, wird die Rauchlust zur quälenden Abhängigkeit,
die er nicht abschütteln kann.

In der Korrespondenz spricht Zweig einmal von
»meinem Sohn Rolf« und ein anderes Mal von »meinem
Sohn Kaspar«, der eine Schandtat begangen habe. Das
Rätsel löst sich erst bei der weiteren Lektüre: Zweig
spricht von Haustieren, einem gutmütigen Schäferhund

und einem quirligen Spaniel, den Spielgefährten der heranreifenden Kinder Alix und Suse, den rührigen Apportlwerfern. Dazu hat das Herrl wenig Zeit. Er mag Hunde, sofern sie ihm nicht zur Last fallen und seine Arbeitsruhe stören. Dessen ungeachtet eignen sich die Hunde als Wächter des abgelegenen Herrnsitzes.

Zweig spielt nicht den mächtigen Herrn, obschon er manchmal dementsprechend reagiert, wenn ihn der Lärm reizt. Zweig will auch seine Stieftöchter gern sehen, aber weniger gern hören. Sie sind lebhaft, manchmal übermütig oder frech und verhätscheln ihre Katzen, die der sonst sehr nette Stiefvater hasst. Solange er und die Töchter Friderikes in halbwegs getrennten Welten leben, ist das Zusammenleben erträglich. Zweig ist großzügig und verzichtet sogar auf die Unterhaltszahlungen des leiblichen Vaters, was der Mutter nicht recht sein soll, da sich damit ihre Abhängigkeit verdoppelt. Zudem mischt sich der Stiefvater hin und wieder ungebeten in die ihm längst fremde Welt der Kindheit und Jugend ein. Das erklärt Friderike Zweig in ihren Erinnerungen so: »Das Verstehen, das ich meinen eigenen Kindern entgegenzubringen trachtete, erzeugte in ihm Eifersucht in Erinnerung der eigenen Entbehrungen.« Es kann nichts Materielles gewesen sein, das der junge Stefan entbehrt haben soll, es ist wohl eher der Mangel an Zuneigung, der noch im Erwachsenen die Eifersucht weckt. Dann reagiert Zweig ein wenig eingeschnappt: »Ich hänge eben an meinen Büchern, wie Du an Deinen Kindern.«

Die Familie ist für Zweig der ruhende Pol, wiewohl ihm gemeinschaftliches Feiern zuwider ist. Anfangs bemüht sich der Hausherr, die von ihm erwartete Rolle zu erfüllen. Die ersten Weihnachten auf dem verschneiten Kapuzinerberg sind der Ehefrau in bester Erinnerung:

»Kaum eine andere Stadt der Welt bot derart schöne Kulissen zu diesem Feste. Kaum ein Haus konnte festlicher stimmen zur Weihnachtszeit, als das unsere am Kapuzinerberg, zu dem ein Passionsweg führte, der an der Kapuzinerkirche endete. Auf tiefem Schnee, der in diesen Wochen meist über der Landschaft lag, funkelten überall Lichter und strahlten aus den hohen Kirchenfenstern durch die bereiften Bäume. Vor den Tabernakeln, nahe dem Hause, fand das Weihnachtsblasen statt, eine uralte Gepflogenheit. Selbst unsere Hunde, darunter Stefans geliebter Spaniel Kaspar, und die vielen Katzen, denen Würste beschert wurden, waren freudig erregt. Für etwa dreißig Leute waren Geschenke besorgt, und die Köchin bereitete gute Dinge, womöglich des verehrten Hausherrn Lieblingsgerichte. Zuerst ging dieser selbst auch freudig auf alles ein, bis er dann oftmals plötzlich erklärte, er wolle verreisen, rasch eine kleine Tasche packte und etwa nach dem nahen München verschwand, um dem Festabend zu entgehen.«

Seine Flucht vor dem üppigen Weihnachtsfest begründet Friderike Zweig mit Kindheitserlebnissen im jüdischen Elternhaus. Demnach würde jeder Mensch, der auf das Christkind und den Osterhasen verzichten muss, von einem Trauma gepeinigt. Die Sache ist freilich einfacher zu erklären: Zweig empfindet jedes Gemeinschaftsritual als Nötigung und will sich dafür auch gar nicht rechtfertigen. Sein Leibgericht, den Gansbraten, kann er auch in München oder anderswo genießen. Zu Weihnachten 1928 ist er in Montreux, von wo er seiner Frau folgende Zeilen schreibt: »Ich werde kaum vor dem 3. oder 4. in Salzburg sein, mir behagt die Solitüde außerordentlich, und die ganze Weihnachterei zu überschlafen, bereitet eine besondere Art von Genuß.« Erholsame

Ausflüge lassen ihn friedfertig heimkehren, allerdings nur bis Anfang der 30er Jahre.

Für den Hausfrieden ist ein anständiger Komfort vonnöten. Als der vierzigjährige Mann seine dritte Deutschlandtournee beendet, erwartet ihn im Kapuzinerreich eine Geburtstagsbescherung: ein großer geblümter und mit feinen Daunen gepolsteter Ohrenfauteuil. Er steht im Arbeitszimmer, das einen eigenen Ofen hat und daher von Zweig vornehmlich im Winter genutzt wird. Die Bibliothek und andere Räume des verwinkelten Hauses sind anfangs schwer zu beheizen. Der entsetzliche Frost treibt ihn in die Flucht. Im Jänner 1924 eilt er nach Paris, wo er die milde Luft preist. Währenddessen wird im Haus unter großen Schwierigkeiten eine Zentralheizung installiert, unter Gehämmer, das der lärmempfindliche Dichter nicht erträgt. Vor seiner Heimreise schreibt er seiner lieben Fritzi noch rasch nette Zeilen: »Was für lärmende Tage hast Du gehabt, wie wirst Du glücklich sein, die Arbeiter aus und den fleißigen Stefzi, den Geräuschlosen, in dem Haus zu haben!«

Ist er zu Hause, hat rundum Ruhe zu herrschen. Da dürfen nicht einmal gedruckte Gräuelberichte in das Haus eindringen, daher wird auch keine Zeitung abonniert. Radiogeräte sind ebenfalls verpönt. Im August 1930 schreibt der nach Hamburg geflüchtete Hausherr: »[...] Und die Liste der versäumten Besucher hat mir noch kein verzweifeltes ›Schade‹ entlockt. Daß Du auf Borg Radiotin geworden bist, habe ich vernommen: auch hier sitzt eines im Hause und gurgelt auf einen Druck sofort Operetten und ähnlichen Mist. Gott behüte uns vor all diesem Unfug!«

Zweig ist modernen Errungenschaften gegenüber mäßig aufgeschlossen, das Telefon ist freilich eine unabdingbare Einrichtung. Zur Frau des Verlegers Kippenberg sagt Zweig einmal: »Vielleicht telefonieren Sie uns einmal hier an, Telefon 598, wir haben so rasch Verbindung wie in der Stadt selbst, dank der großen Nähe, und ich bin fast immer, außer abends zu Hause.« Zweig wird während seiner Arbeit nicht selbst den Hörer abheben. Um die praktischen Dinge des Lebens müssen sich die Ehefrau und das Personal kümmern. Friderike Zweig ist allerdings nicht das, was man sich unter dem Begriff Hausfrau landläufig vorstellt. Putzen, Waschen und Kochen erledigt das Hausfaktotum Lisi, dann Valerie und Marie, schließlich der schrullige Herr Johann, der gut kochen und sogar mit der Waschmaschine umgehen kann. Herr Johann ist allerdings weniger Faktotum, vielmehr der loyale Kammerdiener des Hausherrn. Den Garten hegen und pflegen alle gemeinsam, für die beschwerlichen Arbeiten kommt aber jemand von außen.

Der Schriftsteller ist allein von seiner Arbeit besessen. Dabei führt er eine regelrechte Kanzlei. Seine handschriftlich konzipierten Texte und Briefe diktiert er in raschem Tempo der Sekretärin, die das Stenogramm in die Maschine überträgt. Anna Meingast wohnt unweit von ihrem Posten, ist jederzeit, selbst an Sonn- und Feiertagen abrufbereit. Die Kanzlei prosperiert, entwickelt sich rasch zum Betrieb des Großschriftstellers Zweig. Daher wird noch in den 20er Jahren ein riesiges Diktaphon angeschafft. Es hat gehörige Mucken und bringt anscheinend wenig Erleichterung. Gelegentlich muss eine weitere Schreibkraft, die Frau seines Schachpartners, einspringen. Etwa 200.000 Seiten werden in den fünfzehn Betriebsjahren produziert. Dazu ist dem reichen Briefschatz von Zweig ein trefflicher Satz zu entnehmen: »Dies nur in Schreibehatz.«

Wenn im Haus von Automobilen geredet wird, dann äußert Zweig seine Bedenken, die von den Gefahren im Straßenverkehr bis zu den Zufahrtsproblemen reichen. Das Auto ist für ihn nur eine zusätzliche Bindung und ein unnötiger Ballast. Zweig hat Wertvorstellungen, die in der bürgerlichen Glanzzeit und ihrem Geniekult wurzeln. Dementsprechend sind seine Erwerbungen. Für den sesshaften Jäger und Sammler ist es ein unerhörter Glücksfall, als ihm Beethovens Schreibtisch und anderes mehr in Wien angeboten wird. An solchen Stücken kann sich Zweig sofort begeistern. So schreibt er im Juni 1929 an Rolland: »Hören Sie also, lieber Beethovenianer, und beneiden Sie nicht einen alten Freund: ich habe gestern in Wien dem Doktor Stefan Breuning den großen Sekretär Beethovens abgekauft [...]. Ich bin ein wenig verwirrt, daß man zu einem wirklich unbedeutenden Betrag solche Schätze kaufen kann, und ich wage fast nicht zu sagen, daß ich sie besitze. Ich fühle mich nur als frommer Hüter, und meine Ehrfurcht (die nicht schwinden wird) entschuldigt den sogenannten Besitz.«

Das edle Sammlerstück, eine heilige Reliquie, wie Zweig sagt, wird im großen Saal aufgestellt. Die abertausend Bücher und Autografen behandelt er ebenfalls wie Heiligtümer. Der Schweizer Psychoanalytiker und Dichter Louis-Charles Baudouin, der auf dem Kapuzinerberg mehrmals zu Gast ist, schildert das museale Flair des vornehmen Hauses und den Kult, den der Gastgeber mit seinen Utensilien treibt: »Er führt mich in seine Bibliothek, einen längeren Saal mit verschiebbaren Vitrinen und Gittern, wo jede mögliche Sorgfalt angewendet wird, damit die Bücher mit ihren dunklen oder gelbbraunen Rücken sich wirklich zu Hause fühlen. [...]

Zweig empfindet einen geradezu sinnlichen Genuss an schönen Dingen; er weiß den Rücken eines Buches zu streicheln. Diese Glaskästen sind auch mit Autographen geziert: er ist ein großer Sammler davon, und manche der wertvollsten Stücke stehen gerahmt da.«

Auf diese Inszenierung und den Ahnen- oder Geniekult wird sich der geschulte Psychoanalytiker schon seinen Reim machen können. Es ist im Grunde die alleinige Sache von Stefan Zweig, und fairerweise soll er selbst zu Wort kommen und uns den Charakter oder Sinn seiner heiligen Sammlung erklären. Das tut er in der *Zeitschrift für Bücherliebhaber* PHILOBIBLON: »[...] ich würde sie eher und lieber eine Werkschriften-Sammlung nennen. Denn ich sammle niemals bloß die Schrift, nicht Zufallsbriefe und Albumblätter von Künstlern, sondern nur Schriften, die den schöpferischen Geist im schöpferischen Zustande zeigen, also ausschließlich Handschriften von oder aus künstlerischen Werken.« (1930 Heft 7) − »Um Handschriften verstehend zu lieben, um sie zu bewundern, um von ihnen angeregt und erschüttert zu sein, müssen wir vorerst gelernt haben, den Menschen zu lieben, dessen Lebenszüge in ihnen verewigt sind.« (1935 Heft 4)

Gastbeispiel

»[...] und als er Einzug hielt in ein Heim, in dem er den Großteil seiner Werke schuf und das, von Jules Romains ›eine Villa in Europa‹ genannt, Besucher aus allen Weltteilen erfreuen sollte«, schreibt Friderike Zweig in ihren *Spiegelungen*, und sie muss wissen, wo und wann Jules Romains (recte Louis Farigoule), mit Zweig lange, aber nicht immer konfliktfrei befreundet, jene Wortschöpfung in die Welt setzt: Villa in Europa, wohl eine geflügelte Fabel, die Zweig vermutlich goutiert, jedenfalls in seiner *Welt von Gestern*: »[...] und unser Haus auf dem Kapuzinerberg wurde ein europäisches Haus. Wer ist dort nicht zu Gast gewesen? Unser Gästebuch könnte es besser bezeugen als die bloße Erinnerung, aber auch dies Buch ist mit dem Haus und vielem anderem den Nationalsozialisten verblieben. Mit wem haben wir dort nicht herzliche Stunden verbracht, von der Terrasse hinausblickend in die schöne und friedliche Landschaft, ohne zu ahnen, daß gerade gegenüber auf dem Berchtesgadener Berg der eine Mann saß, der all dies zerstören sollte? Romain Rolland hat bei uns gewohnt und Thomas Mann [...].«

Worte von Stefan Zweig: seine Erinnerung, seine Wehmut, seine Schwermut. Es ist allerdings seltsam, dass er in seinem Erinnerungsbuch etwa Felix Braun, Emil Fuchs, Joseph Gregor, Erwin Rieger und Joseph Roth ganz ausspart – weil sie zum intimen Freundeskreis zählen?

Auszuschließen ist jedenfalls, dass Stefan Zweig seine Zeit im Salzburger Kapuzinerbergkreis verbringt. Der Jour fixe im Dichterhain ist eine Legende von kleinen

Wichtigtuern. Dazu gehören auch diejenigen, die sich selbst einladen und nicht abwimmeln lassen. Zweig ist ein Mensch, der niemanden lang behelligen möchte und es ungern sieht, wenn ihm seine Gäste zu viel Zeit stehlen. Unter der alten Sonnenuhr an der vorderen Fassade des Hauses will Zweig ein von ihm selbst ersonnenes Sprüchlein anbringen lassen: »Die Sonne hält nur kurze Rast, nimm Dir ein Beispiel, lieber Gast.« Es sei zu unfreundlich, meint die Ehefrau, die sich durchsetzen kann und lieber ein gastliches Haus hätte.

Sie ist kontaktfreudig, muss aber auch selbst bald die Erfahrung machen, dass sich ungebetene Gäste nicht ohne weiteres verkraulen lassen. Darüber beklagt sich die Frau erstmals im Juni 1923. Ihr Mann, der sich gerade auf der Insel Sylt erholt, erwidert vorwurfsvoll: »Man muß sich sein eigenes Leben erhalten. Du wirst mir zugeben, daß ich Dich mit Recht immer gewarnt habe, so viele Menschen ins Haus zu ziehen. Ich weiß sehr wohl, warum ich im Caféhaus empfange – die Leute haben oft kein Maß und vergessen, daß sie nicht die einzigen sind.« Sofern die Leute gute Freunde sind oder klingende Namen haben, empfängt sie Zweig gerne im Haus.

Sein cher ami Romain Rolland tituliert ihn einmal wegen seiner ungeheuren Reiselust, seiner Unrast und der Neigung, vor Ereignissen und Entscheidungen zu fliehen, als »le Salzbourgeois volant«. Wenn der fliegende Zweig unterwegs ist, dann hat die Ehefrau oder die Sekretärin eine Karte mit einem speziellen Aufdruck parat: »Stefan Zweig ist derzeit verreist, so daß Ihr freundliches Schreiben zur Zeit von ihm nicht beantwortet werden kann. Salzburg, Datum des Poststempels.«

In seiner Abwesenheit möchte Friderike gern ihre Freunde einladen, um sie nicht vollends zu verstimmen.

Dazu äußert sich der Ehemann aus Thumersbach bei Zell am See, wohin er im Festspielsommer 1931 ausweicht: »Sollte Paul Stefan [Musikkritiker] da sein oder sonst jemand uns Näherstehender aus Wien oder Berlin, so lade ihn ein, aber keine Salzburger wegen der Gekränktheiten und Beleidigungen. Ich vermute, daß Du das Ende der Festspiele gleichfalls begrüßen wirst. Diese vielen Besuche machen reichlich müde.« Zweig ist zwar nicht gastfeindlich, er sperrt sich aber gegen den großen Zulauf und die unaufhörliche Beanspruchung. Ein sensibler Gast sollte es an der Miene des Gastgebers ablesen können, wenn die Audienz vorbei ist.

Hermann Hakel, der Wiener Dichter, wird im Frühsommer 1933 zuvorkommend empfangen, mokiert sich aber über den artig adjustierten Hausherrn: »Ohne viel Umstände und mit der liebenswürdigsten Selbstverständlichkeit lud mich der Berühmte in seine Villa ein. Der Weg hinauf – es war Mittag, sehr heiß, und ich hatte wenig gegessen – war beschwerlich, und als ich ziemlich erschöpft beim Gartentor anläutete, kam der Hausherr selbst öffnen. Aber das war nicht der von Fotografien her bekannte vornehme Herr, sondern ein braungebrannter Salontiroler mit strahlendem weißem Hemd und grünen Hosenträgern an den Lederhosen. Es war eine bodenständige Kostümierung, der lebenslange Versuch, sich seiner Umwelt anzupassen: bei ihm in der Kleidung und bei Werfel im volkstümlichen Katholizismus. Beides war mir immer peinlich. Würde wäre akzeptabel gewesen, jüdische Familiarität hätte mich erstaunt, aber wie spricht man mit einem jüdischen Großbürger in Lederhosen über Gedichte oder über Goethe? Stefan Zweig merkte von meinem Erstaunen nichts, führte mich gleich durch den Garten, sodaß ich nur aus einiger Entfernung sehr nobel gekleidete Damen mit modernen Hüten an einem Tisch im Sonnenschein sehen konnte. Das war eine normale Gesellschaft, und ich paßte hier nirgends dazu – nicht zu den feinen Damen und schon gar nicht zu diesem soignierten Salontiroler.«

Verständlich ist das Befremden des armen Dichters und Juden, der in eine wildfremde Gesellschaft hinein- platzt und sich darin minderwertig fühlt. In einem Punkt muss man ihm aber widersprechen: Die Kostümierung des jüdischen Großbürgers hat nichts mit Anbiederung oder gar mit einem Bekenntnis zur Heimatscholle zu tun, ganz im Gegenteil. Bei betuchten Sommerfrischlern und Festspielgästen, bei Herzögen und Kapitalisten, Snobs und Stars sind die Folklore-Trachten der Clou. Für Mondänität und Élégance sorgt das Salzburger *Trach- tenhaus Lanz* in Europa wie in Übersee. Da wird der Kunde nicht genötigt, seinen Ahnenpass vorzuweisen und mit »Trachten-Heil« zu grüßen, wie sich das bei den städtischen Trachtenvereinen einbürgert. Zweig ist kein bodenständiger Vereinsmeier, da er sich gegen jede Ver- einnahmung sperrt wie gegen Einblicke in sein Intimes.

Die Wiener Salondame »Hofrätin« Bertha Zucker- kandl bemerkt in ihrem vielverheißenden Tagebuch *Österreich intim*: »Es wäre für die Leser dieses Tagebuchs verlockend, Intimes aus dem Leben eines der meistge- lesenen Autoren zu erfahren. Doch hier fühle ich eine unüberwindliche Hemmung; ich bin mit Stefan Zweig seit 1915 befreundet und würde gern von ihm erzählen, doch ist es mir, als stünde ich da plötzlich vor einer ver- botenen Tür. Stefan Zweig hatte sich mit einem Sta- cheldraht umgeben, der den Zugang zu seinem Inneren verwehren soll. Seine beinahe krankhafte Scheu vor je- der Berührung mit der Außenwelt grenzte an Neurasthenie. Wenn ich Begegnungen, Gespräche, Worte, die ich nicht vergessen habe, hier aufzeichnen wollte, würde Zweig dies als ein brutales Zerreißen des Stacheldrahtes empfinden. [...] Es ist vielleicht kein Zufall, daß zu seinem Schloß kein Fahrweg führte, nur ein Passionsweg, der zu dem angrenzenden Kloster gehörte.«

Bergab, bergauf

In vollen Zügen genießt Zweig sein Haus, seinen Garten und die Landschaft rundum.»Manchmal gönnte sich Stefan erst abends auszugehen, was wir dann mit einem Nachtmahl in einer der vielen ›gemütlichen‹ Gaststuben und mit darauffolgendem Besuch eines Caféhauses zum Zeitungslesen verbanden. Später kam das Schachspielen hinzu.« Das schreibt Friderike in ihrem Erinnerungsbuch *Stefan Zweig – Wie ich ihn erlebte*. Es ist aber schwierig, ihren Spuren zu folgen, da Salzburg, die Kleinstadt, selbst in der Inflationszeit eine florierende Gastronomie hat: weit über hundert Gasthäuser und Restaurants sowie etwa dreißig Kaffeehäuser.

Manchmal gehen Friderike und Stefan zum Abendessen in den nahen *Münchnerhof* in der Dreifaltigkeitsgasse. In der wärmeren Jahreszeit bevorzugen sie schon wegen ihres Sohnes Kaspar den märchenhaften Gastgarten im *Steinlechner*. Gelegentlich verewigt man sich mit einem Sprüchlein im Gästebuch – who's who: Elsa und Bruno Walter, Gussy und Emil Jannings, Didier und

Raoul Aslan, Frieda und Fritz Richard, Stephie und Franz Ginzkey, Anna und Hermann Bahr, Friderike und Stefan Zweig: »Dem meisterlichen Wirt aufrichtig dankbar für viele Stunden gemütlicher Geselligkeit, sein vieljähriger und hoffentlich noch langjähriger Gast / 31. März 1932 / Stefan Zweig«

Abends wird also gemeinsam ausgegangen. Ist Zweig gesellig gestimmt, dann kann er sogar im mondänen Künstlercafé *Bazar*, am Tisch Nummer 7, vor einem Spiegel, mit Salzburger Damen parlieren, wird erzählt. Frauen gönnt er sich aber nur auswärts, ebenso die Lieblingsspeise Gansleber, die keineswegs koscher sein muss. Falls die Salzburger Juden den Dichter Stefan Zweig jemals im koscheren Speisehaus und in der Synagoge sehen, dann höchstens zu den Hochfesten. Die Kultusgemeinde bekommt jedenfalls pünktlich den Beitrag und die Spende des gut situierten Herrn. In religiöser Hinsicht ist Zweig in seiner Geburtsstadt Wien beheimatet. Dort ist man liberaler als in Salzburg, wo selbst ein angepasster Jude nach seiner äußeren Erscheinung und seiner Zunge taxiert wird.

Laut der militärischen Personsbeschreibung hat Zweig eine Körperlänge von 1,74 Meter. Er steht auf normalen Füßen. Schwarzes Haar schmückt seinen Kopf. In seinem Gesicht stecken kleine braune Augen, und in der Mitte sitzt eine wohltemperierte Höckernase, darunter ein schwarzer Schnauzer und ein eher spitzes Kinn. Offiziell spricht man Deutsch, doch Zweig hat den unnachahmlichen Zungenschlag aus der Residenzstadt. So lebt und verkehrt er in Salzburg als Unikat und Außenseiter.

In der toten Saison findet Zweig seine ersehnte Muße. Das *Café Mozart* in der Getreidegasse ist der stille Ort für langatmige Schachpartien mit Emil Fuchs, Jahrgang 1885 und Ottakringer, Stefans einziger Freund in Salzburg ab Mitte der Zwanzigerjahre. Fuchs, verheiratet mit der Tochter eines sozialdemokratischen Politikers, arbeitet als Verwalter bei der *Salzburger Wacht*. Er ist Humanist, parliert in Griechisch und Latein, überträgt sogar die geheimen *Anekdota*, soll sonst ein finsterer Linker sein und dabei den bürgerlichen Schachpartner schlimm beeinflussen. Unheimlich und unsympathisch ist der Schachfuchs in den Augen der Ehefrau Friderike, die den Christlichsozialen und Aristokraten zuneigt.

Friderike mag dagegen Freunde wie Felix Braun und Hermann Bahr, die Zweig im Juli 1919 einander bekannt macht: »Vielleicht kann ich Felix Braun mitbringen. Er ist ein so selten reiner und beseelter Mensch, sehr leidend an einem innern Widerspruch, dem gleichen, der Weininger zerstörte: er kann das Judentum in sich nicht überwinden als Gefühl einer Minderwertigkeit, hat eine glühende Sehnsucht nach dem Mysterium der Religion, besonders der katholischen, verzehrt sich in diesem ganz verinnerlichten Kampfe, indessen er gleichzeitig die Reinheit seines Wesens durch dichterische Formen harmonisch kundtut.«

Bahr und Zweig vergessen im Nu ihre Fehden. Voll des Lobes ist Bahr über die noch unveröffentlichte Legende, die er im Mai 1921 zu lesen bekommt: *Die Augen des ewigen Bruders*. Überglücklich ist Zweig, der sich bei seinem alten Freund bedankt: »Sie mögen sich denken, welche Freude mir Ihre Worte bedeuteten: diese Arbeit ist eine der ersten nach den verwirrten Jahren des Kriegs und der Wanderungen. Ich hoffe jetzt langsam wieder die Welt mir zurückzufinden, die hinter der lärmenden Coulisse der politischen so lange verborgen war und die Salzburger Stille ist wohl angetan, einem zu dieser Selbstbesinnung und Selbstrückgewinnung zu helfen. Ihre Worte waren mir da große Ermutigung.«

Es ist bemerkenswert, dass seine erfolgreichste Salzburger Legende – in mehreren Auflagen mit 170.000 Exemplaren – zur gleichen Zeit wie Hermann Hesses Roman *Siddharta* entsteht. Zweigs indischer Held heißt Virata: »DIESES IST DIE GESCHICHTE VIRATAS, den sein Volk rühmte mit den vier Namen der Tugend, von dem aber nicht geschrieben ist in den Chroniken der Herrscher noch in den Büchern der Weisen, und dessen Andenken die Menschen vergaßen.« Virata, der einzige Getreue des Königs, muss eine Revolte niederschlagen, tötet dabei aber seinen Bruder und will fortan nur mehr der Gerechtigkeit dienen und der Macht entsagen. Er macht sich aber selbst als milder Richter und dann als vorbildlicher Eremit mitschuldig an den Schicksalen anderer. Jeder sei für sein Handeln, auch für seinen Rückzug und sein Wegschauen verantwortlich, außerdem seien vor Gott alle Menschen gleich oder ihre Dienste gleich wertvoll. Diese Ansichten Viratas erzürnen den König, der Virata daraufhin die königlichen Hunde hüten lässt. Sein würdeloses Leben endet in der Müllgrube: »[...] Nur die Hunde heulten zwei Tage und zwei Nächte lang, dann vergaßen auch sie Viratas, dessen Name nicht eingeschrieben ist in die Chroniken der Herrscher und nicht verzeichnet in den Büchern der Weisen.«

Bahr und Zweig verstehen einander glänzend, es verbindet sie mehr als nur die schöne Literatur. Der fast 60-jährige Naturbursch ist gern in Gesellschaft, wenn er auf die Salzburger Hausberge, auf den Gaisberg oder den Untersberg kraxelt. Hin und wieder begleitet ihn Gusti

Adler, die Sekretärin von Max Reinhardt, oder Paul Prechner, der Leiter des Bildungsamtes der sozialdemokratischen Volkswehr, oder ein Schriftsteller, Erhard Buschbeck, Oskar A. H. Schmitz und Stefan Zweig.

Findet der unverwüstliche Bahr keinen Partner, dann läuft er eben allein. Bis zu seiner Übersiedlung nach München probiert er es immer wieder, ja er nervt sogar seinen jüngeren Kollegen Stefan Zweig mit Einladungen mittels Postkarte: »Lieber Freund! Ich will Sonntag 22. wieder um 9 Uhr 10 vom *Café Bazar* [Tramway-Station] zum Untersberg, wo es heute ganz herrlich war, und würde mich sehr freuen, wenn Sie mitkommen.« (18. 6. 1919) – »Wie wär's zum Beispiel Mittwoch Vormittag? Entweder Sie läuten gegen halb zehn bei mir an oder ich bin um dieselbe Zeit bei Ihnen oben, und wir erklimmen den Kapuzinerberg. Bitte Bescheid!« (6. 11. 1921) – »Lieber Stefan Zweig! Sind Sie denn noch immer nicht hier? Mich verlangt sehr nach einer kräftigen und kräftigenden Wanderung mit ihnen!« (6. 3. 1922).

Wenn Zweig zu Hause ist und dringend Bewegung und Frischluft braucht, dann schlüpft er wie Bahr in die Lederhose und rennt mit ihm um die Wette – für den Jüngeren sicherlich anstrengend, da er unsportlich und ungeübt ist. Er ist auch äußerlich keine Kopie des rüstigen Alten, der einen Rauschebart trägt. Ein Laster haben Bahr und Zweig gemeinsam: die landesübliche Zigarre Virginier, die sie bei jeder Gelegenheit rauchen, wie Friderike Zweig berichtet. Sie und Anna Bahr-Mildenburg, die Opernsängerin, sind hin und wieder mit von der Partie, im Konzert oder Theater und hinterher im Bahr-Stüberl beim *Steinlechner*, wo mit Vorliebe gespeist und philosophiert wird. Zweig hört höflich zu und nickt, wenn Bahr seine überaus geliebte Provinz als staatsfreies Gemeinwesen preist. Zweig ist zwar ebenfalls ein Gegner des bürokratischen Molochs, er muss jedoch in Salzburg schlechte Erfahrungen machen und kann daher nicht wie Bahr an die lebenskräftige Tradition, die ungebrochene Katholizität und barocke Lebensart glauben.

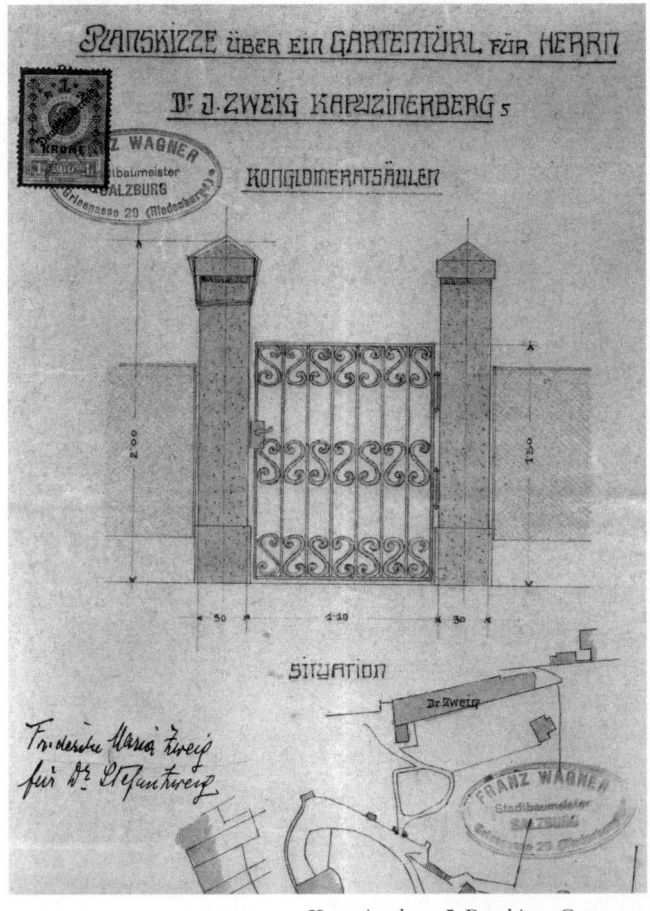

Kapuzinerberg 5, Bauskizze Gartentor
(Salzburger Stadtarchiv)

Briefkuvert und Postkarte mit Adresskopf und Signet
(Salzburger Literaturarchiv)

III

Wassermänner

Hermann Bahr, der Meinungsbildner in der Dichter-Pensionopolis Salzburg, verkündet unablässig seine Heilsbotschaften, gibt Impulse zum Aufbruch und Anstöße für seine Freunde. Einer von ihnen heißt Felix Albrecht Harta (recte Hirsch), ein aus Wien zugereister moderner Künstler und Jude, der in Salzburg dem Druck des Antisemitismus nachgibt und konvertiert – sein Taufpate ist Hermann Bahr. Harta wohnt am Makartplatz im noblen *Hotel Bristol*, das wie das *Hotel Stein* und die Gasthöfe *Blaue Gans* und *Sternbräu* dem Ehepaar Alois und Magda Grasmayr gehört. Alois Grasmayr ist Lehrer, Schriftsteller und Faust-Forscher. Das Vermögen stammt von seiner Frau, einer Tochter des Industriellen Mautner-Markhof. Magda Grasmayr ist die Kunstmäzenin Salzburgs und eng befreundet mit Josefine Junger. Das Stammhaus der wohlhabenden Kaufmannsfamilie Junger, Galanterie- und Kurzwaren en gros, befindet sich in der Salzburger Altstadt, Sigmund-Haffner-Gasse und Ludwig-Viktor-Platz. Josefine und Hans Junger haben eine geräumige Wohnung am Makartplatz auf der anderen Seite der Salzach. Die Familien Grasmayr und Junger führen freisinnige, weltoffene und spendable Häuser. Bohémiens und Freigeister sind hier Stammgäste, darunter einige, die der Großstadt den Rücken kehren und sich auf Dauer an Salzburg binden wollen.

Unter dem Dach des *Hotel Bristol* wird im Jänner 1919 die Künstlervereinigung *Der Wassermann* gegründet. Der Vereinsname – vermutlich vom astrologisch versierten Schriftsteller Oskar A. H. Schmitz geprägt – nimmt Bezug auf den Gründungsmonat und die astronomische Position von Salzburg: Toleranz, Transparenz, Aufbruch, Dynamik, Revolte und was darunter auch immer verstanden wird. Zu den Unruhestiftern gehören Harta, Schmitz und Grasmayr, Anton Faistauer, Aloys Wach und Egon Wertheimer, auch Bernhard Paumgartner, der Direktor des Konservatoriums *Mozarteum*, und Ludwig Praehauser, Lehrer und Kunstkritiker. Das sind nur jene Persönlichkeiten aus dem Künstlerkreis, die Friderike und Stefan Zweig kennen und schätzen lernen.

Mit dem Schriftsteller und Psychoanalytiker Oskar A. H. Schmitz ist Zweig schon lange befreundet. Die Männer führen delikate Gespräche über Erotik und Sexualität. Im Oktober 1916, als das noch unverheiratete Paar Friderike und Stefan seinen gemeinsamen Urlaub in Salzburg genießt, verbringt es einen anregenden Abend mit Schmitz. In diese Zeit fällt auch die erste Begegnung mit dem Maler Anton Faistauer, wovon Friderike Zweig in ihren *Spiegelungen des Lebens* berichtet: »Heute lernten wir einen jungen Maler kennen, ›Futurist‹ Faistauer, der, bei Zell am See [in Maishofen] zu Hause, in Wien studierte. Ein starkes, echtes Talent, der das Malerische, Zeichnerische und Wesentliche beherrscht. […] Faistauer hat zwei Zeichnungen von mir gemacht, in seiner futuristischen Manier. Die eine ist als Arbeit fein, aber die einer völlig Fremden, die andere zeigt eine seelische Ähnlichkeit und gefällt Stefan, der sie sich als Erinnerung an Salzburg machen ließ. Er will mir auch eine Öllandschaft von Faistauer schenken, aber ich möchte nicht, daß er mir große Geschenke macht und die Ausgaben an seiner Person einspart.« Später wird Zweig ein Ölbild von Anton Faistauer erwerben und in sein Arbeitszimmer hängen: *Blumenstrauß in gebauchtem Krug* (signiert: A. Faistauer 1919).

Aufmüpfig ist Faistauer keinesfalls. Er muss schon im Mai 1919 vom agilen *Wassermann*-Organisator Harta dazu bewegt werden, im *Mozarteum* den programmatischen Vortrag »Ist Salzburg eine Kunststadt?« zu halten. Die gestellte Frage zielt auf den eklatanten Widerspruch zwischen der privilegierten Rolle der schönen Mozartstadt und der Kunst- und Fremdenfeindlichkeit der Bewohner. Diese Rede lässt sich Hermann Bahr nicht entgehen, schließlich ist es auch eine gute Gelegenheit, seinen Freund Zweig in den provokanten Künstlerkreis einzuführen. Wenige Tage danach ist Zweig jedenfalls der nächste Gast im *Mozarteum*. Er stellt sein Spiel *Der verwandelte Komödiant* vor und ist mit dem gelungenen Einakter ganz bei seinem Thema: Der Komödiant, der anfänglich ein Bittsteller ist, verwandelt sich in einen selbstbewussten Künstler, indem er sich von der feudalen Macht freispielen kann.

Von diesem Vortrag, der eine interne Veranstaltung des Konservatoriums *Mozarteum* ist, erfährt die Öffentlichkeit lediglich durch den kurzen Bericht des deutschliberalen *Salzburger Volksblattes* vom 24. Mai 1919: »*Mozarteum.* Stefan Zweig, der Wiener Dichter, las, vom Schülerrat des Konservatoriums eingeladen, sein kleines Spiel aus dem deutschen Rokoko *Der verwandelte Komödiant* vor. [...] Stefan Zweig ist ein vorzüglicher Interpret eigenen Schaffens und er verstand es durchaus, die dramatische Kurve in seinem Stück aufzuzeigen.«

Zweig und der Kulturredakteur Erwin H. Rainalter sind befreundet, daher ist das Attribut »Wiener« wohl nicht als Anspielung auf die Abstammung des Dichters gemeint. Das *Salzburger Volksblatt* vertritt vielmehr folgende Linie: »Wir haben aus der Abneigung gegen Schieber und Preistreiber aller Konfessionen nie ein Hehl gemacht, aber vor jedem Fremden, der nach Salzburg kommt, ein Hakenkreuz zu schlagen, kann sich eine Fremdenstadt – und das wird Salzburg für alle Zeiten bleiben – nicht leisten.« Das deutschliberale Blatt hat eine erstklassige Kulturspalte. Für den Europäer Zweig ist das Echo ausnahmslos positiv. Eine dazu konträre Linie verfolgt die christlichsoziale *Salzburger Chronik*: Schuld an der wirtschaftlichen Misere wären »die Juden, die Wiener Juden!«. Die judenfeindliche Einstellung wird Zweig aufmerksam wahrnehmen.

Da er aus begreiflichen Gründen vorsichtig agiert, ist es schwer zu ermitteln, ob und wie er sich für die Salzburger Kultur engagiert. Anfänglich beobachtet Zweig mit einem gewissen Interesse, was sich rundum abspielt. Durch seine Vermittlung sind im Sommer 1919 einige Blätter von Frans Masereel bei der geradezu revolutionären Ausstellung *Der Wassermann* im sonst so biederen Salzburger Künstlerhaus vertreten. Zweig hält sich aber im Hintergrund, wie bei allen Veranstaltungen, die mit Organisation und Präsentation verbunden sind. Zudem will er sich nicht exponieren, da er sonst in Grabenkämpfe verwickelt werden könnte. Er braucht doch nur die *Salzburger Chronik* zu lesen, um sich auszurechnen, was ihm blühen könnte. »Judenkunst« lautet eine Pauschalpolemik gegen den *Wassermann*. Wenn Zweig trotz allem publizistische Schützenhilfe leistet, dann nur in der Wiener *Neuen Freien Presse* unter dem Sigel »ei« (15. 9.

1919). Hermann Bahr hingegen hat keine Berührungsängste im Umgang mit Antisemiten. Er ist selbst nicht ganz frei von Ressentiments, deklariert sich aber als Neuerer.

Mit einem bunten Vogel wie Bahr kann man immer Überraschungen erleben. Sein Bergkamerad Paul Prechner leitet das junge Landesbildungsamt, eine kurzlebige Einrichtung der sozialdemokratischen Volkswehr, eine Volkshochschule für Kriegsheimkehrer und Arbeitslose, denen das Wilde ausgetrieben werden soll. Den Anfang macht Anna Bahr-Mildenburg mit einem Wagner-Opernabend. Hermann Bahr und Stefan Zweig referieren einmal über Literatur. Friderike Zweig und Erwin Rieger unterrichten Französisch – ebenfalls ohne Honorar, aus Gefälligkeit gegenüber der sozialdemokratischen Partei.

So entwickeln sich persönliche Beziehungen zu den Politikern Robert Preußler, Josef Witternigg und Karl Emminger sowie zu den Redakteuren Robert Arthaber und Emil Fuchs. Das Naheverhältnis findet seinen Niederschlag in der Parteizeitung *Salzburger Wacht*, die von Zweig literarische Werke wie *Der Turm zu Babel* und *Der Rhythmus von New York* abdruckt und von seinen pazifistischen Aktivitäten berichtet. Es sind von 1919 bis 1933 ungefähr zwei Dutzend Beiträge, Kritiken und Rezensionen – eine beachtliche Anzahl angesichts des dürftigen Kulturteils im Organ für das gesamte werktätige Volk im Land Salzburg.

Die Sozialdemokratie hat eine gefährliche politische Konkurrenz, die *Deutsche national-sozialistische Arbeiterpartei* (DNSAP) – eine in Österreich gegründete rechtsextreme Partei, die sich mit dem Hakenkreuz schmückt. Hans Prodinger ist Landesparteiobmann in Salzburg und

Abgeordneter des Landtags. Aus den Wahlergebnissen lässt sich schließen, dass die Stadt Salzburg eine Nazi-Hochburg ist. Sie wird obendrein zum Ausgangspunkt der großdeutschen Nazi-Bewegung. In der Grenzstadt kreuzen sich die Wege der österreichischen und der deutschen Nazi-Partei. Anfang August 1920 findet im Sitzungssaal des Salzburger Landtages der erste großdeutsche Parteitag statt. Daran beteiligt sich auch Adolf Hitler, der Propagandaleiter der Münchner Ortsgruppe. Hitler ist in Salzburg noch unbekannt, nur eine Zeitung erwähnt en passant, dass ein Adolf Hüttler (sic!) lauthals erklärt habe, er lasse sich lieber in einem bolschewistischen Deutschland aufhängen als in einem französischen Deutschland selig machen.

Hitler, der in Bayern Karriere macht, wird vom Abgeordneten Prodinger schon zur nächsten Versammlung im Herbst 1920 eingeladen. Im Salzburger Kurhaus darf der Gastredner seinen Vernichtungsfeldzug verkünden: »Die nationalsozialistische Partei ist fest entschlossen, die Judenfrage bis zur letzten Konsequenz mit der bekannten deutschen Gründlichkeit zu lösen.« Von den politischen Umtrieben nimmt Zweig offenbar keine Notiz. Würde er bei einem Spaziergang auf die Hakenkreuzler stoßen, könnte er sie von den gutbürgerlich gekleideten Sommerfrischlern äußerlich gar nicht unterscheiden.

Zweig, der für Organisationen und Vereine nicht viel übrig hat, soll laut Presseberichten vom 10. Juli 1920 dem Arbeitsausschuss der soeben gegründeten *Salzburger Literarischen Gesellschaft* angehören. Zweig schweigt sich über seine Motive aus, daher lassen sich nur Vermutungen anstellen. Da im Juli 1920 auch die *Jedermann*-Spiele angesagt sind, die Zweig vehement ablehnt, ist es nicht ganz auszuschließen, dass ihn Max Reinhardts

Theater aus der Reserve lockt und zur Mitarbeit am Konkurrenzunternehmen bewegt. Zweig kann jedenfalls schwerlich die Einladung seiner Freunde und Bekannten ausschlagen. Der Dichter Franz Karl Ginzkey, sein ehemaliger Chef im k. u. k. Kriegsarchiv, ist Präsident der *Salzburger Literarischen Gesellschaft*, Ehrenmitglieder sind Hermann Bahr und Robert Preußler, der sozialdemokratische Landeshauptmann-Stellvertreter. In Kooperation mit dem *Mozarteum*, dem *Wassermann*-Kreis und der regionalen Presse werden diverse Veranstaltungen geplant: Vorträge, Lesungen, Diskussionsabende, Theateraufführungen und sogar Kunstwochen.

Gleich zu Beginn gibt es Probleme mit den Behörden, die eine Münchner Künstlergruppe an der Einreise hindern. Ihre Rokokospiele, die mehrmals verschoben werden, können immerhin noch vor der *Jedermann*-Premiere im Naturtheater des Mirabellgartens abgehalten werden. Die zweite Veranstaltung, ein musikwissenschaftlicher Vortrag, muss schließlich abgesagt werden. Dennoch wird Mitte August 1920 ein ehrgeiziges Programm vorgestellt: Lesungen von Anton Wildgans, Raoul Auernheimer, Alfons Petzold, Alexander Roda-Roda, Heinrich und Thomas Mann. Davon kann in der Inflations- und Notzeit wenig verwirklicht werden, für geistige Höhenflüge will die öffentliche Hand keine Gelder verschwenden. Daher nutzt Zweig seine Verbindungen: Nachweislich kann er einmal begehrte Schweizer Franken auftreiben, eine Spende der *Literarischen Vereinigung Winterthur*. Zweig zählt zu den Gönnern, die das Salzburger Vorhaben stillschweigend fördern. Durch seine Initiative kommen einige Veranstaltungen zustande, er bleibt dabei ganz im Hintergrund und lässt anderen den Vortritt.

Am 22. März 1923 liest sein Wiener Freund Erwin Rieger im Festsaal der Staatsrealschule – »vor den spärlich erschienenen Getreuen der *Literarischen Gesellschaft* aus eigenen Werken«, heißt es im *Salzburger Volksblatt.* Der Dichter und sein Werk, *Die Zerrissenen, Die versunkene Welt* und anderes mehr, sind in Salzburg weitgehend unbekannt. Dagegen ist Thomas Mann ein Dichter, dessen Werk die Salzburger Zeitungen schon vor seinem Auftritt am 27. März 1923 zu rühmen verstehen. Sein bestens besuchter Vortragsabend im *Mozarteum* ist eine kleine Sensation. Mann referiert über Goethe und Tolstoi und liest noch Passagen aus seinem Roman *Bekenntnisse des Hochstaplers Felix Krull.* In den Berichten wird Zweig ganz in seinem Sinn mit keiner Silbe erwähnt. Es soll hier wohl niemand erfahren, dass er den Vortrag von Thomas Mann vermittelt hat und ihn als Gast im Haus Kapuzinerberg 5 empfängt. Romain Rolland wird freilich informiert: »Thomas Mann [...] war zwei Tage hier: wir haben uns gut unterhalten, ohne uns gänzlich zu verstehen, aber auch ohne uns misszuverstehen.«

Einen weiteren prominenten Dichter kann oder will Zweig nicht mehr in die kleine Mozartstadt locken. Er mag ja selbst nicht ans Podium treten, jedenfalls nicht in Salzburg. Beim Durchblättern der Zeitungen wird augenscheinlich, dass die Aktivität der *Salzburger Literarischen Gesellschaft* weit hinter ihren Versprechen zurückbleibt. Das liegt sicherlich daran, dass sich der Aufbruchsimpuls und Elan allzu schnell verflüchtigen und sich reaktionäre und antisemitische Kreise gegen die kulturellen Initiativen von auswärtigen Künstlern stemmen. Dabei spielt Ginzkey, der Präsident, der zeitweise in der Stadt Salzburg wohnt, eine schwer durchschaubare

Rolle. Der Mann, der hier als sympathische Dichterpersönlichkeit gilt, wird in das Kuratorium der Festspiele berufen. Außerdem zählt Ginzkey zu den Salzburger Honoratioren, die im *Sternbräu* ihren Stammtisch oder Jour fixe haben – die sogenannte Montagsherren-Runde *Kalkgrube*. Damit hat Zweig nichts zu schaffen.

Es scheint, dass ihm manchmal der Boden unter den Füßen wegrutscht. Seine unternehmungslustige Frau bemerkt dagegen in ihren *Spiegelungen des Lebens*: »Indessen hatte ich selbst in der Stadt, ob Winter oder Sommer, festen Fuß gefaßt. Skilaufen und Tennisspiel, Wanderungen in den Touristen unbekannten Gegenden mit einheimischen Freunden brachten Abwechslung während der täglichen Arbeit in Haus und Garten und in die für Stefan und mich unerläßliche Lektüre.«

Wenn Zweig in Salzburg ist, dann ist er lieber in seinem Haus als unterwegs. Sein alter Freund Hermann Bahr wohnt seit dem Frühjahr 1922 in München, im Juli 1923 feiert er seinen 60. Geburtstag in Gastein. Dem greisen Jubilar gratuliert Zweig auf seine Weise: »Lieber verehrter Hermann Bahr, meinen Geburtstagsgruß an Sie habe ich öffentlich gesagt [in der *Neuen Freien Presse* vom 19. 7. 1923]; privatim nur dazu noch die Bitte, dass Sie mir Ihre herzliche Gesinnung unverstellt bewahren und wir noch manchen gemeinsamen gesprächigen Gang über Berg und englischen Garten machen mögen!« Bahr ergreift die Initiative und ist noch im Juli in Salzburg, um mit Zweig auf den Gaisberg zu wandern – es soll ihre letzte gemeinsame Tour sein.

Bibliotheca Mundi

Es steht außer Zweifel, dass die grandiose Idee von Stefan Zweig stammt (Rüschlikon, am 27.2.1919): »Lieber Herr Professor [Anton Kippenberg], ich glaube, besser wie die meisten, den Sinn und die Wendungen der Zeit immer erkannt zu haben. Und ich sage Ihnen: für den *Insel Verlag*, der jetzt wie jeder Einzelne an einer entscheidenden Wende seines Geschicks steht, ist dies die großartigste, die ergiebigste Aufgabe. Der Deutsche wird die französischen, die englischen, die italienischen Meisterwerke immer lesen wollen. Er wird sie schwer aus dem Ausland beziehen können (die Einfuhr wird für Jahrzehnte auf ein Minimum reduciert sein), er wird ungern jene Länder [die Siegerstaaten] unterstützen. Schaffen Sie aber auf breiter, langsam ansteigender Basis eine Bibliothek der Weltliteratur, so wird die ganze Nation mit Ihnen sein. Nicht mit Übersetzungen, mit Originalausgaben kann man die Internationalität fördern und die deutsche Buchkunst mit. [...] Ich traue mir die Fähigkeit zu, die Texte zu überwachen, mit Freunden die Correcturen zu lesen.«

Damit will Zweig sich noch lange nicht zufrieden geben, denn er spezifiziert sein Konzept schon am 16. März: »Wenn ich die Herausgabe übernehmen will, so tue ich's nicht, um einer Verdienerei willen, sondern weil ich eine Lebensidee damit in eine große Tat umsetze, weil ich mich gewissenhaft und gebildet genug weiß, um sie besser als jeder andere in Deutschland auszuführen. Der Contract zwischen uns wird jedenfalls auf einige Jahre laufen müssen, selbstverständlich bleibt das Unternehmen selbst Ihr Eigentum: ich würde mir nur den Ver-

merk darin sichern ›Begründet von Anton K. und St. Z.‹
Als Titel wäre zu erwägen *Die Meisterwerke*, *Les chefs
d'œuvres* oder ein lateinischer Name: *Bibliotheca Mundi*.«

In den Briefen an Kippenberg präsentiert Zweig ein
hochfliegendes Programm, das vorläufig 30 bis 50 Bände umfassen soll. Der Leipziger *Insel Verlag* würde damit
in absehbarer Zeit das Zentrum der Weltliteratur in Originalsprachen sein – »Orbis Litterarum«. Das Projekt
Weltfrieden soll den starken nationalistischen Strömun-
gen entgegensteuern, die auch darin bestehen, Literatur
und Kunst »in die Grenzen der Nationen und Sprachen
zu verspalten«, wie Zweig es ausdrückt. Er hält sich an
das Vorbild Goethe, an dessen Zug zum Universalen und
zur Weltseitigkeit. Die Forderung würde der Goethe-
Deutsche Kippenberg mit der *Bibliotheca Mundi* im
höchsten Sinn erfüllen – Hauptgeschäft nennt es Zweig
in Anspielung auf Goethe.

Zweig ist hocherfreut, als Kippenberg anbeißt.
Lediglich die vorgeschlagene Auflagenhöhe passt dem
Initiator nicht: »5.000 Exemplare pro Band ist ja eine
Bettelzahl, ich rechne von Goethe in Deutschland allein
auf den ersten Hieb 30.000 Exemplare, von Baudelaire
20.000, von der russischen Anthologie, falls die Grenzen
inzwischen offen sind, das doppelte.« Selbst wenn
Zweigs Rechnung illusorisch ist, gelingt es ihm und
Kippenberg in der schwierigen Nachkriegssituation, die
erste fremdsprachige Reihe des *Insel Verlags* aufzurichten
und noch um einiges aufzustocken: *Bibliotheca Mundi*,
Pandora und *Libri Librorum* – »drei einander ergänzende
Sammlungen von Meisterwerken der Weltliteratur in
den Ursprachen«, heißt es im Prospekt vom März 1920.
Anfänglich will Zweig sich um alles Mögliche küm-

mern, sogar um Honorare und Werbemittel. Er ist der geistige Urheber, der Reihenherausgeber, Kommunikator und Chefredakteur, der sogar ein spezielles Briefpapier benutzt: »*BIBLIOTHECA MUNDI* / Redaktion / Salzburg, den 17. März 1920«.

Dieses Datum trägt der erste Brief, der – kaum zufällig – für Hugo von Hofmannsthal bestimmt ist und die Bitte enthält, er möge einen Goethe-Band vorbereiten. Damit revanchiert sich Zweig bei Hofmannsthal, der noch während des Weltkriegs eine Buchreihe des *Insel Verlags* begründet und betreut: *Österreichische Bibliothek* mit Titeln wie *Heldentaten der Deutschmeister, Auf der Südostbastion unseres Reiches* oder *Bismarck und Österreich*. Die Tendenz ist augenfällig: Schwertbrüderschaft unter schöngeistigem Aufputz: *Österreichische Gedichte* von Anton Wildgans oder *Nikolaus Lenau und Sophie von Löwenthal*. Letzteres sind intime Briefe, die Zweig nach Vorbehalten von Hofmannsthal gemäß dem Wunsch von Kippenberg zusammenstellen darf.

Das Korsett der Nationalliteratur muss einmal abgeworfen werden, meint Zweig angesichts des Krieges, der Revolutionen, Konterrevolutionen und Volkstumskämpfe. Auch die Republik bestimmt ihre Identität nach dem unseligen Prinzip der Abstammung: Deutsch-Österreich als mickriger Ast am deutschen Stamm, trotz des Anschluss-Verbotes von Saint Germain.

In Österreich wird Zweigs weltbürgerliches Friedensprojekt weitgehend ignoriert. Die *Bibliotheca Mundi* wird zumindest in der *Neuen Freien Presse* vom 15. Februar 1921 rezensiert, nämlich von Hofmannsthal, der wohlweislich vergisst, den Herausgeber zu loben. Das wird Zweig zwar verschmerzen, nicht aber vergessen. Ohne einen falschen Zusammenhang herstellen zu wollen, ist es doch bemerkenswert, dass der geplante Goethe-Band, eine Auswahl von Gedichten, die Hofmannsthal schon im Juni 1920 an das Salzburger Redaktionsbüro schickt, nie erscheint. Zweigs hochfliegende Bibliothek der Weltliteratur scheitert erst im Jahr 1923, am Desinteresse und schlechten Absatz, an der galoppierenden Inflation und an den horrenden Ladenpreisen.

Der *Insel Verlag* publiziert immerhin vierzehn Bände der Reihe, darunter sechs Anthologien: *Russki parnass*, *Anthologia Helvetica* – *Hungarica* – *Hebraica*, *Anthologie de la Poésie lyrique Française* und *Il Rinascimento*. Einige Bücher wie *Les Fleurs du Mal* von Baudelaire und *Poems* von Byron stehen in der Bahr-Bibliothek und zeigen, dass der Name des Herausgebers vom *Insel Verlag* unterschlagen wird.

Böser Wille kann es nicht sein, da hier fast alle Bücher von Zweig erscheinen, beispielsweise seine Romain Rolland gewidmeten Essays *Drei Meister. Balzac – Dickens – Dostojewski* (1920). Werden die drei Meister als Romanschriftsteller der Entente, Frankreich, England und Russland, gesehen, dann ist der Band eine Geste der Versöhnung und des Friedens. Zweig kann sich jedenfalls über alle politischen Grenzen hinweg einen Namen machen, auch mit seiner Biografie *Romain Rolland – Der Mann und das Werk* (vier Auflagen von 1921 bis 1929, weiters je eine russische, englische, amerikanische und französische Ausgabe). Die Person wie sein Werk sind geschickt bosseliert, ganz nach dem Selbstbild des Autors, dem einzelgängerischen Friedensboten, der über dem Parteiengezänk steht. Das wird selbst im kleinen Salzburg registriert: »Stefan Zweig, der in Salzburg als deutscher Botschafter Romain Rollands wirkt, erzählt in dieser höchst melancholischen Rückschau, wie viele

Blütenträume der ›Revolution der Intellektuellen‹ nicht gereift sind«, heißt es in der *Salzburger Wacht* vom 28. Dezember 1920.

Friedenskongress

Zu Beginn des Jahres 1920 ist Zweig nahe daran, den Kongress europäischer Intellektueller nach Salzburg zu holen und sogar zu organisieren. Das Versöhnungstreffen soll in einem besiegten Land stattfinden, zudem gänzlich unpolitisch sein und keinesfalls kongresshaft. Gegenüber Romain Rolland behauptet Zweig im Februar: »Ich bürge Ihnen dafür, daß alle Welt willkommen sein und die Regierung kein Hindernis erheben wird, im Gegenteil – es gibt kein Land, das in gleichem Maß nach Internationalismus strebt wie Österreich.«

Das Scheitern des Kongresses und das Erlöschen des intellektuellen Feuerwerks, wie es Zweig formuliert, sind nicht allein seine Schuld. Es hapert am Geld und überdies an der inhaltlichen Übereinstimmung. Zweig reibt sich an der kommunistischen Ausrichtung der *Clarté*, der Antikriegsbewegung des französischen Schriftstellers Henri Barbusse, dessen *Le Feu – Journal d'une escouade* er einst rezensiert hat. Romain Rolland hingegen sieht keinen Sinn mehr in pazifistischen Deklarationen ohne praktische Ziele; sie seien wirkungslos gegen den Hass, der sich aus der Niederlage und dem Verlust von Territorien speist. Er begrüßt aber jede geistige Verbindung zwischen den Nationen, den Siegern und Verlierern, und ist sogar einverstanden, nach Salzburg zu kommen.

Als nächste Gelegenheit zu einem Besuch bietet sich die Veranstaltung der *Internationalen Frauenliga*, an der auch seine Schwester Madeleine teilnehmen soll. Nun hat wiederum Zweig Bedenken, wie aus einem Brief vom 22. April 1921 an Romain Rolland klar hervorgeht: »Für den Sommer hier in Salzburg bereitet man das internationale Seminar vor, von dem man mit Ihnen sicherlich gesprochen hat. Ich sehe dem mit ein wenig Sorge entgegen, die Bevölkerung, die immer noch unter der anhaltenden Teuerung aller Güter leidet, ist gegen alle Fremden sehr aufgebracht (auch die Wiener sind Fremde), und es sollte mich nicht wundern, wenn man im letzten Moment gezwungen wäre, dieser schönen Idee zu entsagen. Wir sind zu nah an der deutschen Grenze, an Bayern. Man betreibt eine widerwärtige Propaganda gegen alles, was nicht alldeutsch [großdeutsch] ist, und wenn wirklich eine ganze internationale Schule [...] sich hier niederließe, könnte ich nicht garantieren, daß dies ohne Zwischenfälle vor sich geht. Meine Frau ist optimistischer als ich, und zwei Damen der Delegation kommen Ende April noch einmal, das Terrain zu sondieren – vielleicht sehe ich zu schwarz. Aber bis heute sind unsere schwärzesten Voraussichten noch immer von der Wirklichkeit überboten worden.«

Noch im Juni 1921 – die Sommerschule der *Frauenliga* ist längst fixiert – malt Zweig den Teufel an die Wand: »Die Lage ist komplizierter, als ich Ihnen [Romain Rolland] erklären kann – es gibt in Deutschland und selbst in Salzburg, das an der Grenze liegt, eine sehr, sehr heftige Bewegung gegen jeglichen Pazifismus, jeglichen

Internationalismus (man sagt hier, das seien rein jüdische Erfindungen zur Unterdrückung der deutschen Rasse).«

Zweig sieht Gespenster, könnte man meinen, wären da nicht die nationalistischen Exzesse, die er hautnah miterlebt und später allein den Hakenkreuzlern oder Kornblumen-Blauen in die Schuhe schiebt. Den fremdenfeindlichen Antrag auf »Wahrung des reindeutschen Charakters des Landes Salzburg« stellen jedoch die Christlichsozialen. Sie fordern überdies, dass Salzburg als altbayrisches Land von Österreich abgetrennt und Bayern angeschlossen wird. Auch dagegen opponieren die Salzburger Sozialdemokraten, voran Robert Preußler.

Im Frühjahr 1921 sind aber alle politischen Lager mit Blindheit geschlagen. Zweig kann im *Salzburger Volksblatt* vom 7. Mai lesen: »Über einhelligen Beschluss des Salzburger Landtages findet in Salzburg die Volksbefragung über den Anschlusswillen am Sonntag den 29. Mai statt.« Trotz des Verbotes im Friedensvertrag wird nun im österreichischen Bundesland Salzburg über den Anschluss an das Deutsche Reich abgestimmt – unter der Parole »Ein Reich, ein Volk, ein Vaterland«. Und so lautet das fatale Ergebnis: weniger als ein Prozent der Stimmberechtigten gegen und rund 80 Prozent für den Anschluss. »Heil Salzburg!« dröhnt es aus der völkischen Presse. Mit diesem Brimborium wird der Hass auf die Siegermächte geschürt und somit auch der demagogischen Nazi-Partei in die Hände gearbeitet.

Im Hochsommer gibt sich Salzburg allerdings ganz weltbürgerlich – eine Kulisse, vor der Zweig fliehen möchte. Er kann sich aber nicht vor seinen Verpflichtungen drücken, da einige französische Freunde erwartet werden. Zweig reist daher schon im Juli 1921 nach

Marienbad, Reichenberg, Leipzig und Weimar, um rechtzeitig in Salzburg zurück zu sein.

Am 11. August gibt der Hausherr für die friedensbewegten Menschen aus aller Welt einen regelrechten Empfang: Jane Addams, Emily Green-Balch, Madeleine Rolland, Georg Friedrich Nicolai, Louis-Charles Baudouin, Pierre Jean Jouve und all die anderen, die an der Salzburger Sommerschule der *Internationalen Frauenliga für Frieden und Freiheit* teilnehmen. Die Organisation übernimmt allerdings wieder einmal Friderike Zweig, die dafür vom politischen Protektor Robert Preußler zu Recht gewürdigt wird.

Die christlichsoziale *Salzburger Chronik* zitiert am 14. August einen zusammengestoppelten Bericht der Lokalkorrespondenz: »Aus aller Herren Länder, aus Orient und Okzident, haben sich Gläubige, Träger einer großen Idee, zusammengefunden. Aus Amerika und England, aus Australien und Indien, aus China und Japan, aus Skandinavien und Frankreich, aus Deutschland und den österreichischen Nachfolgestaaten sind Professoren und Hörer gekommen, um auf geistiger Grundlage persönliche Verständigung für völkereinigende Probleme und Möglichkeiten zu schaffen, die gegenseitige Hilfe zu überblicken und fortzusetzen, sowohl auf Wohlfahrtsgebieten, wie in kultureller Beziehung. [...]«

So wohlwollend sind leider nicht alle Sätze gemeint. Geht es nämlich um ungeliebte Personen, um namhafte Pazifisten und Linke, dann werden abschätzige Bemerkungen und Anspielungen gemacht: Pierre Jean Jouve habe außer Romain Rolland und dem uns gleichfalls rühmlichst bekannten Henri Barbusse eine Reihe aufstrebender Talente besprochen. Oder: Professor Nicolai, ein deutscher Arzt und Pazifist, der nach dem Sturz der

Räterepublik ins Ausland flüchtet, sei der Verfasser des ganz besonders im Ausland hochgewerteten Buches *Die Biologie des Krieges*.

Die Aktivitäten der kleinen Salzburger Gruppe der *Internationalen Frauenliga* werden verschwiegen, obwohl Friderike Zweig und ihre treuen Freundinnen Josefine Junger und Magda Grasmayr recht rührig sind und davon träumen, die Stadt aus ihrer Armut zu befreien.»Wir wären erfolgreich gewesen, doch schlug die Inflation eine Bresche in alle normalen Unternehmungen«, schreibt Friderike Zweig in ihren *Spiegelungen des Lebens*.

Nach dem Frauenkongress läuft im Salzburger Künstlerhaus die internationale Ausstellung *Schwarz-Weiß*. Sie wird von der Künstlervereinigung *Der Wassermann* organisiert, der Stefan Zweig ein weiteres Mal behilflich sein kann. Um zahlreichen Besuch bittet die *Salzburger Chronik* allerdings nicht für die Graphikschau, sondern für den ersten Salzburger Antisemitentag am 18. September 1921 im Kurhaus. Landeshauptmann-Stellvertreter Franz Rehrl lässt sich entschuldigen, wünscht der Tagung aber einen guten Verlauf.

Das Parteiorgan der Christlichsozialen berichtet:»Indem er [der Wiener christlichsoziale Abgeordnete Dr. Anton Jerzabek] die Grüße des Wiener Antisemitenbundes überbrachte, gab er seiner Freude Ausdruck, daß nun auch Salzburg darangehe, den Weg der Selbsthilfe zu beschreiten. In klar gehaltener Rede, die sich von allen Übertreibungen fernzuhalten wußte, erörterte er die Ausdehnung der Judenräude. In überzeugender Weise legte er dar, welchen Fehlgriff man begehe, wenn man den Antisemitismus auf das konfessionelle Gebiet übertrage, da der Kernpunkt doch eine Rassenfrage sei, der man aus volkswirtschaftlichen Gründen nicht ausweichen dürfe. Der Redner besprach sodann das Moment der Rassenmischung, die eine ständige Bedrohung bedeute. Gegenwärtig sei nicht zu verkennen, daß das Judentum unsere ganze öffentliche Meinung, die Presse, die gesamte Literatur, unsere Kunst nach seinem Belieben beeinflusse.«

Die Tagung wird schließlich von einigen Sozialdemokraten gesprengt, die daraufhin von der *Salzburger Chronik* pauschal als Judenschutztruppe verteufelt werden. Bei nächster Gelegenheit schlagen die gut organisierten Antisemiten zurück: Sie stürmen im März 1922 eine Lesung von Arthur Schnitzlers *Reigen* im Kurhaus, worüber das hiesige Nazi-Blatt *Volksruf* jauchzt: »Die Salzburger Jugend hat eine Antwort erteilt, daß den jüdischen und vom Judengeiste verseuchten Herrschaften die Luft vergehen wird, nochmals die christlich-deutsche Bevölkerung von Salzburg herauszufordern. Der Saal wurde im Sturmschritt geräumt, einige Juden wurden etwas unsanft darüber belehrt, daß sie sich als Gäste in Salzburg anständig aufzuführen haben.«

Die anständige Gewalt gegen die so unanständige Kunst wird höheren Ortes toleriert. Im April 1922 sind Landtagswahlen, bei denen die Christlichsozialen im Verein mit den Nationalsozialisten als *Christlich-nationale Wahlgemeinschaft* antreten und haushoch gewinnen. Die antisemitische Front besitzt nun eine satte absolute Mehrheit im Landtag und die Nazi-Partei hat mit Rechtsanwalt Otto Troyer erstmals einen Landesrat. Landeshauptmann ist fortan Franz Rehrl, der Fels in der Brandung, wie ihn die seriöse Hofberichterstattung apostrophiert.

Lampions und Hakenkreuze

Unabhängig und fern von jeder Regierung möchte sich
Zweig seinen Weltfrieden schaffen. Die verzweigten
Briefkontakte sind stark Entente-orientiert – doch les
amis de France sind alles andere als regierungstreu und
das schätzt Zweig. Als die französische Regierung aus
Anlass des 300. Geburtstages des Nationaldichters Mo-
lière eine pompöse Feier plant, wird Zweig als Repräsentant der österreichischen Literatur eingeladen. Er will
aber weder seine Freunde brüskieren noch einer offiziellen Einladung folgen, außerdem ist er kein Mann der
Feste. Im März 1922 reist Zweig nach Paris, jedoch als
freier Schriftsteller zur Gründung des *Cercle International
Littéraire*, dem Anatole France präsidiert. Zweig unter-
stützt die internationalen Literatur-Beziehungen, aus denen der PEN-Club hervorgeht. Er, der nach acht Jahren
wieder französische Luft schnuppern darf, trifft freilich
auch seine chers amis, Romain und Madeleine Rolland,
Léon Bazalgette und Pierre Jean Jouve.

   Die Pariser Nächte sind Zweigs Geheimnis, er
schreibt nämlich kein Tagebuch mehr. Andernfalls würde der Biograf gern daraus zitieren, da die Geschichte
allzu politisch wird. Am 4. August 1922 schreibt Zweig
an Romain Rolland: »– ich wiederhole es Ihnen: seit
1918 hatten wir, die ein bisschen weiter sehen, nie solche Ängste, nie ein solches Bangen erlebt. Das ganze so
fanatisch, so heillos frohe Leben in Salzburg mit seinen
Festspielen und Messen kann von einem Tag zum nächsten vorbei sein: es genügt ein kleiner Knall auf das große
Pulverfass in Wien, und alle Menschen werden in alle
Richtungen fliehen. [...] Hier werden die Festspiele vor-

bereitet. Reinhardt, Hofmannsthal führen ihre Stücke auf, Richard Strauss wird die Oper dirigieren, auch Béla Bartók, von dem Sie mir erzählen, und den ich sehr schätze, wird morgen kommen. Für mich hat diese ästhetische Beschäftigung im Moment etwas Abstoßendes: ich trete in jedem Fall die Flucht an vor diesem Tanz auf dem Vulkan und vor dem Goldenen Kalb.«

Es stellt sich jedoch heraus, dass Zweig im August 1923 die Flucht vor dem Goldenen Kalb nicht ergreift. Er bleibt in Salzburg, aus gutem Grund. »Streng vertraulich« informiert Zweig den Ehrenpräsidenten des österreichischen PEN-Clubs, Arthur Schnitzler, über den erwarteten Besuch des Nobelpreisträgers Romain Rolland in Salzburg. Zu diesem Ereignis werden wenige Freunde eingeladen, die freilich allesamt zusagen: Schnitzler, Bahr, Rieger und Paul Stefan, der das internationale Musikfest in Salzburg leitet, an dem Rolland als passionierter Mozartianer und Beethovenianer teilnehmen möchte.

Bei seinem ersten Besuch ist das Vielvölkerreich Österreich allerdings miserabel weggekommen: als der geschlagene und doch gefügige Vasall Deutschlands. Mittlerweile ist der reich verästelte Baum der Monarchie völlig verdorrt. Das verstümmelte Land ist national, weniger österreichisch als vielmehr deutsch. Zweig will dennoch nicht, dass der Franzose über Bayern fährt, da er dort angepöbelt werden könnte. Rolland akzeptiert die längere Route über Zürich, Innsbruck und Bischofshofen, wo ihn der Gastgeber entgegenkommend empfängt.

Indessen ist Friderike Zweig in heller Aufregung, da der Zug beträchtliche Verspätung hat und die vielen Lampions rechtzeitig angezündet werden müssen: »Der

Garten war von ihnen wie mit Glühwürmchen durch-
zogen, als wir Rolland ins Haus führten. Stefan hatte ihm
sein Schlafzimmer und sein Winterarbeitszimmer einge-
räumt, während ich Stefan mein Schlafzimmer abtrat.«

Den Eindrücken vom einmaligen Besuch auf dem
Kapuzinerberg, vor allem den Begegnungen mit
Schnitzler, Bahr, Rieger und Paul Stefan, widmet Friderike Zweig in ihren *Spiegelungen* ganze acht Seiten. Ein
unausweichlicher Gesprächsstoff ist Mahatma Gandhis
Lehre von der Gewaltfreiheit, von der Rolland besonders angetan ist. Einmal lässt er sich zu einem Ausflug bewegen: Der Fiaker fährt nach Hellbrunn, Morzg und
Leopoldskron, allerdings gibt es keinen Empfang im
Schloss. Selbstverständlich steht auch das Geburtshaus
des Genius loci auf dem Programm.

An einem Wochenende herrscht in der Kleinstadt ein
geordneter Rummel, der die Salzburger Eigenart zur
Schau stellen soll: Trachten und Uniformen, Volks- und
Blasmusik, überall Aufmärsche. Zweig befürchtet zwar eine Lufterschütterung durch die zweitausend Bläser, macht
aber gute Miene zum bösen Spiel und begleitet seinen
Gast zum Mozartplatz, wo die Trachten- und Bläserko-
lonnen vor dem Landeshauptmann defilieren. Abends besuchen Rolland und seine Gastgeber einige Konzerte mit
zeitgenössischer Musik von Korngold, Křenek und
Schönberg, auch wenn Rolland die Atonalen nicht so gerne haben soll, wie Friderike behauptet. Sie registriert an
ihm noch etwas anderes: »Ich werde seine lächelnden, ver-
stehenden Blicke, die er über kleine männliche Torheiten
Stefans mit mir tauschte, nicht vergessen, es war eine entzückende, wohlwollende und schelmische Überlegenheit
über dies ›Männliche‹ darin, etwa ›que voulez-vous, c'est
un homme, auquel il faut un cigar‹.«

Die Eindrücke der beiden Männer sind leider nirgendwo niedergeschrieben. Zumindest eine Kleinigkeit ist nachzutragen: In der Zweig-Biografie von Erwin Rieger findet sich ein Foto, das auf einer Gartenbank sitzend den graziösen Nobelpreisträger und den stämmigen weißbärtigen Bahr zeigt.

Nach zwei Wochen verlässt Romain Rolland sein gastfreundliches Salzburg – gerade im rechten Augenblick. Denn am 12. August 1923 geht im schmucken Stadttheater, ehemals k. k. Theater, die Welturaufführung des Dramas *Der Anschluß* von Franz Hlawna über die Bühne. Ort der Handlung ist laut Theaterzettel eine deutsche Grenzstadt – das anschlusswillige Salzburg. Nach der Ouvertüre *Leonore*, von Nico Dostal dirigiert, beschimpft die Figur des Führers die Regierungsvertreter als eine Bande von Verbrechern. Das hört auch Adolf Hitler, der still im Premierenpublikum sitzt. Denn die Uraufführung ist der festliche Auftakt zum österreichischen Nazi-Parteitag und Hitler die erwartete Sensation in der gedeckten Reitschule, der Schlechtwetterbühne des *Jedermann*.

Bis ins letzte Detail wird inszeniert und theatralisiert: Hakenkreuzfahnen, Stahlhelme, Uniformen und fanatische Menschen dicht an dicht. Nach lauten Hupsignalen marschiert Hitler begleitet von Hermann Göring durch ein Spalier von Sturmtruppen zum Rednerpult. Auf Kommando neigen sich die Hakenkreuzfahnen vor dem Führer, die Masse tobt, der Führer plärrt. Seinen Wortschwall vermag die Nazi-Presse nicht wiederzugeben, denn »was er spricht, das ist keine politische Rede schlechtweg, das ist Verkündigung eines heiligen Evangeliums, das sind die aus tiefster Brust geholten Worte eines Menschen, der von der Heiligkeit seiner Sendung durchdrungen, von ihrer Wucht und Größe überschattet ist.«

Man muss schon andere Berichte heranziehen, um zu erfahren, was am 14. August 1923 im Festspielhaus lauthals verkündet wird: kein Evangelium, vielmehr die Entscheidung, die in Deutschland bald fallen soll. Doch der Hitler-Putsch scheitert im November 1923 und prominente Nazis wie Hermann Göring, Gerhard Roßbach und Alfred Rosenberg flüchten in die Mozartstadt, die neue Propagandazentrale und Geburtsstätte des Braunhemdes. Die Kreation des Salzburger Schneidermeisters Anton Prokosch wird Hitler noch während seiner Festungshaft vorgeführt. Alsbald haben die Salzburger Braunhemden ihren nahen Wallfahrtsort: den Obersalzberg mit der Pension *Moritz* und dem *Kampfhäusl*.

Der Hitler-Putsch wird auch im Haus am Kapuzinerberg wahrgenommen, er löst Entsetzen aus: »Was sich in Deutschland abspielt, übertrifft die traurigsten Erwartungen, Wahnsinn über Wahnsinn! [...] Wir, die wir zehn Minuten von der Grenze entfernt wohnen, betrachten dieses Meer des Hasses wie von einem sicheren Hafen aus: alle Bemühungen, den Aufruhr nach Österreich auszuweiten, sind bisher ohne Effekt oder fast ohne Effekt geblieben. Wir leiden nur für unsere dort lebenden Freunde.«

In diesem Brief vom 16. November, den Zweig seinem Meister Romain Rolland schreibt, kann er freilich nichts Konkretes über die Auswirkungen sagen. Die vergiftete Atmosphäre bekommt er allerdings bald selbst zu spüren. Das Hakenkreuz gehöre nicht den Nationalsozialisten allein, denn es sei das Symbol aller Antisemiten, heißt es im Hauptorgan des *Deutsch-österreichischen Antisemitenbundes* (Gauleitung Salzburg, Judengasse 12).

Sein aggressives Hetzblatt *Der eiserne Besen* finanziert sich durch Spenden und Inserate der sogenannten arisch-christlichen Geschäftswelt – »Salzburger! Besorgt Eure Einkäufe bei Ariern, die in unserem Blatte anzeigen!« Die Adressen der jüdischen Konkurrenten, die boykottiert und ausgeschaltet werden sollen, stehen im »Judenkataster« des *Eisernen Besens*. In der Folge 9 vom 10. Jänner 1924 ist zu lesen: »Zweig Stefan, Schriftsteller, Kapuzinerberg 5.«

Trotz der antisemitischen Attacken publizieren das *Salzburger Volksblatt* und die *Salzburger Wacht* sowohl Inserate von jüdischen Kaufleuten als auch literarische Texte von Stefan Zweig, beispielsweise *Episode vom Genfer See*, *Kapitän Scotts letzte Fahrt* und *Der Amokläufer*. Es ist leider unbekannt, wie sich seine Bücher im judenfeindlichen Salzburg verkaufen. Fest steht, dass die Studienbibliothek vor dem Jahr 1933 kein einziges Exemplar erwirbt. Die dort vorhandenen Bücher sind Geschenke des Autors oder Übersetzers ohne Widmungen, das jeweilige Schenkungsdatum ist vermerkt: *Romain Rolland*, *Drei Meister*, *Clerambault*, *Jeremias*, *Erstes Erlebnis* und *Amok* (alle 18. 4. 1923), *Der Kampf mit dem Dämon* und *Verwirrung der Gefühle* (21. 9. 1926), *Die Flucht zu Gott* (1927), *Marceline Debordes-Valmore* (22. 9. 1927), *Drei Dichter ihres Lebens* (1928), *Joseph Fouché* (27. 2. 1930), *Kleine Chronik* und *Das Lamm des Armen* (12. 5. 1930), *Marie Antoinette* (9. 12. 1932).

Zwei Bücher in der Bahr-Bibliothek lohnen eine genauere Betrachtung: zum einen der prachtvolle *FRANS MASAREEL* von Arthur Holitscher und Stefan Zweig (*Graphiker unserer Zeit*, Band 1, Berlin 1923). Es enthält Holzschnitte des flämischen Meisters, dessen soziales Engagement in einem stechenden Essay herausgestrichen wird. Sein Autor Arthur Holitscher ist ein bäriger Kommunist, ein Gesinnungsgenosse von Henri Barbusse, von dem sich Zweig lossagt und distanziert. So gesehen sind Holitscher und Zweig ein seltsames Gespann. Zum anderen das LIBER AMICORUM ROMAIN ROLLAND, zusammengestellt von Maxim Gorki, Georges Duhamel und Stefan Zweig (Zürich-Leipzig 1926). Das Buch der Freunde ist dem 60-jährigen Weltbürger gewidmet – mit weit über 100 Würdigungen, etwa von Hermann Bahr (München), Albert Einstein (Berlin), Sigmund Freud (Wien), M. K. Gandhi (India), Albert Schweitzer (Lambarene), Upton Sinclair (Pasadena), Andreas Latzko und Stefan Zweig (beide Salzburg).

Der aus Ungarn stammende Dichter Latzko ist jener Anonymus, dessen Buch *Menschen im Krieg* (Zürich 1917) in 19 Sprachen übersetzt wird. Andreas Latzko lebt seit Kriegsende in Salzburg, zurückgezogen wie Zweig, mit dem er sich schon während des Krieges in der Schweiz angefreundet hat. Beide sind Rollandisten, die einen guten Draht zueinander haben. Ihre Beiträge verraten allerdings unterschiedliche Charaktere: Zweig wirkt leider maskenhaft oder preziös, Latzko dagegen entpuppt sich rasch als leidender Mensch – er ist morphiumsüchtig und fallweise im Sanatorium.

Exlibris von Aloys Wach
(Museum der Stadt Linz – Nordico)

Café Bazar, Tisch 7
(Foto Margit Winkler, Salzburg)

IV

Geständnisse

Die Salzburger Studienbibliothek hütet auch zwei Romane von Friderike Maria Winternitz: *Vögelchen* und *Der Ruf der Heimat* (Neuausgabe *Das Bergland-Buch* 1931). Der Frau gebührt besonderer Respekt, denn sie gibt ihrem Mann Rückhalt in seinem Salzburger Refugium, das ganz nach Deutschland orientiert ist, und das verschafft ihm den Welterfolg: »Meine Reiselektüre ist das Kursbuch des Deutschen Reiches ...« Dorthin macht der Insulaner und Goethe-Deutsche Jahr für Jahr seine beschwerlichen Lesereisen (keine im Schrumpfland Österreich). Anfang Dezember 1926 berichtet der *Generalanzeiger* von der Lesung im Rathaussaal von Dortmund: »Bei Zweig wunderten wir uns, daß er, der auch volltönend sprechen kann, mitunter in einen solch unhörbaren Ton verfiel, daß man nichts verstehen konnte. Vielleicht ist es nicht übel, in Zukunft bei derartigen Veranstaltungen sofort den Lautsprecher in Tätigkeit zu bringen.«

Am Schluss des Lesemarathons ist Zweig arg gestresst, wie er seiner Frau mitteilt: »Gehetzt wie ein Wildschwein, schreibe ich nur im Fluge. [...] Ich selbst sehr müde von zuviel Alkohol, Tabak, zu wenig Schlaf, dazu verschnupft und verkühlt von Zentralheizungen und kalten Zügen – in Duisburg mußte ich einmal mitten im Vortrag unterbrechen, die Stimme war fort, aber die 700 Leute da. [...] Aber bald Salzburg, wie will ich's genießen – die Großstadt ist purer Irrsinn, besonders Berlin, wo

Alles immer zugleich ist. Alle Freunde sind kaputt durch Telefon und tägliche Einladungen, alle stöhnen sie nach Schlaf – ich Salzburger gelte als der Erzweise. Und Du, mein Lamm, klage nicht, verzage nicht, wenn dir das Herz auch bricht, vergiß mich nie, üb Stenografie und ächze nicht, es geht Dir besser als Deinem Stefzi / Grüße Suse und Alle.«

»Ich Salzburger« sagt der Dichter, der mit seiner Frau, seinen Stieftöchtern und Hunden schon sieben herrliche Jahre im Kapuzinerreich wohnt. Dennoch sträubt er sich dagegen, von seiner neuen Heimat vereinnahmt zu werden. Trotzdem, er lebt gern in Salzburg und flüchtet lediglich vor den familiären Konflikten, den unliebsamen Gästen, den Weihnachts- und Festspielmaskeraden. Es ist ein beglückendes Ausfliegen, ein Abwerfen von Ballast, und so kommt er friedfertig nachhause, in sein Haus des Welterfolgs bis zum Jahr 1933.

Zweig bemerkt in seiner *Welt von Gestern*: »Man konnte wieder arbeiten, sich innerlich sammeln, an geistige Dinge denken. Man konnte sogar wieder träumen und auf ein geeintes Europa hoffen. Einen Weltaugenblick – diese zehn Jahre – schien es, als sollte unserer geprüften Generation wieder ein normales Leben beschieden sein. In meinem persönlichen Leben war das Bemerkenswerteste, daß in jenen Jahren ein Gast in mein Haus kam und sich dort wohlwollend niederließ, ein Gast, den ich nie erwartet hatte – der Erfolg.«

Man braucht nur wenige Zeilen weiterzulesen, um zu erkennen, dass Zweig, der Biograf seiner geprüften Generation, sein Erfolgskapitel in der *Welt von Gestern* aus der Sicht des geächteten Namens schreibt: »Ich bin heute als Schriftsteller, wie unserer Grillparzer sagte, einer, der ›lebend hinter seiner eigenen Leiche geht‹; alles oder fast alles was ich in vierzig Jahren international auf-baute, hat diese eine Faust [Adolf Hitler] zertrümmert. So spreche ich, wenn ich meinen ›Erfolg‹ erwähne, nicht von etwas, das zu mir gehört, sondern das einstmals zu mir gehörte wie mein Haus, meine Heimat [...].«

Der unerwartete Erfolg scheint dem Dichter gleich-sam zuzufliegen. Doch sein Erfolg ist erarbeitet, Zweig muss sich dafür abrackern und verspürt dabei wenig Lust und Freude. Das behauptet er jedenfalls im Jahr 1925 gegenüber seinem lieben Freund Frans Masereel: »Ich bin oft der Literatur ein wenig müde; noch ein Buch und noch und noch eines und das Leben geht vorbei, die Ju-gend vergeht und man schreibt mehr und mehr Bücher! Wenn man einmal bewiesen hat, daß man gute Bücher schreiben kann, dann fehlt die beglückende Erregung und das ganze wird zum Handwerk. Mein lieber, es ist fast 25 Jahre – ein Vierteljahrhundert – her, seit ich meine ersten Verse veröffentlicht habe – und im Grunde meiner Seele hätte ich Lust, die Schriftstellerei beiseite zu lassen und zu reisen. Aber der Erfolg, die ›Pflicht‹ wird zur Ket-te, zur goldenen Kette, wenn Du willst – eine Freude für andere, aber ich (Du kennst mich), der ich nicht für einen Groschen Ehrgeiz und Stolz besitze, habe Sehnsucht nach meinem einstigen Leben, anonym, abenteuerlich, unstet und sorglos.«

Im August 1925, als Thomas und Heinrich Mann, Jakob Wassermann, Thornton Wilder und freilich Hugo von Hofmannsthal das Salzburger Festival beehren, ist der – entgegen seiner Beteuerung – durchaus ehrgeizige und stolze Zweig in Zell am See. Im *Grandhotel* arbeitet er an seinem dritten Novellenzyklus. Doch Zweig steckt in einer Krise, wie seine Frau in Salzburg erfährt: »Mei-ne depressiven Zustände haben keine reellen Gründe, weder in der Arbeit (die ist nicht so arg) noch im Nicotin, das ich jetzt übrigens zur Probe zwei Tage aussetzte. Es ist eine Alterskrise, verbunden mit einer allzu großen (meinem Alter ungemäßen) Klarheit – ich beschwindle mich nicht mit Unsterblichkeitsträumen, weiß wie relativ die ganze Literatur ist, die ich machen kann, glaube nicht an die Menschheit, freue mich an zu wenigem.«

Zweig ist 43 Jahre: eher jung als alt. Falls ihn doch etwas erfreut, dann dürfte der Zustand nicht lange anhalten. Er braucht sofort wieder seine Droge: die Arbeit, den Erfolg, den Rausch. Er sei der Erfolgszweig, so wird im wachsenden Kreis seiner Neider gespöttelt, was ihn aber weiter nicht zu berühren scheint. Denn Zweig bleibt bei seinem goldenen Handwerk, er produziert seine Erfolgskette, gibt seinen Novellen eine spezielle Ordnung und einen Kollektivtitel: *Die Kette. Ein Novellenkreis. Der Erste Ring: Erstes Erlebnis. Geschichten aus Kinderland* (1911, Nachdruck 1923, Ellen Key gewidmet), *Der zweite Ring: Amok. Novellen einer Leidenschaft* (1922, Frans Masereel gewidmet) und *Der dritte Ring: Verwirrung der Gefühle. Drei Novellen* (1927, Felix Braun gewidmet). Der dritte Band muss ebenfalls mehrmals nachgedruckt werden – innerhalb von fünf Jahren sind es 90.000 Exemplare.

In Salzburg wird die Erfolgsserie des Dichters schon früh wahrgenommen. Im *Salzburger Volksblatt* vom 20. Dezember 1926 ist zu lesen: »Mit einem leidenschaftserfüllten, tiefaufwühlenden Buche *Verwirrung der Gefühle* hat Stefan Zweig jetzt seinen Novellenkreis *Die Kette* beschlossen. Nach den Geschichten aus Kinderland *Erstes Erlebnis* und den Novellen einer Leidenschaft *Amok* gibt er als Krönung – nicht zufällig, sondern in notwendiger Folge – den *dritten Ring*, ein Meisterwerk deutscher Erzählungskunst, dem unsere bücherreiche Gegenwart wohl nicht allzuviel Gleichwertiges an die Seite zu stellen hat.«

Der Rezensent heißt Franz Krotsch. Als Nachfolger von Erwin H. Rainalter schreibt der Kulturredakteur bis Ende 1932 sechs Artikel über Werk und Leben von Zweig: das starke Echo eines deutschnationalen Blattes. Sein Kulturteil ist noch judenfreundlich, liberal wie ehedem. Seine Leser sind es längst nicht mehr. Das äußert sich in der lavierenden Schreibweise von Krotsch, beispielsweise in seiner Rezension der Erzählung *Untergang eines Herzens*: »Die zweite, menschlich allgemeinste, ergreifendste Tragödie schildert den Untergang eines Herzens, indem sie einen kranken Mann, der immer nur seiner Familie gelebt, rastlos für sie gesorgt und gearbeitet hat, durch einen Zufall erkennen läßt, daß Tochter und Frau [...] in ihm nur das Mittel zur Befriedigung ihrer Luxusbedürfnisse sehen.«

Der hier bemitleidete kranke Mann ist »ein alter jüdischer Kaufmann, der sein Leben lang sich für seine Familie gerackert und gedemütigt hat.« So formuliert es Fritz Rosenfeld, der in Wien für die sozialdemokratische Presse schreibt. In den christlichsozialen Blättern sucht man vergeblich nach einer Besprechung der Novellen, die also in Zell am See entstehen, als Zweig unter Depressionen leidet.

Vierundzwanzig Stunden aus dem Leben einer Frau, *Untergang eines Herzens* und *Verwirrung der Gefühle* sind zwar fiktionale Texte, dennoch können lebensgeschichtliche Motive ausgemacht werden. *Untergang eines Herzens* greift ein jüdisches Thema auf: Ein Jude, noch sehr patriarchalisch, kommt mit den Eskapaden seiner Frau und seiner Tochter nicht zurande; zwei Welten prallen aufeinander. Mutter und Tochter wollen ihre Fesseln abstreifen und sich lieber wie assimilierte Damen amüsieren – in der Gesellschaft von Faulenzern, Müßiggängern oder Tagedieben. Daran zerbricht das Herz des alten Mannes. Er flüchtet in den Tempel – »[...] er war der Letzte, er wußte es. Niemand würde für ihn ein Gebet sprechen. Und so murmelte er andächtig mit und dachte an sich selbst dabei wie an einen Toten.« Bald liegt der fromme Jude unter dem Messer des Chirurgen. Die indessen verständigten Frauen eilen herbei. Als die Tochter die Wange des Vaters küssen will, riecht er ihr süßliches Parfüm – »Weg! ... Weg! ...« Sein Herz stirbt, sein Leid nicht, und der Leser leidet daran mit.

Doch Sigmund Freud ist anderer Ansicht, wie er Zweig in einem Brief vom 4. September 1926 mitteilt: »Man spürt die geringere persönliche Anteilnahme des Dichters. Das analytische Motiv bedarf keiner Deutung, es liegt klar zu Tage. Die Eifersucht des Vaters auf die Sexualität der heranwachsenden Tochter, die ja in Urzeiten sein Sexualobjekt, sein Eigentum war. Aber das Motiv regt uns zur unwillkürlichen feindseligen Parteinahme an.«

Auch Freud erwähnt nicht, dass der Vater ein Jude ist, der zu seiner Religion zurückfindet. Er verkörpert die aussterbende Spezies, die Zweig bemitleidet. Er, der assimilierte Jude, wird im Jahr 1925 zur Gründungsfeier der Hebräischen Universität eingeladen, schickt aber stellvertretend seine Begrüßungsrede nach Jerusalem. Der Weltbürger steht dem Zionismus skeptisch gegenüber, obschon er Theodor Herzl verehrt. Dieser habe ihn mit Herz und Seele zum Juden gemacht, sagt Zweig Anfang der 30er Jahre. Das findet in seiner Literatur allerdings nur geringen Niederschlag.

Zweig, der Schwärmer und Weltreisende, kennt seine Leser und weiß daher, was gut ankommt: die Welt der Sensationen und Zufälle, der unerhörten Begebenheiten auf eleganten Passagierdampfern, in tropischen Sphären, in Spielcasinos, in Traumorten, die sich die wenigsten leisten können. Es ist eine phantastische Fluchtwelt, die alles Schöne bietet, was sich ein unzufriedener und unbefriedigter Kleinbürger sehnlichst wünscht: Gefühl, Reiz, Leidenschaft, Begehren, Erotik, Sexualität, Abenteuer, Seitensprung, Affäre, Ehebruch und geheimes Laster.

Vierundzwanzig Stunden aus dem Leben einer Frau ist eine Meisternovelle. Mit den plastisch gezeichneten Figuren kann sich der Leser leicht identifizieren. Der Ich-Erzähler wird kaum als fiktionale Figur angeschaut – eher als der Autor selbst, der alles selbst erleben würde. Diese Wirkung wird verstärkt durch die Rahmen-Technik. Die Novelle versetzt einen an die französische Riviera, in die mondäne Welt der Vorkriegszeit, in einen Cercle von polyglotten Weltreisenden, darunter auch der Ich-Erzähler, der Beobachter eines erregenden Skandals: Über Nacht verlässt eine untadelige Frau ihren Mann und ihre zwei Kinder, um mit einem wildfremden und bildhübschen Jüngling auf und davon zu gehen. Der Erzähler hat dafür volles Verständnis: Es ist ehrlicher, wenn eine Frau ihrer Leidenschaft frönt und nicht bei geschlossenen Augen ihren plumpen Ehemann in dessen Armen betrügt. Überdies ist der crime passionnel, wie es die Franzosen nennen, nicht unbedingt ein Verbrechen.

Diese Ansicht des Erzählers erstaunt, ja verwundert dessen Gesprächspartnerin, eine alte Dame von Adel. Noch zögert sie, denn sie muss sich erst einen innerlichen Ruck geben. Als sie ihr Herz auf der Zunge hat, zeigt sich, dass der Skandal nur als Rahmen und Auslöser dient. Die kunstvoll verschachtelte Novelle, eine unerhörte Begebenheit, wird nun von der britischen Lady erzählt. Die Witwe und Mutter von zwei Söhnen ist ein Vierteljahrhundert jünger, als sie im Casino von Monte Carlo fasziniert auf zwei Spielerhände starrt. Der junge Mann könnte ihr Sohn sein – ein Verlierer, den die Frau vor dem Malheur retten möchte. Sie verliert sich aber selbst im Bett eines schäbigen Hotels – ihr atemberaubend erzähltes Geständnis!

Doch der Rettungsversuch der Frau scheitert, sie flieht nach England: »Mein Sohn wollte mich umarmen und küssen. Ich bog mich zurück: der Gedanke war mir unerträglich, daß er Lippen berühren sollte, die ich als geschändet empfand. Ich wehrte jeder Frage, verlangte nur ein Bad, denn dies war mir Bedürfnis, mit dem Schmutz der Reise auch alles andere von meinem Körper wegzuwaschen, was noch von der Leidenschaft des Besessenen, dieses Unwürdigen ihm anzuhaften schien.«

Es ist eine glänzend erzählte und lückenlos motivierte Geschichte. Die Frau kann als Mutter der unbewussten Liebesübertragung auf den Sohn nicht entgehen. Das behauptet auch Sigmund Freud, dessen Lob den Autor erfreut. Zweig ist ein feinsinniger Psychologe, ein Schüler des Meisters der Seelenkunde in der Wiener Berggasse.

Anerkennung findet dort ebenso die Novelle *Verwirrung der Gefühle*. Ihr Untertitel animiert zum voyeuristischen Lesen: *Private Aufzeichnungen des Geheimrates R. v. D.* Es ist ein gefinkeltes Spielchen, das der Autor mit seinem vertrauensseligen Publikum treibt. Denn gleich zu Beginn liest der Philologe R. v. D. ein Buch, das ihm gewidmet ist: die Festschrift zu seinem sechzigsten Geburtstag: »Eine wahrhaftige Biographie ist es geworden [...]. Aber doch: als ich die zweihundert fleißigen Seiten durchgeblättert und meinem geistigen Spiegelbild genau ins Auge gesehen, mußte ich lächeln. [...] Von jenem Geheimsten meiner geistigen Lebensentfaltung weiß jenes Buch kein Wort: darum mußte ich lächeln. Alles ist wahr darin – nur das Wesenhafte fehlt. Es beschreibt mich nur, aber es sagt mich nicht aus. Es spricht bloß von mir, aber es verrät mich nicht.«

Gespannt erwartet der Leser der privaten Aufzeichnungen ein Geheimnis, und es soll gelüftet werden – vom anonymisierten Ich-Erzähler R. v. D. Der Leser, der vor dem Schlüsselloch lauert, wird freilich auf die Folter gespannt. Er muss sich erst mit dem fremden Milieu vertraut machen, in dem R. v. D., Roland, der Sohn eines Rektors, heranreift: norddeutsch, protestantisch, kleinbürgerlich und pedantisch, alles, was der honorige Vater verkörpert. Dagegen muss der Sohn aufbegehren, denn »immer setzt ja die Natur, ihrer mystischen Aufgabe gemäß, das Schöpferische zu bewahren, dem Kinde Stachel und Hohn ein gegen die Neigung des Vaters.« Das bislang Verbotene reizt den 19-jährigen Sohn in der Großstadt Berlin. Ehe der »auffallend hübsche Junge« dort sein Studium verbummelt, beugt er sich dem Willen des Vaters und zieht in eine deutsche Provinzstadt, die bloß Langeweile verspricht.

Doch da passiert das Unerhörte – so unvermittelt, wie der Student in das Seminar eines Professors hineinplatzt. Das rhetorische Genie schwingt sich auf einen Tisch und entflammt an seinem Shakespeare, dem sinnlichen oder seelischen Ausdruck einer leidenschaftlichen Zeit. Der Wortschwall dringt unter die zivilisierte

Haut, stimuliert dort unbekannte, unausgelebte Gefühle: »Nie hatte ich dies erlebt, Rede als Ekstase, Leidenschaft des Vortrags als elementares Geschehen, und wie ein Ruck riß dies Unerwartete mich heran. Ohne zu wissen, daß ich ging, hypnotisch herangezogen von einer Macht [...].« Es ist die Macht des Mannes, der seine Jünger und Jünglinge verführt – hin zum ekstatischen Erleben von Dichtung: »[...] alles ist der Darstellung gestattet, alles erlaubt: Blutschande, Mord, Untat, Verbrechen, der maßlose Tumult alles Menschlichen feiert eine heiße Orgie [...].« Im Seminar verbietet sich das freilich. Da kann man lediglich seiner sexuell grundierten Fantasie freien Lauf lassen, jedoch um den Preis der Unterwerfung. Denn Roland, der Ich-Erzähler, bejaht die Übermacht, »vor der sich zu beugen Pflicht und Wollust sein mußte«.

Der angehimmelte Professor ist sofort behilflich: In seinem Haus ist noch ein Zimmer frei und bald schon leben sie unter einem Dach, der reife Mann und der hübsche Junge. Da ist aber noch eine dritte Person: die Ehefrau, die auffallend schmal ist – »ein knabenhafter schlanker Körper«. Sie lauscht hinter der Tür, wenn die Männer beisammen sind. In der beklemmenden Atmosphäre des Hauses entwickeln sich die Beziehungen zwischen dem Professor, seiner Ehefrau und seinem Schüler zu einem verzwickten Dreiecksverhältnis.

Durch das zwiespältige Verhalten des geliebten Lehrers schlittert der Schüler in die Selbstzerfleischung: Zuneigung und Abstoßung, Wärme und Kälte, ein Wechselbad der Gefühle. Eines Nachts schleicht der Professor in die winzige Dachkammer seines Schülers, kann aber seine Hemmschwelle nicht überwinden: »Man muß Distanz halten ... Distanz ... Distanz.« Am Morgen ist der alte Mann verschwunden. Der verwirrte Junge kann sich ein solches Benehmen nicht erklären. Ihn packt blindwütige Verzweiflung, doch bei der Ehefrau findet er viel Verständnis und Trost. Sie will ihren Schützling offenbar ans andere Ufer ziehen – ein vergeblicher Liebesdienst wie einst bei ihrem Mann, den der knabenhafte Körper nur für kurze Zeit zu täuschen vermochte.

Das »Geheimste seines Geschlechts« muss der Professor schon selbst verraten. Gleich nach seiner Rückkehr macht er ein Geständnis – ihm, dem hübschen Knaben, der aufgewühlt zuhört und seinerseits seine verwirrten Gefühle in der Ich-Form offenbart. Denn nur so wirkt die fiktive Geschichte vom »fehlwandernden Geschlecht« authentisch und glaubwürdig: »Und ich nahm diese heiß vorstoßende, diese glühend eindringliche Stimme in mich auf, schauernd und schmerzhaft, wie ein Weib den Mann in sich empfängt ...«

Der Leser versinkt in die Gefühlswelt des Knaben und vergisst dabei völlig, dass der Geheimrat R. v. D. erzählt: einfühlsam, daher ohne Ironie und Distanz, ohne Einmischung des Autors, der mit seiner Novelle ein gesellschaftliches Tabuthema aufgreift, und zwar äußerst couragiert und freizügig, gemessen an der Zeit und der provinziellen Enge, der kleinbürgerlichen Welt der Leser, denen die Atmosphäre vertraut ist. Da drehen die Sittenwächter ihre Runden und nirgendwo findet sich ein unbeäugeltes Pflaster, auf dem ein ortsbekannter Mann seine homosexuelle Neigung ausleben kann. Doch in der fiktiven Kleinstadt des schönen Scheins wird schon gemunkelt. Der Name des Professors ist bald geächtet. Nur ein Kollege, der Jude ist und ebenfalls von allen geschnitten wird, verkehrt mit dem absonderlichen Paar, dem Professor und seiner Frau.

Verwirrung der Gefühle ist eine Apotheose der Männerfreundschaft und der Männerliebe, die in der gutbürgerlichen Gesellschaft bekanntlich verpönt ist. Ihre Verbote, Brüche und Abgründe sieht der Autor. Sein Metier ist das bürgerliche Doppelleben – drastisch geschildert aus dem Blickwinkel des Knaben, der um das Verständnis der verbotenen und unheimlichen Männerliebe ringt: »Und immer, wenn er einer Versuchung sich fast erliegen fühlte, dann ergriff er plötzlich die Flucht. [...] Flucht in das Grauen der Winkelwege und Abgründe. Er reist dann immer in eine Großstadt, wo er an abseitiger Stelle Vertraute fand, Menschen niederen Standes, deren Begegnung beschmutzte, hurenhafte Jugend statt der heilig hingegebenen, aber dieser Ekel, dieser Sumpf [...].«

Das Geständnis des Professors erfolgt während des Abschieds oder der Flucht des Knaben vor dem Grauen der Winkelwege und Abgründe. Doch ehe er davonrennt, muss er noch seine erste Erfahrung machen: »Es war ein Kuß, wie ich ihn nie von einer Frau empfing, ein Kuß, wild und verzweifelt wie ein Todesschrei. Der zitternde Krampf seines Leibes ging in mich über. Ich schauerte von einem fremd-furchtbaren Empfinden zwiespältig gefaßt – hingegeben mit meiner Seele und doch zutiefst erschreckt von einem widrigen Wehren des männlich berührten Körpers – unheimliche Verwirrung des Gefühls [...].«

Eine gestellte Filmszene? Ein hautnahes Erlebnis? Hat der Autor bestimmte Neigungen? Eine Antwort darauf gibt Sigmund Freud im zitierten Brief vom 4. September 1926 – jedoch ganz allgemein: Die menschliche Natur sei bisexuell. Viele Menschen seien aber nicht dazu fähig, die gleichgeschlechtliche Liebe anzunehmen

und sich ihr Verlangen einzugestehen. Eine Schlüssel-
stelle erblickt Freud in der Beziehung des Sohnes zum
strengen Vater, in der Kompensation der latenten Neigung durch Übertreibung der Männlichkeit. Die Vivi-
sektion, wie es Freud nennt, ist ausdrücklich auf die
Novelle bezogen, nicht auf den Autor.

Das Schreiben kann allerdings ein therapeutisches
Mittel sein – eine gewisse Befreiung von selbstquäleri-
schen Gedanken und Vorwürfen. Zweig wird sein ver-
mutetes Doppelleben, seine amphibische Hälfte, sorgsam
vor der Öffentlichkeit verbergen und literarisch ver-
schlüsseln, beispielsweise in *Ballade von einem Traum*
(1923), die im Band *Die gesammelten Gedichte* erscheint.

Vierzigjährig – ungefähr so alt wie Zweig – ist das
von einem Albtraum gepeinigte Balladen-Ich. Es wird in
seinem geschlossenen Raum von »tausend Augen« verfolgt, will daraus flüchten, entweichen – vergebens. Ihm
erscheint eine blanke Wand mit der feurigen Inschrift
»Du bist erkannt! Du bist erkannt!« (Refrain in mehreren Strophen) – »Vergebens daß ich vierzig Jahr / Der
Hüter meines Herzens war – / Geheimstes Laster, dun-
kles Tun, / Die fremden Wände wußtens nun! / Was ich
zutiefst in mich verbarg, / Mit Dunkel düngt' wie einen
Sarg, / Was ich mit Worten feig versteckt, / Mit Lügen-
laken zugedeckt, / Mein tiefstes Ich, mein Urgeheim /
War nun in aller Schwatz und Schleim, / Und diese
Hand dort an der Wand, / Sie macht' es weit und welt-
bekannt: / Du bist erkannt! Du bist erkannt!«

Am Morgen stürzt das Ich aus seinem Traum: »[...] ich
wußte kaum, / Wie ich hinausfand in den Raum, / Dem
alles glänzte rein und klar / Und ich doch nicht verraten war. // Da – lachte ich in mich hinein, / Tat in mein
buntes Kleid von Schein, / Schloß Schweigen um mich

als Gewand / Und trat, im tiefsten unerkannt, / Mein Tagwerk an, das wartend stand.«

Die Lebenslüge oder die Angst vor der Aufdeckung, der Entblößung und Anprangerung ist das zentrale Motiv in Zweigs Literatur und Leben. Seine Schwächen sind ihm bewusst, er ist angreifbar. Daraus erklärt sich vielleicht sein geringes öffentliches Engagement, seine starke Neigung zur Flucht. Auf seine sexuelle Neigung lässt sich daraus keineswegs schließen, wie es Felix Braun rückblickend suggeriert, dem der Band *Verwirrung der Gefühle* gewidmet ist. Nach eigener Aussage ist Zweig übrigens nicht von der »Gilde«, also kein Homosexueller, er akzeptiert sogar den rigiden Homosexuellen-Paragraphen.

Zweig ist konfliktscheu. In seiner Wahlheimat, in der er ungestört leben möchte, reagiert er nie auf die bösen Attacken gegen den »jüdischen Literaten und Villenbesitzer«. Rechtliche Schritte wären allerdings auch sinnlos, da der Antisemitenbund eine gesellschaftliche Macht in seinem Land ist. Das Radaublatt *Der eiserne Besen* kann ungeniert die wüstesten Gerüchte über das Sexualleben der Juden verbreiten: Orgien mit christlichen Kindern und dergleichen. Selbst ein harmloses Liebesgedicht aus dem erwähnten Sammelband von Zweig kann da schon anstößig sein: Aus *Die Zärtlichkeiten*, einem erotischen Gedicht, macht *Der eiserne Besen* eine eklige Verführung eines zarten Mädchens durch einen Lüstling, einen Juden, der sich selbst umbringen oder der umgebracht werden soll: »Es steh'n am Mönchsberg viele Bäume, / Gar lockend auch manch starker Ast, / Zu enden geiler Dichter Träume, / Sie laden Stefan Zweig zu Gast.« (21. 9. 1928)

Bolschewikeneinbruch

»Dieses neue Sehen nun ist mit sehr viel Geschmack hier an Salzburg exemplifiziert, das gerade zu Anfang des 19. Jahrhunderts von Romantikern entdeckt wird, und zwar dank der katholisierenden Neigung, die das Romantische mit dem Katholischen verbindet.« In der Monatsschrift *Die Literatur* bespricht Zweig ein Buch, das ihm offensichtlich behagt: *Salzburg und das Salzkammergut. Eine künstlerische Entdeckung in hundert Bildern des 19. Jahrhunderts* (Wien 1926). Es beschwört die Wunderwelt, die von passionierten Reiseromantikern geradezu erfunden wird. Die Natur ist mehr als eine malerische Kulisse, sie ist Ausdruck von Seelenschwingungen. In den 20er Jahren arbeitet die Tourismuswerbung fleißig daran, den Mythos der schönen Landschaft und Stadt wiederzuerwecken.

Dabei muss freilich der Sommerfrischen-Antisemitismus kaschiert werden. Die Juden sind nämlich nicht in jedem Ort des Landes Salzburg herzlich willkommen: beispielsweise in den Gemeinden Mattsee und Seekirchen, die sich als judenreine Sommerfrischen deklarieren. Das muss auch der Komponist Arnold Schönberg erfahren, als er Mattsee aufsuchen will. Darauf lässt es Zweig gar nicht ankommen, er bevorzugt Bad Gastein, Zell am See oder Thumersbach. Auch dort wird ihn die volkstümliche Hakenkreuzlerei noch einholen, doch vorläufig bleiben die politischen Turbulenzen im Rahmen, zumindest in Salzburg. Ganz am Rande berichtet das *Salzburger Volksblatt* von der Spaltung der österreichischen Nazi-Partei im Gasthaus *Zur Sonne*. Ab dem 26. September 1926 werkt auch in Salzburg die auf den

Grenznachbarn getrimmte NSDAP: die sogenannte Hitler-Bewegung.

München und Salzburg sind auch durch den Flugverkehr eng verbunden, Zweig benutzt aber weiterhin die gute alte Eisenbahn. Im Februar 1927 spricht er im Münchner Staatstheater über seinen Freund Rainer Maria Rilke, der bei Montreux gestorben ist. Im November 1927 gibt Zweig wieder einmal ein aufreibendes deutsches Gastspiel: München, Stuttgart, Frankfurt, Darmstadt, Bremen, Hamburg, Berlin, Leipzig und Breslau.

Zweigs Feuilleton *Reisen oder Gereist-Werden* erscheint erstmals 1926 in *Reclams Universum*, ein Plädoyer für das Reisen nach Altvätersitte, die der Mann lieber mutterseelenallein und mit leichtem Handgepäck pflegt. Andernfalls muss sich die Frau den patriarchalischen Vorschriften anpassen.

In gebotener Kürze seien hier die sieben Fahrten des Ehepaares im zeitlichen Nacheinander aufgelistet: Italien, Sylt und Westerland, Villeneuve und Paris, quer durch Frankreich, Ostende, Italien, Spanien und Südfrankreich. Die jüngere Tochter ist wenige Male mit von der Partie. Es bleibt das Vergnügen der Mutter, mit beiden Kindern in den Urlaub zu fahren, zum Beispiel im September 1926 an den Lido von Venedig. Im September 1927 reisen Friderike und Suse nach Nyon am Genfer See, derweilen ist Alix bei Verwandten in Wien, wo sie ihren Stiefvater trifft. Zweig macht ebenso seinen obligaten Besuch bei seiner Mutter, die nun Witwe ist und daher den Zuspruch ihrer Söhne braucht. Daraufhin eilt Zweig nach Hause, da er sich um seinen sterbenskranken Sohn zu kümmern hat.

Am 12. September 1927 muss das Herrl eine traurige Mitteilung nach Nyon schicken: »Das schmerzlichste

Ereignis voran: während ich weg war, mußte ein Tierarzt gerufen werden und zwar ein anderer, der Rolf auf das allersorgfältigste untersuchte und feststellte, daß er unrettbar verloren sei, weil die Eiterungen ihn schwächten, so daß selbst die Leute, die doch an ihm hängen, sich der Ansicht des Arztes anschließen mußten. Dennoch warteten sie bis zu meiner Rückkehr, und so haben wir heute, Montag morgen (ich war dabei), ihn sanft eingeschläfert, ohne daß er das allermindeste dabei gelitten hat. Suse brauchst Du es ja nicht zu sagen. [...] Kaspar ist tief deprimiert und ißt nicht. Er muß etwas vom Tod Rolfs oder vom Chloroform gemerkt haben: die Witterung des Tiers ist unheimlich. Laß es Dir gut gehen! Herzlichst Suse und Dir St.«

Einen weiteren Brief schreibt der Hausherr nach Nyon: »Seit drei Tagen Regen, Regen. Aber es stört mich eigentlich nicht. Die Arbeit geht langsam fort, Tolstoi in zweiter Fassung fertig, jetzt kommt die endgültige dritte, ebenso Casanova, so daß ich Ende Oktober diese beiden Lasten wohl abgewälzt habe – es bleibt dann noch der Dritte. Wäre ich nur leicht und leichtsinnig wie früher – die Literatur sagt mir aber nicht mehr viel, mein Ehrgeiz ist dahin und nur ein Verlangen des Aufhörens des Betriebes, Unbekanntsein, also wahrhaft Menschsein. Publizität zernervt das Leben, besonders wenn man wie wir sie nicht als Glückssteigerung empfindet. Laß es Dir gut gehen, mir geht es ganz still und gut, ich habe nicht zu klagen, glücklicherweise keine Besuche. Desbordes ist gekommen, sieht sehr hübsch aus. Den Einakter lasse ich bei Kiesel nur für mich drucken. Ich habe gar kein Interesse daran. Herzlichst St.«

Seine Befindlichkeit ist nach wie vor dieselbe: Der Betrieb, die Serienproduktion, die Publizität machen ihn nicht glücklich, eher depressiv. Das stärkt seine Sehnsucht nach einem Neuanfang, einem anderen Leben, zu dem er sich aber noch nicht aufraffen kann.

Einige Angaben des zitierten Briefs bedürfen der Erklärung. Desbordes ist eine französische Dichterin, die mit vollem Namen Marceline Desbordes-Valmore heißt. *Das Lebensbild einer Dichterin* mit Übersetzungen von Gisela Etzel-Kühn und Friderike Zweig erscheint erstmals 1920, 1927 in erweiterter Auflage – eine fesselnde Lektüre, ein Geheimtipp. Weniger spannend ist da schon Zweigs Einakter *Die Flucht zu Gott. Ein Epilog zu Leo Tolstois unvollendetem Drama »Das Licht scheinet in der Finsternis«* (gedruckt bei R. Kiesel zu Salzburg). Bemerkenswert ist allerdings das Interesse an Tolstoi: dessen Ratlosigkeit, Resignation und Flucht vor der Frau zu Gott.

Dem russischen Dichter widmet Zweig auch ein Porträt. Es reiht sich ein in seine neun biografischen Essays, Kreise, Zyklen oder Trilogien, die erst mit dem zweiten Band ihren hochtrabenden Generaltitel bekommen: *DIE BAUMEISTER DER WELT. Versuch einer Typologie des Geistes* / Erster Band: *Drei Meister. Balzac – Dickens – Dostojewski* (1920, Romain Rolland gewidmet) / Zweiter Band: *Der Kampf mit dem Dämon. Hölderlin – Kleist – Nietzsche* (1925, Sigmund Freud gewidmet) / Dritter Band: *Drei Dichter ihres Lebens. Casanova – Stendhal – Tolstoi* (1928, Maxim Gorki gewidmet).

Die Porträts sperren sich weitgehend gegen das Nacherzählen. Casanova jedenfalls ist der umtriebige bis ranzige Weiberheld, dessen schlüpfrige Memoiren im böhmischen Verbannungsort entstehen, dann im Giftschrank des Brockhaus-Verlages vergammeln und von Zweig in das öffentliche Licht gestellt werden. Casanova repräsentiert die unterste Stufe, die naive Selbstdarstellung, Stendhal hingegen die höhere, schon psychologische, und Tolstoi freilich die höchste, die ethisch-religiöse: »[...] und doch ist längst schon der Mensch Tolstoi zum Mythos geworden, sein Leben eine hohe Legende der Menschheit und sein Kampf wider sich selbst ein Beispiel für unser und jedes Geschlecht.«

Möchte Zweig mit Tolstoi in sein 20. Jahrhundert schreiten und auf der höchsten Stufe ausharren? Oder stolpert er die mühsam erklommenen Stufen hinab? Startet er von neuem mit Casanova, dem Genie der Selbstdarstellung? Verweist dieser Zyklus bloß auf Zweigs Geschichtsphilosophie oder verbirgt sich dahinter seine Konstitution: die schweren periodischen Verstimmungen beziehungsweise die Überschwänglichkeit, wie sie in seinem Stil, seinen Doppelmoppeln und Superlativen zum Ausdruck kommt?

Die Baumeister sind die Genies oder Vizeschöpfer der alten Welt, die allerdings von der neuen überrundet wird. Doch beim Anblick der mechanisierten Krämerseelen im Land der Zukunftsverheißung schaudert dem europäischen Geist. Daher ist seine Schöpfergeschichte auf Europa, auf das Abendland zentriert. Im Blick auf die Vergänglichkeit des irdischen Daseins sucht Zweig nach Werten, die den Untergang ihrer Schöpfer überdauern. Für seine deutsche Dämonen-Reihe wählt er ein entsprechendes Nietzsche-Motto: »Ich liebe die, welche nicht zu leben wissen, es sei denn als untergehende, denn es sind die hinübergehenden.«

Im Festspielsommer 1928 ist das Abendland bedroht: Ein Gastspiel des Leningrader Opernstudios ist angesagt. Das politische Organ der besiegten Kriegsrecken sieht sofort Gefahr im Anzug: »Bolschewikeneinbruch«. Landeshauptmann Franz Rehrl sieht sich genötigt, eine amtliche Untersuchung anzuordnen. Man erwartet, dass Verräterköpfe rollen, stattdessen wird deren Bolschewiken-Programm gespielt: Dargomyschski und Rimski-Korsakow – »eine echte Auffrischung für das wenig novitätenfreundliche und so selten experimentierfrohe Salzburg«, heißt es im Roten Wien. Derweilen kuren Friderike und Stefan im *Grand Hôtel Miramar* von Ostende, das Ehepaar ist nicht allein, Suse ist dabei.

Gleich nach ihrer Rückkehr wird die beschwerliche Reise nach Moskau vorbereitet: Der Dichter Stefan Zweig folgt der Einladung der sowjetischen Regierung zur Zentenarfeier für Leo Graf Tolstoi. Doch Zweig muss sich vom Freund Romain Rolland, der die offizielle Einladung ausschlägt, sagen lassen: »Ich erkenne keiner Regierung das Recht zu, den Mann für sich in Anspruch zu nehmen, der am entschiedensten alle Regierungen missbilligt und verworfen hat. Es scheint mir ebenso frevelhaft, Tolstoi vom Bolschewismus feiern zu lassen wie Franz von Assisi vom Faschismus.«

So steht Zweig unter dem Druck der Rechtfertigung. Noch im Erinnerungsbuch *Die Welt von Gestern* meint er, er habe sich trotz seiner Neugier bis zur Einladung im Frühjahr 1928 nie entschließen können, nach Sowjetrussland zu reisen. »Aber was mich hinderte, war, daß jede Reise nach Rußland damals schon im vorhinein eine Art Parteinahme bedeutete und zu öffentlichem Bekenntnis oder öffentlicher Verneinung zwang.«

Anfänglich engagiert sich Zweig rein humanitär: Sein Gedicht *Aufschrei des Schweigens* (Salzburg 1922) erscheint im Buch *Für unsere kleinen russischen Brüder! Gaben westeuropäischer Schriftsteller und Künstler für die not-*

leidenden Kinder in den Hungernotdistrikten Rußlands (Genf o. J.). Anfang der 20er Jahre werden in der Sowjetunion auch Werke von Zweig in russischer Übersetzung publiziert, jedoch unautorisiert: seine Rolland-Biografie und sein Novellenband *Amok*. Beim Buch *Drei Meister* spießt es sich aber – wegen seines *Dostojewski*, der von der Zensur missbilligt wird: »Die Dummheit hat in jedem Land eben andere Formen«, behauptet Zweig im Juli 1925. Alsbald wächst neben der Dummheit eine russische Gesamtausgabe. Von 1927 bis 1934 werden immerhin zwölf Bände vom Leningrader Verlag *Wremja* produziert, und das mit einem Vorwort von Maxim Gorki, einem biografischen Essay von Richard Specht und einem Holzschnitt-Porträt Stefan Zweigs von Frans Masereel. »Die drei ersten Bände dieser autorisierten Ausgabe sind soeben erschienen«, meldet die christlichsoziale *Salzburger Chronik* am 19. April 1927.

Es ist eigenartig, dass die muffige Zeitung weder Kritiken noch Beiträge von Zweig bringen will, seinen Erfolg in der Sowjetunion jedoch aufmerksam verfolgt. Die antikommunistischen Kräfte müssen freilich annehmen, dass Zweig im Feindland gute Freunde oder Förderer hat. Denn im christlichsozialen Österreich ist es undenkbar, dass sein Fußvolk in den Pfarr- und Schulbüchereien progressive und humanistische Weltliteratur zu lesen bekommt. Unter diesem Begriff läuft nämlich der sowjetische Kanon, dem auch das Werk von Zweig angepasst wird. Er sei einer der progressivsten und kultiviertesten Schriftsteller Deutschlands, sagt Anatoli Lunatscharski, Literaturkritiker und Volkskommissar für Bildung, schon im Jahr 1923.

Zweig hat überdies einen geschätzten russischen Briefpartner: den Dichter Maxim Gorki, der in Sorrent

159

bei Neapel lebt und im Mai 1928 in die Sowjetunion zurückkehrt – für eine Weile. Zu dessen 60. Ehrentag dichtet Zweig sein Loblied, das sogar am 1. Mai 1928, dem proletarischen Weltfeiertag, vom Wiener Rundfunk ausgestrahlt wird. An Gorki schreibt Zweig: »Ich glaube, man muß Rußland mit eigenen Augen sehen.« Das klingt wie eine Bitte um Einladung. Zweig und Gorki dürfen sich bald persönlich kennen lernen – in Moskau.

Am Sonntag, dem 8. September 1928, steigt Zweig am Salzburger Bahnhof in den Eilzug, am 20. September ist er wieder zu Hause. Von nun an ist der Dichter in seiner Wahlheimat eine verehrte und verdächtige Berühmtheit: »In der Festsitzung im Großen Theater zu Moskau würdigte Stefan Zweig in einer überaus eindrucksvollen Rede die außerordentliche Bedeutung Tolstois für die westeuropäische Kultur«, schreibt das *Salzburger Volksblatt*. Damit auch das Landvolk weiß, wie der Dichter ausschaut, bringt der katholische *Volksbote* ein Bild von der Moskauer Festsitzung mit dem Hinweis: »Links sitzt der in Salzburg wohnhafte Schriftsteller Dr. Stephan Zweig.« In derselben Zeitung findet sich ein Artikel über die Verfolgung der Kirche in Russland. Die *Salzburger Chronik* strickt das gleiche Muster und platziert darin die Meldung: »Er [Zweig] beabsichtigt, wie er erklärte, bei nächster sich bietender Gelegenheit die Union der Sozialistischen Sowjetrepubliken nochmals zu besuchen und seine Eindrücke schriftstellerisch zu verarbeiten.«

Seine Reiseeindrücke erfahren die neugierigen Zeitgenossen aus der *Neuen Freien Presse* und aus dem *Salzburger Volksblatt* vom 30. Oktober, hier allerdings nur in Ausschnitten: »Welche Reise innerhalb unserer näheren Welt wäre heute auch nur annähernd so interessant, be-

zauberrnd, belehrend und aufregend wie jene nach Rußland? [...]« Ja, er begeistert sich an seiner Begeisterung,
und das antisemitische Schmierblatt *Der eiserne Besen* hat
schon seine Skandalgeschichte – »Die Weltpest. Offener
Brief an Stefan Zweig« (23. 11. 1928). Auch ein geheimes Dossier wird angelegt, wie sich noch herausstellen
wird.

Doch Sympathien für die Sowjetherrschaft, die Ter-
rorherrschaft Stalins, hat Zweig nie und nimmer. Er ist
kein Stalinist, kein Kollektivbrötler, vielmehr ein Liberaler, ein Individualist, ein Eigenbrötler, nichtsdestotrotz
ein Ordnungsdenker. Er braucht die Wortführer des
Geistes wie Tolstoi, denen er sich unterwerfen kann.
Außerdem heißt sein Zauberwort Russland, das verbotene Land. Hier kann er sich dem Rausch des Abenteu-
ers hingeben.

»Daß ich diesem zauberischen Rausch nicht anheim
fiel, danke ich nicht so sehr eigener innerer Kraft als
einem Unbekannten, dessen Namen ich nicht weiß und
nie erfahren werde«, schreibt Zweig in der *Welt von Ges-*
tern. Es ist eine rührende Anekdote: eine Rechtfertigung,
zu der ihn die Erfahrungen der 30er Jahre nötigen. Es
lässt sich aber nicht vertuschen: Die Teilnahme am
Tolstoi-Bankett mit dem Volkskommissar Lunatscharski
ist der politische Sündenfall des Mannes, der die Ano-
nymität liebt, jede Publicity und offizielle Ehrung verabscheut.

Im Café Bazar

In seiner unmittelbaren Nähe erlebt Friderike die seltenen Ruhepausen und sogar sonnige Hundstage: »Um dem lieben Genossen einen beliebten Sport zu ermöglichen, geleitete sein Herr ihn gerne auf den Markusplatz von Salzburg, den Residenzplatz, der vom Dom, von der alten Toscanaresidenz und einem Regierungsgebäude flankiert wird. Dort ließen sich stets um den großen Brunnen herum Schwärme von Tauben nieder. Die friedlichen Tiere zu verjagen, war für das Pflichtgefühl des Hühnerhundes Kaspar eine besondere Genugtuung. Voller Stolz sah sein Herr mit ihm den riesigen Schwarm in lautem Aufflug davon flattern.«

Daran nimmt sich der Herr ein Vorbild: Beim geringsten Verdruss flattert er davon – in immer kürzeren Intervallen. Gelegentlich folgt er aber dem Ruf des Ruhmes. Wenige Tage vor seinem 47. Geburtstag ist er im Pariser *Théâtre de l'Atelier*, wo sein *Volpone* in der Übersetzung von Jules Romains Premiere hat: Einen »wahren Triumph« kolportiert das *Salzburger Volksblatt* vom 4. Dezember 1928. *Volpone. Eine lieblose Komödie in drei Akten von Ben Jonson. Frei bearbeitet von Stefan Zweig* – »mir ist daran wichtig die Satire, die umbarmherzig gegen die Zeit geht«, sagt der Erfolgsautor. Über Weihnachten, ins krisengebeutelte neue Jahr hinein, urlaubt er am Genfer See, in Montreux, mit Abstechern nach Villeneuve, in die Villa Olga.

Kaum ist Zweig zu Hause, tüftelt er schon wieder an seinen Revolutionsgestalten Adam Lux, Fourès und Fouché, über die er Romain Rolland laufend informiert. Im März 1929 ist Zweig auf Einladung des PEN-

Clubs in Brüssel und Den Haag, wo er über die Europa-Idee spricht. Außerdem ehrt man ihn als »biographe et traducteur de Verhaeren«. Dazwischen verschickt er ein nettes Briefchen, das Friderike aufmuntern soll: »[...] überdies habe ich, weil Du diesmal aus Ärger Dich nicht um mich gesorgt hast, einen tadellosen Autozusammenstoß gehabt, bei dem der eine Wagen in Trümmer ging, während uns nichts passierte.«

Nach dem Gastspiel und der Havarie hat der Dichter noch seine rasende deutsche Leserei, wie er ironisch bemerkt. Der Hausherr ist aber pünktlich auf dem Kapuzinerberg, als sich sein Sohn Kaspar und das Fräulein Henny vereinen. Den ersten Spross dieser Verbindung schickt das Herrchen seinem Freund und Kollegen Erich Ebermayer nach Leipzig – mit dem Begleitschreiben: »Ich freue mich riesig, daß durch Kaspar wir nun auch in verwandtschaftliche Beziehungen getreten sind und diese unsere eigene Freundschaft verstärkt und befestigt wird. Lassen Sie sich nicht täuschen durch die Kleinheit des noch quiekenden kleinen Dinges, es wird sich stattlich auswachsen, (wir haben darin Erfahrungen gemacht) und hoffentlich wie sein Vater ein anständiger Arbeitshund werden, nämlich einer, der bei der Arbeit still im Zimmer liegt, reglos atmet und einem damit etwas vom Alleinsein nimmt.«

Der Arbeitshund heißt übrigens Fouché, er mutiert zum ausgewachsenen Monster und frisst vom Arbeitstisch sogar die Literaturmanuskripte.

Das jüngste Theaterstück von Zweig, *Adam Lux – Zehn Bilder aus dem Leben eines deutschen Revolutionärs*, bleibt in der Schublade des Autors. Drei Seiten, das *Vorspiel zu einer Tragödie Adam Lux*, werden eigens in der Jubiläumsausgabe des sozialdemokratischen Parteiorgans

Salzburger Wacht vom 30. April 1929 publiziert: »40 Jahre revolutionärer Mai« heißt der Leitartikel, der den Abgesang der Sozialdemokratie auf die Revolution feiert. Dazu passt die Tragödie von Adam Lux: der Revolutionär endet auf dem Schafott der Revolutionäre, kurz gesagt. Den Leidensgenossen erläutert Zweig in seiner Vorbemerkung, wie die Politik mit den idealistischen Träumern umgeht. Die Tragödie spielt zwar während der französischen Revolution, sie wiederholt sich aber gerade eben in Osteuropa – eine Warnung an die rote Leserwelt.

Um den 1. Mai 1929 ist Zweig bestimmt zu Hause, da er einen seltsamen Menschen erwartet, der sich schon seit Jahresbeginn auffällig ankündigt. Er behauptet, er freue sich aufrichtig über den *Volpone*-Erfolg und sehne sich danach, »zu Ihnen in eine vis à vis Beziehung zu kommen. Ich spüre bei Ihnen etwas Menschliches, obwohl – ich will offen sagen, was Ihnen nicht neu sein wird – alle Literaturhunde Sie ankläffen. Gerade deshalb! wäre zu billig. Nein! Es ist noch etwas in Ihnen! ein humanes Herz sicherlich und eine sehr schöne humanistische Verachtung. Ein gutes neues Jahr!«

Der Briefpartner ist mehr als ein Schmeichler, er ist schalkhaft und schlagfertig. »Ich hoffe Ende April in Salzburg zu sein«, schreibt der in der erzösterreichischen Literaturgeschichte noch namenlose Schriftsteller. Denn seine rühmlichen Romane *Radetzkymarsch* und *Kapuzinergruft* müssen erst geschrieben und gedruckt werden. Gegen Ende April 1929 ist Joseph Roth jedenfalls in der Mozartstadt, da er hinterher darüber räsoniert: »Ich habe, seitdem ich bei Ihnen gewesen bin, ein gehöriges Maß Überlegenheit, das ich Ihnen danke. Es war sehr gut, Sie zu sehen und ich hoffe: auch von Ihnen gesehen zu werden. Sie waren anders, als in meiner Vorstellung vorher, Sie hatten etwas von Weisheit, die ich früher nicht gespürt hatte, etwas auch von Schönheit und Natur. Ich werde den Regen in der Nacht nicht vergessen, Sie sind heute für mich ein Teil der Nacht und des Regens, der menschliche im ganzen sehr vollen Sinne dieses Worts Teil davon. Ich danke Ihnen sehr, sehr herzlich. Wenn Sie es nicht wissen sollten, aber Sie wissen es bestimmt: daß Sie auf mich zählen können. Leben Sie gut und bleiben Sie mir gut! Immer ihr Joseph Roth«

Der Dankbrief kommt aus dem Pariser *Hôtel Foyot*, wo der wortgewaltige Dichter zum Gaudium der Saufkumpane auf Zweig den Titel »Unterleibsschriftsteller« münzt. Mai 1929, ein Arbeitsmonat, steht im Salzburger Hauskalender. Wie besessen werkelt Zweig an seiner Tragikomödie *Das Lamm des Armen*: »Die ewige Geschichte, daß der Reiche den Armen um sein einziges Gut beraubt«, wie es Zweig formuliert. Der tyrannische Napoleon schnappt sich die Frau des kleinen Republikaners Fourès. Er ist aber der Held, der Michael Kohlhaas, der sich niemals korrumpieren lässt, der sein Recht einfordert und am Ende von der Machtmaschinerie zermalmt wird. Die Justiz versagt, obendrein verrät sich die Revolution – wiederum ein aktuelles Drama, das sicherlich auf den schnauzbärtigen Stalin zielt.

Derweilen ist Zweig Strohwitwer: Friderike erholt sich am Gardasee, in Gardone, unweit von Gabriele d'Annunzio und seinem kläffenden Kettenhund. Trotz der regen Eindrücke ist die Ehefrau in Gedanken auf dem Kapuzinerberg: »Ein wenig sorge ich mich, ob Du mit der neuen Köchin kulinarisch gut versorgt bist. Johann brauchst Du ja nur ein Wort zu sagen, wenn Dir etwas nicht paßt, und ich hoffe, daß Du im Garten ruhig und nach Wunsch arbeitest. Ich sende Dir ein Herz voll Liebe, das es Dir zwar oft nicht recht machen kann, aber das es doch nicht anders kann, als alles Schöne mit Dir in Verbindung zu bringen. [...] Bleib gesund, Liebes / *Мити*«

Ihr Liebes ist wohlauf, auch wenn ihm die Tragikomödie nicht recht gelingen will. Sodann macht Zweig einen Sprung nach München und beehrt dort Albert Schweitzer, der ihm auf der Orgel vorspielt – »wunderbar!!«

Im Juni 1929 ist Zweig in Hochstimmung, denn er fühlt sich endlich in seinem moralischen Werk bestätigt, wie er Romain Rolland zu verstehen gibt: »In Deutschland sind die Nationalisten am Verzweifeln. Das Buch von Remarque *Im Westen nichts Neues* – Auflage 600.000 in 12 Wochen, und es geht auf die Million zu – hat sie umgeworfen. Dieses schlichte und wahre Buch hat mehr ausgerichtet als alle pazifistische Propaganda in zehn Jahren [...]. Übrigens: als sehr anrührendes Detail, kürzlich erhielt ich das 600tausendste Exemplar mit einem Brief von Remarque: er schreibt, er habe nicht gewagt, mir das Buch bei seinem Erscheinen zu senden, weil er es nicht gut genug fand, doch wolle er jetzt seine Pflicht tun, denn vor acht Jahren, in einem Moment moralischer Verzweiflung, habe er sich an mich gewandt und mir Gedichte geschickt. Und ich hätte ihm das moralische Leben gerettet, indem ich ihm schrieb und ihm half. [...]« Der Bestseller *Im Westen nichts Neues* steht umgehend auf der Verbotsliste des österreichischen Bundesheeres.

Am 15. Juli stirbt Hofmannsthal 55-jährig an einem Schlaganfall. Die folgenden Gedenkspiele eröffnet Franz Karl Ginzkey mit einer Feierrede. Es gibt keinen Hinweis darauf, dass Zweig im Publikum sitzt. Er ist dennoch während des Festivals in Salzburg – schon eine kleine Sensation. Er besucht zumindest einmal das Opernstudio der Frau Bahr-Mildenburg, wie aus seinem Brief an den Freund in München hervorgeht: »Ein wenig hat mich die Anwesenheit Ihrer Frau Gemahlin entschädigt. Die Unterrichtsstunde war mir unvergesslich und ich wollte eigens darüber einen Aufsatz schreiben, hatte mir schon Papier zurecht gelegt, aber dann trampeln 200 Besucher über meine Zeit, und ich habe es bitter gebüßt, einmal 3 Wochen Festspiele über in Salzburg geblieben zu sein, wobei mir nicht die Zeit blieb, eine einzige Vorstellung anzuschauen.«

Demnach verweigert sich Zweig sogar dem *Rosenkavalier*, der erstmals bei den Festspielen einstudiert wird. Ein Gesellschaftsmuffel ist der Dichter jedoch nicht immer: Gelegentlich lässt er sich im *Café Bazar* anschauen, wo ihn ein junger Kollege, der Besitzer des Hundes Fouché, bewundern darf. Aus seinem Feuilleton, das in der *Neuen Freien Presse* vom 23. August erscheint, sei hier eine längere Passage wiedergegeben:

Salzburger Tage. Von Erich Ebermayer.

»[...] Schmerzvoll war heuer der erste Abend. Dieser erste Besuch im Café Bazar, wo es den Weißen, den Braunen und den Schwarzen, den G'spritzten und sämtliche Regisseure, Hilfsregisseure, Dramaturgen und Hilfsdramaturgen Reinhardts gibt. Denn einer fehlt diesmal, dort am Tisch an der Ecke, einer mit großem, fragendem, immer noch knabenhaft traurigem Blick, einer, dem das Sprechen nicht leicht fiel und der ein Dichter war, er, dessen Mund nun für immer verstummt ist, Hofmannsthal. Er gehörte zu diesem festlichen Salzburg, er und seine Söhne, sein Auto und seine hohe brüchige Stimme. Wir starren den Tisch an, an dem er saß, an dem wir saßen, und den nun drei aufgeregte Hilfsregisseure besetzt halten.

Aber das Leben geht weiter. Ein anderer Abend. Es ist elf Uhr. Moissi wird erwartet. Er spielt heute. *Arzt am Scheideweg.* Wir haben einen großen Ecktisch erobert: Stefan Zweig, der Standesherr Salzburgs, Besitzer, Vater, Hüter, Ordner der Stadt, seine Gattin, deren reizende Töchter, ferner der Dichter Billinger, der sitzt und schweigt, Buschbeck, der Dramaturg des Burgtheaters, ruhig, unerschütterlich und liebenswert, wie sein Theater, dazwischen wir Jüngeren: Friedenthal, Maaß. Die Tür geht auf. Alle Köpfe sausen herum. Alle Bürger und Fremden stoßen einander an, die Mädchen bekommen rote Köpfe und leichte Erregungszustände, denn Er ist da, Alexander Moissi. Kaum, daß er uns sieht, stürzt er herbei. Stefan Zweig, der Freund, bekommt zwei richtige Küsse (hat der's gut, denken die kleinen Fräulein). Nun sitzt er bei uns [...].

Täglich zweimal wandere ich den Kapuzinerberg hinauf zu Stefan Zweigs Behausung. Das hat nun schon längst nichts Erschütterndes mehr, wie zu Anfang, ward liebe Gewohnheit mancher Jahre, die Hunde Kaspar und Henny bellen nicht mehr wie früher, sondern kommen wedelnd und winselnd halbwegs entgegen ... Einen langen, wundervollen Abend lang liest uns Stefan Zweig sein neues Stück vor. Kein Wort darüber. Man wird es sehen ... Dem Sammler Zweig gelang ein neuer, glücklicher Erwerb: im Saal, im ersten Stock steht nun leibhaftig Beethovens Schreibtisch samt allen Utensilien, Kästchen, Schalen und Geräten des Meisters. Ein überraschend schönes Stück. Es könnte in keiner schöneren Umgebung bewahrt werden als hier, beim deutschen Freunde Rollands, über der Stadt Mozarts.«

Das Feuilleton über den Standesherrn von Salzburg reizt den *Eisernen Besen* zu einer hirnrissigen Replik: »Im *Café Bazar*«. Der Hass auf die Juden rumort ebenso in den Hintergrundgestalten, die durch ihre Werbung das Papier der Antisemiten finanzieren – »Einschaltgebühren für Arier nach aufliegender Gebührenliste«.

Feige Fouchés

»Ein solcher Beitrag zur Typologie des politischen Menschen sei die Lebensgeschichte Joseph Fouchés. Salzburg, Herbst 1929« So schließt Zweig sein Vorwort im künftigen Renner, den Romain Rolland schon am 23. September enthusiastisch feiert: »Lieber Freund, ich habe mich gerade an Ihrem Fouché delektiert. Welcher Roman kommt doch dem Leben gleich! Nicht einmal Balzac, der Vizeschöpfer solcher menschlicher Spezies. Sie hätten Ihr Buch nicht einem lieben Freund [Arthur Schnitzler], sondern einem der kleinen Fouchés von heute widmen sollen: damit sie sich in diesem Spiegel erkennen! [...] Nie hat das dreckige Leben, haben die Niedrigkeiten des Elends ihn [Fouché] allzu derb gebeutelt und in den Kot gezogen: nie hat er den Schmutz und den Gestank davon ablegen können; er war nicht der Mann, wie Danton – oder Napoleon –, der erhobenen Hauptes in den Wind geschritten wäre, ohne sich um die Scheiße an seinen Schuhsohlen zu kümmern: er hatte den Mund voll davon und hat sie geschluckt. So hat er nur einen Gedanken gehabt: sich an den Glücklicheren zu rächen. Ich bin überzeugt, daß Ihr Buch ein zahlreiches Publikum finden und begeistern wird. Wer von uns hat in den letzten dreißig Jahren nicht schon mit Leuten vom Schlage Fouchés zu tun gehabt? Dieser bleiche Affe hat die Welt mit seiner Nachkommenschaft bevölkert.«

Zweig schildert absichtlich im Präsens, um sein Krisenempfinden zum Ausdruck zu bringen. Der Held ist weder der kleine verführte Mann noch sein vergötterter Führer. Fouché ist eine Hintergrundgestalt, der ewige Drahtzieher und Intrigant, Schicksalsspieler und Oberwasserschwimmer. Damit unterscheidet sich diese Populärbiografie von den Biografien großer Männer, die seit längerem schon in Mode sind. Im Jahr 1933 erlebt *Joseph Fouché* die sechste Auflage mit insgesamt 57.000 Exemplaren. So einen Riesenerfolg wie Remarque kann Zweig nicht verbuchen, zu seiner Lebzeit wird *Fouché* aber immerhin in 17 fremdsprachigen Ländern publiziert – erstmals 1930 auch im faschistischen Italien.

Am 3. Jänner dieses Jahres erscheint die einzige Salzburger Besprechung, von Fritz Rosenfeld in der sozialdemokratischen Tageszeitung: »Auch unsere Zeit hat ihre Fouchés. [...] sie tragen heute den Sowjetstern und morgen das Hakenkreuz, schwuren gestern zur roten Fahne und heute zum Stahlhelm, zum Fascio. Trost in dieser Trostlosigkeit: daß ihr Format geringer, daß die allen Fouchés zu trotz wachsende Demokratie ihre Macht und damit ihre Gefährlichkeit verringert hat.« – Welch ein Irrtum! Und wie sie wuchert, die Faszination des Bösen!

Laut Hauskalender sind Friderike und Stefan Zweig im Jänner 1930 auf Urlaub – ihre sechste gemeinsame

Reise. Sie führt ins faschistische Italien: über Mailand und Florenz nach Rom und Neapel. Dort begegnen sie lieben Freunden und Bekannten: Giuseppe Antonio Borgese und Alberto Stringa, Benedetto Croce und Maxim Gorki – alles vehemente Gegner des Duce. Trotz seiner Politik wirkt Bella Italia wie ein Magnet auf das Salzburger Paar: »Meine Frau und ich haben uns zugeschworen nun jeden Winter einige Zeit uns zu entdeutschen [...]. In Italien habe ich nach zehn Jahren Fernseins wieder empfunden, daß das Leben im Norden ein Irrtum ist«, gesteht Zweig seinem väterlichen Freund Hermann Bahr.

Im Februar 1930 muss Zweig eine rüde Schelte von Romain Rolland einstecken. Der Grund liegt in der französischen Ausgabe der Rolland-Biografie: »[...] nämlich daß Sie in der französischen Übersetzung jenen mörderischen Passus haben stehen lassen, der mich verurteilt, auf alle mir zugesandten Briefe zu antworten! ... Sie sind ein Mörder! ... Seit das Buch erschienen ist, bekomme ich jeden zweiten Tag eine oder zwei Aufforderungen, mich umzubringen, und das auf Ihr Geheiß! ... Ich werde auf meinen Grabstein setzen lassen: ›Unter die Erde gebracht von einem Salzburger Kapuziner‹.«

Im März 1930 berichtet das *Salzburger Volksblatt* von der Uraufführung der Tragikomödie *Das Lamm des Armen* in Prag – »ein sehr starker Erfolg«. Die Weltpremiere läuft zeitgleich in vier Städten: Prag, Breslau, Hannover und Lübeck. Irgendwo wird sich Zweig eine Vorstellung anschauen, denn er schreibt gleich nach seiner Rückkehr an Romain Rolland: »Es war ein Riesenerfolg, und ich bin sicher, er wird sich auf allen deutschen Theatern wiederholen, und ich freue mich darüber, denn Sie wissen, ich hänge an meinem Stück ein wenig

171

mit dem Herzen. Ich sende Ihnen heute ein Exemplar, und Sie werden hoffentlich fühlen, daß ich mich gegen die Vergötzung der Brutalität erhebe.«

Eine Affäre um die Besetzung überschattet die Aufführung im Burgtheater, sie missfällt sowohl dem Autor als auch dem Kritiker des *Salzburger Volksblattes*. Die Wiener sozialdemokratische Kunststelle organisiert eine Sondervorstellung für Arbeiter. Ihr Leiter ist ein guter Bekannter, David Josef Bach – er dient im Ersten Weltkrieg in der k. u. k. Propagandastelle in Zürich, wo der Kontakt geknüpft wird, der nach wie vor aufrecht ist. Bemerkenswert ist noch, dass auch *Das Lamm des Armen* im Spielplan des Salzburger Stadttheaters nicht aufscheint. Ob Zweig seine Stücke für Salzburg nicht freigibt?

Unweit des Theaters am rechten Salzachufer, nahe am Kapuzinerberg, vor der steilen Stiege, steht das *Hotel Stein*, von dessen Dach sich eine grandiose Aussicht bietet. Doch sonnenhungrig ist der nomadische Hotelgast nicht. Der Bohemien im abgewetzten altväterlichen Kleid grämt sich wegen seiner schizophrenen Frau, verkriecht sich in seinem Unglück etwa zwei Wochen lang, gegen Ende April und Anfang Mai 1930. Er bittet und bettelt um Gehör, um eine Zeile, um ein Wort seines sehr verehrten Herrn Stefan Zweig – »Ihr alter Joseph Roth«, schreibt der 35-jährige Mann, der sein Leben laufend umdichtet. Einstweilen ist Roth der erzjüdische Hiob, an dem er noch feilt.

Im gequälten Menschen sucht Zweig weniger das Jüdische, mehr das Dämonische – eher sein Dichtergeschöpf: kein Bett, kein Schreibtisch, kein Besitz, nirgendwo verwurzelt, eine vollkommen anonyme Existenz – demnach das andere Leben, das den Citoyen auf dem sicheren Kapuzinerberg magisch in Bann schlägt.

Doch hier ist Joseph Roth kein literarischer Dämon, er ist der Bittsteller und Schnorrer, der seinen eitlen Gönner umschmeichelt: »Ihre Vergeßlichkeit hat mir zum zweiten Mal Ihr schönes erzählendes Büchlein beschert. Ich nahm sie für einen Wink und las nochmals darin. Ich beneide Sie um Ihre schöne wahrhaft epische Gelassenheit und diese überlegene Würde, die wohl eine Folge reicher Menschenkenntnis und Welterfahrung ist. Wie heiter ist noch das Traurigste, das Sie erzählen! Sie haben nicht unverdient so viele Leser, und wie bescheiden ist dennoch ihre private und literarische Haltung. Ich bin sehr froh, daß ich in ihre Nähe geraten bin.«

Von jenem schönen Zweig-Büchlein, das Roth ironisch kommentiert, erhält auch die Salzburger Studienbibliothek ein Geschenkexemplar: *Kleine Chronik* (Insel-Bücherei Nr. 408). Das Attribut soll auf die Literaturform und das Handlungsmilieu hinweisen. Es sind Mikrowelten von Entwurzelten oder Entheimateten, von skurrilen Verlierern, Verweigerern oder Selbsttäuschern in der tristen Nachkriegszeit: *Episode vom Genfer See* (1918), *Die unsichtbare Sammlung* (1925), *Leporella* (1925) und *Buchmendel* (1929).

Jakob Mendel ist ein vorweltlicher Bücher-Saurier der aussterbenden Rasse, wie es wörtlich heißt. Mendel existiert nur als geniale und universale Kopfbibliothek, die tagtäglich im vorstädtischen Café Gluck brilliert – »und allmählich wurde es seine Werkstatt, sein Hauptquartier, sein Postamt, seine Welt. Wie ein Astronom einsam auf seiner Sternwarte durch den winzigen Rundspalt des Teleskops allnächtlich die Myriaden Sterne betrachtet, ihre geheimnisvollen Gänge, ihr wandelndes Durcheinander, ihr Verlöschen und Sich-wieder-Entzünden, so blickte Jakob Mendel durch seine Brille

FEIGE FOUCHÉS

von diesem viereckigen Tisch im Café Gluck in das andere Universum der Bücher, das gleichfalls ewig kreisende und sich umgebärende, in diese Welt über unserer Welt.«

Ihr Hiobsbotschafter heißt Zweig. Das Elend des Juden Mendel im Gefangenenlager und der Rausschmiss des Rückkehrers aus dem modernisierten Café Gluck wird von der beherzten Klofrau geschildert. Es ist die abgründigste Geschichte der *Kleinen Chronik*, die wiederum von Rosenfeld in der *Salzburger Wacht* besprochen wird.

Im Juli 1930 ist *Mumu* außer Haus, irgendwo in der Schweiz, in Flims oder in Zermatt oder gerade in Genf, wo das 20-jährige Fräulein Suse Säuglinge pflegt. Alix, schon 23 Jahre jung, und der 48-jährige »Stefzi« hüten das Haus, sofern sie nicht gerade einen Ausflug machen − freilich getrennt. Alix soll die Natur auf angenehmen Umwegen zu entdecken beginnen, meint der Stiefvater. Sein Sohn Kaspar lässt der Natur fallweise freien Lauf, denn Henny zeigt wieder verdächtige Anzeichen eines Wurfes, wie der Vater empört feststellt − »Ja, es scheint heutzutage unmöglich, die Weiblichkeit in ihrer Tugend zu erhalten.«

Nun beginnt der Dichter seinen großen Freud-Essay, der ihm zu schaffen machen wird. Sein kleines Feuilleton über Freuds *Unbehagen in der Kultur* − Glücksverlust durch Triebbeherrschung − steht schon im *Berliner Tageblatt*. Am Sonntag, dem 6. Juli, sinniert Zweig über sein Unbehagen an der Volkskultur, das der feuchtfröhliche Krawall beim Steirerfest der örtlichen Gesellligkeitsvereine auslöst: »So diktiere ich Dir [liebe Fritzi] nur, neben anderen sechzehn Briefen, daß hier alles in Ordnung ist und ich gestern, Sonntag, vor dem Bum Bum eines Steirerfestes und zweier sonstiger Fahnenweihen auf einen Ausflug entflüchtete.«

Die Stimmung ist gereizt, zumindest in den überlieferten Briefen der Eheleute. Der Anlass ist eine forsche und allzu frühe Ankündigung des Essay-Bandes *Heilung durch den Geist* in der *Neuen Freien Presse*. Außerdem häufen sich die Hausstörungen. Der österreichische Rundfunk wünscht für seine große Salzburg-Sendung ein Interview mit Zweig über sein Haus und sein Leben – »Ich war glücklich darüber, einen Vorwand zu haben abzusagen.«

Um den 11. Juli kommt Professor Anton Kippenberg, um seinen Galionsdichter zu besuchen – und ebenso Karl Heinrich Waggerl, der seinen Erstlingsroman *Brot* im *Insel Verlag* unterbringt, angeblich auf Vermittlung von Zweig. Das ist zu bezweifeln, da Zweig erst im folgenden Jahr ein Widmungsexemplar aus Wagrain bekommt und auch dann keine Rezension schreibt. Es ist ebenfalls nicht glaubhaft, dass Zweig im Juli 1930 im Auto des Professor Kippenberg nach Wagrain fährt und dort den 33-jährigen bärbeißigen Waggerl beehrt, wie sein Lektor Hanns Arens in seinen Erinnerungen behauptet.

Aus Flims schickt *Mumu* ihrem »Stefferl« eine harsche Kritik, eine Mahnung für alle Biografen: »Bei der Lektüre des *Lambert* [von Balzac] und den gestrigen Gedanken über Deine Freunde fiel mir andererseits schwer aufs Herz, daß Dich kein Mensch – außer mir – wirklich kennt und daß einmal die hohlsten, blödsinnigsten Sachen über Dich geschrieben sein werden. Allerdings lässt Du Dir ja auch Wenige mehr nahe genug kommen und bist, was Deine eigene Person betrifft, verschlossen. Dein Schrifttum ist ja nur ein Drittel Deines Selbst und

FEIGE FOUCHÉS

auch das Wesentliche daraus für die Deutung der anderen, also der zwei Drittel, hat niemand erfaßt.«

Die Festspielzeit verbringt Zweig auf Abmagerungskur in Hamburg, Alsterglacis 10. Derweilen ist die Ehefrau in Salzburg, das ganz im Jubiläumsrausch schwelgt: zehn Jahre Festspiele. Die Rundfunkinterviews, denen sich Zweig zu entziehen weiß, werden am Sonntag, dem 3. August, ausgestrahlt: *Das festliche Salzburg – Das unsterbliche Salzburg – Im Stieglbräu – Im Künstlercafé Bazar.* An der Alster schimpft Zweig über die »Radiotin« auf dem Kapuzinerberg. Doch Friderike will sich alles anhören und zum Teil sogar anschauen: die Ehrung Max Reinhardts, die Übergabe der Steinbüste durch Alexander Moissi, die Taufe des Reinhardt-Platzes, die Verleihung des großen Ehrenzeichens und schließlich den Empfang im Schloss Leopoldskron.

Am 14. August resümiert Zweig in Hamburg: »Ich bin hier nicht eine Achtelsekunde nervös gewesen, und die Welt kommt mir so vor, als ob sie mich nichts anginge, was weiß Gott doch richtig ist, während ich in Salzburg sie wie einen Alp auf der Brust spüre. Lebwohl und sei vielmals gegrüßt!« – Seine Abwesenheit ist sehr bedauerlich, denn er versäumt die Eröffnung der sagenhaften Masereel-Grafikschau im Salzburger Künstlerhaus, die mit seiner Hilfe zustande kommt. Am selben Tag erscheint die schlimmste Polemik des Antisemitenorganes gegen Zweig: »Der rassenreine Jude von Salzburg.« Auch die anonymen Drohbriefe sollen sich häufen. Welch feige Fouchés doch in der unsterblichen Mozartstadt wühlen!

Das Postfräulein

»Ich habe endlich mein dickes Buch über Baker-Eddy, Mesmer, Freud beendet [*Die Heilung durch den Geist*, Albert Einstein gewidmet] und segne den lieben Gott. Der Freud ist zehnmal umgeschrieben worden, und im Grunde bin ich nicht zufrieden: denn ich mußte mich immer winden und zwingen, um nicht zu viele Einwände gegen das Wort eines Mannes zu erheben, den ich ungeheuer bewundere. Und ich bin der Essays leid. Im Januar will ich (endlich) einen kleinen Roman anfangen.« Zweig an Romain Rolland, Kapuzinerberg, am 28. November 1930.

Zweig ist nun 49 Jahre – jung oder alt? Er wähnt sich jedenfalls in einer Alters- und Schaffenskrise, wälzt allerdings seit längerem den Gedanken an einen Roman und will umgehend durchstarten. Als 42-jähriger wollte er noch einen großen Roman, »der seit Jahren in meinem Kopf herumspukt«, in Angriff nehmen. Doch allmählich keimt die Idee an einen kleinen Roman – unter jenem mysteriösen Arbeitstitel, den seine vertraute Friderike erstmals in ihrem Brief vom 11. Juli 1930 verrät: »Merkwürdig, was Du von der Unterbrechung der Freud-Arbeit sagst; ich dachte letzthin, ob Du nicht wieder an Deine *Postfräulein*-Geschichte denkst.«

Zweig denkt daran. Dabei scheint die gefährliche Entwicklung den Ausschlag zu geben: Weltwirtschaftskrise, Arbeitslosigkeit, politische Radikalisierung und schauerliche Gewinne der Nazi-Partei bei den Reichstagswahlen. Im zitierten Geburtstagsbrief an Romain Rolland äußert Zweig seine pessimistische Weltsicht: »Wenn der Bolschewismus nicht so gewalttätig, so brutal wäre, hätte man Lust, sich einzuschreiben, so unerträglich wird die Ungerechtigkeit! In Deutschland hat man diese Unzufriedenheit der Jugend zum Faschismus hingelenkt, um sich vor dem Kommunismus zu retten, aber ich weiß nicht, ob die wirkliche Lage noch lange zu kaschieren ist.«

Die wirkliche Lage kann den österreichischen Dichter aber nicht von seiner deutschen Leserei abhalten, im Dezember 1930 und gleich über Weihnachten: Er will sich in einem Frankfurter Hotel ausschlafen und in Ruhe ein Buch lesen. Danach arbeitet Zweig offensichtlich an seinem *Postfräulein* und an seiner *Marie Antoinette*, wofür ihm sein Freund Erwin Rieger eine Menge Material zusammenträgt – in Wien und Paris. Zweig möchte wohl seine österreichisch-französische Stimmgabel anschlagen. Dazu eilt er im Jänner 1931 nach Paris, nicht allein, sondern mit Friderike – ihre siebente gemeinsame Reise, die in den vierzehn Tagen an der Seine spannungsfrei bleibt. Danach rollen beide im Express nach Barcelona, und von dort geht es im Boot auf die Balearen, nach Palma de Mallorca – ein britisches Arbeitslosenparadies, das Zweig anwidert: »gräulich!«.

Sofort also wieder retour über Barcelona und Marseille an die Côte d'Azur, ins stille *Hôtel du Cap d'Antibes* – etwa zwei prächtige Monate lang, doch nicht allein zu zweit, sondern mit ihrem gemeinsamen Freund »Rothi«, der gerade seinen *Radetzkymarsch* komponiert – bei sinkendem Pegel, da Zweig das Schnapssaufen missbilligt. Trocken sollen beide Schulter an Schulter dichten, jeder an seinem Roman. Zweig jedenfalls traktiert sein *Postfräulein* aus einem österreichischen Provinznest. Ob ihn dazu sein Freund anfeuert, der in der Monarchie das gleißende Gegenbild zur grausigen Gegenwart erblickt?

Roth ist ein strammer Antikommunist und Antinazi. Sein Einfluss soll sich beizeiten im Kapuzinerreich niederschlagen.

Mitte März ist das Ehepaar daheim und Roth noch an der Riviera. Dort fabuliert er – offenbar bei rapid steigendem Pegel – von Spannungen, »die zwischen Ihrer lieben Frau und Ihnen und mir bestehen«, und wünscht, »daß unsere Freundschaft – sie ist in Gefahr – nicht zerbricht, weder an Frauen, noch an weniger«. Der Mann bildet sich etwas ein – vielleicht ein Dreiecksverhältnis: er und sie duzen, er und er siezen einander, mehr ist nicht erkennbar.

Bald darauf bedrängt Roth seinen Freund: »Schreiben Sie im Bewußtsein Ihrer Meisterschaft! Ihren Roman! Er soll Ihr Hauptwerk werden.« Vom Ehrgeiz gepackt, arbeitet Zweig an seinem *Postfräulein*, anfänglich auf dem Kapuzinerberg, dann in Thumersbach bei Zell am See, Seeuferstraße 76, im Blaickner-Haus, das er für den Sommer 1931 mietet. Seine liebe Fritzi wird freilich über die Befindlichkeit und den Arbeitsverlauf informiert: »Nachmittags schweres Gewitter, jetzt wieder schön – ich lebe völlig zeitlos, da ich meine Uhr zerbrochen habe – es ist ein sonderbares, und ich glaube gutes Gefühl. Die Arbeit ist noch nicht recht begonnen, aber doch viel geschehen, weil ich beim erstmals ruhigen Nachdenken erkannte, was alles im ersten Teil falsch war, und hoffe jetzt zu wissen, wie es richtig gemacht wird. Das ist schon einiges. Auch sonst fühle ich mich ausgezeichnet, bade, gehe spazieren und gehöre endlich ein wenig mir.«

Ebenso optimistisch gibt sich Zweig gegenüber seinem Verleger, auch wenn der Zweifel nagt: »Meine Arbeit geht hier vorwärts. Nur in der Mitte des Romans steckt noch ein tiefer Graben, den ich nicht überspringen kann. Aber vielleicht wachsen mir plötzlich Flügel und ich habe dann freie Bahn.«

Die folgenden Stimmungsbilder sind wieder für die Ehefrau bestimmt: »Hier alles sehr angenehm, seulement un peu plus de Nat. Soc. entre les fréquenteurs de l'Hôtel, qu'il soit agréable à voir – d'ailleurs des jeunes gens assez sympathiques et polis, mais porteurs de leur croix – ce qui montre l'expansion que ce mouvement a prise dans la bonne bourgeoisie. A bientôt S.« – »Alles hier gut, nur gerade jetzt gräßliches Volk, Unterdeutsche. Die Hakenkreuzlerei hat den Mittelstand ergriffen, bei dem alles – Sozialismus, Religiosität, Bildung – zur Karikatur wird, es zäumt diesen Menschen, die nur durch Bescheidenheit erträglich wären, ein stupides Herrentum oder Ich-möchte-Herrentum auf. Immerhin interessant von der Nähe zu sehen. [...] Meine Arbeit geht teils-teils – es ist da in der Mitte ein großer breiter Graben, über den ich nicht hinüber kann, und vor dem ich seit einem Monat stehe wie ein scheuer Gaul.«

Sein lieber »Rothi«, der inzwischen mehrere Hotels belegt und im Augenblick das Berliner *Am Zoo*, tappt im Dunkeln: »Sehr verehrter, lieber Stefan Zweig, ich höre so lange nichts von Ihnen, daß ich anfange, unruhig zu werden. Schreiben Sie mir bitte, was Sie machen und was der Roman macht.« Zweig macht etwas, doch nicht, was Roth ausheckt: bei einem anderen Verleger anzuklopfen und ihm den Roman *Postfräulein* aufzuschwatzen, nur weil ihm, Joseph Roth, der *Insel Verlag* nicht in den Kram passt – es wären zu viele nationale Autoren im Programm. Schließlich werden weder Roth noch Kippenberg den Roman je zu Gesicht bekommen.

Zweig muss seinen Roman unterbrechen – aber warum? Im Februar 1932 bemerkt er in seinem Brief an den Leipziger Freund Erich Ebermayer: »Ich stecke in einer historischen Arbeit [*Marie Antoinette*] und habe die andere epische [*Postfräulein*] unterbrochen aus dem Grunde, den ich Ihnen schon einmal sagte: daß man heute nichts Depressives veröffentlichen darf und eine Arbeit nur veröffentlichen soll, wenn sie innerlich eine Hoffnung gibt, irgend etwas Beschwingendes und Befriedigendes.«

Sein unfertiges Salzburger Manuskript aus dem Jahr 1931 tippt noch seine Sekretärin Anna Meingast: »Ein Dorfpostamt in Österreich unterscheidet sich wenig vom anderen: wer eines gesehen, kennt sie alle ...« Zur Handlung nur so viel: Auf Einladung einer reichen Verwandten eilt das Postfräulein aus seiner Amtsstube von Klein-Reifling in die »sorglose Welt«, bevölkert von Protzen und Intriganten. Als das Postfräulein dort scheitert, muss es in die Monotonie seiner Amtsstube zurückkehren. Nun dreht sich alles im Kreis wie die Postuhr: »Und an der Uhr sieht sie zum erstenmal, daß sie nicht vorwärts geht, sondern im Kreise läuft, von zwölf bis eins, von eins bis zwei und wieder weiter bis zwölf und von eins zu zwei und wieder zurück auf zwölf, immer den gleichen Weg, ohne einen Schritt weiterzukommen, immer neu aufgezogen für den Dienst, ohne je frei zu werden, immer eingekerkert in dasselbe rechteckige braune Gehäuse.«

Der dunkle Tag

Die kleinen Leute sterben zu Lebzeiten an der Routine. Doch wen die Götter lieben, der stirbt früh und lebt ewig. »Dank seiner schöpferischen Gewalt dehnt der wahrhafte Genius seine Wirkung weit über das Vergängliche ins Dauernde, über das Zeitliche ins Zeitlose empor.« So hoch hinaus versteigt sich Zweig in seinem Geleitwort für die Festschrift der *Internationalen Stiftung Mozarteum* (Salzburg 1931).

Gepackt von der Sammeldämonie, erwirbt Zweig vier kuriose Briefe von Mozart, dessen Unterleib betreffend. Einen lässt Zweig im Stillen privat drucken: *Ein Brief von Wolfgang Amadeus Mozart an sein Augsburger Bäsle. Zum erstenmal ungekürzt veröffentlicht und wiedergegeben für Stefan Zweig in Salzburg 1931.* Des Dichters Interesse gilt vornehmlich der Aftersprache des himmlischen Genius loci. Mit einem Widmungsexemplar wird das »Sauglockengeläute« zum seriösen Gesprächsthema zwischen Zweig und Freud.

Im September 1931 sind Friderike, Suse und Lix auf Urlaub in Jugoslawien, und dabei recht vergnügt. Zweig grämt sich indessen zu Hause: einmal wegen der im Wahlkampf entfachten Nazi-Hatz auf Moissi, den Star des Reinhardt-Ensembles, dann wegen des steirischen Heimwehrputsches und schließlich wegen des Todes von Schnitzler, der vom offiziellen Österreich ignoriert wird. Dazwischen gibt es freilich Lichtblicke: etwa das Gespräch mit dem Physiker Erwin Schrödinger, »das eine Wohltat war – einmal ein Mensch hohen geistigen Formats aus anderer Sphäre«. Die Verbindung knüpft übrigens Friderikes Freundin Josefine Junger, die Patin der Frau Schrödinger.

Im Oktober 1931 kann Professor Kippenberg eine gewichtige und nachhaltige Beziehung einfädeln – jene zwischen Stefan Zweig und Richard Strauss. Der eine schickt ein nummeriertes Exemplar seines gedruckten Mozart-Briefes nach Garmisch und offeriert »dem hochverehrten Herrn Doktor« seine Dienste. Der Komponist antwortet dem »hochverehrten Herrn Zweig«: »Ich danke herzlichst! Es wird Sie interessieren, daß ich einen Originalbrief des Göttlichen – auch an das Bäsle – besitze, der aber leider so anständig ist, daß er sogar in einem Mozartverein verlesen werden kann. Besonders erfreut hat mich Ihre Absicht, mich zu besuchen und gar mit einem musikalischen Plan.« Dieser wird beiden noch eine Riesenaufregung bescheren.

Seit September 1931 arbeitet Zweig an seiner *Marie Antoinette*. Vom 6. Oktober bis zum 6. Dezember führt er ein Tagebuch, in dem sich die Verstörung des Menschen, seine Angst vor politischen Umstürzen, auch seine Beziehungskrise spiegeln: »Wachsamkeit« – »Ekel vor der österreichischen Politik« – »Immer wieder im Gespräch die Frage: wohin? Alle Länder sind gleich unmöglich ...« – »Die politische Lage recht düster: die Unruhe der Heimwehrbewegung allseits fühlbar. Ich überlege immer noch einen Hort: ...« – »Ärger bei Tisch mit A & S [Alix und Suse]. Unerträglich in dieser Atmosphäre von Dummheit und feiger Anmaßung zu leben, ich ersticke darin und vor allem alles Aktive in mir. Etwas Atempause täte gut.« – »Weiter M. A. [*Marie Antoinette*] ununterbrochen weiter.« – »M. A. vorwärts. [Ernst] Lissauer hier, mächtig gutmütig [...]. Ich habe ihn eigentlich sehr gern.« – »M. A. vorwärts, vorwärts. Abends früh im Bett, sich physisch ausruhen.« – »München. Im Zimmer ...« (17. 11. 1931).

Um ja allen Eventualitäten zu entgehen, flüchtet Zweig ins *Hotel Leinfelder* nach München, wo er sich den Damen widmen kann: der Mannheimer Freundin, der hübschen Lotte S., und: »überhaupt wieviel Menschen ich streife auf jedem Schritt«. Beim väterlichen Freund Hermann Bahr macht er seine Pflichtvisite: »Ich war sehr erschüttert ihn zu sehen, die Augen, sonst listig und lustig funkelnd, matt und tot, ohne Glanz. Nichts interessiert ihn mehr außer die Kirche. [...] Ich begleite ihn noch in die Fronleichnamskapelle, – um sein Barett die grauen Strähnen, die Fingernägel riesig an den ganz roten Händen, das Gesicht gedunsen, der Schritt schwer, mit zwei Stöcken und doch ängstlich bei dem Straßenübergang – nie habe ich den Verfall eines Menschen ins Kindische, ins Machtlose so furchtbar gesehen. Eigentlich atme ich auf, wie ich ihm die Hand drücke: ich glaube, ich habe ihn zum letzten Mal gesehen.«

Am nächsten Tag schlendert Zweig ins Hotel *Vier Jahreszeiten*: »Vormittags bei Richard Strauss. Er sieht gesund, gutmütig, bajuwarisch aus, rotbackig, etwas das Geistige vergröbert, aber die Augen sehr hellblau und lebendig, seine Sprache voll Bewegtheit und Humor, Helligkeit des Blickes deutet auf Intaktheit des Künstlerischen. Wir sprachen von dem Thema [...]. Das andere Libretto gefällt ihm sehr, er encouragiert mich es auszuführen, wünschte sich kleine Couplets, Strophen, singspielhaft – selbst *der Rosenkavalier* sei zu lang gewesen.«

Freitag, den 27. November: Tagsüber flaniert Zweig durch München. Am Abend sitzt er munter im Kino, wo ihn ein russischer Spielfilm erheitert: *Der Weg ins Leben*. Daraufhin zieht es ihn (und die hübsche Lotte?) in sein

Café – »Blick auf die Uhr, morgen, nein, in einer Viertelstunde werde ich (gräßlich!) fünfzig Jahre. Ob je noch ein neues Element bei mir ins Spiel kommt? Ob die Reserven, ob die Spannkraft reicht? Vederemo. Nur nie an Kalenderdaten sich abergläubisch bekreuzigen oder sich gesegnet fühlen. Vorwärts, noch einmal. Hoffentlich nicht weit, aber dies Stück anständig.«

Samstag, den 28. November: »Der dunkle Tag. 50 Jahre. Mittags bei Schwarz mit Zuckmayer, der uns zwei famose Circusmadeln vom Circus Knie mitgibt, Champagnerspende des Herrn Schwarz und sonst viel gute Laune. Fritzi geht zum Kakadu, ich zum Café. Abschied nehmen [...].« Nichts als nette Schnappschüsse vom »dunklen Tag« im jüdischen Restaurant Schwarz, wohingegen das plastische Erinnerungsbild von Carl Zuckmayer mehr Kontrast bietet: »Er [Zweig] liebte, gut zu essen, und hatte herausgefunden, daß man nirgends anders den blauen Karpfen, die gedämpfte Gänsekeule und alle Beilagen so vollendet zubereiten könne. Er gab sich, mit mir allein [und mit Friderike?] diesem recht mächtigen Festessen mit vollem Behagen hin, plauderte lustig und angeregt über dies und das und ahnte nicht, daß die Wirtsleute, die ihn verehrten, über sein Geburtsdatum genau Bescheid wußten, nur aus Diskretion und Respekt davon keine Notiz nahmen. Zum Schluß, bei einem Schnaps, den diese Mahlzeit unbedingt nötig machte, sagte er plötzlich: ›Eigentlich hätte man jetzt genug vom Leben. Was noch kommen kann, ist doch nichts als Abstieg.‹«

Sonntag, den 29. November: »Zurück nach Salzburg. Unzählige Telegramme, Briefe, Geschenke, am schönsten die von ganz fremden. Abends still zu hause.« Dort hätte er einige Gratulationen über sich ergehen lassen müssen:

Radio Salzburg, 18 Uhr 55 bis 19 Uhr 30: Stefan Zweig zum 50. Geburtstag. Vor der Deklamation aus Werken spricht Moriz Scheyer einleitende Worte.

Buchhandlung *Mora* am Residenzplatz: eine kleine Buchausstellung zu Ehren des Dichters.

Salzburger Wacht: »Weltbürgerliche Dichtung«, eine Würdigung von Fritz Rosenfeld.

Salzburger Volksblatt: »Gruß an Stefan Zweig« von Franz Karl Ginzkey und eine Würdigung von Franz Krotsch.

Fritz Rosenfeld spannt den Bogen vom Wiener Fin de Siècle zum Weltbürgertum: »Weltbürgerlich ist das Werk Stefan Zweigs – und unbürgerlich. Die Enge bürgerlich-liberaler Lebensbetrachtung, aus der er aufwuchs, hat er schon in seiner Jugend gesprengt; in seinem Herzen ist er allem Lebendigen, Vorwärtsstrebenden, Zukünftigen verbunden. So modern Stefan Zweig auch als Denker und vor allem als Psychologe ist, über seinem Werk lief ein Abglanz des deutschen Klassizismus, dessen Geist zeit- und grenzenlos, den ewigen Dingen der Menschheit zugewendet war.«

Ginzkey beginnt sein Gedicht mit dem geflügelten Wort Jean Pauls »weltseitig deutsch«, von dem sich jeder Goethe-Deutsche wie Zweig gern erleuchten lässt: »In Dir umschlingt der gleichen Liebe Band / Deutschland, Europa, nein, die ganze Welt. / Was and're erst als Ahnungstraum befällt, / Hast Du schon längst im Werk vorausbekannt.«

Im Anschluss an diese Verse rühmt Franz Krotsch sein schönes Salzburg und den Meisterdichter, den er für Salzburg vereinnahmt: »Die Schönheit unserer Stadt, die Stille und Behaglichkeit unseres Lebens, die geistige Weite Salzburgs trotz aller räumlichen Enge – all dies mag den Dichter Stefan Zweig, der die halbe Welt kennt und in aller Herren Länder eine geistige Heimat hat, bewogen haben, Salzburg zum bleibenden Aufenthalt zu wählen. Wo könnte man auch so ruhig und zurückgezogen leben, so unbehindert schaffen wie hier? Und wo könnte man gleichzeitig so leicht, so mühelos Kontakt behalten mit der großen Welt wie gerade in Salzburg? Ein Mensch, ein Dichter wie Stefan Zweig braucht beides. Ungestörte Muße, wenn ihn sein nimmer ruhender Arbeitsdrang an den Schreibtisch fesselt, Verbindung mit allem Geistigen, wenn er seine Kräfte zu neuer Arbeit sammelt. So ist Salzburg für ihn und für uns in gleicher Weise fruchtbar geworden. Und es ist wohl kein Zufall, daß er gerade in der Salzburger Zeit zu vollendeter Meisterschaft, zu reifster Lebenserfüllung gelangt ist. [...] Klugheit und reine Menschlichkeit ergänzen sich in ihm zu harmonischer Vollendung so zwar, daß wir alle Ursache haben, ihn und uns zu seinem Dasein und Wirken zu beglückwünschen.«

Nicht seinen, aber unseren Zeitgenossen wird es aufstoßen: Salzburg, Deutschland und der riesige Globus. Doch wo bleibt Österreich? Das gibt es nicht, und wenn, dann ist seine Identität eben deutsch – ein Stamm oder eher ein Ast. Der ist aber von den Christlichsozialen besetzt, von denen Zweig weder beglückwünscht noch geehrt wird – was er vermutlich aus Trotz gar nicht will.

Er verweigert sich sogar dem Wiener PEN-Club, der eine Geburtstagsfeier plant, und verweist dabei auf seine unheilbare Öffentlichkeitsphobie sowie auf »die immer frecheren Demonstrationen des Ungeistes in Österreich gegen die Geistigen«, konkret auf die Brüskierung von Freud, Einstein und Schnitzler (noch zu dessen Lebzeiten): »Nichtwahr, Sie verstehen, was ich von uns jüdi-

schen Schriftstellern fordere: kein weinerliches Sichbe-
schweren (das wäre der Achtung zuviel), sondern eine
entschlossene gemeinsame ablehnende Haltung, irgendwo mitzutun, wo einmal die Herren sich nicht ängstigen
oder uns brauchen. Schließlich sind vor dem Ausland
w i r doch Österreich und nicht der Herr Bürgerschul-
lehrer [Kulturminister] Czermak und der Gymnasial-
professor [Bundespräsident] Miklas. Lassen wir das kleine
Inland, diesen ärmlichen verdorften und verbauerten
Rest des wirklichen Österreich diesen Herren und ihrem Anhang.« So meutert der österreichische Dichter im
Brief an Felix Salten, den Präsidenten des PEN-Clubs.

Es ist nicht verwunderlich, wenn sich Zweig bestimmten sozialdemokratischen und deutschnationalen
Kreisen verbunden fühlt. Doch wie lange darf Zweig
noch ein deutscher Schriftsteller sein – solange Bildungsbürger wie der Kulturredakteur Franz Krotsch
nicht scharenweise vor Hitler kniefällig werden. Am 28.
November 1931 jedenfalls ist das nationale Salzburg
noch ein wenig Goethe-deutsch, weltseitig. Auch von
Anton Kippenberg kommt das einschlägige Bekenntnis:
»Wir grüßen den verehrten Autor, den der *Insel Verlag* seit
25 Jahren zu den Seinen zählen darf ... und wir beglückwünschen Sie, lieber Stefan Zweig, aufs herzlichste mit
dem Goetheschen: Und so fortan!«

*Licht aus Ost und West: Zum 28. November 1931. Die
treuen Helfer Friderike Maria, Erwin Rieger* – ein von beiden besorgter Privatdruck, in dem sich Frankreich und
Russland weltbrüderlich vereinen: Worte von Gorki und
Rolland. Letzterer schickt noch separate Glückwünsche,
die mit einer gewissen Sorge um die Zukunft einher-
gehen: »In unserer Zeit, wo alles sich wandelt und nichts
dauert, ist das etwas ganz Seltenes, ein fester Halt. Ich sage

Ihnen Dank, ich umarme Sie. Mögen Sie von der Höhe Ihrer Kapuzinerinsel wie vom Bug eines Schiffes noch lange den Stürmen trotzen, die wiederkehren werden, und der Neuen Welt unsere Botschaft der Unabhängigkeit und Wahrheit überbringen!«

Exmumu

Noch vor Weihnachten 1931 verlässt der Herr sein Schiff. Er bleibt ein gutes Monat in Paris, diesmal im *Hôtel Louvois*, um in der *Bibliothèque Nationale* für seine *Marie Antoinette* zu recherchieren. Seine liebe Fritzi geht indessen auf den 50er zu. In ihr staut sich einiges, sie hat ihre Rolle als brav dienender Hausgeist satt. Sie braucht selbst einen Halt und eine innere Befriedigung, möchte zumindest ein Buch schreiben. In ihrem Silvesterbrief bemerkt Friderike – sichtlich verstört: »Ich selber möchte Dir doch so gerne Ruhe geben, aber ich bin nicht mehr so zuversichtlich, denn ich kann mein eigenes Gleichgewicht jetzt auch nicht mehr recht im Stillesitzen finden. Das Haus ist mir nicht genug Heim: ich habe zu wenig zu sagen, ich habe kein Besitzrecht, es ist mir zu groß, ein zu weiter Mantel über einer manchmal frierenden Seele. [...]« Hinter dieser Passage verbirgt sich viel Gram: ihre Beziehung ist kalt und das Haus gehört dem Mann, der sie ausjagen kann, wenn er will.

Im Jänner 1932 reisen Friderike und Suse an den Genfer See. Von dort rast ihre schwarze Post nach Paris:

panische Angst der deutschen Pazifisten, bevorstehende Unruhen in Österreich und alles Düstere, was Friderike in der Presse liest. Am 16. Jänner wälzt sie den schwärzesten Gedanken: »Schade, daß Du nicht ein paar Tage hierher kommen willst, ich meine zu ihm [Romain Rolland] und nach Genf [Völkerbund]. Es ist doch in mancher Hinsicht jetzt wieder ›das Herz Europas‹ [Essay von Zweig], freilich kein ganz gesundes, aber eines, das sich mit mehr oder weniger Aufrichtigkeit zu kurieren sucht, bevor es sich verloren gibt. Wärst Du doch dazu bereit, hier am Ufer des schönen Sees, wo im Jänner jetzt Blumen blühen, ein kleines Haus zu kaufen. Es kommen schlechte Zeiten. In bösen Nächten habe ich schon Hitlerbomben auf unser Haus herabfallen sehen.«

Vorahnend: Das gemeinsame Haus auf dem Kapuzinerberg wird in die Brüche gehen. Unberührt davon gibt sich Zweig in Paris, denn er antwortet nach Genf: »Ich bleibe bis 28. [Jänner]. Wäre mit Wonne noch zwei Monate geblieben, aber ich kann ohne Sekretärin nicht arbeiten, es ist die alte Misere. Wo wäre ich, wenn ich jemanden mit mir hätte, dem ich die Texte und Briefe diktieren kann, ich hätte bei halbem Kraftverbrauch das Doppelte geleistet und nicht immer die Nach-Hause-Nervosität gehabt. [...] Aber es ist herrlich hier und ich fühle mich wie ein Karpfen im frischen Wasser. Teile Dir alles ganz nach Deinem Belieben ein. Herzlichst Stefan«

Wie soll seine Frau das verstehen: Wenn sie ihm nicht als Diktatfräulein dient, dann soll sie eben tun, was ihr beliebt? Ihren letzten Brief schließt sie noch mit *Mumu*, den nächsten schon mit *Exmumu*: »Mich trifft der Vorwurf nicht, daß Du zu wenig gearbeitet hast. Es hätten doch kaum mehr Bücher von Dir erscheinen können und noch erfolgreichere. Du bist von Jahr zu Jahr in den

Büchern gewachsen. Der Mensch in Dir ist vielleicht karger geworden aus Routine, aber er wird wieder aufleben, wenn Du Kleinlichkeiten wieder von Dir weist. Dem Arbeiter in Dir bist Du nichts schuldig geblieben. Seitdem Du mit mir bist, Lieber, ist in ununterbrochener Kette Deine Arbeit gewachsen, und ich habe Dir, wenn auch keine Stenotypistin, doch wirklich alles gegeben, was an Umwelt der Ungestörtheit ein Künstler braucht. Von allein kommt das nicht. Unterschätze das nicht, indem Du etwa dafür aus mir eine Stenotypistin machen möchtest und schon gar jetzt noch, mit beginnenden weißen Haaren. Sei umarmt von Deinem *Exmumu*«

Die mütterliche Umarmung – ist es damit ebenfalls vorbei? Ob er in den zwölf Ehejahren ihr Geliebter ist, lässt sich nicht auskundschaften. Zwei Türen trennen ihre Schlafzimmer in Salzburg. Auf seinem alten Schreibtisch steht schon zwanzig Jahre ihr Geschenk: ein kleines Holzlamm, das an sein Glück erinnern soll, an sein Lamm, Stefans verlorener Kosename für Friderike. Sie ist längst im Wechsel, nun knackst es im privaten wie im politischen Gebälk, doch Friderike will sich nicht unterkriegen lassen. In Villeneuve wird sie von Rolland zu ihrer Biografie über Louis Pasteur ermuntert.

In Genf, wo sie recherchiert, kommt auch ihre pazifistische Arbeit in Schwung. Sie solidarisiert sich mit ihren Ligafreundinnen, die vier Millionen Unterschriften für Frieden und Abrüstung sammeln – 150 stammen aus Salzburg. Im Mai fährt Friderike nach Grenoble, wo sie als österreichische Delegierte am Kongress der Frauenliga teilnimmt – »Welch ein Seelenbad! Ich hab Dich lieb, grüße Dich und umarme Dich / *Mumu*« – »Liebes, ich bin spätestens am Sonntag in Salzburg. Mein Herz ist ja ständig im Wickelwackel, aber, wie ich hoffe, jetzt mehr denn je am rechten Fleck. Tausend Küsse / *Mumu*« Es bleibt nachzutragen, dass die Mutter in Genf mehrmals ihre Tochter Suse aufsucht, die dort als Säuglingsschwester praktiziert – »Suse läßt vielmals grüßen. Als ich ihr gestern von Dir erzählte, kriegte sie vor Sehnsucht Tränen in die Augen und wollte Dir gleich schreiben. Alles Liebe / *Mumu*« Ja, sie bemüht sich, den brüchigen Hausfrieden zu leimen oder zu kaschieren. Wie Zweig darauf reagiert, ist ungewiss, leider ist nur ihre Liebespost überliefert.

In ihren *Spiegelungen* bemerkt sie über den Friedenskongress: »Neben mir saß ein Salzburger Freund, Mitglied des Völkerbundes, Dr. Egon Ranshofen-Wertheimer.«

Der honorige Mann, Sohn eines Guts- und Schlossbesitzers in Ranshofen bei Braunau, ist schon seit der Monarchie mit Salzburg verbandelt: Gymnasium, Künstlerzirkel und Ehe. Im Weltkrieg ist Egon ein tollkühner Fallschirmspringer. Gegen Kriegsende, in der Münchner Räterepublik, entpuppt er sich als Revolutionär. Seither ist er mit Aloys Wach, dem expressionistischen Maler, Abenteurer und Bohemien aus dem Innviertel, befreundet. Dessen Holzschnitte sind in allen Blättern der Revolution zu bestaunen, und im Braunauer *Arche Verlag* publiziert er seinen aus 20 Holzschnitten bestehenden Exlibris-Zyklus. Die Bucheigner bilden quasi eine Familie: Wertheimer und Junger.

Josefine, Friderikes Freundin, hat eine Tochter, eine exzentrische Frau und Künstlerin: Mathilde. In sie verlieben sich Aloys Wach und Egon Wertheimer, der sogar eine Zeit lang offizieller Gatte von Thilde sein darf. Sie gibt den Anstoß für die Holzschnitte, darunter ein Exlibris für Stefan Zweig, das schlicht und einfach einen Zweig zeigt. Auch wenn sich die Verhältnisse im liberalen Haus Junger verändern, verkehrt Friderike noch im Salon und bleibt auch mit Wertheimer bekannt. Er ist prominent, Sachbuchautor, einer der profiliertesten politischen Köpfe in Europa und als erklärter Sozialdemokrat und Versöhnungspolitiker im Genfer Völkerbund tätig. Derweilen brodeln im revanchistischen braunen Sumpf lauter bösartige Gerüchte: Wertheimer, ein Umstürzler und Bolschewik, soll in seinem Braunauer Schloss den roten Genossen Belá Kun versteckt halten – Diffamierungen im laufenden Wahlkampf.

1932 herrscht in Salzburg statt dem weltseitigen Goethe der völkische Lederhosen-Faschismus: Massenversammlung im berstenden Festspielhaus und zum Schluss noch der grölende *Horst-Wessel*-Gemeindechor. Am 24. April 1932 triumphiert die politische Revanche im Bundesland Salzburg, worauf sein Landtag umgekrempelt werden muss: immerhin noch zwölf christlichsoziale und acht sozialdemokratische, aber bereits sechs Nazi-Vertreter. Hinter deren Phalanx verschanzt sich fortan die breite bürgerliche Mehrheit der ehemaligen Deutschfreiheitlichen – plastischer gesagt: nun sind sie kniefällig vor Adolf Hitler.

Das muss sich auch im *Salzburger Volksblatt* niederschlagen, dessen verdeckte Nazi-Sympathien nun zum Vorschein kommen. Auch das rosarote Salzburg wird ein wenig radikaler. Emil Fuchs ist der verantwortliche Redakteur der *Salzburger Wacht*, so steht's im Impressum vom 2. Mai 1932 bis zum 15. April 1933. Die Beziehung von Zweig und dem linken Schachfuchs vertieft sich sogar. Seine Frau Rosa, die gelegentlich bei Zweig aushelfen darf, soll die Tochter eines sozialdemokratischen

Abgeordneten sein. Zweig hat lockere Kontakte zu den Abgeordneten Witternigg und Emminger, dem Präsidenten der Arbeiterkammer und Kommandanten des Republikanischen Schutzbundes, und mutmaßlich auch zum Abgeordneten Eduard Baumgartner, mit dem Fuchs publizistisch zusammenarbeitet: *Wie Salzburg katholisch gemacht wurde* (Wien 1931, Verlag der Sozialdemokratie).

Die rote Freundschaft wird von Friderike missbilligt, wie aus ihrem Buch *Wie ich ihn erlebte* hervorgeht: »Die innerhalb des Volkskörpers noch stark vertretenen Sozialdemokraten hatten zwar allmählich weniger öffentliche Ämter inne, genossen aber dadurch auch den Vorteil, keine wesentliche Verantwortung mehr an den Geschehnissen im Lande zu tragen. Ihre Verbitterung wurde jedoch immer stärker, und unglücklicherweise ergab es sich so, dass ein Mann [Fuchs] aus ihren Reihen zum fast täglichen Gefährten Stefan Zweigs wurde und ihm immer wieder über die Unzulänglichkeit und den häufigen Verrat an der sozialen Idee in den eigenen Kreisen berichtete. Stefan zog aus diesen Mitteilungen die pessimistische Folgerung, dass das Streben nach ethischer Gerechtigkeit, nach humaner Gestaltung der Zukunft im öffentlichen Leben zum Scheitern verurteilt sei.«

Es bleiben gewisse Ungereimtheiten, denn Zweig unterbricht ja sein depressives *Postfräulein*, schreibt vielmehr etwas Beschwingendes und Befriedigendes, seine *Marie Antoinette*, während Friderike schon Anfang 1932 die Hitlerbomben herabsausen sieht, doch später in der österreichischen Diktatur ihren Optimismus nicht abstreifen will.

Ein komischer Vogel

Um den Wahltriumph der Führerempfänger möchte Zweig kein öffentliches Tamtam machen – nur nicht zu weit hinauslehnen, lieber den Kopf einziehen oder in die sonnige Ferne schweifen. Am 4. Mai 1932 soll der Austriaco im Palazzo Vecchio a Firenze auf Italienisch stammeln: »L'unità spirituale dell'Europa« – »Es ist vollbracht! Der Saal das herrlichste, was man sich denken kann und war außerdem übermäßig voll. Schade, daß Du nicht da warst. Herzlichst Stefan«

Ihn zwickt aber die Politik: Er wird verdächtigt, Sympathien für den Faschismus zu haben, und glaubt, den Ruch aus der Welt scheuchen zu können, indem er sich für den armen Dr. Giuseppe Germani einsetzt. Es geht um einen Arzt, der von den schwarzen Faschisten eingekerkert wird, weil er der Frau und den Kindern des ermordeten Sozialisten Giacomo Matteotti helfen möchte, woran Germani freilich scheitert. Für das humanitäre Vorhaben Zweigs – die Freilassung des Arztes – hat Rolland jedoch wenig Verständnis.

Die Querelen zwischen Rolland und Zweig haben einen heiklen Knackpunkt: Soll man Partei ergreifen oder jeder Partei abhold sein? Rolland hat Sympathien für die Sowjetunion, Zweig vertritt jedoch die Meinung, dass die streitenden Kommunisten und Sozialisten sich ihr eigenes Grab schaufeln und wohl bald von den reaktionären Kräften vernichtet werden. Zweig will sich keinesfalls politisch einmischen oder festlegen, wie er sich dem Freund Romain Rolland am 9. Mai 1932 gegenüber offenbart: »Und ich träume von einem Buch über Erasmus von Rotterdam. Sein Schicksal ist das unsere. Wie allein war er am Ende seines Lebens, weil er weder für noch gegen die Reformation Partei nehmen wollte und den Haß um dieser oberflächlichen Probleme willen nicht begriff.«

Noch vor der Naziherrschaft entwirft Zweig sein Lebensmuster, wenn er sich mit dem neutralen Erasmus identifiziert, und dafür muss es schon besondere Gründe geben. Liegt es am verborgenen Geschlecht, das die Koryphäe in der Berggasse erforscht, oder vielmehr an der treudeutschen Haut, die selbst der Jude nicht abstreifen kann? Ehe Zweig sein neues Porträt und mit ihm sein eigenes zeichnet, beendet er seine Biografie *Marie Antoinette. Bildnis eines mittleren Charakters.* »Es steht außer Zweifel, daß dieses Buch, das auch sprachlich ein Meisterwerk genannt werden muß, die Welt erobern wird.« So urteilt treffsicher Franz Krotsch im *Salzburger Volksblatt.*

Joseph Roth lästert dagegen in der *Casa Bellaria*: »Lieber verehrter Freund, in 2 Tagen in atemloser Spannung Ihr Buch gelesen. Die Freundschaft für Sie kann mich nicht so blind machen – und wenn blind, dann doch nicht dermaßen gespannt. So habe ich als Knabe Karl May gelesen und Robinson Crusoe. Das war ein Stoff für einen Meister, und Sie sind der Meister dieses Stoffes. Wie das steigt und steigt bis zum Schluß, – immer atemloser wurde ich selbst, ich stieg mit – so hat Schiller Historie gedichtet. Sie kluger lieber Freund und Stefan Zweig! Ich bin BEGEISTERT. Sie Deuter und Dichter! Das sind Sie wirklich.«

Bemerkenswert freimütig oder ehrlich ist des Dichters Resümee vom 20. Oktober 1932: »Die Biographie war eine Episode, weil mein Roman [*Postfräulein*] sich mir verweigerte. Ich fand den moralischen Ausweg

nicht. Und ich sagte mir: besser, als wider eigenes Empfinden etwas zu machen, ist es, ein Porträt [*Erasmus*] zu
zeichnen oder ein Libretto [*Die schweigsame Frau*] zu
bauen, seine Hand zu üben. Doch hoffe ich zu finden,
was ich suche.«

Auf diesem Weg wird Zweig kaum von roten Genossen wie Rolland und Fuchs begleitet, eher vom
schwarzgelben Roth und gelegentlich vom gitarrezup-
fenden Carl Zuckmayer, der immerzu fidel seine feuch-
ten *Cognacvögel* anstimmt. Sensationelle Erfolge feiert
Zuckmayer mit seinen Komödien *Der fröhliche Weinberg*
und *Der Hauptmann von Köpenick*. Weniger bekannt ist
seine Mitwirkung am Kultfilm *Der blaue Engel*.

Im Zwischenmenschlichen soll sich Zuckmayer gut
auskennen. In seinen Memoiren *Als wär's ein Stück von
mir* ist ihm Zweig aber ein Rätsel: »[...] Ansonsten war
er ein komischer Vogel – mir fällt dieses Bild ein, weil er
tatsächlich kleine und dunkle, scharf blitzende Knopf-
augen hatte, in denen man die Wärme, auch die Melan-
cholie, erst durch längere Vertrautheit erkannte. Er liebte
Frauen, verehrte Frauen, sprach gerne von Frauen, aber
›in the flesh‹, – es gibt auf deutsch keinen gleichwerti-
gen Ausdruck dafür – ging er ihnen eher aus dem Weg.
Wenn er zum Tee bei mir in Henndorf war und meine
Frau oder eine Freundin uns Gesellschaft leisten wollte,
wurde er leicht nervös, ging auf keine richtige Unter-
haltung ein, wehrte höflich ab, wenn man ihm etwas an-
bieten oder ihn bedienen wollte, sodaß man uns dann
verständnisvoll allein ließ: sofort taute er auf und über-
ließ sich, unter Männern, seiner intensiven und immer
anregenden Beredsamkeit. Dabei ließ er gern, mit listi-
gem Zwinkern, kleine Andeutungen über erotische Erlebnisse fallen, zu denen er aber nie Zeit hatte [...].«

Zuckmayer und Zweig sind quasi verwandt – durch den Sohn Kaspar, der zwei Rabauken zeugt: Flick und Flock, weiß und dunkelbraun gefleckt, die sich in beneidenswertem Inzest vermehren, wie der Tierliebhaber in der Sommerfrische Henndorf gesteht. Dem Zuzügler aus dem Rheinland lässt der Herr vom Kapuzinerberg eine weitere Starthilfe angedeihen: einen soliden Altsalzburger Kachelofen für das Haus *Wiesmühl*. Der um 15 Jahre jüngere Dichter revanchiert sich, wenn es beim edlen Gönner einmal in der Dichtkunst knirscht. So verwandelt sich die ehrfürchtige Anrede »Herr Dr. Zweig« in das legere »Panjo Stepan Trofinowitsch«. Der Duzfreund fühlt sich geschmeichelt, ruft ein Taxi oder steigt auf dem Residenzplatz in den gelben Postbus, der eine überlange Stunde in das Bierbrauerdorf braucht. Wenn sich der Cercle nebst Hundevisite im Haus *Wiesmühl* in die Länge zieht, muss Zweig draußen nächtigen – vermutlich im Bräugasthof, wo Carl Mayr ganz in seinem Element ist: Gastwirt, Trachtenfex und obendrein Bruder des Weltbassisten Richard Mayr – Ochs von Lerchenau.

Es himmelt noch üppiger, wenn man sich Erich Ebermayers *Salzburger Tage* zu Gemüte führt: »An diesem Abend fahren wir hinaus zu dem preisüberschütteten Zuckmayer-Paar. Henndorf heißet das Land. Im Gasthof des Herrn Mayr, Bruder des Weltbassisten, empfängt Zuckmayer die Gäste. Alles sitzt um einen großen, runden Tisch. Man ißt, trinkt, lacht, ißt wieder, lacht, trinkt, ißt abermals, trinkt weiter, lacht. Kinder, nur keine gescheiten Sprüch ... Ist das Leben nicht wunderbar?«

Das winzige lukullische und idyllische Dorf ist eine Dependance der Weltfestspiele, ihrer illustren deutschösterreichischen Gäste und Stars: Gerhart Hauptmann,

Thomas Mann, Emil Jannings, Max Reinhardt, Werner Krauß, Bruno Frank, Franz Werfel, Franz Theodor Csokor, Alexander Lernet-Holenia, Richard Billinger, Stefan Zweig sowie Gussy Holl, Alma Mahler und vieler namenloser Gattinnen. Nicht zu ignorieren sind Alice Zuckmayer und Friderike Zweig – ein Herz und eine Seele.

Friderike, eine gute Beobachterin, berichtet in ihren *Spiegelungen* von einem Rollenspielchen, das irgendwann in der *Wiesmühl* improvisiert wird: »Carl Zuckmayer, der sich im nahen Henndorf in einer Mühle angesiedelt hatte, und Stefan Zweig taten sich einmal in guter Laune zusammen, um diese Metamorphose [der weltbürgerlichen bzw. fremdenfeindlichen Festspielstadt] in einem Schwank zu verulken. Zuerst gaben sie vor, Mozart, der Göttliche, auf dem ein Teil des Fremdenverkehrs aufgebaut war, sei gar kein Salzburger, sondern ein Augsburger gewesen, dann zeigten sie die herzliche Aufnahme jüdischer Sommergäste, besonders der valutastarken amerikanischen, und den sofort wieder eingeschalteten Antisemitismus im Herbst, wenn der internationale Hexenspuk sich entfernt hatte.«

Gegen diese Sichtweise sei ein bescheidener Einwand erlaubt: Nazi-Parteitage während der Saison und Umtriebe gegen die vermeintlich jüdischen Festspiele. Daran beteiligt sich auch Werner Krauß, der – obwohl als Teufel auf der *Jedermann*-Bühne längst untragbar – in der *Wiesmühl* ein willkommener Gast ist. Auch Zuckmayer wird mehrmals von der Nazi-Presse verunglimpft. Gärende Orte sind alle Sommerfrischen im Umkreis der Festspielstadt und im ganzen Salzkammergut, wo auch Künstler ihre Landvillen haben: beispielsweise Emil Jannings und Gussy Holl in Strobl am Wolfgangsee,

Alexander Lernet-Holenia in St. Wolfgang, Franz Karl Ginzkey in Seewalchen am Attersee, Werner Krauß in Scharfling bei Mondsee, Eugenie Schwarzwald am Grundlsee, Raoul Auernheimer, Jakob Wassermann, Arthur Schnitzler und Hugo von Hofmannsthal in Alt Aussee oder Bad Aussee, dem Dichterasyl des längst zerfahrenen Fin de Siècle, das Zweig ebenso meidet wie die Salzburger Festspiele.

Seine Aversionen sind für den niederträchtigen *Völkischen Beobachter* ohne Belang. Die im Nazi-Parteiorgan vom 5. September 1932 verteufelten Repräsentanten der »dekadenten Niedergangsperiode« haben wohlklingende Namen wie Arnold und Stefan Zweig.

Kapuzinerberg 5, Gartentor

(Foto Margit Winkler, Salzburg)

Jedermann-Aufführung in den Dreißigerjahren

V

Dekadente Clique

Im Geiste Mozarts möchte die Salzburger Festspielhausgemeinde – voran Friedrich Gehmacher, der Zen-
tralvorsteher der internationalen Mozartgemeinde, und
der Wiener Musik- und Theaterkritiker Heinrich Da-
misch – ein deutsch-österreichisches Festspielhaus gründen. Im Februar 1918 räsoniert Gehmacher: »Reinhardt
hat mir doch schon vor zwei Jahren erklärt, daß er nach
Salzburg will und hier mit Freilichtaufführungen beginnen wird. Wir wollen doch durch unseren Verein unter
anderem auch verhindern, daß Reinhardt das Festspielhaus baut. Die Freilichtaufführungen kann er machen.
Eventuell müssen wir sogar eine Verbindung mit ihm
eingehen, nur damit wir einen bestimmten Einfluß auf
das Festspielhaus gewinnen und Reinhardt nicht alleine
herrschen soll.«

Geraume Zeit rumpelt das Macht- und Intrigenspiel
der rivalisierenden Cliquen. Reinhardt und Hofmannsthal scharen sich um ihren Freund Leopold Freiherr von
Andrian, den Mitbegründer der *Österreichischen Bibliothek* und Generalintendanten der k. k. Hoftheater. Der
entschlossene Herr erwirkt sogar noch das kaiserliche
Dekret zur Gründung der ganz der Generalintendanz
unterstellten Salzburger Festspiele unter der künstlerischen Leitung von Reinhardt. Würde das Dekret nicht
durch die Gründung der Republik obsolet werden, wäre die Festspielhausgemeinde entmachtet. Sie kommt

dennoch unter Druck, als eine Pressemeldung kolportiert, Zürich würde Festspiele gründen, die Reinhardt leiten soll. Er kapriziert sich jedoch auf Salzburg, hat er doch schon im April 1918 Schloss Leopoldskron erworben.

Schließlich müssen sich alle zusammenraufen, die honorigen Präsidenten aus der Festspielhausgemeinde und die einfachen Mitglieder des Kunstrates, die später zurecht als Gründerväter gefeiert werden: der Zaubermeister Reinhardt, der Chefprogrammatiker, Librettist und Mysteriendichter Hofmannsthal und der Opernkomponist Richard Strauss.

Auch Zweig spielt eine – bislang unbekannte – Rolle im festlichen Intrigenspiel. Der Friedensbote spricht im Wiener Konzerthaus über Romain Rolland und schickt ihm am 14. April 1919 ein Briefchen, dessen Botschaften verschlüsselt sind. »Strauss und Reinhardt wollen ein großes Theater gründen – unseligerweise in Salzburg. Die bezaubernde kleine Stadt [...].« Beim Lesen sticht ins Auge, dass der dritte Gründervater ungenannt bleibt. Mysteriös erscheint auch die folgende Briefpassage: »Was den Künstler hier [in Wien] am meisten interessiert, ist die große Auseinandersetzung für und gegen Richard Strauss, der Operndirektor werden sollte!!! Übrigens: etwas, was Sie interessieren wird. Ein Freund von Strauss, einer seiner Intimen, erzählte mir, daß er von *Jean-Christophe* ein wenig schockiert war, weil er sich in der Gestalt Hasslers (Besuch von Jean Chr. bei Hassler!) selbst zu erkennen wähnte. Nur deshalb ist er Ihrem Werk gegenüber so gleichgültig geblieben. Welch lächerliches Mißverständnis!«

Er? – Entweder der Intimus oder Strauss soll schockiert sein, und einer von beiden glaubt sich in diesem

Hassler wiederzuerkennen. Kryptisch redet Zweig über den vertrauten Freund des Komponisten Strauss. Die verheimlichte Person, die dem internationalen Friedenswerk reserviert gegenüberstehen soll, wird vom Adressaten in Villeneuve eindeutig identifiziert werden können, denn Romain Rolland ist der Schöpfer der zehn Bücher *Jean-Christophe* (Paris 1904 bis 1912), *Johann Christof* in der deutschen Übersetzung (die zehn Bücher in drei Bänden zusammengefasst, Frankfurt 1914 bis 1917).

Der Zyklen-, Bildungs- oder Entwicklungsroman – »roman fleuve« laut Rolland – ist eine beinharte Abrechnung mit der seinerzeit vorherrschenden Kultur: weltmüdes, schlaffes Fin de Siècle, Verfall der schöpferischen Kräfte, Resignation der Intellektuellen et cetera. Rolland sucht einen Ausweg, predigt neue, heroische Ideale zur Überwindung der Décadence – in Gestalt seines erdichteten deutschen Musikus Johann Christof Krafft, seines Wunderknaben »Mozart redivivus«. Rollands Abrechnung wird allerdings zum Kulturskandal, da sich große Zeitgenossen derb porträtiert und karikiert sehen. Zweig dagegen ist von *Jean-Christophe* und seinem Meister hingerissen.

Wer ist nun der ominöse Hassler? Im ersten Band der deutschen Ausgabe erscheint ein Haßler (mit Eszett!), berühmter Kapellmeister und Komponist, der jene gleichgültige und weiche Natur des Süddeutschen hat – ein Typus, ein Décadent. Auch dessen Clique besteht aus dekadenten Künstlern, darunter sein Intimus. Ein Musiktheater wird aufgeführt, eines jener erstaunlichen griechisch-deutschen Stücke, lauter gespreizte Literatur des degenerierten Barbarentums, das sich griechisch aufputzt. Sein Dichter heißt Stefan von Hellmuth, ein prominenter Mann, der keine Kritik verträgt und allzu leicht tief gekränkt ist. Franz Maria Haßler und Stefan von Hellmuth sind verrissene Typen, Karikaturen: Strauss und Hofmannsthal.

Strauss bleibt allerdings gelassen, als ihn Romain Rolland einmal vor der Gefahr warnt, der Fata Morgana der dekadenten Literatur zu erliegen. Und über das Stück *Ödipus* von Hofmannsthal urteilt der Franzose: »Es ist sicherlich voller Talent und das Werk eines echten Dichters, aber von einem dekadenten Geist und einer Neurasthenie, die in diesem antik-heroischen Stoff einen sonderbaren Mißklang hervorbringen.« Der Ruhmdichter ist schwer beleidigt, wenn man ihn kritisiert oder lächerlich macht. Davon weiß Felix Braun in seinen Memoiren ein Lied zu singen – nur Zweig will nicht singen: »Welch lächerliches Mißverständnis!«

Teufelswoche Jedermann

Lauter Missverständnisse, denn in der Mozartstadt will Zweig sich nur einigeln und am weiten Horizont orientieren. Zweig bindet eben seine Karriere an den internationalen Bahnknoten, der auch ideale Verbindungen in die umliegenden Sommerfrischen bietet. Im Sommer ist Salzburg eine überquellende Saisonstadt. Das Gewimmel muss Zweig erstmals im August 1919 wahrnehmen. In einem Brief bemerkt er nebenbei: »Hier in Salzburg ist es mit der Stille vorbei: weil hier das Leben billiger ist, flutet die ganze Literatur auf Sommerfrische vorbei, alle Caféhäuser sind verwanzt, meine Haustür verteidige ich mit der Kraft eines Verzweifelten. Arbeit geht vorwärts.« Aus dem Kapuzinerreich möchte Zweig sich von niemandem verscheuchen lassen, und das noch im Sommer 1920, in dem Salzburg als Festspielstadt sein Geburtsjahr schreibt.

Der sich einigelnde Zweig scheint etwas einzufädeln, das nur schwer zu durchschauen ist. Sein Brief vom 19. Juni 1920 ist leider verschollen, aber aus der Erwiderung von Hofmannsthal wissen wir, dass dieser bei Zweigs »theatralischem, musikalischem und malerischem Unternehmen« (der im Brief ungenannten *Salzburger Literarischen Gesellschaft*) aus prinzipiellen Gründen weder auftreten noch eine Festrede halten will. Der redemächtige Bahr, das Ehrenmitglied der *Salzburger Literarischen Gesellschaft*, möge doch einspringen.

Das seltsame Ansinnen, das Zweig an Hofmannsthal richtet, kommt überraschend, weniger schon die Zurückweisung. Das ehrgeizige Unternehmen jener *Literaturgesellschaft*, bei der Zweig hinter den Kulissen mitwirkt, startet zeitgleich mit dem *Jedermann*-Spiel, das Reinhardt und Hofmannsthal im Einvernehmen mit der Festspielhausgemeinde und dem Fürsterzbischof Ignatius Rieder begründen. Die Entscheidung für den Domplatz als Spielort fällt erst Mitte Juli 1920, nur eine Notlösung, so lautet es nach außen. Aber das Musikfest im Geiste Mozarts und sein Weihespielhaus sind kaum in Sicht.

Der Zankapfel großes Theater wird intern begraben. Der Zaubermeister heißt Reinhardt. Doch seine Konkurrenz, die *Literaturgesellschaft* von Zweig und Bahr, schläft nicht und eröffnet am 24. Juli ihrerseits ein Zaubertheater mit Rokokospielen im Mirabellgarten, muss aber gleich Schlappen einstecken. Am 18. August, als das erste Referat der *Literaturgesellschaft* – »Von Mozart zu Reinhardt« – abgesagt wird, beklagt sich Zweig bei Arthur Schnitzler über die »Teufelswoche *Jedermann* in Salzburg, wo einem nicht Zeit zum Atmen bleibt«.

Am Tag der Teufelspremiere, Sonntag, dem 22. August, schreibt Friderike Zweig an Viktor Fleischer: »Lieber Victor, ich schwöre es, jeden Tag wollte ich Dir schreiben, aber Du ahnst ja nicht, wie Salzburg ist. Das *Café Beethoven* [in Wien] ist nichts aber auch gar nichts dagegen. Alles, alles war, ist da, ist in der Nähe kommt wieder, telefoniert, will Verabredungen. Stefan ist oft in hellwütiger Verzweiflung und was ich abwehren oder ablenken oder hinausschieben kann geschieht [...].« Ebenso beschwert sich Stefan Zweig: »Lieber Victurl, ich schreibe Dir aus der belagerten Festung Salzburg. Mein Lieber, es gibt keinen Juden, der jetzt nicht in S. ist und seit Reinhardt da ist, sammelt sich das Volk wie schwarze Fliegen, Aussee vomiert sich aus, wir haben manchmal uns bitter zu verteidigen. Meine Arbeit geht ganz futsch dabei. Und ich hätte so viel zu tun!«

Es ist schon denkbar, dass unter den Gästen etliche Juden sind. Sie werden den Wiener Dichter halt persönlich kennen und belagern. In gereiztem Ton wettert Zweig gegen Störenfriede, die aus der Sommerfrische Bad Aussee nach Salzburg strömen. Zweig bringt wiederum den langen wie großen Namen des Dichters, der häufig in Obertressen 14 weilt, schwerlich über seine stolzen Lippen. Im August soll Hofmannsthal dennoch den Kapuzinerberg erklimmen, wenn er Salzburg im Flug passiert, wie er avisiert. Sein Mysterium von der Erlösung des reichen Mannes dient anfänglich einem karitativen Zweck. In Anbetracht der widrigen Verhältnisse müssen sogar die Künstler auf ihre Gagen verzichten. Nur Werner Krauß, der Teufel und der Tod, bekommt die verlangte Lederhose. Trotz seiner Hetze gegen die Judenwirtschaft mutiert der *Jedermann* zur Dauereinrichtung und obendrein zum Inbegriff der Weltfestspiele.

Alexander Moissi, der die Titelrolle spielt, ist stets willkommen im Kapuzinerreich, ebenso Hermann Bahr, um den sich eine blühende Heimatlegende rankt: Der *Jedermann* mit Hochblick auf den Dom wäre seine glorreiche Idee gewesen. Tatsächlich geifert er, dass die mit ungestümer Macht auf Jedermanns Ruf über seine unglückliche Stadt hereinbrechende Hebräerflut ihn und seinesgleichen nach Berchtesgaden treibe, indessen sich sein liebes Salzburg rapid zur ordinärsten Schieberstadt entwickle, sodass ihm der Abschied erleichtert werde. – Da ist Bahr ganz der markige Burschenschaftler, wie einst in der Revoluzzerzeit.

Mysterienspiele wie *Jedermann* und *Das Salzburger große Welttheater* – metaphysische Zauberreiche der Vor- oder Gegenaufklärung – bedürfen der Gnade des mächtigen Fürsterzbischofs: Er hat das letzte Wort. Das müssen Hofmannsthal und Reinhardt hinnehmen, um den bösen Anfeindungen widerstehen zu können, die jeden Sommer auf die Festspiele niederprasseln: »Zirkus Reinhardt in Salzburg« – »Judenfestspiele« – »Kirchenschändung durch jüdische Schauspieler« – »Das Festspielhaus als jüdisches Eldorado! Wie lange dauert das Affentheater noch?«

Die ungenannten Judenhasser sind keine gesellschaftlichen Randfiguren, denn sie sitzen selbst in der Festspielhausgemeinde. Diese Wahrnehmung macht Hofmannsthal im September 1922, als er gegenüber Richard

Strauss pointiert prophezeit: »Reinhardt zum Präsidenten [der Festspiele] nehmen diese Spießbürger nie: sie
hassen ihn, hassen ihn drei- und vierfach, als Juden, als
Schloßherrn, als Künstler und einsamen Menschen, den
sie nicht begreifen.« Ihm wird das vakante Amt tatsächlich nicht angeboten. Reinhardt spielt den Gekränkten
und erreicht, dass die Präsidentschaft wenigstens seiner
Clique zufällt. Doch Richard Strauss demissioniert nach
wenigen Jahren, weil angeblich seine Spielregeln vom
Gegner unterlaufen werden.

An die Reise, ein Gedicht von Zweig, prunkt in der
ersten Festschrift der Festspielhausgemeinde (Moderne
Welt, Wien 1921). Doch Zweig verspürt wenig Lust, sich
in das Teufelsfest zu stürzen, das seine Bewunderer wie
Erwin Rainalter zum Gottesdienst aufbauschen. Zweig
sorgt sich vielmehr um seine heilige Ruh. Im Juni 1922
muss sich Romain Rolland anhören: »Ich würde diesen
Sommer auch gerne beschaulich verbringen, aber ich
fürchte, daß es nicht möglich sein wird: da sind zunächst
die Reisen nach Wien, dann die Festspiele von Reinhardt und Richard Strauss in Salzburg, die mich für zwei
Wochen zum Wegziehen veranlassen, denn mir graut vor
Menschenmassen und literarischem Getöse.«

Am 13. August, dem Premierentag des *Salzburger großen
Welttheater* in der barocken Kollegienkirche, reist Zweig
nach Deutschland. Exakt drei Jahre darauf, am 13. August
1925, hält Hofmannsthal seine Festrede über die neue
Mysterienbühne im Festspielhaus. Da ist Zweig längst in
Zell am See auf Arbeitsferien. Anhand dieser Beispiele lässt
sich vermuten, dass Zweig vor den Rummelmachern
flüchtet, gewisse Begegnungen meidet und Hofmannsthal
schneidet. Jede Beweihräucherung und Selbstdarstellung
in Galaroben wirkt auf Zweig abstoßend.

Doch die Rivalen korrespondieren höflichst – seit der Jahrhundertwende. Da ist Hofmannsthal noch die Sonne, in der sich Zweig badet: überschwängliche Rezensionen der Gedichte und Dramen einschließlich *Elektra*. Selbst im Krieg ist ihm die nationalkonservative Schwertbrüderschaft von Hofmannsthal und Andrian nicht ganz zuwider. Ihre *Österreichische Bibliothek* im *Insel Verlag* wird nach dem Krieg von der *Bibliotheca Mundi* übertrumpft. Damit glückt dem Insulaner Zweig die von Goethe eingemahnte Wendung zur Weltliteratur. Der Goethe-Band aus der Sammlerhand von Hofmannsthal wird allerdings verunglücken. Anfang 1921 bedankt er sich recht verhalten bei Zweig für dessen Rolland-Biografie – ohne Anspielung auf Stefan von Hellmuth. Die erwartete Rezension unterbleibt dennoch.

Es ist ungewiss, was Hofmannsthal von der schöngeistigen Literatur seines jüngeren Kollegen hält. Ekel vor dem journalistischen Literaten, der nicht wie Hofmannsthal reiner Dichter ist, äußert allerdings dessen Freund Andrian. Hinter der ausbleibenden Würdigung stecken also höchstwahrscheinlich Arroganz und Ignoranz. Zudem sind unsägliche Spannungen zwischenmenschlicher Art im Spiel, obwohl Hofmannsthal und Zweig innige Geistesbrüder zu sein scheinen, wie sich beim Durchblättern des kleinen Almanachs der Festspielhausgemeinde aus dem Jahr 1925 vermuten lässt.

Darin sind Hofmannsthal und Zweig mit ihren Essays *Das Salzburger große Welttheater* bzw. *Die Stadt als Rahmen* friedvoll zusammengespannt. Die Post, die das Zustandekommen erhellen könnte, ist leider zerflattert. Die Festspielhausgemeinde, die sich aus Salzburger Honoratioren rekrutiert, ist zwar Financier, nicht aber Herausgeber. Es ist vielmehr der Salzburger Schriftsteller Paul Pawel, ein Stiller im Lande, der über die Jahre hin mit Zweig in loser Verbindung steht. Wenn Zweig zur Mitarbeit freundlichst eingeladen wird, dann kann er selber die Fäden ziehen oder zumindest seine Wiener Bekannten und Freunde empfehlen: Felix Salten, Franz Theodor Csokor, Erwin Rieger und Richard Specht, die übrigen Beiträger des edlen Almanachs. Auf Missbilligung kann der Essay von Zweig nicht stoßen, da er noch in einem späteren Festspielführer abgedruckt wird, jedoch ohne Angabe des Autors – eine mysteriöse Geschichte.

Zweig selbst ist ein Geheimnistuer, denn er verliert in seinem Beitrag – im Gegensatz zu seinem späteren Essay *Salzburg* – kein Wort über die Inszenierungen von Reinhardt. Sein opulentes Theater nervt ihn freilich, wie aus einem Privatbrief hervorgeht, in dem Zweig das Festspielbuch von Otto Heuschele kommentiert: »Alle Wirklichkeiten entbehren der Reinheit: ich fühle das in Salzburg am besten, wo ich in die Kulissen der weltberühmten Festspiele Reinhardts zu sehen Gelegenheit hatte. Es ist zuviel Kulisse dabei, zuviel Betrieb und vor allem das verfluchte Geld, das alles vergiftet und zerstört, was von einer Idee Wirklichkeit werden will.«

Wie bei einer göttlichen Fügung vollzieht sich der Kulissenwechsel, wobei Zweig seine Dichterhand im Spiel hat. In seinem Essay *Die Stadt als Rahmen* sind die verfluchten Auswüchse feinsäuberlich weggewischt oder durch die Musik des Genius loci geläutert – unser festliches Salzburg, die Traumstadt mit ihren mythologisierten Ingredienzien Natur, Architektur und Mozart: »In ihm hat sich die Form dieser Stadt gleichsam bildhaft gestaltet bis ins Ewige hinein – mitten im Irdischen aber steht noch der unversehrte Rahmen, das verlassene Instrument, immer wieder bereit zu erklingen. Hier müssen nicht Kulissen und Pappe und Leinwand mühsam herangeschoben werden, um theatralischen Schein zu erzeugen, hier ist Gasse und Hof, Kirche und Landschaft selbst eine lebendige Kulisse und bewegter Rahmen. Und wenn festliches Spiel in ihr nun wieder beginnt, so wird nichts Fremdes gewaltsam der Stadt eingezwungen, sondern nur der in Stein eingegrabene Gedanke ihrer einstigen Herren und Gestalter wieder wahrhaft erfüllt und die eingefrorene Musik, die innere Melodik ihrer Gegenwart bewußt und aufrauschend wieder zum Tönen gebracht.«

Volpone

Jedermann lässt sich allzu gern von den harmonischen Klängen einlullen. Der naive Lobhudler versteht aber allerhand von den Machenschaften und Kulissenspielen. Bald nach dem Festspielsommer 1925 ist Zweig in der Hafenstadt Marseille. Hier schwärmt er von der Bouillabaisse im Restaurant *Basso*, und beim Goutieren schreibt er binnen weniger Tage sein bestes Intrigenstück: *Volpone*, eine völlig freie Bearbeitung einer Komödie von Ben Jonson, dem Leidensgenossen von Shakespeare.

Auch Zweigs sogenannte lieblose Komödie, die als Commedia dell' arte gespielt werden soll, wimmelt von Intriganten, Schurken, Betrügern, Erbschleichern und Beutelschneidern: Volpone, der Fuchs, ist ein habgieriger Bürger. Sein Reichtum kann ihn aber nicht befriedigen. Er muss vielmehr seine Mitbürger übertölpeln, die dasselbe im Sinn haben, jedoch der Hinterlist ihres erwählten Opfers nicht gewachsen sind. Volpone mimt den Todkranken und kann so die Erbschleicher anlocken, austricksen und schließlich deren Schätze abräumen. Dazu braucht er einen Handlanger, der gleichfalls ein gerissener Gauner ist: Mosca, die Schmeißfliege. Die beiden treiben es zunehmend bunter.

Als die Justiz sich damit beschäftigt, wird die Wahrheit so verdreht, dass Leone, der einzige ehrliche Kerl, der um sein Erbe geprellt werden soll, als Täter dasteht. Volpone wird durch Falschaussagen entlastet – von Zeugen, die auf sein Erbe spekulieren. Er aber setzt Mosca zum Alleinerben ein. Darauf geraten die meineidigen Zeugen in Rage. Durch ihre verräterischen Worte erfährt die düpierte Justiz endlich die Wahrheit. Volpone, dem es an den Kragen gehen soll, kann sich der Strafe durch Flucht entziehen. Sein ergaunertes Vermögen erbt Mosca, der reiche Jedermann. Er kann aber in Saus und Braus leben, da er für seine Sünden von keiner irdischen oder himmlischen Macht zur Rechenschaft gezogen wird. Letztlich triumphiert also der Mammon über die strafende Gerechtigkeit.

Am 6. November 1926 schreibt Zweig an Hermann Hesse: »Ich habe heute im Burgtheater Premiere meiner *Volpone*-Umformung, sitze aber in Salzburg. Ich kann Theater nicht mehr ertragen, ein Haufen Menschen macht mich krank und üblig, als wäre ich eine schwangere Frau. Es ist ein zweischneidiges Ding um die Einsamkeit.« Sein *Volpone* wird also im Burgtheater uraufgeführt, dann von etlichen deutschen Bühnen nachgespielt, bald auch in Paris, New York und anderswo auf dem Globus – ein kolossaler Erfolg.

Da frohlockt auch das *Salzburger Volksblatt*, das immer wieder Courage und Novitäten einfordert und über die Salzburger Zensur lästert – »Oder sind wir in Oberammergau?« Doch hierzulande traut man sich einfach nicht, den neuen Erfolgszweig auf die Bühne zu bringen. Man fürchtet weniger die verknöcherten Zensoren, vielmehr den Skandal, der sich schon bei der Ankündigung von Schnitzler, Zuckmayer, Hasenclever, Toller und Wedekind einstellt. Nicht die geringste Chance hätte der Anti-*Jedermann* von Zweig im erzkatholischen Salzburg. Das Wahrheitsspektakel am Fuße des heiligen Domes wäre eine mächtige Erregung.

Anlässlich der Uraufführung im Burgtheater eilt ein Widmungsexemplar an die Rodauner Adresse von Hofmannsthal. Er antwortet prompt: »Lieber Doctor Zweig, ich danke Ihnen sehr herzlich, daß Sie bei dieser Gelegenheit so freundlich an mich gedacht haben, und mich sehen lassen wollen, in welcher Weise Sie eine Aufgabe bewältigt haben, die in so naher Verwandtschaft steht mit manchen, die ich mir selbst gestellt habe: am nächsten wohl mit meinem langgehegten und nie völlig aufgegebenen Plan, B. J's *Epicoene* [Ben Jonsons *The Silent Women*] für die lebendige Bühne zu gewinnen.« So spricht der verhinderte Nachdichter des Ben Jonson mit dem eilfertigen Nachdichter, der einmal die *Schweigsame Frau* adoptieren wird.

Man sinniert vermutlich über die behauptete oder gefühlte Verwandtschaft. Falls sie wirklich gefühlt wird, dann meiden einander beide als Doppelgänger. Ihr Altersunterschied ist zu gering, um Vater und Sohn spielen zu können, so wirkt auf beiden Seiten die gespannte Kraft der Rivalität. Sie korrespondieren zwar weiterhin überhöflich, unter der glatten Oberfläche pulsieren aber die

Emotionen. Hofmannsthal ist der ältere und renom-
miertere Dichter, der wie weiland Goethe von der Rang-
eitelkeit besessen ist. Der etwas jüngere Zweig ist von
niedrigerem Rang und hat daher zum blasierten Olym-
pier zu pilgern. Dazu verpasst jedoch Zweig wieder einmal die Gelegenheit, als Hofmannsthal auf einem
Europakongress die Eröffnungs- und Schlussrede hält.
Zweig rechtfertigt sich gegenüber Romain Rolland:
»Aber diese Konferenzen ekeln mich zutiefst und ihr
moralisches Resultat ist gleich Null.«

Nach dem unerwarteten Tod Hofmannsthals im Juli
1929 offenbart Zweig seinem Freund Rolland: »Ich
mochte ihn [Hofmannsthal] persönlich wenig, aber ich
war sein Schüler und sein Tod hat mich tief bewegt.«
Umsonst hofft der Musterschüler, der von einem Erfolg
zum anderen fliegt, dass er einmal von seinem so be-
wunderten Idol als ebenbürtiger Dichter anerkannt und
gerühmt wird. Als Zweig sich – entgegen sonstiger Gewohnheit – im August 1929 im Künstlercafé *Bazar*
blicken lässt, wird er immerhin als Standesherr von Salzburg tituliert. Hat sich seine Situation entkrampft, seine
Spannung verflüchtigt? Es ist jedenfalls auffällig, dass er
nach dem Tod Hofmannsthals die Festspielstadt beglückt
und zufällig oder wie ausgemacht einen alten Freund
trifft: Erhard Buschbeck, den Dramaturgen des Burgtheaters.

Es ist kein Wunder, vielmehr ein bewundernswertes
Raffinement: Im Burgtheater darf der junge Rivale die
Gedächtnisrede auf den Festspieldichter halten. Das kann
Ehre, Anerkennung und Genugtuung sowie das schöne
Ende der peinigenden Rivalität bedeuten, sofern die
trauernde Witwe das Zeichen der Versöhnung setzt. Das
ist ihr schlechthin zuwider. Ihre Loge bleibt leer, was

Zweig sicherlich wahrnimmt. Er wird zur Einsicht gelangen, dass die unholde Rivalität über den Tod des Gründervaters hinaus weiterlebt.

Nun wird gemunkelt, Max Reinhardt würde Zweig eröffnen, dass er auf Geheiß von Hofmannsthal an den Festspielen nicht mitwirken dürfe. Auf diese einseitige Rivalität soll Zweig bestürzt reagieren, erzählt Friderike. Die Sensation ersten Ranges müsste wohl durch alle Korrespondenzen jagen, aber Zweig grübelt bloß über den »unvollendeten Hofmannsthal« – etwa im Brief vom 10. Dezember 1930: »Was ich gern über Hofmannsthal noch schriebe, muß ich mir versagen. Ich möchte gern die Tragödie seines Daseins darstellen, das Wissen um das Allerhöchste, das Nahekommen im Werke und einen geheimnisvollen Mangel an letzter Kraft, ein Werk großen Umfangs zu vollenden. *Der Tod des Tizian* sollte ja ein Weltwerk sein und blieb in diesem Fragment im neunzehnten Jahrhundert stecken. Der letzte Roman wieder [Fragment *Andreas oder Die Vereinigten*], den Sie in der *Corona* [Zeitschrift] gelesen haben, beginnt so herrlich wie kein deutsches Prosawerk, und dann kam jene Schwäche der Nerven, jene merkwürdige Angst in ihm, jene Unruhe, sich rasch wieder etwas Leichterem, Näherem, Handgreiflicherem zuzuwenden, und all das wirkte zusammen zu einer tragischen Unzufriedenheit im Menschen, in dem doch der Genius deutlicher da war, als in irgendeinem andern unserer Zeit.«

Aus seinem Hofmannsthal-Bild, seinem Spiegelbild, grinst die bekannte Karikatur: jener Stefan von Hellmuth, der Décadent, der Neurastheniker, der gescheiterte Romancier. Er heißt Stefan wie sein Doppelgänger, der leicht verletzliche Hofmannsthal und sein hoffnungsfroher Überwinder und Erbe.

Der verkrachte Goethe

Solange Zweig einen weiten Bogen um die so verschmähten Spiele macht, kann er mit dem Starregisseur nicht ins Reine kommen. Das Ehepaar Zweig wird mehrmals vom Schlossherrn eingeladen. Als Reinhardt die gelungene Premiere von Shakespeares *Sommernachtstraum* feiert, ist Zweig gerade im Engadin. Derweilen wird auf dem Kapuzinerberg eine Gasleitung installiert. Moissi, der wie üblich Hausgast ist, probt daher im Garten. Ein anderes Mal, im August 1930, ist Zweig in Hamburg. Er weiß natürlich, dass die Festspiele ihr großes Jubiläum begehen. Helene Thimig und Reinhardt geben einen Empfang in Leopoldskron. Friderike Zweig, die mit ihren Töchtern freilich hingeht, schildert ihrem Mann die gesellige Soirée: »Es war ein herrlicher Abend mit Serenade im Park. Eingeladen waren Salzburger, die Schauspieler und etwa zwanzig Ausländer. Das Büffet märchenhaft. [...] Ob es an uns liegt, daß wir uns nicht wohl fühlen in Leopoldskron oder daran, daß wir verwöhnt und Reinhardt immer nur Kur hält!? Helene Thimig war sehr nett. Aber natürlich war niemand da, der mir nicht seine Verwunderung aussprach, daß Du weg bist. Das ist mir schon recht über.«

Zweig verweigert sich dem Smoking oder Frack und will nicht repräsentieren oder paradieren. Das erklärt aber noch nicht, warum er dem Zauberer völlig aus dem Weg geht und ihn nie in sein Haus auf dem Kapuzinerberg einlädt. Gekränkte Eitelkeit ist bei Zweig kaum vorstellbar, Trotz schon eher. Zweig und Reinhardt kommen schwer miteinander zurande. Im September 1930 klagt der Weltruhmdichter des *Volpone*: »[...] das

Theater ist mein Pech, jetzt will Jannings durchaus den Volpone spielen und da ist wieder Reinhardt nicht zu bewegen, sich zu entschließen. Wie schön ist da ein geschlossenes Buch zu schreiben!« Demnach blockiert also Reinhardt den *Volpone* mit dem Star Emil Jannings. Es steht außerdem fest, dass die letzten Salzburger Vorhaben von Zweig ausnahmslos scheitern.

Als Goethes hundertster Sterbetag naht – mehr Licht? –, ist es Zweig ein Herzensbedürfnis, doch einmal im Salzburger Festspielhaus repräsentativ zu feiern. Die Organisation übernimmt Paul Pawel, der Leiter des Salzburger Schriftstellerverbandes, mit dem Zweig nach wie vor in Kontakt ist. Da Zweig sich vor dem Festreden fürchtet, empfiehlt er seinen Wiener Freund Joseph Gregor, den Leiter der Theatersammlung der Österreichischen Nationalbibliothek. Für ihn ist es eine große Ehre, von Zweig eingeladen zu werden. Gregor erkundigt sich umgehend über die politische Zusammensetzung des Publikums: »Schlicht und Christlich-sozial? Völkische Belange? Indifferente Intelligenz?« Auf die Frage scheint Zweig nicht eingehen zu wollen. Er sagt immerhin: »Lieber Freund, die Goethefeier wird vom Salzburger Schriftstellerverband offiziell veranstaltet, die Festspielhausgemeinde gibt das Haus, alle Amtsstuben werden Ihnen lauschen.«

Letztlich wird niemand seiner ausgefeilten Rede lauschen, denn die von allen Medien hinausposaunte Salzburger Goethefeier wird zwölf Tage vor ihrem Termin abgesagt – angeblich aus finanziellen Gründen. Zweig spricht zwar von Intrigen und Quertreibereien, weiß aber nicht, welche Kreise dahinterstecken – kurz vor den Wahlen und dem Massenspektakel der NSDAP im Festspielhaus: völkische Belange also.

Joseph Gregor fühlt sich zurecht brüskiert: »Ich bin wirklich noch nie so behandelt worden, wie zur Goethefeier in Salzburg.« Die verkrachte Feier ist dem Initiator zwar ungemein peinlich, er kann seinen Wiener Freund aber für das bittere Ungemach entschädigen. Im Herbst 1932 soll eine internationale Goethe-Ausstellung in der Pariser *Bibliothèque Nationale* eröffnet werden. Da deren Leiter Julien Cain und Zweig seit längerem befreundet sind, kann Zweig es einfädeln, dass die österreichischen Sammlungen, darunter auch seine eigene, von Joseph Gregor in Paris präsentiert werden.

Aus dem Briefwechsel der Freunde geht nicht hervor, dass eine weitere Feier geplant ist. Im Rahmen der Salzburger Festspiele 1932 und im Verein mit dem PEN-Club soll der 70-jährige Gerhart Hauptmann gebührend geehrt werden. Zweig, der Initiator, denkt an Festvorstellungen einiger Werke des Jubilars. Bei der abschließenden Goethefeier soll Hauptmann dann als Redner auftreten. Zweig führt darüber Gespräche mit Hauptmann und irgendwelchen Honoratioren der Festspielhausgemeinde, nicht jedoch mit Reinhardt. Vonseiten der kontaktierten Herrn erfährt Zweig, dass Reinhardt bereit wäre, seine Berliner Inszenierung *Vor Sonnenuntergang* nach Salzburg zu bringen. Als sich aber herausstellt, dass das Wiener Volkstheater längst die Rechte für die österreichische Erstaufführung hat, empfiehlt Zweig ein anderes Schauspiel: *Hanneles Himmelfahrt*.

Doch ohne den guten Willen der Festspiele und ihres Starregisseurs läuft gar nichts, und ohne Festvorstellung kann Zweig den Jubilar nicht nach Salzburg locken. Damit fällt auch die Festrede auf Goethe ins Wasser. Dabei ist zu beachten, dass die Festspiele durch die Weltwirtschaftskrise in eine prekäre Situation schlittern und sich daher keine Extratouren leisten können. Außerdem soll jeder politische Skandal vermieden werden. Das bedeutet konkret, dass Alexander Moissi 1932 nicht mehr den Jedermann, seine Leibrolle, spielen darf.

Moissi ist das Opfer einer antijüdischen Hatz der Salzburger Hitler-Bewegung, die damit ihren Wahlkampf eröffnet und alsbald im Landtag lautstark vertreten ist. Vor dem Aggressor geht die Festspielhausgemeinde in die Knie. Die Hintergründe deutet Moissi so: »Ich habe mehr als den Verdacht, daß sie [die Kampagne] nicht mir allein gilt, sondern daß mit mir auch Max Reinhardt getroffen werden soll. Es gibt in Salzburg Kreise, denen Reinhardts Tätigkeit seit langem ein Dorn im Auge ist, freilich wagt man es nicht, ihn direkt anzupöbeln.«

Von Zweig ist zu den Umtrieben und Intrigen nur eine schriftliche Bemerkung überliefert: »Die Affaire Moissi regt alle Blätter riesig auf, heute wieder endlose Artikel, große Hetze. Ich sehe nur wie klug ich war, in den elf Jahren hier eine solche Übervorsicht zu gebrauchen und mich von allem wegzuhalten.« Zweig scheint nur daran interessiert zu sein, sein Privatleben abzuschirmen. Er versucht aber auch, seinem Freund Moissi unter die Arme zu greifen, wie Friderike in ihren Erinnerungen verworren andeutet: »Die peinliche Angelegenheit wurde unter der Hand, einer gewiß freigebigen Hand, beigelegt. Stefan und Moissi blieben, ungeachtet dessen Fernbleibens, in freundschaftlicher Verbindung.«

Dabei sollte eines nicht übersehen werden: die Neubesetzung der Hauptrolle im *Jedermann*. Reinhardt entscheidet sich für Paul Hartmann, einen Deutschen – von einem »vitalen Jedermann« schwärmt die Presse. Die Festspiele werden jedenfalls keinem weiteren Juden eine

Chance geben. Und in Deutschland zählt Stefan Zweig schon zu den »Repräsentanten der dekadenten Niedergangsperiode«. Da müssen doch alle Alarmglocken schrillen.

Aufführung des *Salzburger Faust* in der Felsenreitschule

(Archiv der Salzburger Festspiele / Ellinger)

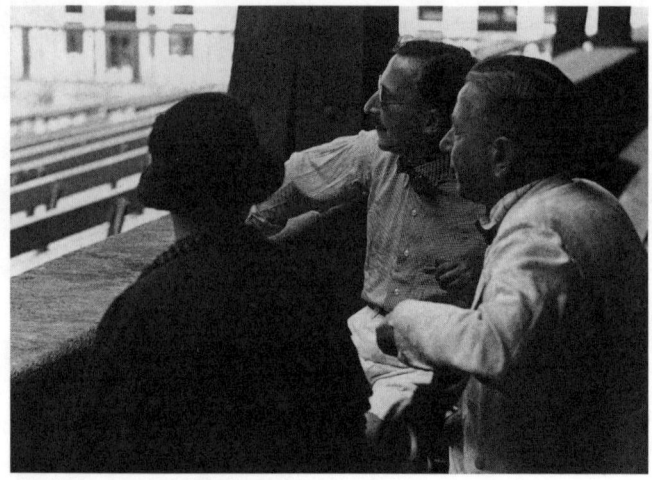

Stefan Zweig bei Proben zum *Salzburger Faust* in der
Felsenreitschule 1933

(Archiv der Salzburger Festspiele)

VI

Sir Morosus

»Hochverehrter Herr Doktor, ich danke Ihnen innigst
für Ihren bedeutsamen Brief und werde mir erlauben, in
der zweiten Hälfte November anzufragen, ob Ihnen
mein Besuch nicht ungelegen kommt; nur möchte ich
bitten, im Hôtel wohnen zu dürfen, ich bin als Hausgast
niemals sicher, daß ich nicht störe.« Kapuzinerberg 5, am
3. November 1931.

Es muss eine hochgestellte Persönlichkeit sein, wenn
sie eine derart scheue Ehrfurcht gebietet. Der Adressat
des Briefchens ist der 67-jährige Richard Strauss in Garmisch, Zoeppritz-Straße 42. Weit über die deutschen
Grenzen hinaus ist er der prominenteste Komponist der
älteren Generation. Sein Sensationserfolg von einst – *Der
Rosenkavalier* aus dem Fundus des österreichischen Dichters und Garmischer Hoflibrettisten auf Lebenszeit – ist
längst ein Renner auf allen Zentral- und Provinzbühnen.
Es ist also ein Altwiener Phäaken-Lustspiel, das beinahe
ein Vierteljahrhundert lang die Karriere des oberbayri-
schen Strauss gleichsam krönt. Für latente Rivalitäten
hat er ein Gespür, und er nutzt es geschickt vom Beginn
der Verbindung im Oktober 1931 bis zu ihrem Ende im
Jahr 1937. Das ist die Zeitspanne, eine spannende Zeit,
die intensiv ausgeleuchtet wird: aus reinem Taktgefühl
gegenüber »Sir Morosus«. Unter diesem literarischen
Namen wird Zweig seinen Briefwechsel mit Strauss
beenden.

Gleich zum Auftakt ihrer Beziehung, die der Verleger Anton Kippenberg einfädelt, spielt der routinierte Strauss mit dem Rivalenmotiv: Hofmannsthal könne den Komponisten nicht ganz zufrieden stellen, denn er würde unter seinen Frauengestalten einen Typus vermissen, den er für sein Leben gern komponieren möchte: die Frau als Hochstaplerin oder Spionin. Dabei will Strauss die Ansicht Hofmannsthals nicht teilen, dass ein geistvolles Intrigenstück heute nicht mehr möglich wäre. Es sind listige Worte, die wohl bedeuten, dass Zweig das Erbe augenblicklich antreten könne, wenn er die Ansicht des Komponisten teile. So wird sein auserkorener Hofmannsthal-Nachfolger gehörig unter Erwartungsdruck gesetzt.

Zweig – immerhin ein Fünfziger und mitten in einer Alters- und Ehekrise – wird das gewünschte Libretto in etwa sechs Monaten niederschreiben. Die Arbeit kann er allerdings erst im Sommer 1932 beginnen. Er muss vorher noch seine Biografie *Marie Antoinette* ins Reine bringen und ebenso seine brüchige Beziehung. In der Krisenphase verschreibt er sich selbst eine Therapie: Er wählt für sein Libretto den Arbeitstitel *Sir Morosus* nach der männlichen Hauptfigur: ein alter, kinderloser, griesgrämiger und lärmempfindlicher Seekapitän – eine wahre Lachfigur! Zweig will über sich selbst lachen und so seine Krise überwinden: »Oh, ich Tölpel, oh, ich Esel, der an eine Frau geglaubt! Narr und Narr und Narr und Narr, der ich bin und der ich war!«

Es ist nicht auszuschließen, dass auch die Gegenspielerin Aminta gewisse Züge von Friderike trägt: zuerst spielt sie das Lämmchen, ist dann aber die resolute und dominante Ehefrau. Schließlich entpuppt sich die schweigsame junge Frau als Furie, die durch Lärm und

Zank Morosus das Leben zur Hölle macht – eine Karikatur?

Für den fünfzigjährigen Dichter ist jedenfalls der erstmalige Auftrag aus der Hand des Altpräsidenten der Salzburger Festspiele eine schöpferische Herausforderung und zugleich eine herzerquickende Genugtuung. Zweig bewähre sich bestens als Verfasser von geistvollen Intrigen wie *Volpone, Lamm des Armen* und *Joseph Fouché* – mit diesem Lob schmeichelt der Komponist dem Dichter. Und beide, Strauss und Zweig, bekommen die Festspiele als reales Intrigenspiel zu spüren. In den frühen Zwanzigerjahren ist Strauss kaum zwei Jahre Präsident und schon zermürbt von der kleinlichen Vereinsmeierei – er demissioniert und meidet das Festival für viele Jahre. Es habe sich in eine Luxusmischung aus Glockengeläut, Weihrauch und himmlischer Erlösung in Sünd' ersoffener Jedermänner verwandelt. So sieht es der auf Distanz gerückte Erfolgsautor der lieblosen Komödie *Volpone*, in der das irdische und himmlische Straf- und Erlösungsspiel versagt und das Böse triumphiert – im Gegensatz zum *Jedermann*.

Die Vorlage für das Libretto zu *Sir Morosus* stammt wiederum von Ben Jonson, und es ist ebenso ein Intrigenspiel, mündet allerdings in ein Happy End und den alten Rechtszustand: Morosus entledigt sich der Furie und setzt den intriganten Neffen wieder als Erben ein. Strauss ist vom Entwurf sofort entzückt: eine komische Oper par excellence, eine Lustspielidee, den besten Ideen ihrer Art von Hofmannsthal an die Seite zu stellen. Die Schmeichelei soll dem Rivalen Ansporn sein.

Im Sommer 1932 ist Zweig Augen- und Ohrenzeuge des Riesenerfolgs von Strauss und der aufrechten Konkurrenz durch Hofmannsthal: Strauss dirigiert nach sechsjähriger Absenz wieder im Festspielhaus: *Also sprach Zarathustra*, *Eine Alpensinfonie* und *Fidelio*. Zudem gibt es eine Premiere in Salzburg: Der allzeit getreue Strauss-Interpret Clemens Krauss bietet mit der *Frau ohne Schatten* – freilich ein Libretto von Hofmannsthal – den Opernclou.

In den heißen Tagen will Zweig dem alten Herrn aus Garmisch die Besteigung des Kapuzinerbergs nicht zumuten, daher dinieren die beiden mit ihren Gattinnen im *Österreichischen Hof*. Diese Konstellation erlaubt kein ernsthaftes Arbeitsgespräch, daher müssen sich die Herren über den Operntitel später einigen. Denn *Sir Morosus* ist allzu sperrig, ist weder romantisch noch weiblich. *Die schweigsame Frau* ist da schon weitaus klangvoller und passt auch glänzend in die mehr oder weniger erfolgreiche Damenserie von Strauss und Hofmannsthal: *Elektra*, *Ariadne*, *Die Frau ohne Schatten*, *Die ägyptische Helena* und *Arabella*.

Nach dem zweiwöchigen Festgenuss mit Strauss ist der Librettist bester Laune. So schreibt er in Gardone den ersten Akt, in Arosa den zweiten und – schon in das Jahr 1933 hinein – auf dem Kapuzinerberg den dritten Akt. Fertig ist sein lustvolles Spiel. Mit sich und der Welt zufrieden schickt er sein Libretto nach Garmisch, und seine Hoffnungen erfüllen sich zur Gänze, da Strauss prompt aufjubelt: »Lieber Herr Zweig! Gelungen auch der III. Akt: ich danke und gratuliere!« Am 29. Jänner 1933 gönnt Strauss seinem Hofmannsthal-Nachfolger den wahren Triumph: Zweig bekommt seinen »analog den Hofmannsthal-Verträgen ausgearbeiteten Vertrag«. Nun ist Zweig der Rivalenerbe, und – seinem stillen Wunsch entsprechend – bald der Salzburger Festspieldichter?

Die Aussichten stehen nicht schlecht, denn Strauss ist mit seinem Riesenerfolg im Festspielhaus wieder das Dirigentenhaupt und außerdem mächtig präsent: Noch vor der Jahreswende 1932/33 wird ein betont kulinarisches Festprogramm mit drei Hauptattraktionen fixiert: *Faust* in der Felsenreitschule, *Tristan und Isolde* (erstmals eine Wagner-Oper mit Zustimmung von Bayreuth) und *Die ägyptische Helena* (Uraufführung der Wiener Fassung). Da auch *Die Frau ohne Schatten* und *Der Rosenkavalier* ihren Weg ins Programm finden, wird Strauss voller Stolz drei Paraderösser in das Festspielhaus führen (zum Vergleich: drei sind es lediglich in den vorangehenden acht Sommern mit Opern-Betrieb).

Doch Stolz allein reicht ihm nicht. Strauss befürchtet nämlich, dass die Festspiele wieder einmal nicht nach seinem Takt marschieren könnten, und verlangt daher rigoros den ihm genehmen Kopf als musikalischen Leiter der Festspiele: Erwin Kerber, Direktor der Wiener Oper. Die Forderung wird prompt erfüllt: Strauss ist nun Wort- und Taktführer in Salzburg, und die restlichen Dirigenten wie die Österreicher Bruno Walter und Bernhard Paumgartner dürfen allenfalls Wünsche anmelden.

Hitler am Ziele

Zweig ist voller Zuversicht. Seine Lachtherapie bereinigt auch den Hausstreit. Dazu braucht das Ehepaar nur einmal kurz zu verreisen. Schon der Aufenthalt im *Hôtel des*

Alpes in Arosa wirkt Wunder. Da schreibt er gerade am zweiten Akt der *Schweigsamen Frau*, und Friderike und Stefan sind beisammen, beide feiern auch miteinander. Am 4. Dezember 1932 ist Friderike Maria Zweig, geborene Burger, geschiedene von Winternitz, fünfzig Jahre – nach wie vor eine vitale Frau. Anschließend, beim dritten Akt und Happy End, ist das Paar in seinem Haus am Kapuzinerberg und es vollbringt sogar ein gemeinsames Werk in der schwebenden Causa Dr. Germani. Der Bittbrief an den Duce wird allerdings nur vom Hausherrn unterzeichnet, sein Name hat eben mehr Gewicht.

Vor der Jahreswende kommt viel Post ins schneeverwehte Haus. Ein alter Freund bittet Friderike und Stefan, »meine innigsten Wünsche für das dunkel bevorstehende 1933 entgegenzunehmen«. Normalerweise öffnet die Ehefrau die Privatpost. Nun muss der Hausherr die ihm lästige Arbeit selbst erledigen. Bis in den Februar hinein ist er Strohwitwer, da die Ehefrau einige Wochen in Wien und zwischendurch auf dem Semmering verbringt. In ihrer Abwesenheit tut Zweig seltsamerweise das, was sich seine Frau aus Rücksicht auf den sensiblen und lärmempfindlichen Gatten versagt: Er hört Radio. Das Gerät gehört dem Diener Johann. Sein Herr bricht mit seiner Gewohnheit, da es um seinen Erfolg geht.

Im neuen Jahr lauscht Zweig einer Besprechung seiner *Marie Antoinette*, die sein Verlag buchstäblich auf den deutschen Markt geschmissen hat, um noch vom Weihnachtsgeschäft zu profitieren. Die erste Auflage soll unkorrigiert sein und peinliche Mängel haben, die für alle neidischen Deutschtümler den gedruckten Beweis liefern, dass der deutsche Erfolgsdichter kein Deutsch beherrsche. Das müsse sein Professor verbessern, wird nach der zweiten Auflage zynisch behauptet. Die Hetze der nationalen Presse, auch in Österreich, empfindet Zweig als Rufmord-Kampagne, und er deutet deren Strategie: Die Infamie soll seinen Leipziger Verlag schädigen, was auch seine Existenz gefährden würde.

Zweig fühlt sich verfolgt. In dieser Stimmung werden seine Äußerungen noch dunkler. In einem Brief, den Friderike in Wien zu lesen bekommt, klagt Zweig über abgefeimte Machenschaften, beschreibt diese aber nicht näher. Er sagt immerhin, dass dahinter der österreichische Nationalrat Prodinger und der starke Deutsche Handlungsgehilfen-Verband mit seinen deutschen Verlagen stecken würden. Es sind Konkurrenten des *Insel Verlags*. Ihm soll es an den Kragen gehen, betont Zweig. Wenn er darauf seinen Verleger Anton Kippenberg vor dieser Gefahr eindringlich warnt, beruht dies auf seinen Erfahrungen mit der hinterhältigen und aggressiven Politik der Nazis im eigenen Land. Schon vierzehn Jahre lebt Zweig in dieser Stadt, da kann ihm der feindselige Nationalrat kein Unbekannter sein: Hans Prodinger, ein Spitzenpolitiker der frühen österreichischen Nazi-Partei, ein Judenhasser und Abgeordneter im Salzburger Landtag, und in Wien sogar der Bundesobmann des Deutschen Handlungsgehilfen-Verbandes und Vertreter des Nationalen Wirtschaftsblocks. So heißt der Klüngel der Salzburger und Wiener Drahtzieher schon vor der sogenannten Machtergreifung.

Neben den öffentlichen Scherereien mit Neidern und Hassern kann Zweig aber auch Lorbeeren einheimsen: Seine *Marie Antoinette* wird in vierzehn Sprachen übersetzt und das *Book of the Month* erobert mit einer enormen Auflage den amerikanischen Markt.

Ebenso beglückt zeigt sich Zweig über den Brief des italienischen Diktators Mussolini. Der politische Gefangene Dr. Germani aus dem Kreis des ermordeten Sozialisten Matteotti soll alsbald freikommen. Die gute Nachricht wird sofort Romain Rolland mitgeteilt, allerdings auf triumphierende Weise, wie es bei Zweig ganz und gar unüblich ist: »Und jetzt ganz im geheimen (ich will nicht, daß es bekannt wird): ich habe meines Erachtens den größten literarischen Erfolg meines Lebens errungen, mehr als den Nobelpreis: ich habe den Dr. Germani gerettet.«

Friderike Zweig ist nach wie vor in Wien, ihr Mann fährt alle drei oder vier Wochen dorthin, um seine Mutter zu besuchen. Er hat auch noch Freunde wie Ernst Fischer, Schriftsteller und Redakteur der sozialdemokratischen *Arbeiter-Zeitung*, und David Josef Bach, Leiter der sozialdemokratischen Kunststelle. Bach lädt Zweig zu einem Vortrag am 28. Jänner 1933 in das Wiener Volksheim Ottakring: *Die Geschichte des europäischen Gedankens.* Unter den Zuhörern ist auch Joseph Gregor, der seinen Freund dafür rühmt, dass er mit edlem Feuereifer für den Internationalismus des Geistes kämpfe.

Zu diesem Zeitpunkt hegt Zweig noch seinen Wunschtraum, den er allerdings in keinem Brief offenbart. Er bevorzugt das intime Gespräch. Gelegenheit bietet sich dazu, als Strauss eine kleine Änderung im ersten Akt wünscht, den er bereits instrumentiert. Zweig bittet den Maestro ergebenst, in Garmisch vorsprechen zu dürfen, und reist zum feierlichen Abschluss des Librettos über München nach Garmisch: Deutschland schreibt den 30. Jänner 1933 – »Hitler am Ziele«, so jubelt das *Salzburger Volksblatt* am 31. Jänner.

Der Rattenfänger A. Dolf

Am 3. Februar schickt der Hausherr eine rätselhafte Post nach Wien: »Es herrscht jetzt eine Art Böswilligkeit in der Welt, die unerträglich ist. Kippenberg, mit dem ich eben telefonierte, sagte mir, daß die Buchläden und Theater infolge der politischen Lage vollkommen ver-ödet sind: eine greuliche Zeit und vielleicht doch noch besser als diejenige, die kommen wird. Grüße alle in Wien und melde rechtzeitig Dein Kommen – meinet-wegen brauchst Du Dich nicht zu eilen. Herzlichst S.«

Den Stimmungsumschwung auf dem Kapuzinerberg wird Friderike auf Anhieb enträtseln, sie deutet den Brief in ihrer publizierten Korrespondenz rückblickend so: »Nun beginnt bereits die pessimistische Voraussicht, die sich leider bewahrheitete.« Auf diesen Kommentar fol-gen in dem von ihr zusammengestellten Briefwechsel vier Briefe von Zweig, die er ihr aber mit Sicherheit noch im Vormonat schickt. Ein Brief, den sie hinter dem 3. Februar einreiht, enthält immerhin das komplette Datum, sogar den Ort: »München 31/I 33«. Zweig be-richtet seiner lieben Friderike: »ich bleibe heute Dienstag in München (um den Verdischen *Othello* in der Oper zu hören) und fahre morgen nach Garmisch, wo ich jedenfalls 2–3 Tage bleibe. Heute gehe ich zu Bahr. Herzlichst Stefan / Grüße Mama vielmals.«

Dieser Brief steigert die Verwirrung. Es stehen zu-mindest die Termine annähernd fest. Am 28. Jänner in-formiert Zweig seine Frau: »Ich fahre von Wien dann gleich durch nach München – Garmisch-Partenkir-chen.« Das heißt: frühestens am 29. und spätestens am 31. Jänner 1933 reist Zweig von Salzburg über die Grenze nach Deutschland. In München will er anscheinend nur Verdis *Othello* und den früh vergreisten und verkalkten Freund gesehen haben. Doch München ist die Hauptstadt der Nazi-Bewegung, das vorderste Exerziergelände von Hitler, und halb Deutschland grölt im *Horst-Wessel*-Chor.

Der Krach soll sogar bis zu Hermann Bahr dringen, denn über ihn wird die völkische Presse später melden, dass er, der Volksdichter, sein deutsches Erfolgsstück *Der Franzl* – über den Innviertler Dichter Franz Stelzhamer – dem hochgeschätzten Führer aus dem Innviertel in einer würdigen Form zueignen und damit bekennen will: »Meine Stimme gehört dem Hitler!« – Bahr scheint nicht ganz bei Sinnen zu sein, er ist jedenfalls kein kritischer Ohrenzeuge, viel eher der Freund, der aus Salzburg kommend in die gräuliche Zeit hineinplatzt.

Von Zweig würde man sich persönliche Eindrücke oder Wahrnehmungen zum Geschehen erwarten. Doch selbst Friderike Zweig kriegt am 3. Februar bloß jene Information, die ihm sein deutscher Verleger telefonisch zukommen lässt. Die Münchner Eindrücke finden in Zweigs Erinnerungsbuch *Die Welt von Gestern* ebenso wenig ihren Niederschlag wie in seinen epochalen *Sternstunden der Menschheit*. Es bleibt sein Geheimnis, in das er selbst seine besten Freunde nicht einweiht. Konsequenterweise muss er sich auch über Garmisch ausschweigen. Dort ist Zweig am 1. und 2. Februar, um wie geplant den Komponisten der *Schweigsamen Frau* zu besuchen. Zweig ist sicherlich in Hochstimmung, denn seine Arbeit wird von Strauss enthusiastisch gelobt: »der beste Text einer Opera comique seit dem Figaro«, und Strauss will seinem Librettisten den noblen Rivalen-Preis zuerkennen: den Hofmannsthal-Vertrag.

Heute ist lediglich nachzulesen, was der zunehmend schweigsame Herr am 31. Jänner, am Tag vor der Aufwartung, dem Komponisten Strauss etwas devot mitteilt: »Verehrter Herr Doktor, ich komme morgen Mittwoch ½ 11 vormittags nach Garmisch, wohne im Hotel Alpenhof und werde gegen 11 Uhr telefonieren (bitte geben Sie Ihrem Mädchen Bescheid, damit Sie nicht selbst an den häßlichen Apparat müssen), wann ich im Laufe des Tages mich zeigen darf: die gewünschte Änderung mache ich dann sofort. Mit vielen Empfehlungen an Ihre verehrte Frau Gemahlin. Ihr dankbar ergebener Stefan Zweig.«

Er hat ein sehr gutes Taktgefühl im Umgang mit dem Komponisten aus der Zoeppritz-Straße, wo er eilfertig die gewünschte Änderung macht, das ist gewiss. Das Gespräch liegt im Dunkeln. Zweig taktiert wohl und verspricht sicherlich neue Entwürfe, um sein Traumziel zu erreichen. Der Weg dazu führt ausnahmslos über die Dresdner Staatsoper, die Uraufführungsstätte aller Strauss-Opern. Ein Highlight steht vor der Tür, das letzte Gemeinschaftswerk von Strauss und Hofmannsthal: *Arabella*. Das Ereignis der Dresdner Uraufführung darf Zweig nicht versäumen, denn der Librettist will bald aus dem Schatten des Rivalen und selbst ins Rampenlicht treten. Strauss vertont gerade seinen ersten Akt. Er möge sich beeilen, erlaubt sich Zweig durch die Blume zu sagen, wenn er sein Werk und das des Rivalen, verbunden durch denselben Komponisten, in einem Atemzug anspricht: »Ich freue mich riesig, daß die Arbeit so schöpferisch fließt: jedenfalls komme ich zur *Arabella*-Premiere nach Dresden und dort werden Sie ja dem musikalischen Trifolium gewiß einiges oder den ganzen ersten Akt schon vorspielen.«

DER RATTENFÄNGER A. DOLF

Bei der Premiere der *Arabella* im Sommer 1933 wird Zweig freilich nicht erscheinen – er will und kann nicht über die Grenze nach Dresden reisen. Denn mittlerweile ist ihm bewusst, dass auch er in den politischen Ausnahmezustand getrieben wird. Noch hat Zweig sein Refugium am Kapuzinerberg: Von hier aus kann er unbehelligt über die Grenze schauen und seine Post nach Garmisch schicken. Alles, was Zweig nun tut oder unterlässt, ob er taktiert oder schweigt, vermittelt Einblicke in seine psychische Situation, die sich zunehmend verschlechtert. Er beharrt dennoch oder gerade deshalb, um den Ruhm zu mehren und jedweder Diskriminierung zu entgehen, auf seinem Traum: auf der Uraufführung seiner *Schweigsamen Frau*. Im Februar 1933 beginnt der Komponist seine Partitur, nach zwei Jahren wird er die Oper mit ihrer Potpourri-Ouvertüre vollenden.

Solange Strauss komponiert, steht sein Librettist unter Zugzwang – er muss Entwürfe abliefern, und das macht er erstmals am 23. Februar, drei Wochen nach seiner Reise ins wildgärende München. Zweig hat davon bleibende Eindrücke, die ihren fiktionalen Niederschlag im ersten Entwurf finden, der politisch bedeutungsvoll und vollkommen unerotisch ist. Der Librettist weiß, dass sein Entwurf dem Mädchenschwärmer aus Garmisch keinen seelischen und musikalischen Reiz bietet, selbst dann nicht, wenn das brisante zeitgenössische Futter, der deutsche Ausnahmezustand, unter dem historischen Mantel des Mittelalters verborgen liegt.

Der Rattenfänger von Hameln ist eine Camouflage, ein raffinierter Libretto-Entwurf, der dem herrschenden Ungeist widerstrebt: »Der Anfang: die Verzweiflung einer deutschen Bürgerstadt über die Rattenplage, Exempel der Verwüstung, vergebliche Quacksalberversuche, Teufelsexorcisationen [Exorzismus], groteske Figuren, all das halb grandios halb grotesk und in deutscher Holzschnittmanier. Dann die Ankunft des Rattenfängers, der große Gaukler, Hypnotiseur, der Hilfe verspricht. Man glaubt ihm nicht und bewilligt ihm deshalb leichtfertig die große Summe (allenfalls auch ein Mädchen), die er verlangt. [Zweig meint wohl, die deutsche Bürgerschaft glaube nicht an die Zauberkraft des Rattenfängers und könne ihm daher alles versprechen, ohne dafür je bezahlen zu müssen.] Jetzt musikalisches Extrastück: die Beschwörung auf der Flöte, das langsame Zischen und Pfeifen und Kommen der Ratten aus allen Häusern und wie er den ganzen Schwarm hinab in die Weser lockt, wo sie alle ersaufen. Jetzt der Jubel der Bürgerschaft, Trinkfest, Tanz, Jubel für den Künstler. Aber wie er dann die Bezahlung fordert, flaue Gesichter, Ausreden. Schließlich droht man ihm mit der Inquisition, Verfahren wegen Hexerei. Seine Rache – und nun vielleicht nicht, daß er wie in der Fabel mit seiner Flöte die Kinder der Stadt ebenso wie die Ratten vordem mit sich lockt, sondern daß er jetzt die ganze Bevölkerung zum unaufhörlichen Tanz zwingt (irgend ein großes rauschendes Motiv wie in der *Elektra*) und jene Tanztollwut des Mittelalters ausbricht. Der Schluß ist mir nicht ganz deutlich. [...]«

Zweig scheint die Katastrophe zu ahnen, und die Dramaturgie ihres Ablaufs ist uns heute so vertraut wie in ihrer Dimension ungeheuerlich: A. Dolf, wie Zweig den Reichskanzler einmal apostrophiert, bewegt die Menschenmassen, indem er sie nach seiner Pfeife tanzen lässt und vor sich hertreibt. Zuerst verspricht er den Deutschen, die so verheerende Wirtschaftsplage aus dem Land zu treiben. Gelingt ihm das, glauben die Bürger, die

Plage wäre vorbei und der Retter würde unbedankt verschwinden. Doch der Menschenfänger fordert einen viel höheren Preis: die totale Unterwerfung – Massenhysterie, Rausch, Marsch et cetera. Das Ende ahnt Zweig kurz vor dem Reichstagsbrand in Berlin am 27. Februar. Durch ganz Deutschland soll der Film laufen, der nach Zweigs Novelle gedreht worden ist: *Brennendes Geheimnis*. So steht es in *Die Welt von Gestern* – im Kapitel *Incipit Hitler*.

In der dramatisierten Rückschau wird der Streifen gleich nach dem Reichstagsbrand verboten – wegen der satirischen Anspielung, die von seinem Titel ausgehen soll. Der würde die wahren Täter, die Nazis, entlarven, meint Zweig. Vergeblich sucht man in der Korrespondenz von Zweig einen Hinweis auf den Film, der mit dem Reichstagsbrand zu tun haben soll. *Brennendes Geheimnis* hat im *Capitol* am Berliner Zoo Premiere: am 20. März, drei Wochen nach dem spektakulären Brand, und wird nach kurzer Laufzeit tatsächlich verboten. Es wären rund um den Film zu viele Juden im Spiel (Berliner *Tonal-Film*, Regisseur Robert Siodmak, der Star Willi Forst als Verführer, der Baron in der Semmering-Novelle).

Beim Verbot mögen auch die Plakate eine Rolle spielen. Außerdem sollen Widerständler ihr Material ungeschickt tarnen: zwischen harten Buchdeckeln mit dem auffälligen Titel *Brennendes Geheimnis*. In der *Welt von Gestern* schreibt Zweig, ihm sei es beschieden gewesen, Hitler in eine peinliche Situation gebracht zu haben – eine bescheidene Genugtuung, wie Zweig ganz unbescheiden sagt. Es ist sein inszeniertes Drama, mit dem der Scheiternde sich etwas zu erleichtern und zu befreien versucht.

Brennendes Geheimnis ist bestimmt sein aufregendster Film und sogar in Österreich ein gesellschaftliches Topereignis: Der *Illustrierte Film-Kurier* (Nr. 549) wirbt für die Wiener Premiere in Gegenwart des Autors. Derartige Auftritte liegen ihm aber nicht. Im Frühjahr 1933 sinniert Zweig rastlos an seinem Salzburger Schreibtisch, der ihm noch Halt gibt. Wenn er vom Kapuzinerberg herab- und in den Zug einsteigt, riskiert er nach seinem letzten Münchner Abstecher keine Reise mehr in das Nazi-Reich – die Barriere. Was das für ihn als Dichter und Menschen bedeutet, ist klar: In Deutschland sind sein Verlag, seine Leser, seine Honorare und seine Freunde. Auch seinen Bedürfnissen frönt er mit Vorliebe im nahen München (Stefan ist nicht ausschließlich der Opern-Freund, wie er gegenüber Friderike vorgibt, sie ist freilich eingeweiht). Seine Ziele im freien und sicheren Westen sind nun umständlicher zu erreichen. Er sieht sich gezwungen, ausschließlich die Route über Bischofshofen zu nehmen, also Deutschland zu umfahren, um in die neutrale Schweiz zu gelangen.

Dort ist er im März, und er trifft wie ausgemacht seine Freunde am Genfer See, Frans Masereel und Romain Rolland, und überdies alle Kollegen, die Zweig in der Schweiz weder vermutet noch erwartet: Alfred Döblin, Ernst Toller und andere – schon eine kleine Kolonie von reichsdeutschen Flüchtlingen. Dazu zählt Zweig selbst nicht, denn er ist freiwillig in der Schweiz, um über den europäischen Gedanken zu reden, und zwar im *Lesezirkel Hottingen* (hier hat Zweig im Ersten Weltkrieg seinen *Jeremias* präsentiert). Von den Eidgenossen wird Zweig als der große Europäer gewürdigt (auf der Titelseite *Der Bund* vom 8. März).

Dabei bleibt Zweig aber – im Gegensatz zu den deutschen Kollegen – unbeschattet. Er beobachtet die Entwicklung seinerseits und sieht auch die Gefahr. Beunruhigt schreibt er an Friderike: »Die Panik der Intellektuellen ist recht groß, die Hetzartikel gegen die jüdischen Schriftsteller wiederholen sich jeden Tag mit neuer Heftigkeit und angeblich geschieht mehr als in den Zeitungen steht.«

Auch im neutralen Fluchtland spürt Zweig die deutsche Atmosphäre des Hasses und der Brutalität; sie durchdringt dosiert die Schweizer Presse, die sich nicht getraut, die ganze Wahrheit über das Nazi-Reich zu sagen, aus Angst, ihre Abonnements und Inserate zu verlieren. Und auch Zweig muss Angst haben, denn gleich nach seiner Rückkehr auf den Kapuzinerberg sollte der Dichter in das nördliche Europa, nach Skandinavien eilen – als Repräsentant der Kulturnation Österreich. Aus der geplanten Vortragstournee wird aber nichts, denn zwischen Österreich und Schweden liegt Nazi-Deutschland.

Auf Zweigs Empfehlung reist sein Freund aus Wiener Jugendtagen, sein Kollege und ehemaliger Vorgesetzter Dr. honoris causa Franz Karl Ginzkey. Er ist ebenso Wahlsalzburger, jedoch ein wendiger Arier, der sich sowohl von den Nazis und ihrem Kampfbund für deutsche Kultur als auch von den Austro-Faschisten hofieren lässt. Seltsam: diesem Freund Ginzkey läuft Zweig seit den Jugendtagen über den Weg, in der Großstadt Wien wie im kleinen Salzburg. Im Erinnerungsbuch *Die Welt von Gestern* existiert jedoch kein Freund dieses Namens. Zweig schildert im Kapitel *Incipit Hitler* bloß eine erinnernswerte Salzburger Begegnung mit einem Jugendfreund und recht bekannten Schriftsteller (er ist wohl aus

Courtoisie anonymisiert): »[...] Und es war mir sofort klar, daß er einerseits die Freundschaft mit mir aufrechterhalten, anderseits, um nicht als Judenfreund verdächtigt zu werden, sich in der kleinen Stadt nicht mehr allzu intim mit mir zeigen wollte. [...] Man stand auf gefährdetem Posten.«

Erasmus von S.

Man steht am 1. April 1933, am reichsdeutschen Boykott-Tag, vor dem Radio und hört entsetzt und gebannt die Berliner Rede: »jener Jude Zweig«, plärrt Goebbels, der leicht triumphieren kann, denn er erreicht über den Äther ein Abermillionen-Publikum. Dem akustischen Triumphator geht es überhaupt nicht um irgendeinen Zweig, vielmehr um die Gewalt, um den Terror gegen alle Juden und Regimegegner, und dafür steht der Name Zweig. Gemeint ist Arnold Zweig, erklärter Zionist und erbitterter Antifaschist. Er ist das gefundene Hassobjekt von Goebbels, und der Name des Propagandaministers ist unverwechselbar. Zweig leider nicht. Den im stillen Abseits verharrenden Stefan Zweig scheint Goebbels gar nicht zu kennen. Es ist noch nicht ruchbar, dass der deutsche Tonheroe Strauss wiederum einem österreichischen Juden seine Gunst schenkt.

Doch Stefan Zweig sieht seinen Ruf als Dichter, als gänzlich unpolitischer Dichter mit Weltruf gefährdet, und das berührt die Verbindung zu Strauss. Ihm gegenüber wird der hilflose Librettist zum ersten Mal etwas deutlicher, bleibt dennoch taktvoll: »Ich könnte es verstehen, wenn auch Sie wie ich selber, durch die erregte Zeit in Ihrer Arbeit gehemmt wären. Ich freilich habe gerade in diesen Tagen eine spezielle Unannehmlichkeit unglaublichster Art gehabt, da Goebbels in seiner Rundfunkrede einen infamen Satz des Schriftstellers Arnold Zweig anführte, ohne den Vornamen zu nennen. Nun habe ich schwer damit zu tun, das rechtzeitige Dementi unterzubringen. Sie können sich denken, wie lieb es Ihnen wäre, wenn man Ihnen nicht nur die *Fledermaus* zuschreiben würde, sondern einen kleinen Lustmord, den ein anderer Musiker Ihres Namens begangen hat.«

Das Namensvetterspiel soll den Strauss des *Rosenkavalier* wohl erheitern. Stefan – nicht Arnold – Zweig sieht sich wegen der Verwechslung genötigt, umgehend zu dementieren, wobei ihm seine deutsche Autorität unter die Arme greifen soll. Dabei gehen Zweig und Strauss von der falschen Annahme aus, Arnold Zweig wäre infam und Goebbels ginge es um die Person oder deren schuldhaftes Verhalten. Zweig wird nicht verwechselt, weil er Zweig heißt, er wird verwechselt, weil er Jude ist. Zu dieser Einsicht kommt Joseph Roth, den Zweig aber nicht als Autorität akzeptiert. Roth verlangt rigoros: »Protestieren Sie in keiner Form!!!« Er durchschaut, dass jede Form als Denunziation gegen einen schuldlosen Juden wirkt und Goebbels seine Freude daran hat, wenn er einen Keil zwischen die Opfer treiben kann.

Strauss reagiert aber im Sinn von Zweig, er antichambriert, wenn auch nicht persönlich: das erledigt sein hurtiger Musikreferent beim Berliner *Völkischen Beobachter*. Fortan ist Strauss für Zweig der entschlossene, dabei überaus diskrete Wortführer und Nothelfer im

Nazi-Deutschland. Die Goebbels-Rede markiert also den Wechsel der väterlichen Autoritäten Zweigs: die Entfremdung und Loslösung von Romain Rolland, dem alten Freigeist, der sich langsam als Stalinist entpuppt, und die Bindung an Strauss. Von ihm ist Zweig als Librettist abhängig, und als Jude unterwirft er sich der einflussreichen Autorität. Wenn Strauss als Wortführer auftreten soll, dann erwartet er von seinem Bittsteller politisches Wohlverhalten gegenüber Nazi-Deutschland, und Zweig verhält sich eben so neutral wie möglich. So wirkt nun sein fixer Operntraum *Die schweigsame Frau* als subtiles Mittel der Nötigung und Erpressung.

Die Korrespondenz der guten Freunde Joseph Gregor und Stefan Zweig eröffnet ebenfalls Einblicke in Zusammenhänge und Absichten, in Schandtaten und Verfolgungsimpulse. Unmittelbar auf die Goebbels-Attacke schreibt Zweig an Gregor – ein Brief, der bedauerlicherweise verloren geht. In der Antwort beurteilt Gregor die ihm bekannten Ansichten Zweigs: Sein vielbewundertes Lebenswerk würde durch die Goebbels-Phrasen niemals angetastet; Stefan sei grundlos nervös, denn kein besonnener Mensch könne daran glauben, dass der Radikalismus in Deutschland von Dauer wäre; er möge die Klärung aber nicht ausgerechnet in Salzburg abwarten, wo hundert Schritte weiter die rohesten Kräfte walten würden.

Am 11. April erwidert Zweig: »Dein Wort hat in mir sehr lebendig nachgewirkt und Du mußt mich nicht für störrisch halten – es liegt im tiefsten das Problem nur so, daß wer den Tatort verläßt, einer schlimmen Tat verdächtig erscheint. Innerlich habe ich mich vielmehr gänzlich losgelöst und glaube sogar, daß Zäsuren in meinem Leben unbedingt notwendig sind, grundlegende

Veränderungen, und Umgestaltungen. Auch die Bäume blühen besser, wenn man sie von der Stelle wegsetzt, wo sie schon alle Kraft ausgesogen haben, es handelt sich jetzt nur noch um das Wie und das Wann und jedenfalls bin ich entschlossen, die nächsten Jahre zumindest die Wintermonate im Ausland zu leben, schon weil ich Bibliotheken brauche, ich weiß nicht, ob ich Dir erzählte, daß mir ein Bildnis des Erasmus von Rotterdam vor dem inneren Auge steht, des Menschen, dem die Kunst und die Wissenschaft mehr als alle Zeitlichkeit war und der, weil er sich für keine Partei entscheiden kann und will, schließlich von allen verstoßen und gehaßt wird.«

Der Gedankenaustausch zeigt, dass Zweig durch die Nazi-Gewalt in die Selbstzerfleischung getrieben wird. Er spricht darüber auch mit Friderike, die ihn aber nicht richtig ernst zu nehmen scheint, denn viel später – da ist die Beziehung bereits gebrochen – wird er bekennen: »Ich habe vor vier Jahren eben den Stoß tiefer bekommen, als Du bemerkt hast.« Der Stoß ist die Summe aller unbewältigten Attacken und Anschuldigungen. Friderike spielt in seinen Überlegungen, das Haus Kapuzinerberg 5 zeitweilig oder ganz zu verlassen, im Jahr 1933 noch keine Rolle.

Sein Sprachbild von den kraftlosen und ausgesogenen Bäumen verweist allerdings auf einen kritischen Punkt in seinem schöpferischen Dasein. Die Krise, verbunden mit dem Wunsch nach einem Neuanfang, erfasst den alternden Dichter in zunehmend kürzeren Intervallen. Damit hat auch das Bildnis des Humanisten Erasmus, das dem Dichter vor dem inneren Auge steht, etwas zu tun, und das wiederum mit den politischen Verhältnissen. Er ist entschlossen, zeitweilig im Ausland zu leben, um an seiner historischen Gestalt zu arbeiten, die sich für keine Partei entscheiden kann, die sich also neutral gegenüber dem Geschehen und den darin verwickelten Kontrahenten verhält.

In Salzburg ist Stefan Zweig längst darin geübt wegzuschauen, wenn Nazis ihre volkstümlichen Umtriebe in Lederhosen oder Dirndln inszenieren – beispielsweise »zum 44. Geburtstage des deutschen Volkskanzlers Adolf Hitler«, noch dazu im Festspielhaus, wo der Librettist sein Friedensprojekt zu vollenden wünscht. Es scheint, dass Zweig keine Ausnahme ist, da die meisten Bürger und Politiker das Unheil ignorieren, das sich so flagrant vor den Kulissen anbahnt: die Nazifizierung der Salzburger Gesellschaft. Wie käme sonst am 20. April der wuchtige Marmorschädel des A. Dolf so widerstandslos auf die Bühne des Festspielhauses? Der örtliche Leiter des Nazi-Kampfbundes für deutsche Kultur, Piffrader, pflegt eben beste Beziehungen zu einflussreichen Personen, die bestimmt keine Freunde von Zweig sind.

Judenfeinde sind ebenso die straff organisierten Deutschtümler und Paragraphen-Arier, die honorigen und stadtbekannten Jahn-Turner und Burschenschaftler. In ihren Kreisen wird schlagkräftig für die Nazi-Bewegung geworben, und dabei verbucht ein Archivar den stillen Beitritt eines Kapellmeisters: Herbert von Karajan. Unabhängig von seiner politischen Gesinnung probt er die Bühnenmusik zum *Salzburger Faust*, und anscheinend unbeschwert von der politischen Infiltration hört sich Zweig die Proben an, die seit dem April laufen. Der Dirigent ist ein Bekannter der Familie Zweig, der noble Tanzpartner einer Tochter Friderikes. Man kennt sich eben in Salzburg, man schaut lange zu oder weg, man ist schicklich und neutral.

Es ist allerdings ein gravierender Unterschied, ob man Arier oder Jude ist. Darauf macht Joseph Roth aus dem fernen Paris seinen Freund vom Kapuzinerberg aufmerksam, und von Roth muss Zweig die schreckliche Botschaft hören, dass sein Bild als Exempel des typischen Semiten in einem scheußlichen Rassenbuch zu finden ist. Roth rät dazu, ja aufzupassen, man – der Jude – sei seines Lebens auch in Salzburg nicht sicher, wenn man sich vorwage – »Verkehren Sie mit Niemandem.«

Nach der Brandrede von Goebbels ist »Zweig« der Staatsfeind, der für alle Juden und Widerständler steht und dem alle Gemeinheiten und Verbrechen angelastet werden. Nach dem Machwerk des Schädelforschers Professor Hans Günther ist Stefan Zweig der Typus jener Rasse, die der Nazi-Klüngel auszurotten trachtet. In dieser Verfolgungssituation geben die Freunde Joseph Gregor und Joseph Roth wohlgemeinte Ratschläge – doch wie soll Zweig nun handeln?

Bald ist das Ehepaar auf Urlaub in Cadenabbia am Lago di Como. Die gemeinsamen Tage im *Hôtel Bellevue* sind für ihn reine Arbeitsferien. In der Ruhe des Sees und in der Pracht des Frühlings entwirft Zweig seine Biografie des Erasmus von Rotterdam (1466 – 1536). In der historischen Gestalt des gelehrten Humanisten und Aufklärers erblickt Zweig seine eigene Befindlichkeit: Sein Erasmus ist unentschlossen und unparteiisch, er ist neutral; er ist der frei schwebende Geist zwischen Macht und Widerstand, der schließlich von Feinden und Freunden verstoßen und gehasst wird; sein »Erasmus steht immer für sich allein« (Vorwort). Zweig bastelt also an einer Analogie zu seiner Situation, in der es zwei feindliche Parteien gibt: die Nazi-Macht mit ihrem Staatsterror und das Exil mit seinem Widerstand. Kann oder will

Zweig sich weder für die eine noch für die andere Partei entscheiden, dann muss er sich freilich so neutral wie möglich verhalten.

Wieder zurück im Haus Kapuzinerberg 5 konzentriert Zweig seine Arbeit völlig auf seine Selbstdarstellung als Erasmus. Dabei gesteht er seinem vormals so vertrauten väterlichen Freund Romain Rolland eine Halbwahrheit – aus Mangel an letzter Kraft: Erasmus wird in seiner ganzen Unentschlossenheit sein Wortführer sein. Zweig gesteht freilich nicht, wer sein entschlossener Nothelfer im Nazi-Reich ist. Darüber zu reden wäre ihm ungemein peinlich. Er schämt sich, ist in einer Zwangslage: Da ist einerseits sein öffentlicher Ruhm, den er zu mehren oder zu halten sucht, da ist andererseits die Diskriminierung, der er zu entkommen sucht, und zwischen diesen Suchpunkten herrscht der Zwang zur Unterwerfung, Verteidigung und Rechtfertigung – alles Auswirkungen des Nazi-Terrors.

Der Schandpfahl

Marie Antoinette – seine letzte Publikation im *Insel Verlag* – ist am Markt ungemein begehrt und wird daher von den deutschen und österreichischen Nazis in den Dreck gezogen. Am 10. Mai 1933 verkohlt das Buch – für Zweig der Inbegriff des Geistes – als gebrandmarkter undeutscher Geist auf deutschen Scheiterhaufen: ein weiterer Schritt zur Vernichtung seiner literarischen Existenz in Deutschland. Das schmerzt den Dichter und Menschen, der sich seinem Deutschland des Geistes und der Humanität nicht verweigern und weiterhin als Freigeist über der Politik schweben will. Der Höhenflug ins Geistige sei das Ideal des Juden, um vom Fluch des Geldes erlöst zu werden, sagt Zweig. Der Absturz des Juden in den Ungeist und in die Schande ist aber das Ziel der Terrorpolitik. Nach dem Verbrennungsritual werden vor deutschen Universitäten klobige Baumstämme in den Boden gerammt und Bücher auf die sogenannten Schandpfähle genagelt – mit Kommentaren wie: »Für Herrn Stefan Zweig könnten Reißzwecke genügen. Ebenso für Herrn [Emil] Ludwig und ähnliche Cohns.«

Der Terror erinnert Zweig an einen mittelalterlichen Prozess – davon zeugt schon sein *Rattenfänger von Hameln*. A. Dolf gibt das Signal zur Bücherverbrennung, zum öffentlichen Schauprozess im Lande der Dichterfürsten und Insulaner. Der Schandpfahl trifft den Dichter als Goethe-Deutschen. Zweig sieht sich als gezeichneter Jude, als Asphalt- und Zivilisationsliterat. Es ist aber die politische Macht, die ihren Goethe nach abgelaufener Schutzfrist als Nazi-Ahnen vergöttert, die humanistischen Goethe-Deutschen mit dem Schandmal des undeutschen Geistes punziert und in eine schwere Identitätskrise treibt. Tief dringt der Schandpfahl des Nazi-Terrors in das Erbe der Aufklärung und Humanität. »Unsere Ahnen sind Goethe Lessing Herder nicht minder als Abraham Isaac und Jacob«, so belehrt Joseph Roth seinen Freund, und Zweig muss verbittert erkennen, dass der Schandpfahl das gemeinsame Erbe spaltet und vernichtet.

Er muss auch einsehen, dass es gar nicht um sein Metier, seine Dichtkunst geht, sondern ausschließlich um Konkurrenz, Macht und Geld. Der Studienkollege Erwin Guido Kolbenheyer, Dichter des *Paracelsus*, mit Zweig persönlich aus besseren Tagen in Wien und Salzburg bekannt, ist ein politischer Karrierist, der sogar die Satzungen für die umgekrempelte deutsche Dichterakademie ausformuliert. Kaum sind diese von Hitler abgesegnet, ist Kolbenheyer schon Senator der Dichterakademie. Der Würdenträger verteidigt die Bücherverbrennung, als ihn die harsche Kritik von Romain Rolland dazu herausfordert.

Auf dem Kapuzinerberg verfolgt Zweig still die Kontroversen und Attacken – getreu dem Ratschlag seines Freundes Joseph Roth. Von der Öffentlichkeit erwartet sich Zweig allerdings Zuspruch. In Wien gibt es immerhin eine Presse und Partei, deren Sympathie er sich noch nicht verscherzt hat, deren Antifaschismus aber plakativ ist: »Der Henker regiert im Lande Goethes ...« (Flugschrift der SPÖ). In Wien gibt es aber auch Katholikenorgane, die dem Feuerwerk sadistisch applaudieren, wie etwa die Zeitschrift *Schönere Zukunft* am 14. Mai 1933: »Sieht man sich die Liste der Bücher an, die auf dem Scheiterhaufen aufgeschichtet wurden, dann weiß man, daß mit Ausnahme von vielleicht zwei bis drei Autoren, die im Übereifer miteinbezogen wurden, kein wirklich wertvolles deutsches Literaturwerk vernichtet worden ist. Wir lesen in dieser Liste u. a. die sattsam bekannten Namen: [...] Stephan Zweig und andere gleichwertige. Nicht zufällig sind es in ihrer Mehrheit Juden.«

Etwas mehr Glück hat Zweig in Salzburg: Konkurrenten wie Karl Heinrich Waggerl sind einfach zu feig und zu klug, ihre Schadenfreude öffentlich zur Schau zu tragen. Im Privaten äußert der Verlagskollege allerdings sein Ressentiment gegen jene ihm sattsam bekannten

Namen: »Mir graut zu sehr vor den Stefans und Lions (den Thomas inbegriffen) und vor dem ganzen Journalismus, der sich als Dichtung maskiert hat, ich will nichts davon hören und wissen.« Waggerl weiß genau, dass Stefan Zweig Jude ist.

Im Wohnort des Dichters hält die antijüdische Presse mit ihrer Meinung ebenfalls hinterm Berg. Nicht einmal ignorieren – mit der bekannten österreichischen Eigenart will sich das regierungstreue christliche Blatt aus der Affäre ziehen. Beim deutschnationalen *Volksblatt* erweckt das reichsdeutsche Feuer immerhin Kopfschütteln. Das judenfreundliche Sozialistenblatt glaubt, dass die Nazis den Geist nicht verbrennen könnten, solange es nicht selbst verboten ist. Sozialisten und Deutschnationale, die »unseren« Stefan Zweig noch zum 50. Geburtstag herzlich würdigen, registrieren die Bücherverbrennung wie einen Hausbrand mit Sachschaden und ganz ohne Häme gegenüber dem verbrannten Dichter. Stefan Zweig soll entweder vor Diffamierungen und Verfolgungen in Salzburg geschützt oder zusammen mit dem Namensvetter Arnold Zweig als ein bedauernswerter Brandfall abgetan werden.

Es gibt sogar Anteilnahme und Zuspruch, denn Friderike hat ihren Kreis von guten Menschen, darunter der Salzburger Museumsleiter Hofrat Julius Leisching, um dessen Tod Friderike gerade trauert: »Er war mir unter den männlichen Bekannten in Salzburg der liebste und auch der einzige, der mir bei der letzten Begegnung durch Bemerkungen zu verstehen gab, wie er empfindet. Einer der feinsten Menschen, die man kannte! Für uns wieder der Verlust eines Freundes hier.«

Friderikes liebster Mensch ist ihre Freundin Josefine Junger, sie »ist der Fels, um den es brandet. Sie ruft mich täglich an.« Zu ihren Vertrauten gehört auch Leonie Worafka, die Gattin eines Generals, auch sie »rief mich sofort an und war besonders lieb und empörte sich über allerlei.« Weiters schätzt sie die Schauspielerin Frieda Richard: »Sie ist eine Prachtfrau. Ihr sehnlichster Wunsch ist das Burgtheater. Da die Theater jetzt die österreichische Front betonen, riet ich ihr, die Konjunktur auszunutzen.« Die politische Konjunktur will indessen jemand zum Nachteil des Paares Friderike und Stefan ausnutzen: »Frau [Claire] Trebitsch fragt mich, ob Du das Haus verkaufen wollest. Ich sagte nein, eher ich; auch das stimmt nur, wenn es drei Wochen regnet.«

Angesprochen ist Stefan, dem Friderike am 27. Mai ihre Trostspende nach Bad Gastein schickt. Dort schreibt er an seinem *Erasmus*, sicherlich aufgewühlt durch die Ereignisse in Deutschland und durch eine peinliche Begegnung auf der Bahnfahrt von Salzburg nach Bad Gastein.

Die Begegnung hat einen Namen: Hanns Martin Elster, der anno 1922 ein schönes Buch über Zweig herausgibt. Die beiden kennen einander, auf ihrer Bahnreise im Mai 1933 ist die Stimmung jedoch frostig, denn Elster fährt als Delegierter zum Kongress des internationalen PEN-Clubs nach Dubrovnik, wo gegen die Verfolgung von Schriftstellern und das Autodafé in Deutschland protestiert werden soll. Zweigs Reiseziel ist aber der Kurort im Gasteiner Tal, keineswegs Dubrovnik, obwohl auch Zweig vom Wiener PEN-Präsidenten Felix Salten zum Kongress eingeladen ist.

Damit hier kein Irrtum entsteht, wird betont: Nicht die Wiener Delegation nimmt die Route über Salzburg, sondern die deutsche. Zweigs Biograf Hanns Martin Elster ist ein Delegierter des deutschen PEN-Clubs, der politisch umgeschwenkt ist. Mit ihm reist der Hitler-Biograf Edgar von Schmidt-Pauli. Die zugeknöpften Herren sind im Geheimauftrag unterwegs, um den angeblich total verjudeten österreichischen PEN-Club zu spalten und die löblichen Arier ins Boot der Reichsmark zu locken, was dann weitgehend gelingt. Dabei spielt der Wiener PEN-Präsident eine Rolle, die sich vom Verhalten der abwesenden Prominenz um kein Haar unterscheidet: Salten schweigt, protestiert also nicht.

Alsbald heißt es, Zweig würde sich vor dem öffentlichen Protest drücken. Ist er zu feig? Nein, er will nicht öffentlich protestieren aus innerer Überzeugung und als verbrannter jüdischer Dichter. Denn nach seiner Ansicht sollten sich die prominenten Juden in dieser gefährlichen Zeit ja nicht exponieren. Nazi-Deutschland hält nämlich eine halbe Million deutscher Juden als Geiseln. Zweig lebt noch in seiner halbwegs sicheren Welt jenseits der deutschen Grenze. Da ist ein Protest zwar einerseits ungefährlich, andererseits aber unverantwortlich und folgenschwer, und das durchschaut Zweig: Das Wort eines ausländischen Juden mit weltweiter Reputation und dem Namen eines Hassobjekts könne nur kontraproduktiv sein. Der Propagandaminister lechzt nach dem Protest des Außenfeindes, um diesen als Einmischung in innere Angelegenheiten zu nutzen und den Hass auf die Juden zu schüren.

Wer diesen Mechanismus durchschaut, muss sich sein Verhalten genau überlegen. Ein neutrales Verhalten wird von Antifaschisten freilich als Feigheit vor dem Feind, als Verweigerung der Solidarität und als Ruhmkriecherei ausgelegt. Zweifelsohne steckt hinter der ambivalenten Haltung von Zweig auch eine gehörige Portion an Berechnung.

Es ist das energische Wort der Ehefrau, das ihren Mann im Mai 1933 im Gasteiner Tal erreicht: sie gibt ihm entsprechende Anweisungen und formuliert auch die strikten Absagen an den PEN-Präsidenten – Friderike Zweig ist eben sehr dominant, was ihre Ehe noch empfindlich stören wird. Nun werden beide vom rasanten Tempo der Machtergreifung mitgerissen. Er ist kaum heimgekehrt, da ist sie schon in Wien – weder er noch sie nennt einen Grund, ihre Briefe klingen jedenfalls harmonisch.

Aus Salzburg berichtet er ihr, wer ihn gerade besucht: die russische Baronesse Maria Budberg, die frühere Sekretärin von Maxim Gorki, und der britische Schriftsteller Herbert George Wells, der den internationalen PEN-Club und die *Society of Friends of the Burned Books* in London leitet. Sein Besuch ist ein Solidaritätsakt und Zweig ist hocherfreut. So begleitet er die Baronesse und den Kollegen in den Künstlerkreis um Frieda Richard. Trotz der anregenden Stunden bringt Zweig den Schandpfahl nicht aus dem Kopf. Über ihn räsoniert er noch am Schluss seines Briefes vom Juni 1933, am Schluss seines letzten Briefes an seine liebe Fritzi bis zum Jänner 1935.

Da beginnt das Ratespiel: Zerstört der Schandpfahl den – freilich immer brüchigen – Hausfrieden? Es ist geradezu verdächtig, wenn Friderike Zweig in ihre publizierte Korrespondenz zwischen Juni 1933 und Jänner 1935, in diese große Lücke von 18 Monaten, folgenden Kommentar platziert: »Die Briefe, die wir in den nächsten Monaten wechselten, waren spärlich, weil es keine häufigen Trennungen gab. Mehrere Monate verbrachten wir bereits gemeinsam in London und einige Reisen wurden sowohl im Jahre 1933, als auch 34 zusammen

unternommen und ausgedehnt. Leider [...]« Das ist mehr
als bedauerlich, denn anhand der angeblich spärlichen
Briefe ließe sich die Trennung, die etappenweise abläuft,
besser vergegenwärtigen.

Straussenfeste

»Was planst Du für den Sommer?«, fragt Zweig bereits
am 11. April seinen Freund Gregor, der daraufhin ein
herrliches Angebot bekommt: »Allenfalls könntest Du,
wenn wir für einige Zeit, wie ich hoffe, wegreisen hier
bei uns mit Deiner lieben Frau paradiesisch wohnen, ich
wüßte mir keinen lieberen Statthalter in meinem Kapuzinerreich!!«

Ein wahres Paradies, ein über allen irdischen Unbil-
den thronendes Himmelreich muss es sein, in dem der
Dichter in Frieden und Freiheit residiert. So verbrämt,
wie Zweig es sieht, gäbe es wohl keinen triftigen Grund,
sein Haus zeitweilig aufzugeben. Aber die Einladung an
Gregor steht in dem schon ausführlich zitierten Brief
über die Veränderungspläne nach dem Goebbels-Terror
vom 1. April. Aus diesem Anlass beabsichtigt Zweig, sich
von seinem Kapuzinerreich zu verabschieden – für eine
Weile, also nicht endgültig.

Joseph Gregor wartet voller Sehnsucht auf Post, die
ihn als Wiener Statthalter im verwaisten Salzburger
Kapuzinerreich einsetzen würde. Zweig lässt aber nichts
von sich hören, bis zum 27. Juni. Mittlerweile sind die

Diktaturen Deutschland und Österreich verfeindet, die Grenze ist gesperrt, und in der Grenzstadt Salzburg herrscht der Krieg der Worte. Hier fühlt sich Zweig wie im Feindesland. In dieser Situation trifft er – keinesfalls als Erasmus – eine Entscheidung, er ist geradezu entschlossen und freilich deprimiert.

So gestimmt schreibt er an Joseph Gregor: »Wenn ich Dir nicht schrieb, so waren die ganzen Unsicherheiten meiner Lebensform daran schuld. Du hast leider richtig gesehen, die Verhältnisse hier in Salzburg werden zunehmend unerquicklicher, man befindet sich mitten im Brennpunkt der Erregung und wenn es früher ein Wesensvorteil der Stadt für mich war, daß die deutsche Grenze so fingernah lag, so wird dies allmählich zum Nachteil. Ich wälze Gedanken hin und her, erst wollte ich wie Du weißt, im Sommer weggehen, nun bin ich fast sicher entschlossen, im Herbst, wo das Politische wahrscheinlich stärker aufflackert, für einige Zeit fortzugehen, am liebsten nach London, wo ich einiges zu tun habe. [...]«

London! Schon im Juni 1933 – nicht ganz zufällig nach dem Besuch des internationalen Präsidenten des PEN-Clubs, des überaus wachen und streitbaren H. G. Wells – würde Zweig am liebsten nach London gehen. Bis dahin, ein Vierteljahrhundert lang, verschmäht er bewusst die Metropole des Inselreichs. Schon deshalb sollte sein Entschluss den Freunden zu denken geben. Denn dahinter ist mehr verborgen als nur ein zeitweiliges Abwarten, wie es der Freund Gregor empfiehlt. Zweig rechnet mit allen Eventualitäten, selbst mit der Auflösung des Hauses, das er im Winter zusperren oder ganz aufgeben will, falls ihn die äußeren Umstände dazu nötigen. Darüber wird im Haus Kapuzinerberg 5 sicher eine heiße Debatte geführt, aber dazu verweigert uns Friderike

Zweig im vorhandenen lückenhaften Briefwechsel leider aufschlussreiche Stimmungsbilder.

Zweig hat das dringende Bedürfnis, mit Dr. Gregor als Leiter der Theatersammlung in der Nationalbibliothek amtlich zu sprechen, denn er beabsichtigt unter dem Druck der Verhältnisse, die wertvollsten Stücke seiner enormen Autografensammlung in ein sicheres Banksafe zu deponieren und alle seine Autografenkataloge – eine Quellensammlung von etwa 3.000 Stück – der österreichischen Nationalbibliothek zu überlassen. Zweig will seinen Schatz verschenken! Dabei stellt er eine einzige Bedingung: Die Sammlung soll in einem separaten Raum aufgestellt und auch als Sondersammlung zugänglich sein. Angesichts der Bedrohung und Verfolgung möchte Zweig eben ein kleines Stück Freiheit zurückgewinnen – »um mehr Leichtigkeit gegen den Druck der Zeit zu haben«, sagt er wörtlich.

So en passant erwähnt er gegenüber Gregor, dass die Zukunft seines Verlages und seiner Oper mehr als ungewiss sei. Zweig weiß, dass er vor der existentiellen Entscheidung steht, den deutschen Verlag zu verlassen, und sondiert daher schon die Bedingungen für Publikationen in Wien und im fernen Ausland.

Zweig wünscht sich vor allem, dass Strauss *Die schweigsame Frau* bald vollenden möge, damit sein Traum endlich Wirklichkeit werden kann. In der für ihn wichtigen Sache richtet er an Strauss höflichste Worte: »Hochverehrter Herr Doktor, Sie mögen sich denken wie schmerzlich es für mich ist, daß die gesperrte Grenze mir die erhoffte Freude nimmt, die festliche Stunde Ihres neuen Werkes mitzuerleben: das Radio wird mir nur schwachen Ersatz bieten.« Wir stehen allerdings noch lange nicht vor Uraufführung der *Schweigsamen Frau*,

Freude und Schmerz gelten vielmehr dem neuen Werk von Strauss und Hofmannsthal. Äußerst ungeduldig und gespannt wartet Zweig auf die Premiere: Stolziert die *Arabella* klaglos auf die Bühne, dann kann Zweig auf seine Oper hoffen. Um die Hoffnungsträgerin bangt Zweig, als er erfährt, dass die Rassisten auch den toten Rivalen Hofmannsthal zum jüdischen Dichter punzieren. Schließlich wird die Oper *Arabella* aber am 1. Juli 1933 ganz ohne Politikum in Dresden uraufgeführt, unter der Stabführung von Clemens Krauss. Dem Ereignis lauscht der Dichter auf dem Kapuzinerberg, denn das Radio des Dieners Johann dient ihm als Draht in die abgeschottete Nazi-Welt.

Gegenüber Strauss gibt er sich enthusiastisch und optimistisch: »Hochverehrter Herr Doktor, lassen Sie mich noch einmal Ihnen meinen Dank und meine hingerissene Bewunderung sagen! Möge Ihnen die Freude an der Arbeit weiterhin gewahrt bleiben, um das Gelingen ist mir nicht bange. [...]« Nicht bange ist ihm nach dem Gelingen der *Arabella* vor allem um das Gemeinschaftswerk *Die schweigsame Frau*.

Im Festspielsommer 1933 sind Deutschland und Österreich verfeindete Staaten. Das Verbot der Nazi-Partei in Österreich, der reichsdeutsche Vergeltungsschlag, der Wirtschafts- und Kulturboykott, die Tausend-Mark-Sperre, die Künstlerabsagen und die Hakenkreuzflüge verwandeln die Grenzstadt Salzburg in eine Frontstadt des Psychokrieges.

Die befehdete Festspielstadt befürchtet ein ungeheures Defizit. Vor dem August gleicht Salzburg einer Geisterstadt, doch danach kommt der überraschende Umschwung: Das Salzburger Festival, das österreichische Aushängeschild, ist so international wie nie zuvor in seiner 13-jährigen Geschichte. Dem Hilferuf an die Welt folgt nämlich ein unglaublicher Solidaritätsakt von Gegnern des Nazi-Regimes. Unter ihnen sind bloß 874 deutsche Sommergäste (15 681 zählt man noch im Jahr davor). So sind es nicht mehr die von Hofmannsthal konzipierten deutsch-österreichischen Festspiele, die Zweig seit den 20er Jahren distanziert betrachtet. Die Festspiele sind erstmals mondän, im wahrsten Sinne des Wortes, und zugleich österreichisch im Sinne von patriotisch: die Selbstbehauptung des unbeugsamen kleinen deutschen Bruders.

So empfindet es Zweig, der das erste und einzige Mal Romain Rolland gegenüber von Salzburg schwärmt: »Die Festspiele sind wundervoll, und ich bedauere, daß Sie nicht gekommen sind, denn wer weiß, ob es nicht die letzten in unserem alten Österreich sind. Es gab ausgezeichnete internationale Kundgebungen: nie hat man so stark empfunden, welchen Wert ein deutsches, aber nicht nationalsozialistisches Österreich für die ganze Welt hätte. [...] Richard Strauss besuchte mich, er kam ganz spontan (drei Tage zuvor war er bei Hitler). Aber im Grunde ist ihm alles vollkommen Wurst, nichts anderes interessiert ihn als seine Musik, und er verteidigt sich noch ziemlich energisch gegen seine Frau und seinen Sohn, die ihn um jeden Preis in den Nationalsozialismus hineinzerren wollen.«

Auch Strauss ist unbeugsam und kneift nicht wie der judenfeindliche Dirigent Hans Pfitzner. Strauss fährt souverän über die Grenze der Tausendmark-Räuber, und wenn ihre Hakenkreuzflieger in den Salzburger Luftraum eindringen, um ihre Flugblätter über dem Eröffnungsfest abzuwerfen, zelebriert der Bayer den widerständigen *Fidelio* – »die eigentliche und entscheidende Abwehr

Österreichs gegen alle hässlichen Anfeindungen«, wie ein Zeitzeuge jubelt. Die Antinazi-Stimmung dringt massiv in den Äther, in vielen Fremdsprachen. Dabei ist zu beachten, dass Radiosendungen in den Dreißigerjahren noch geradezu bombastisch wirken. Goebbels tobt und schäumt – auch wegen Strauss. Der will noch unbedingt die Wiener Fassung seiner *Ägyptischen Helena* bewundern und reist abermals seelenruhig über die feindliche Grenze in die österreichische Festspielstadt.

Schön ist aber keineswegs das Wetter – ein Sauwetter ist es, und so schüttet es auch in der offenen Felsenreitschule. Die Premiere des *Salzburger Faust* fällt daher buchstäblich ins Wasser. Dabei fängt alles so wunderschön an: die glanzvollste Auffahrt in der Geschichte, 400 gezählte Limousinen, Marlene Dietrich, Stefan Zweig und zahlreiche Prominenz aus der weiten Welt. Nach wiederholten Regengüssen kann der *Salzburger Faust* endlich trockenen Hauptes in Szene gehen.

Die illustren Premierengäste genießen die Bühnenmusik von Bernhard Paumgartner, dem Ziehvater des Dirigenten, der erstmals auf dem Festprogramm prunkt: Herbert von Karajan – er ist zu dieser Zeit noch Opernkapellmeister in Ulm und wird erst später Generalmusikdirektor und Staatskapellmeister des Nazi-Reiches. An der Orgel sitzt Franz Sauer, Domorganist und nach dem Anschluss nebenbei Landesleiter der Reichsmusikkammer. Im Festspielhaus arbeitet auch ein Bühnentechniker, der einige Monate später im Foyer eine Bombe zünden wird – aus reiner Nazi-Gesinnung und aus Hass auf die Diktatur, in der die österreichische Nazi-Partei verboten ist.

Die Festspielstadt ist eine belagerte Festungsstadt, und doch nimmt man sich die außerordentliche Freiheit, sowohl Nazi-Freunde als auch deren Feinde gastlich an den Festtisch zu laden. Hier ist Karajan, zweifaches Nazi-Parteimitglied, in Salzburg illegal und in Ulm legal, erwünscht. Drüben im Nazi-Deutschland ist der Jude Bruno Walter mehr als unerwünscht, in Salzburg darf er freilich problemlos die Opern *Orpheus und Eurydike* sowie *Tristan und Isolde* dirigieren. Dasselbe gilt für die Berlinerin Margarete Wallmann, die hier besonders gern gesehen ist und den grandiosen Tanz der Walpurgisnacht im *Salzburger Faust* gestaltet. Sein Inszenator ist Max Reinhardt, schon damals eine Theaterlegende, die aber in Deutschland aus dem Gedächtnis gelöscht werden soll. All das weiß ein Gast der mondänen Festspiele: Stefan Zweig, der erstmals hellauf begeistert ist.

Der fliegende Salzburger

»Häfen und Bahnhöfe, sie sind meine Leidenschaft.«

Stefan Zweig lässt seiner Leidenschaft freien Lauf. Sein Bändchen *Auf Reisen* enthält kunterbunte Städtebilder; sie werden entweder vor oder nach dem europäischen Krieg erstmalig publiziert, beispielsweise seine *Saisontage in Ostende* im Jahr 1902 und sein *Festliches Florenz* im Jahr 1932. Alle Eindrücke können nachempfunden werden, selbst der Ekel des Europäers Stefan Zweig vor der Brennergrenze.

Darauf folgt das nächste Stadtreisebild. Der Leser blickt auf eine weiße Seite: da ist weder ein Text noch eine Seitenzahl, in der oberen Hälfte steht aber schwarz auf weiß gedruckt: »1933« – Ein brisantes politisches Datum, und man kann gespannt sein auf das Reiseziel des Europäers: Salzburg. Anno 1933, so glaubt der ferne Leser, reist Zweig in die Festspielstadt, wo er ins Schwärmen gerät: »All das macht die Stadt Salzburg zu einer geheimnisvollen und kaum vergleichbaren Doppelwelt. Denn die uralte, antiquarische kleine, monatelang in Schlaf schön hinträumende Stadt, wird im Sommer die lebendigste, kulturellste Metropolis von Europa. Da schwemmen zu den Festspielen die internationalen Luxuszüge die reichsten, die bekanntesten, die berühmtesten, die neugierigsten Menschen Europas heran, und Salzburg wird für zwei Monate unter dem Szepter Richard Strauss', Bruno Walters und Max Reinhardts die unbestreitbare Hauptstadt der Musik, des Theaters und der Literatur.«

Begeistert ist der Weltreisende. Dazu braucht er allerdings nicht aus Paris im Luxuszug anzureisen, denn Salzburg ist seine Wahlheimat; er hat sein Domizil, sein Refugium, seine Frau Friderike und seinen Schreibtisch – den doppelten Halt – in seinem Schlösschen auf dem Kapuzinerberg, unweit des Zauberflötenhäuschens. Zweig hat bekanntlich ein getrübtes Verhältnis zu den Festspielen und ihren Gründern Hofmannsthal und Reinhardt. Daher ist es wirklich bedeutsam, wenn Zweig in diesem Festspielsommer – ganz gegen seine feste Gewohnheit – nicht vor dem verabscheuten Jahrmarkt flüchtet.

Ja, er genießt das wahrhaft kulinarische Fest; er jubelt vor Freude über *Fidelio* und *Orpheus und Eurydike*, über die Dirigenten Strauss und Walter, und ebenso über den *Salzburger Faust*, den Reinhardt so fulminant inszeniert. Beiläufig sagt Zweig »in diesem Jahre beim Faust«, was

sicherlich bedeutet, dass er seinen Essay unter dem taufrischen Eindruck jener Stadt schreibt, »die Humboldt,
der große Weltfahrer, unter die drei schönsten der ganzen Welt einreihte« – eine Salzburger Legende.

Die herrliche Sommerliebe des Weltfahrers Zweig ist
einzigartig. Es ist freilich nicht auszuschließen, dass sein
Essay eine Auftragsarbeit ist, doch keinesfalls wie sein
vorletztes Stadtbild *Festliches Florenz* für die liberale Wiener Presse. 1933, ein Jahr nach seinem Aufenthalt im
faschistischen Italien, sind Deutschland und Österreich
ebenso Diktaturen. Das kleine Österreich versteht sich
als selbstständiger zweiter deutscher Staat, der in den Augen seiner Patrioten das kleinere Übel ist, aber der viel
größere Kulturbotschafter, und man schätzt entsprechende Bekenntnisse in regimefreundlichen Büchern.

Was könnte Zweig dazu bringen, sein *Salzburg 1933*
– immerhin voller Enthusiasmus geschrieben – in diesem autoritären Österreich publizieren zu lassen? Zweig
sträubt sich doch dagegen, politisch vereinnahmt zu werden; immer muss er – der Jude – als loyaler Bürger erscheinen, um ja seine Ruhe zu haben. Dabei häufen sich
die lästigen Verpflichtungen, Vorträge etwa, die er vor sich
herschiebt, weil er nur widerwillig coram publico
spricht. Falls er sie doch niederschreibt, dann nur getreu
seinem Prinzip: »kein Wort Politik«. Daran hält er fest,
selbst in arger Bedrängnis, wenn er beispielsweise im
Frühjahr 1934 von offizieller Seite angeschwärzt und dazu genötigt wird, seine Unschuld und Loyalität zu beteuern.

In dieser prekären Situation räsoniert Zweig über of-
fene Verpflichtungen, die er leider nicht spezifiziert. So
heißt es beispielsweise, dass auch das Versprechen gegenüber dem Direktor des Salzburger Landesverkehrsamtes,

Regierungsrat Hans Hofmann-Montanus, noch erfüllt werden soll – es ist eine spärliche Information über irgendeinen Wunsch aus dem festlichen Salzburg. Zweig sperrt sich dagegen, da er an Behördenphobie leidet. Umso erstaunlicher ist sein Kontakt zum Direktor des Landesverkehrsamtes. Das bedeutet keineswegs, Zweig würde bereitwillig mit Behörden kooperieren und deren Befehle annehmen oder sich Amtspersonen mit Vorträgen anbiedern, schon gar nicht im undemokratischen Österreich, im sogenannten Ständestaat. In Bedrängnis geraten, muss Zweig aber einem offiziösen Ansinnen folgen und eine Fassung seines Salzburg-Essays zur Veröffentlichung in einem Propagandabuch freigeben.

Es trägt den Titel *Das Herz Europas. Ein österreichisches Vortragsbuch* (1935 von einem Wiener Verlag publiziert) – ein wenig verwirrend, denn im Ersten Weltkrieg wählt Zweig für ein engagiertes Feuilleton über die Kriegsgefangenenhilfe des Genfer Roten Kreuzes den trefflichen Titel *Das Herz Europas*. Das soll nun aber das autoritäre Österreich sein, und an seinem herzergreifenden Europaflug soll auch Zweig teilnehmen? – So ist es: Inmitten von patriotischen Bekenntnissen präsentiert das Vortragsbuch einen Beitrag von Stefan Zweig: *Salzburg: Die Stadt als Rahmen*. Der Titel ist viel ansprechender als *Salzburg* allein, der Text jedoch ist ausgetrocknet und dürr – unbestreitbar eine Kurzfassung von *Salzburg 1933* (und dies wiederum eine Überarbeitung des Almanach-Essays von 1925).

Zweigs unverstümmeltes *Salzburg 1933* bleibt sein privates Typoskript mit handschriftlicher Korrektur und erscheint aus dem Nachlass in dem eingangs zitierten Band *Auf Reisen* und der Ordnung halber unter »1933«. Dessen Herausgeber Knut Beck kennt sicherlich den politischen Hintergrund, den Zweig in seinem Salzburg-Bild verwischt. Zweig erwähnt mit keiner Silbe die deutsche Grenzsperre und den Boykott von Österreich. Davon ist aber gerade die grenznahe Festspielstadt als proklamierte Weltsendung und mondänes Aushängeschild betroffen. In der Schilderung der Florenz-Reise geißelt Zweig die bürokratische Prozedur am italienischen Brenner, bei seiner Lobeshymne auf die österreichischen Weltfestspiele verliert er jedoch kein Wort über das politische Trommelfeuer in seiner Augen- und Ohrennähe, obschon er von den Folgen weit stärker getroffen wird als die meisten anderen Österreicher. Wie kommt Zweig etwa an sein Bankkonto im bayrischen Reichenhall?

Zweig ist der Starautor seines Verlags, der seit Jahrzehnten die Heimat seiner Bücher ist. Hier kann aber das Wort des Insulaners nicht mehr gedruckt werden, denn der deutsche Buchmarkt mit seinem Zigmillionen-Publikum steht unter der Fuchtel des Nazi-Regimes, und das humanistische Goethe-Deutschland bricht mit seiner Tradition. Zweig versteht sich selbst als deutscher Dichter und wird zum meistübersetzten lebenden Weltdichter. Für alle Neider und Hasser ist er aber nichts anderes als der Jude Zweig. Ihn führen die Rassisten auf ihrer berüchtigten schwarzen Liste, und auf ihren Scheiterhaufen verkohlen seine Bücher.

Es ist der deutsche Terror, der die zweitausendjährige Urangst der Juden vor der Vernichtung ihrer Existenz weckt. Das ist wohl das Hauptmotiv für seine Flucht vor der Realität, verbunden mit seiner einmaligen literarischen Entdeckung der österreichischen Kleinstadt, der europäischen Metropole: »[...] denn der Name der Stadt Salzburg ist ja in den letzten Jahren europäisch geworden dank des Erfolges der allsommerlich veranstalteten Fest-spiele.« Und über neun Druckseiten hinweg rühmt Zweig die Natur, Harmonie, Schönheit, Anmut, Gnade und Festesfreude. Diese Schwärmerei mündet in einem Bekenntnis zur kulturellen Weltsendung Salzburgs mit ih-ren offiziell geschätzten Attributen: » [...] und an solchen Tagen ist die Sendung dieser jahrtausend alten kleinen österreichischen Stadt nicht nur für ihre Heimat, sondern für die ganze große Welt erfüllt, und sie ist wahrhaftig wür-dig, die Stadt Wolfgang Amadeus Mozarts zu heißen.«

Zweig entdeckt die schöne Stadt des himmlischen Genius loci. Ihre mentale Enge wird schon bei den deut-schen Romantikern ihrer Wirklichkeit entrückt. Auf den verklärten freien Höhen schwebt auch des Dichters Voyage pittoresque im Festspielsommer 1933. Alle Sprachbilder dieser Märchenwelt sind nur wirksam im Kontrast zum kriegerischen Rest der Welt, vor allem zum Nazi-Deutschland, in dem die aktuelle Gefahr lau-ert, die Zweig aber nicht beim Namen nennt. Einmal sagt er in Bewunderung der uralten Bischofsstadt: »Ein Glücksfall hat es mit sich gebracht, daß diese Stadt fast als einzige im ewig streitbaren deutschen Reiche seit Hunderten von Jahren keinen Krieg kannte, keinen Er-oberer und Zerstörer [...].« An diesem Bild hält Zweig beharrlich fest, um jeden keimenden Zweifel zu ver-scheuchen: »Salzburg, die Kirchenfürstenstadt, niemals eigentlich für Wehr und Krieg gebaut, wie die meisten deutschen Städte [...].«

Deutsch, das muss auch Salzburg sein, denn es soll ja allen Deutschen als einmaliges Vorbild dienen. Wenn Zweig die Bischofsstadt einmal als »erzdeutsche Stadt« apostrophiert, dann äußert er damit nicht seine Abscheu vor antisemitischen Tiraden. Wozu freilich auch Salzburger Nazis fähig sind, weiß Zweig spätestens seit dem Abschuss von Alexander Moissi als Jedermann. Es sind schlimme Erfahrungen, doch sie passen angesichts der Bedrohung einfach nicht in das Bild, das sich Zweig von seiner »erzdeutschen Stadt« macht. Makellos bleibt sein Bild von der Friedensbotschaft des tausendjährigen deutschen Erzbistums und der nun österreichischen, ja europäischen Festspielstadt.

Salzburg 1933 vermittelt sein ganz persönliches Bild: es ist in topographischer wie in politischer und sozialer Hinsicht grenzen- und schrankenlos, unendlich und ewig, lediglich im Hochsommer festlich und turbulent, mondän und voller reicher Flamingos, in der übrigen Zeit schlummernd, träumend und menschenleer. Dieses Wunsch- und Traumbild zeichnet der Dichter »gleichsam in die leere Luft«. Luft – das dritte Element der Schönheit Salzburgs – meint hier wohl eher Zweigs überaus geliebten »freien Raum«. Im Luftschloss kennt sein Bedürfnis, seine Sehnsucht nach Frieden und Freiheit keine Schranken.

Hinzu kommt ein ungewöhnliches Sprachbild: Der Dichter verzaubert die Festung Hohensalzburg, das strahlend emporragende Wahrzeichen der Stadt, in ein »leuchtendes Schiff«, rundum die kleine uralte Stadt wie weißer Schaum. Diesen Traum darf der mündige Leser so deuten: Zieht einmal der böse Krieg in die friedfertige Stadt, dann kann der Dichter auf das rettende und schützende Schiff fliehen. Schließlich wird er aber ruhelos über die Meere treiben, bis er erlöst wird – der fliegende Salzburger.

Bis zum Ende des Festspielsommers ist er noch im geistigen Höhenflug, doch über Nacht kommt der Umschwung, und der fliegende Zweig stürzt in eine schwere

Krise. Auslöser ist ein Brief aus dem Kurort Garmisch-Partenkirchen, überaus höflich, aber sehr bestimmt. Zweig sieht die Gefahr, die auf ihn zuschießt, und er flieht so schnell er kann in ein fernes Land, wo ihn weder seine Freunde noch seine Feinde treffen können – von den einen wie von den anderen wird Zweig freilich in den folgenden Monaten heftig attackiert. Verschwunden und verschollen ist Zweig im Herbst 1933. Das fällt nur seinem schlafenden Salzburg nicht auf.

Briefgeheimnis

Noch nervt die Frage, ob Stefan Zweig sich zu seinem patriotischen Höhenflug animieren oder gar drängen lässt. Etwa von seiner lieben Friderike? Leicht möglich, immerhin ist sie passionierte Salzburgerin und Patriotin. Zweig hört aber eher auf maskuline Autoritäten. Sein väterlicher Freund Hermann Bahr wäre der ideale Impulsgeber, ist aber seit längerem gebrechlich und verwirrt. Ihm wollen alle in Ehren zu seinem siebzigsten Geburtstag gedenken. Friderike und Stefan Zweig hätten ihn liebend gern in München besucht, um ihm persönlich zu gratulieren und ihr prächtiges Geschenk zu überreichen: ein stattliches Buch mit seinen besten Werken – es sollte im deutsch-jüdischen S. Fischer Verlag erscheinen. Daraus wird freilich nichts, weder aus der persönlichen Gratulation noch aus dem gemeinschaftlichen Präsent.

Trotz des politischen Wirrsals gedenken die Bahr-Freunde dem greisen Jubilar im Bahr-Stüberl beim *Steinlechner*. Dem so sehr geliebten Salzburg schenkt Bahr seine ganze Bibliothek – Signaturen 30.000 bis 39.999 in der Studienbibliothek –, feierlich eröffnet von Landeshauptmann Rehrl zum 70. Geburtstag des Dichters am 19. Juli 1933.

Zweig schreibt sein *Salzburg 1933* erst in der festlichen Hochstimmung. Im August hat er einen aufregenden und lästigen Besuch: Joseph Roth. Der 39jährige Freund ist Österreicher, Patriot und k. u. k. Monarchist mit Leib und Seele, wohnt allerdings schon lange nicht mehr in Österreich. Viele Jahre lebt er in Deutschland und seit Jänner 1933 im Pariser Exil. Über alle Stationen hinweg bleibt er der ärmliche Hotelbürger, der voller Stolz seinen blonden Schnauzer, seine Röhrenhosen und seinen Degenstock im Gedenken an seine vermeintliche Glanzzeit trägt. Am 2. August ist er noch im Pariser *Hôtel Foyot*, hofft aber, in etwa drei Wochen bei seinen Freunden in der Festspielstadt zu sein.

Das Datum seiner Ankunft ist nicht genau zu ermitteln, er tummelt sich jedenfalls während der verwässerten Premieren des *Salzburger Faust* in der Festspielstadt, und wieder im *Hotel Stein*, wo er den Ober drangsaliert und ebenso den Freund vom nahen Kapuzinerberg. Einer muss schließlich die Zeche bezahlen, denn der Gastfreund ist ein unheiliger Trinker und Schnorrer. Außerdem ist er gekränkt und verärgert, da ihm das frequentierte Hotel die nötige Aufmerksamkeit verweigert, zählt er doch nicht zur festlichen Prominenz. Hierorts hat er keinen Namen, er ist nichts als ein mittelloser Dichter. So zieht er mit seiner märchenhaften Gefährtin Manga Bell, der Königin von

Duala, ins *Hotel Schwanen* in Rapperswil am Zürichsee.

Am 31. August bedankt sich der grantig abgereiste Gast für die traumhaften Tage, die ihm sein Gönner spendiert hat. Es ist eine listige Schmeichelei, denn darauf sprudeln arge Vorwürfe. Roth mokiert sich über die politische Gesinnung des Gastgebers, die ganz anders wäre als seine – »unsere reziproke Haltung«, sagt er schlagfertig. Als Patriot könne er sich nur wundern, dass der »Weise vom Kapuzinerberg« nicht ganz und ungeteilt Österreicher sei, denn alles, was dieser an menschlichen und literarischen Qualitäten habe, sei altes Österreich. Die k. u. k. Monarchie ist im Kopf des schmeichelnden Spötters das absolute Gegenteil von Preußen, das will er am eigenen Leib erfahren haben, einst als Weltkriegssoldat in einer preußischen Division – »Von da an datiert mein aktiver österreichischer Patriotismus«, erklärt Roth selbstsicher.

Die Preußen sind für ihn nichts anderes als mordende Protestanten und Nazis. Sie repräsentieren seine böse Gegenwelt, während er die eigene Welt völlig mystifiziert: Er – der Jude aus Schwabendorf bei Brody – wäre der getaufte und eifrige Katholik aus Radziwillow. Als solcher kann er sich unmöglich vorstellen, dass sein Salzburger Freund der Sohn eines preußischen Juden wäre. So spöttelt und stichelt der Österreicher in der Unmöglichkeitsform, und Roth redet seinem Gönner ins Gewissen: »Sie müssen Österreich lieben, es wird Sie wieder lieben. Es ist nicht Preußen.« Zweig, der Insulaner, soll seinem Glauben an das weltseitige Goethe-Deutschland abschwören, denn das ist für den Gastfreund das gleiche wie das Preußen im Weltkrieg und das gegenwärtige Nazi-Deutschland. Und Zweig, der Jude und

Österreicher, soll seine Liebe zum alten Österreich be-
schwören, dann würde ihn auch das zeitgenössische kleine Österreich lieben – ein Irrtum freilich.

Der Gastfreund weilt in Gedanken noch in Salzburg,
sitzt dort im *Café Bazar* oder im *Hotel Stein* und glaubt,
um eine miese Erfahrung reicher zu sein. Sie betrifft seinen Gastgeber, der mehr als unhöflich wäre, weil er ihm
und seinem honorigen Bekannten die Ehre verweigern
und nicht artig an ihrem Tisch Platz nehmen würde –
neben dem »Herrn von W«.

Sein Gastgeber versteht diese Anspielung – gemeint
ist der österreichische Monarchistenführer, der alte Herr
Ministerialrat von Wiesner, mit dem Zweig zwiespältige
Erinnerungen an sein Dasein im k. u. k. Kriegsarchiv und
seine pazifistische Agitation in der Schweiz verbindet. Als
er anno 1918 den Defätismus bejaht, erteilt ihm Wiesner
eine rüde Schelte. Der einst so besorgt amtierende Herr
Ministerialrat ist dem längst arrivierten Dichter freilich
ungeheuer. Das kann Joseph Roth aber nicht wissen,
denn Zweig wird sich hüten, Privates vor dem Gast aus-
zuplaudern, der alles andere ist als diskret.

In verschiedenen Tischrunden rezitiert Roth gri-
massenschneidend die pointenreichen Briefe an den
großzügigen Gönner. Eine Lachorgie muss es bei den
Kumpanen auslösen, wenn das gesellige Schandmaul seinen österreichischen Ballawatsch auf den fernen Freund
schüttet: Schmeicheleien, Vorhaltungen, Herabwürdi-
gungen, Spötteleien, Sticheleien und Eifersüchteleien.
Der ungemein talentierte und süffisante Freund ist der
geliebte Alpdruck. So nennt ihn Zweig, der sich in diesem Wechselbad der Gefühle erpressen lässt.

Roth hat seine Salzburg-Eindrücke nicht zur Gänze
ausgeschöpft, denn er ergeht sich in weiteren Anspie-

lungen rund um eine Szene, die ebenfalls rekonstruiert werden muss. Zweig nimmt von seinem Freund geziemend Abschied – wo sonst als auf dem Salzburger Hauptbahnhof aus der k. u. k. Epoche. Denn hier im Kaisersaal kann der trinkfreudige Gast noch die Schnapsflasche zur Brust nehmen. Bei diesem Ritual ist keine Frau im Spiel, weder Friderike Zweig noch Manga Bell, die Königin von Duala.

Im Spiel ist vielmehr ein dritter Mann, der ebenfalls nicht ins Bild der Abschiedsszene zu passen scheint. Von ihm fühlt sich Roth zurecht gestört, denn die zwei sind einander wildfremd und außerdem ideologische Antipoden. Der dritte Mann ist dem Gastfreund einfach zu minder, ein Prolet gewissermaßen. Dies lässt Roth seinen Gönner auch wissen, allerdings auf kryptische Weise: »Und als Sie Abschied von mir nahmen, standen Sie gewissermaßen zwischen Herrn Fuchs – als dem – nicht leibhaftigen, sondern symbolischen Vertreter des ›Linken‹ – und mir, dem leibhaftigen des ›Rechten‹. Vielleicht irre ich mich auch. Dann sagen Sie es mir, bitte.«

Die ominöse Person heißt also Fuchs. In ihm will die versierte Forschung den Presseattaché der österreichischen Botschaft in Paris erkennen: Dr. Martin Fuchs. Ein schwerer Irrtum, denn dieser Beamte zählt zum Freundeskreis um Roth und ist ganz auf seiner politischen Linie, niemals aber der Freund und Gesinnungsgenosse des Gastgebers. Der Gemeinte ist vielmehr Emil Fuchs, der Schachfuchs, ein Linker, den weder Friderike Zweig noch Joseph Roth leiden können. Dem Gastfreund geht es schlussendlich um das schnöde Geld und um die Groschenpointe: »Aus einem, an mich nach Salzburg geschickten rekommandierten Brief wurde etwas gestohlen. Offenbar von der Salzburger Post. Ich teile das der betreffenden Stelle mit. Sehr herzlich, Ihr alter J. R.«

Dreizehn Jahre jünger ist Joseph Roth, der von September 1927 bis Ende 1938 seinem Gönner und Siezfreund mehr als 200 Briefe schreibt und doch in dessen *Welt von Gestern* bloß Luft zu sein scheint. Dennoch und trotz aller Untergriffe liebt Zweig seinen »Rothi«, und er gehört zur intimen Mitte, die Zweig im Erinnerungsbuch gänzlich ausspart. Roth ist im österreichischen Galizien geboren und aufgewachsen, Zweig in der Reichsmetropole Wien. An der Peripherie und in der Metropole ist Deutsch die Hoch- oder Leitkultursprache, was aber nichts über nationale Bekenntnisse aussagt. An den Rändern der sonderbaren Monarchie sieht Roth die Bekenner und Verteidiger Österreichs: Juden, die Zweig erst auf seiner Galizienreise im Ersten Weltkrieg kennen lernt. Doch nach wie vor sieht er im weltseitigen Goethe-Deutschtum sein geistiges Vaterland, und er bleibt – auch wegen des Wohlstandes und Ruhmes – auf Deutschland fixiert.

Joseph Roth, so sarkastisch und hellsichtig wie er ist, warnt Zweig schon im September 1932 vor den deutschen Nazis, die einige verhasste Schriftsteller wie Arnold und Stefan Zweig zum Abschuss freigeben: »Mein lieber verehrter Freund, Sie haben die Gnade des Glücks und der echten goldenen Weltfreudigkeit. Sie haben den offenen Sinn für das Maß, für das ›Richtige‹, es ist etwas in Ihnen von der Goetheschen Lebenskunst. [...] Denn für manche Finsternisse – das wollte ich Ihnen schon längst sagen – haben Sie glücklicherWeise keinen Blick, ja Sie wenden ihn ab. [...] Den Artikel im *Völkischen Beobachter*, in dem Sie mit weit unter Ihnen stehenden Scheißkerlen genannt sind, haben Sie bestimmt gesehen.«

Schon vor dem Boykott und dem Scheiterhaufen sieht Roth den Pfahl, den die Nazis in die bürgerliche Emanzipation, in die europäische Zivilisation und in das jüdisch-deutsche Erbe rammen. Und kurz nach der Berliner Bücherverbrennung, etwa sechs Jahre vor Beginn des Vernichtungskrieges, spricht er gegenüber Zweig unheimlich prophetisch: »In Ihrer ganzen Noblesse begreifen Sie nicht die Instinkte des Hausmeisters. Sie haben die Preußen deshalb niemals so gesehen, wie ich. Ich kenne sie aus dem Felde. Es ist wahr, was sie alles von Greueln in Belgien [im Ersten Weltkrieg] erzählen. Es ist wahr! Die Preußen sind die Vertreter der chemischen Hölle, der industrialisierten Hölle, in der Welt.«

Dabei zielt Roth auf die noch ungebrochene Verbindung zwischen Zweig und dem *Insel Verlag*. Alsbald droht Roth dem Freund, und das ganz ohne Spott und ohne jeden Untergriff: »[...] zwischen uns beiden wird ein Abgrund sein, so lange Sie INNERLICH nicht ganz, nicht endgültig mit dem Deutschland von heute gebrochen haben.«

Deutschland und Europa brechen entzwei, Ehen und Freundschaften ebenso. Die Obsession von Joseph Roth ist aber ungebrochen, wenn er seinem Kollegen unbeeindruckt von allen Tiefschlägen weiterhin die Leviten liest: »Sie können Deutschland nicht verwinden! Nur wenn Deutschland vorhanden ist, sind Sie Kosmopolit.«

Zweig reagiert mit Schweigen, doch in Etappen wendet er sich von Deutschland ab und seinem Österreich zu: *Salzburg 1933* erscheint als Mutation in einem österreichischen Propagandabuch, sein kleiner pessimistischer Roman über das österreichische Postfräulein bleibt freilich ein Torso. Noch vor der allerletzten Begegnung mit Roth auf dem Salzburger Hauptbahnhof beginnt er seinen Roman *Ungeduld des Herzens* über die Endzeit der k. u. k. Monarchie – das Phantom des Juden Joseph Roth. Und in der *Welt von Gestern* formuliert Zweig die Einsicht, dass die Deutschnationalen, geschmückt mit Bismarcks blauer Kornblume, brutal die Zerstörung der österreichischen Monarchie betrieben hätten, »zugunsten eines – Hitler vorgeträumten – Großdeutschlands unter preußischer und protestantischer Führung«.

Joseph Roth ist der einäugige Unheilsvisionär. Sein waches Auge erfasst bei seinem vorletzten Besuch eine Denkunwürdigkeit des erzkatholischen Salzburg. Am Rathausbogen prangt schon zwölf Jahre eine Gedenktafel, deren Inschrift Roth mit Grausen liest: »Bei der Volksabstimmung am 29. Mai 1921 stimmten im Lande Salzburg für den Anschluss an das Deutsche Reich 93.546 Stimmberechtigte / dagegen 877 / In unerschütterlicher Zuversicht, daß die verlorene Einheit des Vaterlandes wieder errungen werde, wurde diese Gedenktafel im Sommer 1925 gewidmet.«

Und Joseph Roth empört sich: »[...] A.) Das steht also in Salzburg, der größten Fremdenstadt Österreichs. (Ich brauche Ihnen nicht zu sagen, daß ich ein Gegner der Festspiel-Schmockerei bin.) Aber Tatsache ist, daß nach Salzburg bedeutende Freunde des unabhängigen Österreich kommen. B.) Beachten Sie bitte dieses Deutsch: eine echte Mischung von sozialdemokratischer und großdeutscher Mauschelei. Es ist großdeutsch, aber nicht deutsch. ›Dagegen‹ statt: gegen den Anschluß; ›In Zuversicht‹ statt: in der Zuversicht [...].«

Brennendes Geheimnis, Illustrierter Film-Kurier Nr. 549
(Salzburger Literaturarchiv)

Festspielauffahrt in den Dreißigerjahren

VII

Die unsichtbare Sammlung

Der Wagreiner Karl Heinrich Waggerl ist Insulaner voller Zuversicht auf einen Spitzenrang. Dem Insulaner Zweig wird die Zuversicht geraubt, denn aus der strahlenden *Insel*-Galione wird der österreichische Jude. Der Verlag von Waggerl und Zweig orientiert sich wie alle übrigen an den Quoten. Seit längerem nutzt der *Insel Verlag* zwei Linien: die deutschnationale und die internationale, aber letztere wird er schrumpfen lassen oder einstellen müssen. Er kann es freilich verschmerzen, denn auf dem deutschen Markt hat alles Weltseitige mittlerweile den Nachrang. Zweig hat jedoch ein Renommée, das er sicherlich wahren möchte. Bei den Neidern und Konkurrenten zieht der Weltruf nicht, im Gegenteil, er schadet nur. Die *Insel* ist allerdings kein Nazi-Schiff, das weiß sein Starautor, und er geht davon aus, dass ihn sein Verlag halten wird, solange seine Bücher nicht zur Gänze verboten sind.

Im Jahr 1933 existiert noch kein amtlicher Index. Der erste – ohne Angabe des Datums – stammt von der bayrischen Geheimpolizei: eine elendslange Liste, »nur zum Dienstgebrauch«. Stefan Zweig ist darauf sogar mit 26 Buchtiteln vertreten. In welchen Büchern ungestraft geschmökert werden darf, weiß jedoch nur, wer ein Geheimer ist. Zweigs *Erasmus* zum Beispiel scheint nicht verboten zu sein. Das kann wohl nur heißen, dass die Gestapo nur jene Buchtitel auflistet, die 1933 im Buchhandel registriert sind: darunter *Die unsichtbare Sammlung*. Etwas ist daran allerdings seltsam: *Die unsichtbare Sammlung* ist eine von vier Erzählungen aus dem Bändchen *Kleine Chronik*, das die Gestapo pauschal verbietet. Folglich muss es *Die unsichtbare Sammlung* – die Geschichte eines tragischen Sammlerschicksals – auch als separate Publikation geben.

Im Frühsommer 1933 betont Zweig: »Das rein Aggressive liegt mir charaktermäßig nicht«, daher verspricht er seinem Kollegen Klaus Mann, dem Sohn von Thomas Mann, einen Textauszug aus dem noch unpublizierten *Erasmus*, also einen rein literarischen Beitrag für die prominente Exil-Zeitschrift *Die Sammlung*. Zudem plant der Amsterdamer Exilverlag Allert de Lange ein Buch: *Der Scheiterhaufen* soll es heißen. Der vorgeschlagene Titel ist den Österreichern Felix Salten, Franz Werfel und Stefan Zweig aber allzu politisch. Sie wollen ihre Texte nur freigeben, wenn der Titel so neutral wie möglich ist. Nach den Übereinkünften und Zusagen kann Zweig voraussehen, dass ihm ein Loyalitäts- und Solidaritätskonflikt bevorsteht. Zweig schätzt nämlich seine vertraglichen und menschlichen Bindungen an Kippenberg, sie bestehen seit gut drei Jahrzehnten und daraus gehen über zwei Dutzend Bücher hervor.

Noch verzwickter wird die Sache durch die Bindung an den Komponisten der Oper *Die schweigsame Frau*. Anfang September 1933 schickt Strauss seine Post mit einem beiliegenden bösen Artikel eines Nazi-Blattes in das Haus Kapuzinerberg 5. Zweig weiß im Nu: Es dreht sich um den versprochenen Beitrag für die Exil-Zeitschrift, der für die nächste Nummer avisiert wird. Auch Arnold Zweig ist unter den genannten Mitarbeitern, die in der gesteuerten Reichspresse zu Landesverrätern pun-

ziert werden. Strauss muss zurecht Kalamitäten befürchten und erwartet sich daher ein Dementi von Zweig. Der
pariert, indem er den Komponisten umgehend über die
erwartete Entscheidung informiert: »[...] zur Vorsicht
sandte ich heute noch eine Erklärung an Kippenberg,
damit er sie jederzeit veröffentlichen kann.«

Dem Verleger vertraut Zweig offensichtlich – entweder blind oder durchaus überlegt. Wenn sein Inselschiff
den Widerruf in die deutsche Öffentlichkeit setzt, dann
wird das als Distanzierung von den vertriebenen Kollegen und als Loyalitätsadresse an Deutschland verstanden.
Die Machthaber haben auch den deutschen Buchhandel schon im Griff, und mit ihm sein Leipziger *Börsen-
blatt*. Dort erscheinen am 14. Oktober gleich vier Dementis: von René Schickele, Alfred Döblin, Thomas
Mann und Stefan Zweig. Er allein ist Österreicher.

In Österreich geht alles hübsch nach dem Schimmel,
bemerkt der ämterscheue Zweig einmal abschätzig. Er gerät zwar leicht in Hektik, behält aber einen kühlen Kopf.
In den Tagen nach seiner Erklärung für den *Insel Verlag* ist
Zweig in Salzburg, dann fährt er für kurze Zeit weg. Er
erfüllt sein Versprechen gegenüber Joseph Gregor, dem
Gelegenheitsdramatiker, sich dessen Theaterstück im
Burgtheater anzuschauen, allerdings ohne Friderike. Die
beiden sind also nicht ständig zusammen, wie es die Brief-
lücke suggeriert, denn der Ehemann umschwärmt eine
jüngere und faszinierende Frau: die Berlinerin Margarete
Wallmann. Sie ist Tänzerin, Choreografin und Opernre-
gisseurin im österreichischen Exil, wie eben im *Salzburger Faust*, und danach gefeierter Gast im Haus am Kapuzinerberg. Margarete ist allerdings nur sein Schwarm, ihre
Liebe gehört einem Wiener Philharmoniker, und wenn
sie heiratet, wird Zweig ihr Trauzeuge sein.

In Damenbegleitung ist Zweig im Burgtheater und wie üblich im *Café Landtmann*. Er wird auch seine Mutter besuchen, und Freunde, falls die Zeit ausreicht. Im sechsten Bezirk ist der Sitz des Verlages Herbert Reichner, der in seiner exquisiten Zeitschrift für Bücherliebhaber *Philobiblon* schon zwei Essays von Zweig publiziert hat: *Dank an die Bücher* und *Meine Autographensammlung*. Noch im November 1933 serviert Reichner ein teures Gustostückerl: *Die unsichtbare Sammlung. Eine Episode aus der deutschen Inflation*, jene bibliophile Extraausgabe, die der Gestapo-Index erfasst. Angesichts der wachsenden Verwicklungen ist es begreiflich, wenn Zweig sich um sein gefährdetes Buchgeschäft sorgt und die Bedingungen für die nahende Geburt seines *Erasmus* sondiert, worüber er selbst seinem Freund Joseph Gregor gegenüber nur Andeutungen macht: »Es geht bei mir jetzt alles ziemlich durcheinander. Ich fahre noch diese Woche weg, die Vorarbeiten zu meinem Buch sind abgeschlossen und jetzt ist es bloß zu schreiben und dies empfinde ich als den leichteren Teil. Ich muß nur einmal wirklich zur Ruhe kommen.« – Wien, am 18. September.

In den folgenden Tagen möchte Zweig sein Verlangen stillen. Er ist unterwegs über Feldkirch in die neutrale Schweiz – vermutlich allein und sicherlich geheim. Nur Friderike weiß Bescheid, doch sie schweigt. Dem redseligen Joseph Roth in Rapperswil würde Zweig bestimmt nichts über seine Ziele und Besuche verraten. Seine Begegnung mit Romain Rolland am Genfer See verläuft in bewährter Weise. Ihre Freundschaft ist noch intakt und so bleibt es trotz des neutralen *Erasmus*, den Rolland keinesfalls verteufelt. In Montreux kurt Zweig noch eine Weile. In seinen Briefen bevorzugt er die gute Nachricht: viel Luft zum Atmen, denn er raucht keine

einzige Virginier seit der Abreise aus Salzburg – ein zeit-
weiliger Nikotin- und Österreich-Entzug.

Zweig soll nicht vor dem 20. Oktober in London
auftauchen. Dort findet er bald ein geeignetes Apartment: 11 Portland Place. Mit diesem Absender bekommt
Roth einen Brief, der offensichtlich falsch datiert ist: 30.
September 1933. Verwirrung stiftet auch der Plural: »Lieber Freund, wir fühlen uns hier außerordentlich wohl,
ich habe hier ein nettes Apartment genommen, arbeite
vormittags bis 3 Uhr in der Bibliothek, dann zuhause
[...].« Eines steht fest: Zweig will seine Ruhe haben. Wer
ist aber das »wir«, das sich im Londoner Apartment so
außerordentlich wohl fühlt – Stefan und Friderike? In
diesem Fall brauchen die beiden einander wirklich keine
Briefe zu schreiben. Über die Begleitperson lässt Zweig
seine Freunde jedenfalls im Dunkeln.

In Rapperswil mimt Joseph Roth den Beleidigten,
weil ihm kein Vertrauen geschenkt wird und weil er
noch immer darauf warten muss, dass Zweig den
Kampf gegen die Nazis in Österreich führt – »Wir
brauchen in Österreich einen Romain Rolland. Sie
sind es.« Roth irrt gewaltig, denn Zweig ist zeitlebens
weder ein politischer Kämpfer noch ein Wortführer
Österreichs. Seinem Naturell als Eigenbrötler entspricht da schon eher britische splendid isolation. Über
ein Vierteljahrhundert verschmäht Zweig die Fähre
über den Ärmelkanal, nun schätzt er aber die Nebelin-
sel. Dort ist er so gut wie unbekannt, fern vom feind-
lich belagerten Salzburg, fern vom antifaschistischen
Kampf in den Exilländern Schweiz, Frankreich und
Holland, und fern vom Nazi-Deutschland. Vom Kon-
tinent ist die Insel kaum zu erobern, und außerdem lebt
Zweig unter dem Schutz des streitbaren PEN-Präsi-

Die unsichtbare Sammlung

denten H. G. Wells. So ist England das auserwählte Halbexil des fliegenden Salzburgers.

Im Londoner Apartment feilt er an seinem *Erasmus*, an seinem eigenen Spiegelbild, an der »Tragödie des weichen, schwachen Menschen in der Mitte, erliegend den Fanatikern: damit werfe ich etwas inneres Schicksal in einen Spiegel«. Im Porträt des Philosophen erblickt der Dichter sein Ich. Der Plural hingegen, jenes »wir« im Brief an Roth, steht für ihn und Friderike, denn am 5. Dezember schreibt sie an Romain Rolland: »Wir sind eben in Paris angelangt: strahlender Sonnenschein.«

Niederschmetternd ist allerdings das antifaschistische Echo auf die Dementis und Loyalitätserklärungen. Als Zweig nach Salzburg zurückkehrt, ist er der geschmähte Verräter der Emigranten. Eine scharfe Abrechnung hält auch der Linkssozialist Ernst Fischer in der Wiener *Arbeiter-Zeitung*. Der genervte Zweig wendet sich an Roth, der darauf ein stechendes Urteil abgibt: »Seien Sie nicht so aufgeregt wegen der Linksscheißer! Es ist zu spät, Ihnen zu sagen, daß dieser kleine Fischer (ich habe mir eigens ein paar Artikel von ihm aus der A. Z. kommen lassen) ein enger kleinbürgerlicher Trottel, ein Dilettant ist.«

Roth ätzt und übersieht dabei, dass Zweig auch seinen Rückhalt in der Sozialdemokratie verliert. Diesem ist die Gefährdung seiner Existenz aber wohl bewusst. Er reagiert darauf, belebt seine Kontakte mit Bekannten in Jerusalem und entscheidet sich am 11. Dezember, sein Archiv in die jüdische Nationalbibliothek auszulagern: in erster Linie seine Korrespondenz mit überwiegend verstorbenen oder alten Persönlichkeiten wie Verhaeren, Rolland, Bahr, Hofmannsthal, Rilke, Dehmel, Schnitzler und Wassermann – Zweigs Lebenssammlung, die selbst von guten Freunden unbemerkt den Ort wechseln wird.

Weihnachten 1933 ist Stefan Zweig überraschenderweise zu Hause auf dem Kapuzinerberg, flüchtet nicht einmal vor dem christlichen Hochfest samt Weihnachtsblasen beim Kloster. Sonst jedem Ritual abhold, schreibt er sogar eine idyllische Ansichtskarte: »Die herzlichsten Weihnachtswünsche Ihrer verehrten Frau Gemahlin und Ihnen von Ihrem verehrungsvoll ergebenen Stefan Zweig« – Die Post geht nach Deutschland, wo Strauss zu einem hörigen Dienstmann des Nazi-Regimes mutiert, wie es scheint. Seit dem 15. November ist Strauss jedenfalls Präsident der Reichsmusikkammer. Alsbald wird ein Ausspruch des Dirigenten Arturo Toscanini kolportiert: Vor dem Komponisten Strauss ziehe er den Hut, vor dem Menschen setze er ihn wieder auf. Dabei wissen Toscanini und seine Zeitgenossen noch nicht, dass Strauss ein Lied vertont, das seinem Würdenspender in der Reichshauptstadt Berlin verehrungsvoll zugeeignet ist: Joseph Goebbels.

Zweig hat noch seinen heiligen Nothelfer *Erasmus*. Mit ihm distanziert er sich von Martin Luther und seiner Reformation – vom protestantischen Preußen und Nazi-Deutschland, wie es Zweig sehen möchte. Er bekundet: »[...] und ich habe ziemliche Freude daran, denn ich habe mich gewissermaßen an dem Thema selbst wieder seelisch hinaufgeturnt und nach Monaten der Nervosität eine gewisse innere Gelassenheit wiedergefunden. Ehe ich nach London fahre [Rückkehr nach London], will ich doch noch einmal nach Wien und zum großen Teil um Dir noch einmal die Hand zu drücken.«

Das verspricht Zweig seinem Freund Gregor am 28. Dezember. Im Kältemonat ist Zweig offenkundig hyperaktiv, zweimal, vor und nach den Feiertagen, fährt er nach Wien. Neben seinen obligaten Besuchen bei Verwandten und Freunden wird er wohl auch den Verleger Herbert Reichner treffen, und wahrscheinlich lässt er sich auch in der Redaktion der *Neuen Freien Presse* blicken. Sein Weg zeigt jedenfalls ein sichtbares Ziel, das Feuilleton vom 24. und 30. Dezember: *Sendung und Lebenssinn* aus dem taufrischen *Erasmus*.

Üblicherweise wird zum Jahresende Rück- und Vorschau gehalten. Im wunderschön gestalteten *Insel-Almanach 1933* – auf seinem Umschlag prunkt eine verzierte Weltkugel, darin ein weißes Segelschiff – sind die Insulaner Waggerl und Zweig noch friedlich vereint. In den weiteren Jahrgängen sind alle Juden verschollen, desgleichen in der Zeitschrift *Das Inselschiff*. Die nationale Linie hat alles Weltseitige ausmanövriert.

Gegen Ende 1933 erscheint der Sammelband *Novellen deutscher Dichter der Gegenwart*, ein Titel, der aus der reichsdeutschen *Insel* stammen könnte, wäre sie nicht schon die Toteninsel der Juden. Das Novellenbuch, das ursprünglich *Der Scheiterhaufen* heißen sollte, wird vom Amsterdamer Exilverlag Allert de Lange publiziert. Zu seinen Autoren zählen auch Arnold und Stefan Zweig. Die Legende *Rahel rechtet mit Gott* ist Stefan Zweigs erster Beitrag im Exil, der einzige auf Jahre hinaus.

In der Zange

Donnerstag, den 18. Jänner 1934 auf dem Salzburger Kommunalfriedhof (Gruppe R 22): Rund um den Sarg von Hermann Bahr trauert seine Gemeinde, auch Friderike und Stefan Zweig. Er kondoliert der Witwe außerdem telegrafisch: »zu tiefst erschuettert und ganz mit ihrem schmerze ihr getreuer stefan zweig«. Sein Leben geht weiter, aber wo ist sein Sinn?

An den mörderischen Tagen um den 12. Februar 1934 ist Zweig in Wien. Hier besucht er seine Mutter und den Verleger Reichner, dem er seinen *Erasmus* anvertraut. Auch nach Leipzig eilt ein Exemplar, noch im Typoskript. Seine bedeutende Briefsammlung wird wie geplant und vertraulich vom Wiener Vertreter der Jerusalemer Nationalbibliothek übernommen. Abends ist Zweig im Konzerthaus, auch die Staatsoper besucht er. Die charmante Ballettregisseurin Margarete Wallmann gewährt ein Tête-à-tête.

Zweig könnte auch Zeuge des Bürgerkriegs sein, »dieses Entscheidungskampfes und damit des Selbstmords der österreichischen Unabhängigkeit«, wie es in der *Welt von Gestern* heißt, aber er bekennt, »daß ich von dieser Revolution [vom Widerstand der sozialistischen Arbeiter] selbst nicht das mindeste gesehen habe«. Es ist erstaunlich, aber doch glaubhaft, denn seine Post vom 17. Februar an Richard Strauss zeugt von einer rein akustischen Wahrnehmung: »[...] Auch sonst habe ich einige Pläne – aber in Wien schmetterte in die schönen Tage das Artilleriefeuer hinein, es war erschütternd, wenn man gerade die Philharmoniker mit Backhaus als Beethoven-Solisten erlebt hatte, in einer so grauenhaften Wirklichkeit zu erwachen.«

Joseph Roth kriegt ebenfalls ein Briefchen, das aber leider verschollen ist. Vermutlich informiert ihn Zweig genauso offenherzig wie den Übersetzer Alfredo Cahn am 17. Februar: »Die Tage in Wien werden furchtbar; es ist der Sieg der faschistischen Idee und der Sieg wird morgen von dem der Nat.soz. [Nazis] abgelöst werden. Für uns, denen auf allen Seiten das Gewalttätige unsinnig erscheint, ist die Luft schwer in solchen Zeiten und manchmal habe ich ein grauenhaftes Vorgefühl, als seien dies alles nur Vorpostengefechte für einen tausendmal fürchterlicheren Krieg.«

Zweig ist ein feinnerviger Ohrenzeuge und ein vernunftgeleiteter Untergangsprophet, doch alsbald leugnet er jede Zeugenschaft – ein Widerspruch? Er hat wohl damit zu tun, dass die amtlich geschönte Darstellung des österreichischen Staatsterrors jede Kritik als Gräuelpropaganda und Landesverrat denunziert. Zweig begeht nämlich den folgenschweren Fehler, seinem Freund Roth über den faschistischen Terror zu schreiben und dann, nach dem »ungeheuren Affront« in Salzburg, schnurstracks nach Paris zu reisen, um dort mit seinem Freund zu politisieren. Das ist aber schon alles, was Zweig vorgeworfen werden könnte.

Wenn Zweig laufend über seine nächste Publikation verhandelt – sie darf schon im August 1934 gepriesen und verrissen werden –, dann sind doch Zweifel angebracht, ob er tatsächlich so zögerlich und zwiespältig handelt wie sein *Erasmus*: der schwache Mensch in der Zange der Fanatiker? Es ist vielmehr so, dass Zweig gleich nach dem abgenötigten Dementi lautlos und unbemerkt die Fäden zieht. Kippenberg und Zweig treffen einander zweimal geheim in der Schweiz, am 8. Dezember 1933 und Anfang September 1934, und kommen überein, ihre Verlagsbeziehungen ruhen zu lassen, nur die Restauflagen der Backlist zu vermarkten – also nicht zu verramschen – und die populären Biografien nachzudrucken, sofern dies nicht vom Totalverbot seiner Bücher vereitelt wird. Da die *Insel* auf den Urheberrechten sitzt, muss man sich arrangieren. Es soll kein Rechtsstreit und kein größerer Schaden entstehen. Vom Brückenabreißen zu Deutschland kann also noch keine Rede sein.

Zweig möchte Kippenberg sogar seinen *Erasmus* – ein Privatdruck auf eigene Kosten – widmen: »als Festgabe und Freundschaftszeichen zum 22. Mai 1934«. Doch der 60-jährige Verleger winkt aus Vorsicht ab und beginnt, sich mit der politischen Macht zu arrangieren. Das will sein ehemaliger Starautor einige Zeit nicht wahrhaben. Noch im Spätherbst bekundet er seine Absicht, in Bälde heimzukehren, wie er dem Professor schreibt: »Wir brauchen nicht viel Worte. Sie wissen, daß diese Unterbrechung (hoffentlich eine kurze) mir das schmerzlichste war, was ich in geistigen Dingen zu tragen hatte. Wenn ich Reichner wähle, so ist es, weil ich dort die Bedingungen stellen kann, vor allem die, daß nie bei ihm ein Buch erscheint, das auch nur im entferntesten mißdeutet werden könnte. Lieber in einem strikt bibliophilen und kleinen Verlag als Zwischenpause als in irgendeinem, der mit einem Accent belastet ist.«

Zweigs Befinden lässt sich heute kaum ermessen. Der Verlust des *Insel Verlags* und der erzwungene Wandel vom Goethe-Deutschen zum Juden und Altösterreicher müssen traumatisch wirken. Nur so ist verständlich, dass Zweig den Verlagswechsel lange Zeit als Provisorium betrachtet. Den Vertrag mit Reichner über den kommerziellen *Erasmus* unterzeichnet Zweig erst am 11. Oktober 1934 in London.

Damit ihm sein neuer Verleger ja keine Schande macht, wird diesem ein Konfident vor die Nase gesetzt: Zweigs Salzburger Freund aus Ottakring, Emil Fuchs, »der nach alter Gewohnheit meine Korrekturen mitliest«, wie er seine Sekretärin informiert (SM). Fuchs, der seit Februar 1934 arbeitslos ist, kontrolliert auch Zweigs Korrekturen am *Erasmus*. Als Fuchs Anfang 1935 noch immer keinen fixen Posten hat, setzt Zweig seinen Verleger schwer unter Druck: Reichner bekommt erst dann neue Vertragsbücher, wenn er Zweigs Freunde Fuchs und Rieger als Lektoren aufgenommen hat. Reichner akzeptiert bereitwillig, denn immerhin besitzt er nun den Edelrenner, als er, erst 34 Jahre jung, im Jahr 1934 zielstrebig durchstartet. Von da an wird er Belletristik verlegen, literarisch hochwertige Bücher in vollendeter Ausstattung, wie Zweig von seinem Bibliophilissimus Viennensis forsch begehrt. Zweig selbst ist ein Feinspitz, und sein Glanzstück ist das Reichner-Debüt: *Triumph und Tragik des Erasmus von Rotterdam*, Wien 1934, 100 nummerierte Exemplare auf Japan-Dokumentenpapier und 600 auf Zerkall-Bütten, davon 100 in Halbleder von Zweig signiert. Ab Oktober läuft das Kommerzbuch: 5.000 Exemplare, vordatiert auf 1935 und auf drei Standbeinen: Wien, Zürich und Leipzig.

Der Verlag ist an drei Orten registriert, von wo die Bücher durch Kommissionäre vertrieben werden. Die politische Dimension ist heute unverständlich, und selbst Zweig spricht dunkel über den Akzent, der den Reichner-Verlag nicht belasten würde. Reichner ist ein geschickter österreichischer Taktierer, der sich auf sichere Geschäfte versteht. Die vertriebenen Antifaschisten, die vom deutschen Buchhandel gänzlich ausgeschaltet sind, überlässt Reichner den holländischen Exil-Verlagen. Er

hingegen schlängelt sich durch beide Diktaturen und er-
hascht sogar ein bemerkenswertes Stück vom reichsdeutschen Markt, wo etwa zwei Drittel seines gesamten
Absatzes bleiben.

Freilich gibt es dabei einen wunden Punkt, den auch
Zweig äußerlich zu bemänteln versucht: Herbert Reich-
ner ist Jude, er führt also einen jüdischen Verlag, wie alle
Rassisten längst wissen. Solang das aber keine fatalen
Folgen hat, ist Zweig die Strahlfigur des Reichner-Ver-
lages auf dem großen deutschen Büchermarkt. Sein
Erasmus ist gleichsam das unheilige Experiment, das so-
wohl in Deutschland als auch in den antinazistischen
Ländern einschlagen soll (1934/35 sechs Editionen in
Westeuropa und Übersee).

In Österreich ist Joseph Gregor der erste, als er seinen Freund im *Neuen Wiener Journal* über den grünen
Klee lobt. Im August schnappt aber die Falle zu, die sich
Zweig geradezu selbst stellt. Sein neutraler und antifa-
natischer *Erasmus* wird von linken und rechten Fanatikern in die Zange genommen und schließlich von allen
verstoßen und gehasst. Zweig, der sich ein paar Tage in
Salzburg und Wien aufhält, blättert neugierig in den
Zeitungen, auch im »hiesigen Naziblatt«, wie er behauptet. Was er da zu lesen bekommt, davon berichtet er
prompt Joseph Roth in Frankreich: »[...] aber was aus
solchen Dingen wird, sehen Sie am besten in der Bei-
lage: das hiesige Naziblatt grinst unter dem Maulkorb
und freut sich maßlos, dass die Juden auch noch anno
1934 sich herumschlagen. [...] Ich persönlich bin damit
am persönlichen Ziel: ganz wie Erasmus von rechts und
links zugleich attackiert zu werden. Glauben Sie nicht,
dass ich so dumm war, es nicht im voraus zu wissen: aber
gerade deshalb ist ein solches Buch muthaft.«

Zweig sieht sich also bestätigt. Mit dem Maulkorb meint Zweig die Pressezensur der österreichischen Diktatur, die allerdings nicht vermag, Funkverbindungen über die Grenzen hinweg abzuschnüren. Ein verkapptes, daher nicht verbotenes Naziblatt sowie jede andere österreichische Zeitung muss nur die Welle 2004, den Pressesprechfunk des *Deutschen Nachrichtenbüros*, abhören, um das Publikum mit einschlägiger Propaganda füttern zu können. Auf keine andere krumme Tour käme sonst eine Nachricht aus dem observierten französischen Exil in die getarnte Nazi-Welt der Trachtenvereinsjanker.

Hier kennt noch kaum einer den vertriebenen Literaturwissenschaftler Ludwig Marcuse, der im Pariser *Neuen Tagebuch* vom 18. August seine profunde Kritik am *Erasmus von Wien* auf den Punkt bringt: Zweigs neuestes Buch sei ein Aufruf zur publizistischen Neutralität der Vertriebenen. Mutmaßlich hört davon die Maulkorb-Presse, die sich mit einem einfachen Kunstgriff tarnt, um die Zensur zu täuschen und ihre Leser zu bedienen. Nur zum Schein wendet das Naziblatt seine politische Position um 180 Grad, heuchelt Verständnis für die vertriebenen Juden und würzt es mit einer Prise Häme: Schon bekommt der eine Jude – der Kritiker Marcuse – seinen tosenden Applaus, während der andere Jude – der Autor Zweig – an das Verräterkreuz geschlagen wird.

Marcuses Kritik erbost Joseph Roth. Er liest dem Freund die Leviten, wobei er seinem Brief einige Zitate aus dem ungenannten Schmähblatt voranstellt: »Ein Verräter. Stefan Zweig ist ein Genießer – Die emigrierten Juden haben keine Freude an Zweigs *Erasmus*. Ihr Wortführer ist Ludwig Marcuse, der in der letzten Nummer des Tagebuchs gegen Zweig zu Felde zieht –

Man kann den Groll der Emigranten gegen Zweig verstehen – möglicherweise sind Marcuse und die seinen heute bereits bereit, dem Gerücht, wonach Zweig das Deutsch seiner Manuscripte durch einen Professor verbessern läßt, Glauben zu schenken ... Sic transit gloria mundi« – humanistisch verbrämt ist die hämische Anspielung auf das vermeintlich miserable Deutsch des Erfolgsautors Zweig.

Nun muss Ludwig Marcuse erfahren, wie seine begründete Kritik vom Feind ausgeschlachtet wird: »Stell Dir vor, was Du anrichtest! Was das für Zweig bedeutet, wenn das in Österreich erscheint, in Salzburg, dem kleinen gar, wo er so viele deutscharische Feinde hat!« Andere Feinde als die Nazis hat Roth nicht im Visier.

Den Titel des »hiesigen Naziblattes« verrät uns Roth ebenso wenig wie Zweig. Bezieht man »hiesig« auf Salzburg, dann kommt nur die illegale *Alpenwacht* in Frage. Deren Juli-Nummer kolportiert wilde Gerüchte aus observierten Emigrantenkreisen. Das Naziblatt braucht sich aber nicht zu tarnen, da es hinter der Grenze in Bayern produziert und nach Salzburg geschmuggelt wird. Nach dem misslungenen Nazi-Putsch vom Juli 1934 scheint die *Alpenwacht* samt der anonymen Schriftleitung verschollen zu sein. Eine August-Nummer ist jedenfalls nicht registriert und die wenigen Salzburger Zeitungen berichten gar nichts über den *Erasmus von Wien*.

Da Zweig im August von Salzburg nach Wien reist, könnte er auch dort in einem der vielen Tages- und Wochenblätter auf den betreffenden Artikel stoßen. Wie auch immer, für die Linke ist Zweig jedenfalls ein Verräter der Emigranten, und für das deutsche wie für das österreichische Regime ist Zweig ein Landesverräter. Es ist allerdings erstaunlich und vorerst unerklärlich, dass sich Joseph Roth für seinen Gönner so mächtig ins Zeug legt – vermutlich eine Art Wiedergutmachung, die mit dem Zankapfel Österreich zu tun hat. Zweig bindet sich fester denn je an Österreich, kein böser Nazi kommt ihm dabei in die Quere, sondern ein staatstreuer österreichischer Klüngel.

Hausfriedensbruch

»Ihre Salzburger Geschichte lese ich mit Staunen und Empörung. Erzählten Sie es nicht selbst, ich würde sie nicht glauben. Wenn wir Beide unsere Phantasie zusammen tun könnten, wären wir doch außerstande, so viel zu erfinden, wie es die Bestialität vermag. Das ist tierisch. Was war das? Rache der Neider? Denn es war bestimmt kein naiver guter Glaube dabei. Es war Bosheit, tierische Bosheit. Ich begreife, daß Sie nicht mehr, nie mehr nach Salzburg gehen können.«

Wovon spricht Joseph Roth in seinem Brief vom 14. Juni 1934, in dem er umgehend auf einen Brief aus London reagiert? Schon das Postdatum ist auffallend, denn es zeigt, dass beinahe vier Monate vergehen, ehe Zweig seinen redseligen Freund in das verdunkelte Salzburger Drama vom 18. Februar einweiht. Darüber hätten sie auch schon früher unter vier Augen sprechen können, denn um den 20. Februar ist Zweig in Paris, wo er in heller Aufregung seinen Freund aufsucht und so manches ausplaudert, nichts aber über Salzburg. Es ist unbegreiflich, warum Zweig seinem Freund erst im Juni offenbart, was im Februar im Haus Kapuzinerberg 5 passiert.

Sein Schreiben vom Juni wühlt böse Erinnerungen auf: » Das letzte Mal habe ich, ganz unter dem Druck der schweren Erlebnisse – ich sagte es Ihnen nicht [am 20. Februar in Paris]: man hatte bei uns zwei Tage vorher eine Hausdurchsuchung in Salzburg gemacht nach Waffen des Schutzbundes (!!!) bis in meinen Wäscheschrank, und ich hatte die Kraft, diese maßlose Beschimpfung und Missachtung in einer Stadt, wo ich 15 Jahre lebte, vor Euch allen zu verschweigen, und Gott sei dank kam es in keine Zeitung, man jagte mich mit Spitzelberichten wie einen Verbrecher – all das lastete auf mir, ich war, als ich mit Ihnen in Paris sprach von diesem Verschweigen, vor Scham (über die andern) ganz verstört. [...] Im August gehe ich wahrscheinlich nach Österreich, einiges ordnen. Aber Salzb. ist für mich abgetan, ich gehe nach Südamerika oder Nordamerika zu Vorlesungen im Herbst. Ich habe wieder Hunger nach Ferne und den Wunsch, diese Welt noch einmal rund zu sehen, ehe sie zusammenkracht.«

Sie wird zusammenkrachen, und dabei spielt Österreich im Februar 1934 die Vorreiterrolle, meint Zweig in seinem Erinnerungsbuch. Er spricht quasi aus dem sozialdemokratischen Blickwinkel vom Entscheidungskampf und vom Selbstmord der österreichischen Unabhängigkeit. Seine persönlichen Eindrücke und Erlebnisse werden in dieser Deutung zum universalen Zeugnis vom Sterben der Demokratie. Nach der Flucht aus Salzburg quälen Zweig aber hauptsächlich Diffamierungen, die er in seiner *Welt von Gestern* auf noble Art wegretuschiert. Im zitierten Brief an Roth sagt Zweig immerhin: »man jagte mich mit Spitzelberichten wie einen Verbrecher«.

Seine Angst hat Gründe, über die Roth bestens informiert ist. Denn Zweig berichtet ihm noch aus Wien über den Staatsterror – Post, die Roth vermutlich seinen Trinkkumpanen vorliest und die leider verschollen ist. Am 18. Februar antwortet Roth auf die politischen Reflexionen, die Zweig anstellt. Dessen Sicht auf die Hintergründe und Folgen der Katastrophe in Österreich will Roth nicht teilen, und er will aus der Zerschlagung der Sozialdemokratie keinesfalls das Ende und den Anschluss Österreichs ableiten. Er gibt vielmehr allen Beteiligten die Schuld am Bürgerkrieg und sieht im antinazistischen Dollfuß-Österreich das kleinere Übel. Auch in Paris hätschelt Roth die Staatsmacht und die Monarchie, die in der österreichischen Gesandtschaft ihre Sympathisanten hat: die Beamten Dr. Martin Fuchs und Dr. Erwin Wasserbäck, Roths Freunde.

Der trinksüchtige Roth ist leider geschwätzig, wie sich an einem Beispiel illustrieren lässt. Roth erzählt Erwin Wasserbäck, in Österreich wäre eine westliche Exil-Zeitschrift verboten, während ein kommunistisches Blatt im Land wühlen dürfe. Roth weiß, wie man bürgerliche Ängste schürt und an welcher Stelle man gezielt denunziert. Er wendet sich an einen offiziellen Vertreter der österreichischen Diktatur in Paris, der über Zweig einen amtlichen Spitzelbericht verfasst. Dr. theol. Wasserbäck hat in Roth seinen Informanten. Die österreichische Botschaft ist innerhalb weniger Tage nach der kurzen Fluchtstation in Paris über Zweig informiert – über die Gräuelpropaganda gegen Österreich, die Zweig allerdings nie verbreitet, schon gar nicht in der Pariser Presse, wie er beteuert.

Zweig ist glaubwürdig, Roth keinesfalls. Er belügt seinen Gönner, wenn er am 26. März die Schuld an der

Vernaderung auf Zweig abwälzt: »Es ist keineswegs hier in der Gesandtschaft davon die Rede, daß Sie etwas gegen Österreich öffentlich gesagt haben. Sie dürften aber einem französischen Journalisten gegenüber sich vor einigen Wochen – es kann aber auch länger her sein – abfällig über das augenblickliche Österreich geäußert haben. Seien Sie aber deshalb nicht beunruhigt, in keiner Weise. Es passiert hier nichts, was Sie betrifft, ohne daß ich gefragt würde. [...]« – Genau so ist es.

Zu der abgefeimten Amtshandlung wäre es ohne den geschwätzigen Roth nie gekommen. Bald nach seinem Pariser Gespräch mit Zweig schickt Wasserbäck seinen amtlichen Spitzelbericht ans Bundeskanzleramt in Wien: »Aus guter Quelle erfahre ich, dass Stefan Zweig vor vierzehn Tagen in Paris eintraf und sich in überaus gehässiger und nicht ungefährlicher Weise über die Februarereignisse in Wien geäußert hat. Er betrieb eine ausgesprochene Greuelpropaganda [...].« Da Wasserbäck seinen befreundeten Zuträger nicht wortwörtlich und mit dessen Namen zitiert, kann er das Stammtischgerede genüsslich verbraten und die Affäre zu einer jüdischen Verschwörung gegen Österreich aufblasen: »In Paris hat seine Greuelpropaganda dank der bekannten Gegenwirkung nicht viel geschadet [sic], aber er begab sich von Paris nach London, wo er von Rothschild eingeladen wurde, in einer geschlossenen Gesellschaft in Beisein führender politischer und finanzieller Kreise einen Vortrag über die Ereignisse in Österreich zu halten, bei dem er sich zweifellos ähnlich geäußert hat wie in Paris.«

Wäre Wasserbäck Zeuge der Vorgänge im Haus Rothschild gewesen, dann hätte er gewusst, dass Zweig in der geschlossenen Gesellschaft um humanitäre Hilfe für verfolgte jüdische Kinder gebeten hat – wie schon

im Herbst 1933! Wasserbäck begeht gezielt Rufmord: »In
England, wo Zweig den nicht ganz gerechtfertigten Ruf
genießt, der größte lebende Schriftsteller deutscher
Zunge zu sein, und wo die Stimmung für Österreich an
sich bekanntlich sehr problematisch ist, kann er bestimmt
sehr viel Unheil anrichten.«

So nimmt das Unheil seinen Behördenlauf. Ein Wiener Beamter öffnet den Spitzelakt der Staatspolizei, die
das schwerste Verbrechen von Zweig darin erkennen
will, dass »Z. seit seiner Reise nach Sowjetrussland links-
radikalen Tendenzen huldigt«. Das Lügendossier eilt als
Diplomatenpost in die österreichische Gesandtschaft an
der Themse. Mit dem amtlichen Heimtückeverdacht
muss sich nun Georg Baron von Franckenstein herumschlagen – der große Kavalier in den Augen von Friderike Zweig, jedenfalls ein vertrauter Bekannter des Ehepaares. Das verschweigt der österreichische Diplomat
geflissentlich, als er das Wiener Außenamt unmissver-
ständlich über das Hirngespinst seines Pariser Kollegen
aufklärt und die Affäre beruhigen will. Baron Franckenstein hat seine Informationen freilich von Zweig, und
Zweig hat seine von Baron Franckenstein.

Das kann Roth in Paris nicht wissen, der nach wie
vor sein Erstaunen heuchelt und die Hetze der Pariser
Gesandtschaft als Hirngespinst seines Gönners hinstellt.
Entnervt will Zweig seinen Freund zumindest dazu animieren, in Paris zu verbreiten, dass er jeder Öffentlichkeit ausweiche. Diese Kunde soll der Gesandtschaft sinngemäß zugetragen werden, wie Stefan und Friderike
Zweig in London hoffen.

Dennoch sind beide weiterhin beunruhigt, denn sie
versuchen vergeblich, ihrem gemeinsamen Freund die
ungeschminkte Wahrheit über die Pariser und Wiener

Diffamierungen beizubringen. Zweig will nicht zum österreichischen Staatsfeind punziert werden, daher suggeriert er seinen Freunden, er würde gar nicht wegen des Staatsterrors aus Österreich flüchten. Dazu passt auch der vielzitierte Londoner Brief vom 9. März an den Schriftsteller Hans Carossa: »Salzburg hat durch seine Grenzlage einen dermaßen politischen Akzent bekommen und die Erregung dringt – so energisch man die Seelenfenster dagegen schließen mag – durch alle Ritzen und Fugen ins Haus: Man wohnt gleichsam auf einem militärischen Brückenkopf, und das ist der Arbeit nicht sonderlich förderlich. Es war für mich eine innere Notwendigkeit, mich für einige Zeit hier herüberzuschalten in eine gänzlich apolitische Atmosphäre, und die ruhige Sicherheit dieses Landes teilt sich einem auf das Wohltätigste mit.«

Zweig äußert mehrmals die Absicht, nach London zurückzukehren, um sich seiner Biografie *Maria Stuart* zu widmen. Das ist natürlich weder der Anlass noch die Ursache für seine überstürzte Abreise, für seine panikartige Flucht vor dem Staatsterror. Zweig scheut jede öffentliche Konfrontation mit den Mächtigen in Österreich, denn groß ist seine Angst vor dem Verlust des gerade im Aufbau begriffenen Buchmarktes durch den Wiener Verlag. Deswegen und wegen der österreichischen Rufmord-Kampagne sieht er sich wieder einmal gezwungen, seine Unschuld zu beteuern und in der Öffentlichkeit den Mund zu halten – ein abgenötigtes Unterwerfungsritual –, während die fest gesattelten Herren nicht einmal dazu aufgefordert werden, sich für die Verletzung seiner Bürgerrechte und seiner Intimsphäre öffentlich zu rechtfertigen oder zu entschuldigen.

Der christlichsozialen Partei gilt Zweig seit seinem Engagement für Romain Rolland als linkslastig. Überdies wird der Friedensbotschafter in der sozialistischen und judenfreundlichen Presse häufiger als anderswo publiziert und gewürdigt, speziell von Fritz Rosenfeld. Unbemerkt bleibt auch nicht der gesellige Umgang mit einigen Sozialdemokraten, mit den Redakteuren Robert Arthaber und Emil Fuchs, den Landespolitikern Robert Preußler und Josef Witternigg sowie mit dem Präsidenten der Arbeiterkammer Karl Emminger, der zudem Landeskommandant des Republikanischen Schutzbundes ist. Damit sind die einschlägigen Sympathien und Antipathien festgeschrieben.

Seit der Teilnahme an der Moskauer Tolstoi-Feier wird Zweig obendrein verdächtigt, Stalinist zu sein. Das nimmt die christlichsoziale Partei entweder wortwörtlich oder bloß als Vorwand, sie ist wohl nicht so gehässig wie das Salzburger Antisemitenblatt, das den Rassejuden von Salzburg öffentlich als Salonbolschewiken und Verräter anprangert. In den feineren Häusern geschieht das durch informelle Bekundungen von Antipathien, in den dumpfen Kanzleien der Sicherheitsdirektion durch Aktenvermerke.

Zur Verfolgung eines verdächtigen Falles benötigt der Staat einen Grund. Den liefert ihm der Terror der illegalen Nazis ins Haus. Vor dem 12. Februar 1934 detonieren laufend Bomben im Gefolge von Hakenkreuz-Schmierereien. Das illegale Nazi-Kampfblatt *Alpenwacht* hüpft vor lauter Schadenfreude über den gelungenen Anschlag auf die Salzburger Polizeidirektion gegenüber dem *Café Tomaselli*, wo sich der Polizeihofrat vergnügen würde. An einem anderen Tag werden verstreut über die ganze Stadt ungefähr dreißig Böller gezündet – »es war die reinste Kanonade!« jauchzt das Kampfblatt.

Mit den braunen Terroristen sollten zugleich ihre sozialdemokratischen Gegner im Republikanischen Schutzbund kaltgestellt und dessen Waffen kassiert werden. Das stößt auf den erwarteten Widerstand und verschafft dem Dollfuß-Regime die Gelegenheit zur Abrechnung: das Verbot und die Zertrümmerung der judenfreundlichen Sozialdemokratie samt ihrer Kultur.

Auch in Salzburg werden alle Schlüsselfunktionäre der Sozialdemokratie und ihres Schutzbundes verhaftet und ihr Parteiheim von der Polizei durchstöbert: acht verstaubte Gewehre! »Ruhiger Verlauf in Salzburg«, lautet die fette Schlagzeile, denn hier gibt es weder Widerstand noch ein Waffenarsenal. So steht es in der regierungstreuen *Chronik*. Deren Rubrik *Die Lage in Salzburg* gibt einen politischen Wetterbericht: tagtäglich Razzien in verschiedenen Stadtvierteln, gleich ob systematisch oder gezielt.

Es blüht der Psychoterror und das Denunziantengeschäft. Der Sicherheitsdirektor, Hofrat Rudolf Scholz, garantiert nämlich jedem Informanten eine Prämie von zwei bis fünfzig Schilling, wenn bei der vernaderten Person ein Revolver oder gar ein Maschinengewehr entdeckt wird. Das Palais des Fürsterzbischofs und das Kapuzinerkloster bleiben freilich ungeschoren, desgleichen die Villen der Honoratioren, Beamten, Richter und Rechtsanwälte, der Burschenschaftler und Jahn-Turner mit oder ohne Nazi-Sympathien. Sie sind persönlich bekannt und unverdächtig.

Der Weltruhmdichter Stefan Zweig dagegen wird von der Polizei heimgesucht. Selbst die Augenzeugin Friderike Zweig lenkt rückblickend den Verdacht auf das eigene Haus, wenn sie über das Motiv der Polizeiaktion grübelt: Es wäre das häufige Kommen und Gehen eines sozialistischen Funktionärs – Emil Fuchs, der linke Schachfuchs – und es wäre der Stammtisch ihres Dieners Johann, umringt von lauter Schutzbündlern, gewesen. Doch die Hausherrin übersieht dabei gänzlich, dass andere ehrbare Häuser trotzdem unverdächtig bleiben. Und ihr will ebenso wenig in den Sinn kommen, dass der österreichische Staat der begründete Verdachtsfall sein könnte. Friderike Zweig bittet vielmehr den Salzburger Polizeichef um die Erklärung, dass es sich um keine Verdächtigung gegen die Insassen des Hauses handle.

So hält der Sicherheitsdirektor seinen heiligen Schwur auf die Verfassung, und er könnte sogar Artikel 9 des Staatsgrundgesetzes – »das Hausrecht ist unverletzlich« – vor jedermann herunterleiern, wenn er wollte. Es herrschen aber die christlichsoziale Notverordnung, Macht und Willkür, daher braucht sich der Polizeichef weder um Bürgerrechte noch um Richterbefugnisse zu scheren, und er braucht nicht einmal den falschen Verdacht hinauszuposaunen, das Haus Kapuzinerberg 5 wäre ein waffenstrotzendes Arsenal. Wie sollte das möglich sein, wenn im Haus über viele Jahre ein Mieter aus und ein geht, der ein professionelles Auge für Waffen und Umtriebe hat: Polizei-Rittmeister Franz Schirl, der weiterhin im Einvernehmen mit Zweig im Haus wohnt.

Dennoch ist der Hausherr und Fremdling suspekt. Es kommt nämlich zu einer flüchtigen wie provokanten Pflichterfüllung, die Zweig in seinem Erinnerungsbuch so beschreibt: »Die vier Detektive [das sind Polizisten in Zivil, also Staatspolizisten] gingen durch das Haus, öffneten einige Kästen, klopften an ein paar Wände, aber es war mir sofort klar an der lässigen Art, wie sie es taten, dass diese Nachschau pro forma geschah und keiner von ihnen ernstlich an ein Waffendepot in diesem Hause glaubte.« Pro forma, also nur zum Schein, wühlt der Polizeibüttel im Wäscheschrank des hochsensiblen Pazifisten, um ganz beiläufig eine psychologische Sprengkapsel zu deponieren.

Das Haus Kapuzinerberg 5 bricht entzwei. Der Hausherr äußert sich dazu in seinem Erinnerungsbuch so: »Am selben Abend begann ich meine wichtigsten Papiere zu packen, entschlossen, nun immer im Ausland zu leben, und die Loslösung bedeutete mehr als eine von Haus und Land, denn meine Familie hing an diesem Haus als ihrer Heimat, sie liebte das Land. Mir aber war persönliche Freiheit die wichtigste Sache auf Erden.« Er rennt davon, da ihm die Obrigkeit keine Chance mehr lässt, sich von ihr freizuspielen. Die gleichfalls betroffene Ehefrau blickt in ihren *Spiegelungen* vornehmlich auf die materiellen Folgen: »Er beschleunigte seine eben geplante Abreise und meldete sich zuvor behördlich als Einwohner einer Stadt ab, in der er seit zwanzig Jahren einer der größten Steuerzahler gewesen war. Dies hatte unangenehme materielle Folgen, die er mir, die ich ihn vor diesem Schritt gewarnt hatte, verschwieg und von denen ich erst nach seinem Tod erfuhr.«

Zweig glaubt nämlich, er müsste keine Steuern mehr bezahlen, wenn er sich in Salzburg amtlich abmeldet – eine fatale Fehleinschätzung, die ihm noch teuer zu stehen kommen wird, und zugleich ein weiteres Indiz für seine Beteuerung, durch den Hausfriedensbruch vertrieben worden zu sein. Fortan ist ihm die Wahlheimat bloß leidige Station für Abstecher oder Durchreisen. Wie sagte doch Joseph Roth einmal beschwörend: »Sie müssen Österreich lieben, es wird Sie wieder lieben.« Doch dem offiziellen Österreich wird Stefan Zweig zu einer Unperson, einem Vernaderer und Steuerverweigerer. Das verheißt nichts Gutes für die Hoffnungsträgerin *Die schweigsame Frau*.

> *2. Aufzug, 10. Szene, Aminta:*
> Haha? Mich hinaus? Bin die Herrin hier mit
> Siegel und Pakt. Das ist Hausfriedensbruch!

Die schweigsame Frau

Obwohl der Autor des Textbuchs Stefan Zweig ist, steht der Titel im Bücherkatalog der Studienbibliothek unter dem Namen seines Garmischer Schutzpatrons: *Komische Oper in drei Aufzügen frei nach Ben Jonson von Stefan Zweig, Musik von Richard Strauss Op. 80, Verlag Adolph Fürstner, Berlin W 1935*

> **Erster Aufzug:** Zimmer des Sir Morosus. Weiter, unordentlich gehaltener Raum mit vielen Zeichen, die erkennen lassen, daß hier ein ehemaliger Seemann haust: Schiffsmodelle, Fahnen, Gewehre, Anker, Fischgerippe, Takelwerke. Besonders auffällig, daß alle Türen mit dichten Vorhängen oder Säcken geschützt sind. [...]
> *Morosus:* O diese Glocken, / die bös und schwarz auf den Türmen hocken, / unsichtbar stumm im Gestühle kauern / und die Zeit, die unendliche Zeit belauern! / Und plötzlich mit einem donnernden Stoß / fahren sie los:

Ping, pang,
schwing, schwang,
stundenlang,
die großen, die schweren,
die donnern und dröhnen,
die kleinen, die dünnen,
die plärren und stöhnen,
immer und immer
schmeißen sie einem Lärm ins Zimmer;
ob es dunkelt, ob's dämmert,
bei Nacht und bei Tag,
immer und immer
dieser grässliche, grausame Stundenschlag!

Dom, Stiftskirche, Franziskanerkirche, Kollegienkirche, Blasiuskirche, Ursulinenkirche, Müllner-Kirche, Christuskirche, Dreifaltigkeitskirche, Loretokirche, Sebastianskirche und Kapuzinerkirche – geradezu umzingelt ist das Haus am Kapuzinerberg, also polstert der lärmgeplagte Sir Morosus alle Türen, damit er vor dem Getöse der vermaledeiten Glocken geschützt ist. Die Handlung ist denkbar einfach: Der schrullige Kapitän Sir Morosus enterbt seinen Neffen Henry, weil er sich mit Schmierenleuten herumtreibt. Als Morosus eine schweigsame Frau zu ehelichen wünscht, inszenieren die Komödianten ein Verwechslungsspiel. Henrys Frau Aminta spielt zuerst die Schweigsame und bald die Lärmende. Die ebenso vorgegaukelte Scheidungsprozedur beendet den Hausterror. Henry bekommt sein Erbe und Sir Morosus ist überglücklich.

Es ist eine Komödie. Das Lachen vergeht dem Dichter des lyrischen Librettos freilich bisweilen. Mit der Sperre der deutschen Grenze fühlt sich Zweig sogar im

Feindesland. Hier eskaliert der Krieg der Worte, als im Jänner 1934 die illegalen Nazis einige Dutzend Bomben schmeißen. Die vieltürmige Bischofsstadt verkommt zu einer düsteren Bombenstadt, und wie überall in Österreich reagiert die Staatsgewalt mit politischer Lagerhaft oder mit dem Standrecht und der Todesstrafe.

Die Härte, das alles zu ertragen, hat ein friedfertiger Mensch wie Zweig freilich nicht. Sein zivilisiertes Elternhaus hat ihm Anstand und Manieren beigebracht. Dazu gehören auch höflichste Weihnachts- und Neujahrswünsche sowie gewisse vertrauliche Mitteilungen, die Zweig nicht missen möchte. In der überlieferten Korrespondenz von Zweig und Strauss klafft allerdings eine sonderbare Lücke von drei Monaten. Zweig scheint bis in den Jänner hinein nicht zu wissen, dass er seit dem 15. November der Librettist des Präsidenten der Reichsmusikkammer ist, und so kann er seine Weihnachtswünsche ohne Gewissensbisse nach Garmisch schicken – »von Ihrem verehrungsvoll ergebenen Stefan Zweig«. Doch Garmisch meldet sich lange nicht: Dort wird emsig *Die schweigsame Frau* vertont.

> **Aminta singt lauter und kräftiger:**
> Se sto teco il cor mi batte, / se tu parti io sto melenso, / al tuo sen di vivo latte / sempre aspiro e sempre penso. [...]
> **Morosus:** Nein, das kann kein Mensch ertragen, / das ist ärger als die Hölle, / das ist ärger als der Tod. / Wie sich flüchten, wie sich retten? / Oh, wie find' ich meine Ruh!

Der Komponist gönnt sich hin und wieder eine Ruhepause. Am 21. Jänner erinnert er sich an die Grüße aus Salzburg, um sich sein Gewissen zu erleichtern: »Lieber Herr Doktor! Ich habe Ihre freundlichen Neujahrswünsche bis jetzt nicht erwidert, weil ich den Dank dafür mit der Botschaft, daß die Partitur des I. Aktes fertig ist, verbinden wollte. Diese Meldung kann heute erfolgen. Ich habe 140 Partiturseiten in 2 ½ Monaten geschafft, trotzdem mein neues Amt als Reichsmusikkammerpräsident mir ziemlich Nebenarbeit eingetragen hat. Ich glaube mich aber demselben nicht versagen zu dürfen, weil bei dem guten Willen der neuen deutschen Regierung, die Musik und Theater zu fördern, wirklich viel Gutes gewirkt werden kann, und ich auch tatsächlich schon manches Ersprießliche bewirken und manches Unglück verhüten konnte. [...]«

Strauss erstattet Meldung und wendet die schlimme Botschaft in eine gute. Man sollte ihm dankbar sein, denn in seiner Hand liegt das Schicksal zwischen Gut und Böse, zwischen Glück und Unglück. Aus seinem Brief spricht der Kunstegoismus des Genies und seine machtpolitische Selbstüberschätzung. Unter diesen Umständen kann ihre unpolitische Komödie leicht zur politischen Tragödie werden. Wenn Zweig in die Bredouille gerät, dann ist es ohne Belang, dass er das Libretto noch vor Beginn der Nazi-Herrschaft abliefert, denn die scheußliche Optik entsteht aus den aktuellen Gewaltereignissen. Daraus ist Zweig kein Vorwurf zu machen, freilich, er vermag die Folgen nicht richtig einzuschätzen und er zögert mit seinen Entscheidungen. Wie auch immer, Zweig hat keinen Einfluss auf das Geschehen und ebenso wenig auf den starrköpfigen Strauss.

Im Frühling 1934 ist Zweig in London, 11 Portland Place. Dorthin flüchtet er ganz verstört nach dem österreichischen Staatsterror, dem Hausfriedensbruch. Ideen zu weiteren Libretti hat Zweig längst im Kopf, in London aber darf er in aller Ruhe alte Texte studieren und überdies erleben, was ihm das rassistische Deutschland verwehrt: die Oper *Arabella* von Strauss, das Auslandsgastspiel der Dresdner Staatsoper unter Clemens Krauss. Zu diesem Anlass huldigt Zweig dem bald siebzigjährigen Strauss: »Das Leben meint es Ihnen doch recht gut – Kampf und Widerstand in der Jugend, unerschütterliche Kunstkraft bis in die Höhe der Jahre und ein Erfolg, der zur Selbstverständlichkeit wird – Sie mögen sich denken, wie diese Tatsache all diejenigen beglückt, die Ihnen in treuer Verehrung ergeben sind.«

Strauss dankt überschwänglich und prophezeit, ihr gemeinschaftliches Schiff werde sicher im kommenden Jahr vom Stapel laufen. Auf die glückliche Nachricht folgt die schlimme: eine Havarie mit Goebbels, die Zweig an einer verwundbaren Stelle trifft: »Denken Sie: neulich wurde vom Propagandaministerium angefragt, ob es wahr sei, daß ich einen Text von Arnold Zweig componiere.«

Arnold Zweig, der Staatsfeind: das ist Stefan Zweigs Komplex und bald sein Tabu. Penibel verheimlicht er in seinem Erinnerungsbuch die häufige Verwechslung. Dies ist durchaus verständlich angesichts seines literarischen Weltranges. In politischer Hinsicht unterscheidet er sich ebenfalls von seinem Namensvetter – beschwichtigend informiert Strauss seinen Librettisten: »Ich fragte dann Dr. Goebbels, ob gegen Sie politisch etwas vorliege, worauf der Minister mit Nein antwortete.« Damit bestätigt Goebbels, was Zweig gegenüber Strauss immer beteuert, dass er weder politisch noch öffentlich auffällig zu werden beabsichtigt. Zu dieser taktischen Haltung gehört auch seine Geheimnistuerei um *Die schweigsame*

Frau. Dennoch wird es im Frühling 1934 ruchbar, dass wieder ein unangenehm talentierter Jude ein Textbuch für Strauss verfasst: für den Präsidenten der Reichsmusikkammer, wie damals absichtlich und fälschlich angenommen wird. Schmutzarbeit wird bekanntlich in Gerüchteküchen erledigt.

Im Reichsgau Sachsen gibt es Orte, an denen *Die schweigsame Frau* längst ein offenes Geheimnis ist: Leipzig und Dresden. Die deutsche Musik-Metropole und Uraufführungsstätte der Strauss-Opern ist auch Gauhauptstadt. In der angrenzenden Bayerischen Ostmark ist Bayreuth das kulturelle und politische Zentrum. Überall tummeln sich Schnüffler, Schwätzer, Neider und Denunzianten. Einer heißt Will Vesper, ein brauner Barde und Senator der Dichterakademie. Er ist es, der im Frühjahr 1934 die Stinkbombe platzen lässt: das ruchlose Gerücht über *Die schweigsame Frau.*

Zu dieser Zeit probt Strauss gerade den *Parsifal* im reichsdeutschen Wallfahrtsort Bayreuth. Ungebeten kommt hoher Besuch: Minister Goebbels, der das Haus *Wahnfried* vulgo Wagner schneidig stürmt, um den Komponisten zurechtzustutzen. Der freilich schmeißt sein künstlerisches Gewicht ins Kräftespiel: seinen internationalen Ruhm, den Goebbels nicht schmälern kann, was er wegen der Auslandswirkung auch nicht will – Strauss ist immerhin Präsident des Rates für die internationale Zusammenarbeit aller Komponisten. So kann Strauss von oben herab bemerken, dass den Berliner Herren eine große Blamage ins Haus stünde, wenn seine Oper nicht über die Dresdner Bühne gehen dürfe. Daraufhin macht Goebbels einen taktischen Rückzieher: Er verzichtet auf das letzte Wort und überlässt es seinem Führer, die Sache zu entscheiden: Hitler wird

das Textbuch der *Schweigsamen Frau* zur Lektüre vorgelegt.

Im Sommer 1934 ist Richard Strauss der Jubilar der
entzweiten Brüder Österreich und Deutschland. Dem
70-jährigen schickt Hitler sein Führerkonterfei und
Goebbels sein schwülstiges Lob: »großer Meister der
Töne«. In London hofft Zweig von Herzen, dass Strauss
die Festlichkeiten ohne Ermüdung übersteht, und er
freut sich auf das Wiedersehen in Salzburg. Denn die
Festspiele offerieren zu Ehren des Jubilars einen präch-
tigen Zyklus und zu diesem Anlass soll der Geehrte den
widerständigen *Fidelio* dirigieren. Ein glanzvolles Strauss-
senfest ist angesagt, es wird ein Trauerfest werden. Noch
im Mai schlägt der unbekannte Haustechniker zu: seine
Bombe zertrümmert den Eingang des Festspielhauses
und tötet einen Feuerwehrmann. Alsbald gibt Goebbels
dem Präsidenten der Reichsmusikkammer quasi Haus-
arrest, um die Salzburger Festspiele auf die bevorstehende Totenfeier einzustimmen, und Strauss muss den Fest-
spiel-Machern zerknirscht gestehen: »Aber gegen höhere
Gewalt bin leider auch ich machtlos.«

Machtlos scheint Österreich in den furchtbaren Juli-
Tagen zu sein, als die niedrige Gewalt ihre Instinkte
austobt, als die illegale Nazi-Partei in ganz Österreich
putscht und Menschen hinmordet: etliche Tote sind es,
an oberster Stelle der österreichische Kanzler und kleine
Diktator Engelbert Dollfuß. In Wien ist die Lage besonders kritisch, aber auch in den Putschorten entlang
der Grenze im Land Salzburg.

Der Dichter Franz Theodor Csokor, der den Sommer
über im Salzburger *Hotel Münchnerhof* (Dreifaltigkeitsgasse) wohnt, schildert die gespenstische Atmosphäre: »In
der Stadt, wo noch vor dem 27. Juli die weißbestrumpf-

ten Windjacken [die so uniformierten illegalen Nazis] zu triumphieren schienen, hat eine scharfe Gegenaktion eingesetzt, um Störungen der glanzvoll begonnenen Festspiele zu vermeiden. Freilich, nachts wischen die Scheinwerferkeile von Hitlers Privatflugplatz knapp an der Grenze über die Stadt weg, und der Führer [ein Fremdenführer auf der Festung Hohensalzburg] zeigt in den Berchtesgadener Bergen einen schwachen Lichtfleck, Hitlers Haus auf dem Obersalzberg, und tags sieht man von Zweigs herrlich gelegenem ehemaligem Jagdschlößchen auf dem Kapuzinerberg den Rauch aus den Dächern des deutschen Städtchens Freilassing, wohin man von Salzburg sonst mit der Trambahn [?] auf bayerisches Bier fuhr; heute liegt es ferner denn je.«

Am 29. Juli eröffnen die Festspiele zum Gedenken an den ermordeten Kanzler mit dem Trauermarsch aus der *Eroica* und anschließend mit *Fidelio*. Da Clemens Krauss anstelle von Richard Strauss dirigiert, fällt die abwesende Person bei den österreichischen Herren in Ungnade. Dafür bedankt sich Goebbels, denn sein Wille ist geschehen. Auch daran zeigt sich, dass ihm der jüdische Librettist eine Randfigur ist. Zweig möchte den glänzenden Auftakt von Strauss nicht versäumen, bleibt aber angesichts der Mordserie länger als vorgesehen in London. Zweig hält sein Schweigen und sein Abseitsstehen für die gebotenste Reaktion und rechtfertigt sich damit vor Strauss. Der zeigt viel Verständnis und beruhigt seinen Librettisten mit einer vertraulichen Betragensnote von Goebbels: Zweig würde sich politisch völlig korrekt verhalten. Er wird also in London beschattet, zugleich auch von österreichischer Seite, denn der gilt er als politischer Gegner: so passt er Goebbels ins Bild.

Zweig traut den Schalmeien nicht ganz und reist Anfang August zuerst einmal in die neutrale Schweiz, von
dort Mitte des Monats nach Salzburg. Auch Strauss, der
seiner höheren Berliner Gewalt entschlüpft, ist als un-
auffälliger Grenzgänger anwesend: am 17. und 18. August
bei seiner *Elektra* und seinem *Rosenkavalier* unter der
Stabführung von Krauss. Endlich kann das Gespann die
Besetzung der *Schweigsamen Frau* besprechen und neue
Projekte beraten. Einen Hymnus an die Versöhnung der
Völker kann Zweig schon vorschlagen, dazu braucht er
weder das eine noch das andere Terrorregime zu rechtfertigen.

Angewidert ist Zweig vom Galaabend unter dem
Protektorat des Vizekanzlers und Heimwehrführers. Mit
ihm marschiert der Austro-Faschismus in das Festspielhaus, und ungenannte Künstler dienern gehorsamst.
Unmittelbar daran schließt das Großereignis, dem die
mondäne wie antifaschistische Welt applaudiert: der tri-
umphale Einzug von Maestro Arturo Toscanini. Sein glo-
rioses Salzburg-Debüt sollte schon früher zelebriert
werden. Da sich Toscanini in Italien aber unbeliebt
macht – er verweigert sich der faschistischen Hymne –,
werden diplomatische Misstöne befürchtet. Österreich
will sich eben die Gunst des Duce nicht verscherzen. Als
Toscanini aber den Bayreuther Festspielen demonstrativ
den Rücken kehrt, wird er vom Salzburger Weltpubli-
kum hochgejubelt. Lange Zeit im Voraus sind Toscaninis
Konzerte ausverkauft, selbstverständlich auch Wagners
Meistersinger-Vorspiel: das hochsommerliche Salzburg
liegt seinem Maestro zu Füßen und labt sich am Bild
vom widerständigen Gegen-Bayreuth.

Von der Begeisterungswoge wird auch Zweig mitgerissen. Da er bereits vor dem Toscanini-Debüt in Wien

ist, eilt er eigens zurück, um den Triumphator zu bewundern und ihn zu sich einzuladen. Arturo Toscanini und Bruno Walter werden im Haus am Kapuzinerberg hofiert, wie ein Dokument belegt: ein Foto mit Toscanini, Walter und Zweig. Suse, die Tochter des Hauses, darf die drei Herren knipsen, die Gattinnen sind wohl nicht fotogen oder namhaft genug.

Unsichtbar ist freilich auch der Jubilar Richard Strauss, vor dem Toscanini keinesfalls den Hut lüften möchte. Zweig hingegen bedankt sich bei Strauss für die anregenden Stunden in Salzburg und schickt ihm unter dem Arbeitstitel *24. Oktober 1648* den neuen Festspielentwurf, jenen Hymnus an die Versöhnung der Völker. Er erntet darauf hymnisches Lob des Komponisten. Über Nacht hat sein Librettist eine weitere Idee im Kopf, und auch daran hat Strauss seine helle Freude. Strauss und Zweig schwören einander, von ihrer Arbeit ja kein Sterbenswörtchen verlauten zu lassen, und schließlich versucht Strauss, seinen Librettisten anzutreiben: »Ich erwarte beide Bücher mit Ungeduld. Heute habe ich die Partitur des II. Aktes [der *Schweigsamen Frau*] vollendet. Das Ganze wird Ende Oktober fertig. Dann bin ich arbeitslos.«

> **Aminta sagt zu ihrem geliebten Henry (dem intriganten Neffen des Sir Morosus):** Wie hass' ich all' die Spiel' und Schlich', / dies Bösetun mit Spott und List – / und doch, was tät' ich nicht für dich, / der du mir eins und alles bist!

Während sich Strauss in seine Noten verliebt, wird in der Berliner Reichskanzlei ein Urteil gefällt: Der Führer – er soll sich weidlich amüsiert haben – genehmigt

ausnahmsweise die Uraufführung der Oper. Hocherfreut will Strauss die Partitur rasch vollenden, äußerst
unerfreut dagegen ist Zweig, denn aus seiner unpoliti-
schen Komödie ist ein leidiges Politikum geworden. Die
Beziehung von Zweig und Strauss verdüstert sich.
Zweig, der wiederum in London ist, rückt verständlicherweise auf Distanz. Er will keine Spezialduldung. Im
Wort steckt seine Befürchtung, dass er in den bösen Ruf
eines geduldeten Reichshofjuden schlittert. Wenn nun
der unauffällige Zweig eine Spezialduldung erfahren
soll, kann das reine Willkür sein oder ein Gnadenakt, der
sowohl mit seiner Abstammung als auch mit dem Nazi-
Amt von Strauss zu tun hat.

Vorderhand komponiert Strauss unbekümmert weiter,
und nach Vollendung frohlockt er: »Die Composition keiner meiner früheren Opern [mit den Texten von Hof-
mannsthal] fiel dem Musiker so leicht und hat mir solch
unbeschwertes Vergnügen bereitet.« Das bestens gelungene Opus 80 muss Strauss ohne seinen Librettisten begie-
ßen.

> **Finale, letzte Szene, Morosus beglückt sich in
> den Sessel zurücklehnend:** Wie schön ist doch
> die Musik – aber wie schön erst, wenn sie vor-
> bei ist! – Er trinkt behaglich ein Glas Wein.

Im Jänner 1935 ist Zweig im fernen Amerika. Nach
seiner Rückkehr muss er auf dem Kapuzinerberg entsetzt feststellen, dass ein eingeschriebener Brief seinen
vorgesehenen Weg nach Garmisch nicht findet. Die Geschichte hat eine kriminalistische Binnenhandlung, in
die Joseph Roth mehrere Wochen verwickelt ist. Roth
soll in Nizza, wo der Einschreibebrief vor der Schiffsreise

nach Amerika aufgegeben worden ist, ganz diskret aus-
spionieren, was denn inzwischen passiert sein kann: eine
Nichtannahme, ein Rücklauf oder eine Zensur des Briefes in Deutschland. Die Ausforschung muss Roth ergebnislos abbrechen. Sie zeigt dennoch, wie wichtig dem
Auftraggeber in Salzburg die Angelegenheit ist. Zweig
sieht offenbar eine Kontroverse auf sich zukommen, sein
Ansehen steht auf dem Spiel. Im verlorenen Brief bittet
er nämlich inständig, Strauss möge die Uraufführung der
Oper in Deutschland unbedingt absagen oder hinausschieben, sonst würde sein wunderbares Werk seiner ei-
gentlichen Sphäre entrückt und zum Politikum.

Die eminent wichtige Post, die Zweigs Entschluss-
und Urteilskraft beweist, wird Strauss erhalten, aber
ignorieren. Er hört allerdings auf das Ansinnen Zweigs
und vermerkt wunschgemäß am Schluss der Partitur:
Begonnen am 1. Oktober 1932 (korrekt: 23. 2. 1933, also
nach der Machtergreifung), vollendet am 20. Oktober
1934 (korrekt: 17. 1. 1935). Die Rückdatierung ist freilich sinnlos, denn sie schafft weder das Amt des Komponisten noch den Gnadenakt Hitlers aus der Welt und
beschönigt nicht einmal die Optik.

Es ist nebensächlich, welches Spielchen da getrieben
wird: der entschlossene Komponist würde weder seiner
Schweigsamen Frau noch seinem störrischen Librettisten
den Laufpass geben. Im Februar 1935 bekennt Strauss
sogar schriftlich: »Ich gebe Sie nicht auf, auch nicht, weil
wir jetzt gerade eine antisemitische Regierung haben.«
Das ist generös und rührend, eine weitere Zusammenarbeit würde Zweig jedoch ein noch schlimmeres Schla-
massel bescheren. Strauss will auf seinen Librettisten aber
auf keinen Fall verzichten und legt ihm die Ausarbeitung
der alten Prunkoper *Semiramis* ans Herz, an der selbst

Hofmannsthal gescheitert ist. Zu seinem genialen Vollender wird Zweig also auserkoren.

Doch der Druck der Rivalität ist nicht mehr stark genug, denn Zweig empfiehlt dafür seinen Wiener Freund Joseph Gregor: Er soll der Garmischer Hoflibrettist auf Lebenszeit sein. Das will Strauss wiederum nicht, und ebenso wenig will er einen Strohmann. Da sich Zweig jedoch verweigert und Gregor dennoch sehr diskret berät, wird Zweigs Festspielentwurf *24. Oktober 1648*, jener Hymnus an die Versöhnung der Völker, von Gregor fertiggestellt – allerdings unter dem Titel *Der Friedenstag*. Ein anderes Projekt Zweigs wird später von Clemens Krauss ausgearbeitet. Das Konversationsstück mit Musik *Capriccio* wird wie *Der Friedenstag* noch im Nazi-Deutschland uraufgeführt werden – freilich stehen der Urheber und die Hintergründe weder im deutschen noch im österreichischen Opernführer.

Im Frühjahr 1935 kann Strauss einfach nicht begreifen, dass Zweig jede Zusammenarbeit verweigert. Der Komponist hat am kongenialen Textbuchautor der *Schweigsamen Frau* einen Narren gefressen und will auch die Uraufführung ihrer Oper nicht absagen – schon gar nicht, als das erste Unheilszeichen da ist, die sogenannte Berliner Meldung, die auf der Nazi-Welle 2004 auch in Salzburg gehört wird: Stefan Zweig spende seine Tantiemen für *Die schweigsame Frau* der jüdischen Wohlfahrt. Das ist der Auftakt zur gesteuerten Stimmungsmache gegen Zweig und Strauss. Außerdem lässt die sächsische Gauleitung, die das Dresdner Opernhaus gängelt, seit einiger Zeit den privaten Briefwechsel von Strauss überwachen.

Den Volltreffer landet die Gestapo, als sie einen Brief vom 17. Juni – eine Woche vor der Uraufführung –

beschlagnahmt. Es ist ein gesalzener Brief aus Garmisch an die Adresse Zweigs, der diese Zeilen aber niemals zu lesen bekommt:»Ihr Brief vom 15. bringt mich zur Verzweiflung! Dieser jüdische Eigensinn! Da soll man nicht Antisemit werden! Dieser Rassestolz, dieses Solidaritätsgefühl – da fühle sogar ich einen Unterschied! Glauben Sie, daß ich jemals aus dem Gedanken, daß ich Germane (vielleicht, qui le sait) bin, bei irgend einer Handlung mich habe leiten lassen? Glauben Sie, daß Mozart bewußt ›arisch‹ komponiert hat? Für mich gibt es nur zwei Kategorien Menschen; solche die Talent haben und solche die keins haben, [...]. Ihr Sie herzlich grüßender, ebenso eigensinniger Dr. Richard Strauss. / Beste Wünsche für das Wohlergehen Ihrer Mutter. Die Aufführung hier wird famos. Alles ist in heller Begeisterung! Da soll ich auf Sie verzichten: Nie und nimmer!«

Das muss Strauss aber, denn er überschätzt sich gewaltig. Er rechnet mit dem Gnadenakt Hitlers, dahinter lauert aber die Rache minderer Nazi-Größen: eine Abrechnung mit ihrem allzu starrsinnigen und bissigen Präsidenten. Er hätte in Anbetracht der Abstammung seiner Schwiegertochter kuschen sollen, das passt aber nicht zum judenfreundlichen Schwiegervater und Chefmusiker. Er fühlt sich seinem Widerpart Goebbels überlegen und lässt das auch das »Bübchen von Minister« spüren. Der lästerliche bayrische Humor behagt ebenso wenig den preußischen wie sächsischen Funktionären – ein reichsdeutsches Ränkespiel unter Stämmen, wozu es dem erdfernen Weltbürger an Einsicht mangelt. Man kann bloß staunen, wie aus dem Hinterhalt die Giftpfeile abgeschossen werden. Wie die Schützen heißen, das interessiert die Weltgeschichte samt Personenregister kaum. Sie muss jedoch zur Kenntnis nehmen, dass nicht am jüdischen Librettisten, sondern am Nazi-Präsidenten hinterrücks ein Exempel statuiert werden soll.

Feig sind die Rächer trotz des Beweismittels, denn sie getrauen sich anfänglich bloß den Namen des Juden auf den Plakaten zu tilgen – eine Gehässigkeit, die eine rebellische Drohgebärde von Strauss sofort ungeschehen macht. Umgehend ist für alle Passanten sichtbar plakatiert: »*Die schweigsame Frau* / Komische Oper in drei Aufzügen / Frei nach Ben Jonson von Stefan Zweig / Musik von Richard Strauß«.

Das Gewicht des Präsidenten ist allerdings etwas zu leicht, um auch das Schweigegebot in den Medien aufzuheben. Sehr erregt verfolgt Zweig die Schikanen von außen, durchstöbert die gleichgeschaltete Reichspresse, ohne eine Ankündigung der Uraufführung zu finden – außer im Programm des Reichsrundfunks. Zweig fiebert der Übertragung entgegen, die dann eine ausschließliche Sache des Reichssenders Leipzig ist: Von der Sendung dringen kaum musikalische Töne ins Ausland. Sachsen lässt absichtlich so schwach senden, dass aus dem erwarteten Weltereignis eine regionale Bagatelle wird. Doch die Weltpremiere, die großartige Besetzung mit Maria Cebotari und Erna Sack, die Inszenierung von Josef Gielen, die musikalische Leitung von Karl Böhm und schließlich das stille Postgeheimnis der Reichspatrone sowie die jämmerliche Katzenmusik inbrünstiger Rächer locken ganze Scharen von in- und ausländischen Journalisten in die Dresdner Staatsoper. Man erwartet am 24. Juni 1935 den Nazi-Krach und will diese kolossale Erregung nicht versäumen.

Es läuft anders als erwartet. Die Reichsgrößen Hitler und Goebbels glänzen durch Abwesenheit, trotzdem erliegt manch einer ihrer Propaganda, wie sich am Beispiel des *Berner Bundes* vom 26. Juni zeigt: »Die Uraufführung der *Schweigsamen Frau* könnte übrigens von Optimisten insofern bedeutsam für eine etwaige Schwenkung im heutigen deutschen Kulturleben ausgelegt werden, als ja nebst Strauß der ideelle Urheber und Wortgestalter des neuesten Werkes, Stefan Zweig, unter Patronanz des Führers und in Anwesenheit des Propagandaministers Goebbels am Dresdner Stadttheater trotz und gegen so manche Quertreibereien etlicher Miesmacher aufgeführt wird. Daß ein so prononciert nicht-arischer Autor wie Zweig ganz gegen den bisherigen strengen Ausschluß solcher Schriftsteller und Künstler nunmehr auf deutschen Bühnen unter ausdrücklicher Zustimmung regierender Kreise gespielt wird – sollte man darin wirklich ein erstes Zeichen dafür erblicken dürfen, daß sich die Toleranz im Dritten Reich auch gegenüber andern geistigen Erscheinungen regen wird, die Deutschland zeitlebens nur Ehre gemacht haben?«

Ein strategisch gelungenes Täuschungsmanöver – im Jahr vor den Olympischen Spielen in Berlin – ist die Welturaufführung der *Schweigsamen Frau* mit ihrem Happy End: Morosus zündet sich seine Pfeife an und bläst behaglich den Rauch vor sich hin – »Ach, ich fühle mich unbeschreiblich wohl. Nur Ruhe!«

Hinter den glitzernden Theaterkulissen toben hingegen Kämpfe, bei denen Köpfe rollen: Paul Adolph, Generalintendant der Sächsischen Staatstheater, verheiratet mit einer Jüdin, wird kaltgestellt. Der Präsident der Reichsmusikkammer wird genötigt zu demissionieren. Wer wird angesichts der Nazi-Rache fortan Juden noch unter die Arme greifen? Die Musikgeschichte zählt zwei, drei oder vier Dresdner Aufführungen der *Schweigsamen Frau*, sagt dabei je nach Geschmack: abgesagt oder ver-

boten. Ein offizielles Verbot gibt es aber nicht. Außerhalb
der Reichsgrenzen wird es keineswegs still um die Skan-
daloper: Sie ist der lärmende Favorit in Graz, Zürich,
Mailand, Prag, Antwerpen und wo auch immer, aber sobald der Skandal abgeflaut ist, verschwindet die Oper aus
der Weltgeschichte.

Sein Kampf

Auch das kleine Österreich hat einen Skandal, der das
Ämterkarussell in Gang setzt: Clemens Krauss folgt dem
lockenden Angebot der deutschen Reichshauptstadt und
räumt seinen Posten als Wiener Operndirektor. Nachfolger wird der Dirigent Felix von Weingartner, der auch
in Salzburg an Einfluss gewinnt und damit seinen
Intimfeind Richard Strauss empfindlich trifft. Seine
Elektra wird vom Festspielprogramm 1935 abgesetzt, geduldet wird nur der *Rosenkavalier*.

Um die Dresdner Uraufführung der *Schweigsamen
Frau* wird in den regierungstreuen Blättern kein Aufhe-
bens gemacht. Der Komponist hat nur noch als williges
Nazi-Werkzeug einen Namen. Nach seiner Demission
heißt es lakonisch: »Richard Strauss gegangen«. Salzbur-
ger, die das deutschnationale *Volksblatt* vom 25. Juni 1935
zur Hand nehmen, können die versierte Kritik von
Roland Tenschert lesen. Er bewertet auch die Rolle des
Librettisten nach dem Tod von Hofmannsthal: Dessen
Nachfolger habe beim Textdichten ein feineres Ohr

sowohl für den Komponisten als auch für das Publikum. Die Rühmung kommt Zweig und seinen Gegnern sicherlich zu Ohren.

Zweig macht erneut einen Abstecher nach Salzburg. »Mein Schweigen war der beste Teil«, sagt er resignativ zu Friderike, doch insgeheim liebäugelt er mit einer Wiener Premiere und einer Bearbeitung für Salzburg. In Österreich ist Strauss aber Persona non grata. Am Pult des Salzburger Festspielhauses steht felsenfest Arturo Toscanini: *Falstaff* und *Fidelio*, das Strauss-Erbe. Zweig genießt eine Vorstellung des *Falstaff*, danach klagt er seinem Freund Joseph Gregor: »Wahrscheinlich hast Du Dich auch geärgert über diese unnötig aufgezäumte Affaire der *Schweigsamen Frau* in Wien. Erst eine Falschmeldung, sie würde aufgeführt werden, dann diese amtlich inspirierte Information, man denke nicht daran, weil er ein ›Gegner Österreichs‹ sei.«

Als Gegner gilt auch der politikverdrossene Zweig. Er macht dennoch einen neuen Anlauf, indem er sich an Felix von Weingartner mit der Bitte um baldige Aufnahme der *Schweigsamen Frau* wendet. Es folgt beredtes Schweigen in der Altwiener Kamarilla. Im Dezember 1935 ist Zweig für wenige Tage in Wien, wo er die Strauss-Gesellschaft aufsucht, die im Beisein des Librettisten einen Einführungsabend gestaltet. Darauf schickt er den letzten überlieferten Brief an Strauss, unterschrieben mit dem vielsagenden Namen *Morosus*. Doch Zweig und Strauss halten den Kontakt aufrecht, er läuft wegen der Zensur fortan über Joseph Gregor.

Indessen passieren Dinge, die mit dem faktischen Spielverbot im Nazi-Deutschland zusammenhängen. Es ist der Dichter und Denunziant Will Vesper, der in seiner Nazi-Zeitschrift *Die neue Literatur* wortwörtlich damit droht, den jüdischen Verlag Herbert Reichner zu vernichten, was freilich auf Zweig zielt. Seine Bücher werden in Deutschland noch verbreitet, selbst nach dem Totalverbot durch die Schrifttumskammer: *Liste 1 des schädlichen und unerwünschten Schrifttums* (Stand vom Oktober 1935, erschienen am 1. März 1936, streng vertraulich, daher nicht im Buchhandel).

Deutsche Verleger wissen freilich im Voraus, wer ausgelöscht werden soll. Kippenberg informiert Zweig und gibt ihm und seinem Wiener Verlag noch 1935 grünes Licht für die Neuauflage aller Titel. Ende Februar 1936 kündigt Zweig seine Verträge mit dem *Insel Verlag*. Die offenen Honorare fließen auf ein Sperrkonto bei der deutschen Devisenbank. Im März 1936 beklagt Zweig den Verlust des Siebzig-Millionen-Publikums, worauf Joseph Roth sarkastisch erwidert: »Ich beglückwünsche Sie zu ihrem Verbot in Deutschland. Was sollen Hofmannsthal und Freud und Sie in Deutschland?«

Weder Zweig noch Roth wissen, dass die geheime Verfügung nicht lückenlos greift, denn es sind noch immer verbotene Bücher auf dem großen deutschen Markt, beispielsweise in der seriösen Schweriner Hofbuchhandlung, wie die Polizei im April 1936 eifrig registriert. Ist es ein beschlagnahmtes Exemplar der *Marie Antoinette* aus der Backlist des *Insel Verlags* oder schon aus der Wiener Neuauflage?

Ihren Geschäften wird das Regime jedenfalls ein Ende setzen. Dabei ist Zweig der einzige österreichische Schriftsteller, dem eine hinterhältige Sonderlektion erteilt wird: Den Wink gibt die Schrifttumskammer, den Befehl der Polizeipräsident von Leipzig. Dort, im deutschen Buchzentrum mit weltweitem Vertriebsnetz, hat Reichner seinen Kommissionär Koehler & Volckmar, in dessen Lager sich am 12. März 1936 exakt 2.247 Bücher von Zweig stapeln, geordnet nach Titeln, Neuauflagen und Originalproduktionen: *Jeremias, Marie Antoinette, Maria Stuart, Baumeister der Welt, Erasmus, Sinn und Schönheit der Autographen* und *Toscanini* – sie alle werden blitzartig beschlagnahmt und erst nach dem forschen Einspruch von Reichner freigegeben.

Diese generöse Geste beruht auf dem deutsch-österreichischen Kulturabkommen vom 11. Juli 1936. Doch knapp darauf schlägt die Leipziger Polizei abermals zu. Im Herbst eilt sogar die Drohung nach Wien, alle Bücher von Zweig würden eingestampft, was Reichner auf diplomatischem Weg verhindern kann. Die Zweig-Beute rollt zurück nach Wien, von wo noch direkt ins Ausland geliefert werden kann. Nur der reichsdeutsche Markt ist für immer gesperrt, trotz der stillen Übereinkunft zwischen den Diktatoren Kurt von Schuschnigg und Hitler, ihre Bücherverbote doch weitgehend aufzuheben.

Die Realität schaut allerdings anders aus, denn die Wiener Diplomatie lässt sich bei den Geheimabsprachen beschwindeln. So wird eine manipulierte deutsche Verbotsliste akzeptiert, auf der nicht mehr und nicht weniger als drei Titel von Stefan Zweig stehen, kleine österreichische Produktionen: *Der Zwang, Fahrten* und *Die unsichtbare Sammlung.* Dazu erklärt die Wiener Generaldirektion für die öffentliche Sicherheit, dass die Verbotsliste großteils Titel enthalte, an denen kein Staatsinteresse bestehe. Mit anderen Worten: Österreich verzichtet auf die generelle Freigabe der Bücher seiner jüdischen Verlage und nimmt deren Existenzvernichtung in Kauf. Reichner, zurecht von allen Bücherliebhabern als die österreichische *Insel* gelobt, muss zuerst seine exquisite Zeitschrift *Philobiblon* verkaufen und wird in der Folge in den Ruin getrieben.

Der Geheimhandel, der noch bis zum Sommer 1937 läuft, hat ein brisantes Thema: die Salzburger Festspiele, die nach Auffassung der Nazis gänzlich unter dem Einfluss des Weltjudentums stehen und deshalb boykottiert werden sollen. Hitler will sich in Salzburg aber zurückhalten und sogar reichsdeutsche Künstler schicken, wenn sein in Österreich verbotenes Buch *Mein Kampf* künftig legal gekauft werden darf. Kanzler Schuschnigg erliegt den Friedensschalmeien und gibt sein Plazet. Österreich streicht *Mein Kampf* aus seiner Verbotsliste, dafür verzichtet Deutschland auf den Boykott der Weltfestspiele. Nebenher kann allerdings die Kultur in verstärktem Ausmaß durch die Nazi-Propaganda infiltriert werden, von Österreich mehr oder weniger geduldet – Vogelstraußpolitik eben.

Im Mai 1937 sind Zweig und Strauss in Wien. Der Komponist gibt sich ein wenig gekränkt, als ihm sein Librettist die Ehre im Wiener Konzerthaus verweigert. Strauss beabsichtigt immerhin, sich ihrer gemeinsamen Oper zuliebe mit dem ungnädigen Österreich zu versöhnen. Er geniert sich auch nicht, beim Unterrichtsminister vorzusprechen und ein Machtwort zu erbitten. Strauss wähnt offenbar, sein Ziel erreicht zu haben, wenn er Zweig über seinen Mittelsmann Joseph Gregor ausrichten lässt: »Der Herbst wird uns die *Schweigsame Frau* bringen, in einer geradezu triumphalen Besetzung, und der alte Herr wird einige Male in der Oper dirigieren.«

Die Staatsoper hat mittlerweile einen anderen Kopf, ihr künstlerischer Leiter ist nun Bruno Walter, den Zweig seit längerem mit schönen Worten umgarnt, was auch in seinem Essay *Kunst der Hingabe* zum Ausdruck kommt (in: *Bruno Walter* von Paul Stefan, Reichner 1936). Zweig knüpft seine Hoffnungen an den falschen

Mann, da zwischen Walter und Strauss unsägliche Spannungen herrschen. Weder der Direktor noch der Unterrichtsminister will dem Komponisten den erwarteten Wiener Triumph gönnen. Auch der Traum des Hofmannsthal-Erben, einmal Festspieldichter zu werden, erfüllt sich zu seinen Lebzeiten nicht. Zweig scheitert.

Friderike und Stefan Zweig bei einer Abreise in den Dreißigerjahren
(Salzburger Literaturarchiv)

VIII

Im Verwandlungsrausch

Der verunglückte kleine Roman führt den Arbeitstitel *Postfräulein. Rausch der Verwandlung* heißt der aus dem Nachlass herausgegebene Torso, ein zweiteiliger Österreich-Roman, tief geprägt von Politikverdrossenheit und der schönen Illusion eines Neuanfangs, eines Lebens in Frieden und Freiheit: »Wir unternehmen dieses Wagnis und setzen dafür unser Leben ein, um frei zu leben, zumindest eine Zeitlang. Zu diesem Begriffe der Freiheit gehört auch menschliche Freiheit gegeneinander. Sollte aus inneren oder äußeren Gründen einem von uns beiden das Zusammenleben drückend oder unerträglich sein, so soll er sich klar von dem anderen lösen.«

Der Herausgeber Knut Beck bemerkt, dass die zweite Romanhälfte – nach dem austrofaschistischen Terror und dem Salzburger Affront vom Februar 1934 – in London geschrieben und von der Sekretärin Lotte Altmann getippt worden sei. Der Gedanke an diese junge Frau, die unerwartet in das Leben des Dichters getreten sei, soll das Verhältnis seiner Romanfiguren Christine und Ferdinand zueinander stark beeinflusst haben. Stefan Zweig habe konzentriert von der fiktiven auf die reale Frauengestalt geschaut und umgekehrt.

Der Dichter lässt das Postfräulein Christine nach dem Tod seiner Mutter von Klein-Reifling in die Großstadt Wien ziehen. Es beginnt der zweite Teil mit Christine und Ferdinand: beide sind verbittert, desillusioniert und

planen einen Doppelselbstmord. Im Postraub soll schließlich der Ausweg gefunden werden – Flucht und Neuanfang. Das alles spielt im sozialdemokratischen Wien der
20er Jahre und ist eine böse Abrechnung mit der roten,
total bürokratisierten Stadt, und selbst mit dem Staat,
dem »Oberlumpen« – ein politischer Rundumschlag.
Nach dem faschistischen Staatsterror lässt Zweig offenbar seine Hemmungen fallen, er vermag nicht einmal in
dem angedeuteten Ausweg einen Sinn zu erkennen, falls
er auf seine Situation bezieht, was er Christine in den
Mund legt: »Wahrscheinlich ist es vergeblich, was wir
tun, und es hat keinen Sinn. Aber es nicht zu tun und so
weiter zu leben, wäre noch sinnloser. Ich sehe nichts Besseres.«

Vor der Machtergreifung der Nazis sieht Zweig noch
die Gefahr, den Hassern in die Hände zu arbeiten, daher
der Abbruch des in Salzburg geschriebenen ersten Teils.
Umso unverständlicher sind seine Tiraden gegen das
Rote Wien im Londoner Teil, der nach dem 12. Februar
entsteht. Hier scheint sich seine Wiener Depression
niederzuschlagen, und entsprechend heißt es in späteren
Briefen an seine Frau: »10 Tage sind reichlich und über-
reichlich in Wien, das mich tief deprimiert.« – »Bitte gib
niemandem also meine Adresse, während ich auf Reisen
bin. Schon deshalb könnte ich nicht in Wien leben, ab-
gesehen von allem anderen; eine Briefmarke von dort
und es ist etwas Bedrückendes darin.«

Wie die Romanfiguren wollen Zweig und Lotte Altmann ein neues Leben beginnen, in Freiheit leben – ein
Wunschhandeln oder eine realistische Sinnsuche? Gleich-
wie, es muss die Beziehung zur Ehefrau berühren. Noch
scheint diese ohne gravierende Spannungen zu sein – zumindest im blinden Spiegel der publizierten Korrespon-

denz (Lücke bis Anfang 1935). Im Frühjahr 1934 fällt in London aber die Entscheidung, über die Zweig seine Sekretärin Anna Meingast am 30. Juni informiert (SM): »Ich weiß nicht, ob Ihnen meine Frau mitgeteilt hat, welche entscheidenden Veränderungen in der äusseren Lebensform ich zu treffen genötigt bin. Ich werde das Haus in Salzburg nicht länger halten können, da ich nach Amerika muss und auch sonst mich ganz umzustellen genötigt bin.« Es ist ein kühles Maschinendiktat aus dem Londoner Sekretariat.

Auch anderen Adressaten sagt Stefan Zweig es recht deutlich: Er wolle sein Haus verlassen, seine Bibliothek und Sammlung aufgeben, auch gegen den Willen seiner Frau, um seine Freiheit zu retten. Freilich, Zweig theatert des Öfteren und ist dabei ganz wirbelig. Dennoch, für Zweig ist der Staatsterror von einschneidender Wirkung. An diesem entflammt der schwelende Familienzank. Friderike und Stefan Zweig gewichten ihre Leitwerte eben anders: Haus und Familie gegen Sprache und Freiheit – geraume Zeit die gemeinsame Heimat, die doch eindeutig von der Politik entzweit wird, und den Rest erledigt der Betroffene: »Aber Salzburg ist für mich abgetan ...«

Dorthin macht Zweig nur mehr Abstecher: zweimal im August 1934, einmal im Februar, im August und im Dezember 1935, einmal im Juni und im Dezember 1936, einmal im Mai 1937. Und dazwischen schreibt er seiner lieben Friderike – »L. F.« – schulmeisterliche, wirsche und schnodderige Briefe: »Lasse das Rechenbuch, wie viel Wochen und Monate wir in diesem Jahr und jenem Jahr beisammen waren, unaufgeschlagen.« – »Die Hauptsache ist, daß ich in Salzburg die Sachen, Post etc. von Dir gut vorgeordnet finde, alles Unwesentliche bereits beseitigt, damit ich rasch durchkomme.«

Seine Ankunft, Aufenthaltsdauer und Vorhaben werden immer förmlich angekündigt: »Meine Pläne sind also: morgens in Salzburg anzukommen, abends zu *Falstaff* zu gehen, am nächsten Tag womöglich Toscanini zu sehen und am 30. abzureisen und baldigst an die Arbeit zu gehen.« — »In Salzburg bleibe ich wohl nur von vormittags bis abends, ohne auszugehen oder jemanden zu sehen.« Ein anderes Mal wünscht er seinen Winterpelz, scheint aber seine Frau nicht sehen und auch keinen Fuß auf den Salzburger Perron setzen zu wollen: »Sollte ich in Salzburg durchfahren, so würde ich Johann telegrafisch an die Bahn bestellen, schon um ihm und Frau Meingast die Hand zu schütteln.«

Der üble Eindruck entsteht nicht zuletzt durch die publizierte Briefauswahl, obschon alle Briefe von polemischer Natur, wie sie Zweig oft in Zeiten der äußeren und inneren Spannungen geschrieben hat, laut Friderike Zweig ausgespart sind. Es ist dennoch augenfällig, dass aus ihrer Feder nur zwei rührende, aus seiner aber Dutzende böse Briefe fließen. Demnach scheint allein der Partner den Zank vom Zaune zu brechen — eine schiefe Optik? Die Dreiecksbeziehung ist kaum ins Bild zu kriegen, sie bleibt schemenhaft, da Lotte Altmann in der Briefauswahl weder einen Namen noch ein Gesicht hat. Der Mann hat allerdings die Fratze des Sündenbocks.

Bald nach der Haus-Razzia im Februar 1934 eilt Zweig über Paris in sein Nebelschiff am Ärmelkanal; und abermals folgt ihm die Ehefrau. Sie bleibt dort auf unbekannte Dauer, vermutlich bis Anfang April. Irgend etwas treibt sie nachhause: Krankheit, Unstimmigkeiten, unerträgliche Spannungen — die Entfremdung des Paares. In zwei undatierten Briefen gesteht Zweig seinem Siezfreund Joseph Roth: »Meine Frau ist in Salzburg. Ich bin seitdem wieder ruhig und klar, arbeite still und stetig. Wir brauchen doch nur Ruhe und ein Stück Einsamkeit um uns.« – »Ich habe hier noch einmal zu lernen angefangen wie ein Gymnasiast. Ich bin noch einmal unsicher geworden und neugierig. Auch eine junge Frau ist mir hier gut, mir, dem Dreiundfünfzigjährigen!«

Er ist etwa doppelt so alt wie seine Stieftöchter, und diese sind ungefähr so jung wie Lotte oder Charlotte Elisabeth Altmann, geboren in Kattowitz, Enkelin eines Rabbiners, Flüchtling wie ihr Bruder Manfred (er hat zufällig den gleichen Namen wie der in Salzburg geborene und nach London flüchtende Sohn des Rabbiners Adolf Altmann). In der jüdischen Flüchtlingsorganisation *Woburn House* soll Friderike ihrem Mann eine Sekretärin auswählen. Nach einer anderen Version wird sie vermittelt: entweder von Harry P. Smolka oder von Egon M. Salzer, den Korrespondenten der *Neuen Freien Presse* bzw. des *Neuen Wiener Journals*. Zu Salzer hat Zweig auf jeden Fall guten Kontakt.

An dem von Friderike Zweig in ihren Memoiren gemalten Bild der Konkurrentin sind Zweifel angebracht: Lotte wäre die schweigsame Frau (Aminta entpuppt sich doch als Furie). Fräulein Altmann ist allem Anschein nach die ideale Sekretärin und eine dienende Geliebte, keinesfalls eine Domina. Und von der Salzburger Hausherrin möchte der Mann sich ganz abnabeln. Doch die betreibt ihr Abhängigkeitsspiel selbst im Londoner Apartment: Hier nagelt sie das Bild an die Wand, das fünfzehn Jahre ihr Salzburger Arbeitszimmer geschmückt hat: William Blakes *King John*. Dessen *Hiob* bleibt offenbar im Salzburger Haus, in dem noch intakten Arbeitszimmer von Zweig. Damit soll symbolisch zum Ausdruck gebracht werden, dass ihre Ehebande trotz der räumlichen Trennung unangetastet bleiben.

Aus besseren Tagen existiert ein weiteres Geschenk: ihr Holzlämmchen, das auf seinem Salzburger Schreibtisch steht und möglicherweise schon im März 1934 auf sein Londoner Pendant wandert. Später wird jedenfalls viel Salzburger Inventar eintrudeln – ein Bündel voller Erinnerungen, obwohl dem Bindungsscheuen der Salzburger Betrieb wie ein Mühlstein am Hals hängt. Das weiß auch seine Frau, die gegenüber einem Freund behauptet, ihr Mann handle brutal und stecke in einer imaginären Emigrantenpsychose, während sie sich an ihrer Heimat erfreue.

Wem soll man nun Glauben schenken? Nach der einen Version äußert Friderike Zweig die Absicht, den Salzburger Haushalt aufzulösen und ihrem Mann nach London zu folgen – getreu ihrer Ehepflicht. Nach der anderen Version weigert sie sich, der Salzburger Polizei formell mitzuteilen, dass Stefan und Friderike Zweig das Haus Kapuzinerberg 5 und damit Österreich verlassen. Bald nach dem Hausfriedensbruch soll er sich von London aus in Salzburg schriftlich abmelden – Mitteilung und Meldezettel gehen leider verloren. Die Richtigkeit wird aber indirekt durch das Schreiben des Wiener Rechtsanwaltes Dr. Stiassny an das Steueramt bestätigt; das Konzept geht am 6. März 1934 an Zweig: »In Vertretung des Herrn Dr. Stefan Zweig beehre ich mich bekannt zu geben, dass derselbe ab 1. März d. J. seinen Haushalt in Salzburg und seinen Wohnsitz nach London verlegt hat. [...] Seine Steuerpflicht endet daher mit 28. Februar 1934, insoweit es sich nicht um Abgaben handelt, die von seinem Grundbesitze in Salzburg zu entrichten sein werden.«

Daran stimmt einiges nicht, wie der weitere Verlauf zeigen wird. Die Materie ist derart kompliziert, dass man einen Steuerberater fragen muss, was es bedeutet, wenn der Ehemann, der seinen ordentlichen Wohnsitz ins Ausland verlegt, in Österreich keine Steuern mehr bezahlt, hier aber ein Einkommen, einen Realbesitz, auch seine Ehefrau hat. Es heißt trocken: Für das Steueramt gilt als Hauptwohnsitz, wo die Ehefrau lebt. Der Mittelpunkt des Lebensinteresses ist daher Salzburg. Hier muss Zweig seine Einkommenssteuern zahlen, gleich ob er gemeldet ist oder nicht. Wenn er keine Erklärungen abgibt, werden seine Einkünfte geschätzt, und wenn er nicht zahlt, dann kann der Realbesitz belastet werden.

In seinem Haus leben die Ehefrau und ihre Kinder, die erwachsene, bald dreißigjährige Frauen sind. Suse ist Säuglingspflegerin und Fotografin. Sie macht glänzende Exklusivfotos, die sie eigenhändig in ihrer Dunkelkammer im häuslichen Badezimmer ausarbeitet. Bei Reichner gibt sie einen Fotoband mit einem viersprachigen Text über Arturo Toscanini heraus. Die ältere Alix arbeitet in einem Reisebüro, im Festspielhaus und bei der *London-Salzburg-Society*, und sitzt somit ebenfalls im Herzen der Salzburger Weltkultur. Moissi, Raoul Lange, Frieda Richard und andere gehören zum Salonzirkel Friderike Zweigs. Ihre engsten Freundinnen sind aber Josefine Junger und Magda Grasmayr (Mautner-Markhof). Aus deren Kreisen kennt Friderike auch die Malerin Helene von Taussig und die Baronin Madeleine Baillou, Präsidentin der *Hospitalitas Salisburgensis*, verbunden mit der *London-Salzburg-Society* (Clubraum im Hotel Bristol).

Im Ganzen gesehen existiert eine starke Bindung an ihren geliebten Heimatort. Die Ehefrau sollte aber ihrem

Mann folgen – samt ihren ledigen Töchtern, die der Stiefvater gelinde gesagt nicht mag. Diese Trennung rührt ihn am geringsten. Anders verhält es sich bei seinem lieben Sohn Kaspar. »Und was ist aus Ihrem Kaspar geworden – Ihrem Hund, der Sie in Ihrem Garten bewachte?« Auf diese Frage erhält Romain Rolland von seinem Salzburger Freund leider keine Antwort. Kaspar soll Mitte der 30er Jahre an Darmverschluss sterben. Das wird sein Herrl schmerzen, ihm aber darüberhinaus seinen Weggang um einiges erleichtern.

Im Juli 1934 sind Stefan Zweig und seine Sekretärin in Schottland, um ein wenig Atmosphäre für *Maria Stuart* einzufangen. Rapid wandelt sich indessen die politische Lage in Österreich. Deshalb verschiebt Zweig seine geplante Reise nach Salzburg. Anfang August ist er in der neutralen Schweiz, in Klosters. Dann macht er doch zwei Abstecher nach Salzburg, um die Festspiele zu genießen. René Schickele gegenüber bemerkt er am 27. August, dass er seine Verlagsbeziehung zu Deutschland auflöse. Auf diesem von Frau Meingast getippten Brief flickt Zweig mit gespitztem Bleistift dazu: »gehe von Salzburg fort«. Ja, er geht fort, spätestens am übernächsten Tag, aber nicht lautlos.

Zweig will es allen Salzburgern, seinen Freunden wie Feinden, noch verhalten sagen, weshalb er seine Wahlheimat verlässt und was sie an ihm verliert. Er muss die Informationsquelle sein für den Bericht vom 27. August 1934 im regimefeindlichen *Salzburger Volksblatt*, das seit Februar 1934 unter politischer Aufsicht steht: »**Stefan Zweig verläßt Salzburg.** – Der Dichter Dr. Stefan Zweig, der erst vor wenigen Tagen aus England nach Österreich zurückgekehrt ist, ist heute Montag wieder nach London abgereist. Von dort wird er sich zu längerem Aufenthalt nach Amerika begeben. Dr. Zweig gedenkt nach etwa Jahresfrist nach Österreich, jedoch nicht nach Salzburg, zurückzukehren. Er will seinen schönen Besitz, das Zieglerschlößchen auf dem Kapuzinerberg, verkaufen und sich in der Umgebung Wiens oder in Wien selbst niederlassen. Der Grund seines Wegzuges von Salzburg ist in gewissen Vorgängen nach dem 12. Februar zu suchen. Für das Geistesleben in Salzburg bedeutet dieser Entschluß des Dichters, der auch wiederholt im *Salzburger Volksblatt* wertvolle Arbeiten veröffentlichte, einen nicht zu unterschätzenden Verlust.«

Zweig hat allerdings nicht vor, sich in Wien niederzulassen. Von Bedeutung ist aber sein Wiener Verlag, über den Zweig sogar den Schriftverkehr mit Behörden abwickelt. Die Hintergründe werden der Öffentlichkeit freilich verheimlicht. Der Verweis auf den 12. Februar ist immerhin eine gewagte Andeutung. Zweig ist tief getroffen und möchte Abstand gewinnen.

Am 10. Jänner 1935 gehen Zweig und Toscanini kaum zufällig auf dem selben Amerikadampfer unter Deck. Was davor im fernen *Hôtel Westminster* an der Côte d'Azur passiert, davon zeugt eine einfühlsame Schilderung Friderikes in *Wie ich ihn erlebte*: »Die letzten Vorbereitungen zur Amerikareise rückten heran und, wie vorher verabredet, auch die Abfahrt Lottes, die in einem nahen Gebirgsort noch zur Erholung verweilen wollte. Eines nachmittags, als gerade an dem *Maria Stuart*-Manuskript letzte Hand angelegt wurde, bat mich Stefan, auf das amerikanische Konsulat zu gehen und dort in seinen österreichischen Pass das Besuchsvisum eintragen zu lassen. Obwohl ich die amerikanischen Einladungen vorwies und Stefans Name dem Konsul bekannt war, erklärte dieser, es müssten noch Papiere beigebracht werden, aus denen der dauernde Wohnsitz und Einkünfte oder Besitz im Heimatland hervorgingen. Nun war es gut, dass das Haus in Salzburg noch nicht verkauft und der geforderte Beweis schnell zu erbringen war. Um die zusätzliche Erklärung zu holen, eilte ich rasch ins Hotel zurück und trat von meinem Zimmer aus in Stefans Arbeitsraum – leider in einem unglücklichen Augenblick. Nie habe ich ein menschliches Wesen so bestürzt gesehen, wie dieses aus einer tiefen Benommenheit aufgescheuchte junge Mädchen. Auch Stefan war sehr erschrocken.«

Von seinem Verhältnis scheint die erfahrene wie reife Ehefrau ein gutes halbes Jahr nichts zu ahnen, oder sie möchte so lange nicht wahrhaben, dass er seine Loslösung mit Hilfe von Lotte Altmann langsam wahr macht. Friderike suggeriert auch, dass ihr Mann ohne das gemeinsame Haus nie auf dem Doppelschraubendampfer im New Yorker Hafen landen würde. Zweig ist Auslandsösterreicher, hat seinen ordentlichen Wohnsitz in London und dort eher mehr Einkünfte als in Salzburg. Das soll für ein Besuchsvisum aber nicht reichen. Genauso wenig einleuchtend ist, dass die Ehefrau dem Ehemann zu Diensten ist und ins amerikanische Konsulat rennt, nicht aber die bezahlte Sekretärin, die gut Englisch spricht.

Das von der düpierten 52-jährigen Ehefrau vermittelte Bild ist leider verschwommen: Der alternde Casanova und seine junge Sekretärin liegen anscheinend eng umschlungen auf der Couch im Arbeitszimmer. Wollen sie sich bloß aneinander wärmen, oder erwischt ihn die Ehefrau in flagranti? Sie urteilt jedenfalls: »In den vielen Jahren unserer Ehe war derlei nie geschehen. [...] Das Haus war es, das zerbrochen war.«

Das Haus zerbricht schon zu Hause, über viele Jahre hinweg.

Zweig ist also erschrocken, aber er will dem Wunsch der Ehefrau nicht folgen, einen Schlussstrich unter das Dreiecksverhältnis zu ziehen und seine Geliebte zu entlassen. Er tut so, als ob er ohne Sekretärin hilflos und verloren wäre. Im Mai 1935 erfährt Friderike von ihm, dass er sich in Zürich eine Sekretärin ausleihe. Das fremde Fräulein tippt angeblich noch im Juli. Zweig und Lotte Altmann tummeln sich aber bereits im mondänen Pontresina, in ihrem Rausch der Verwandlung. Erich Ebermayer ist mit von der Partie, und ihm soll Zweig anvertrauen, dass seine Salzburger Ehe bald geschieden werde. Ende Juli begleitet Ebermayer die beiden zu ihren Zügen: Altmann reist nach London und Zweig in Richtung Salzburg, wo er nach eigenen Worten nur vorbeistreifen will – beim *Falstaff* von Toscanini am 29. Juli, das ist gewiss.

Am nächsten Tag steigt er mit Friderike und Frau Meingast in den Zug nach Marienbad, *Villa Souvenir*, wo sie einen schönen August in der Illusion völliger Harmonie verbringen. Auf der Rückfahrt bleiben Zweig und seine Sekretärin in Wien. Friderike eilt nach Salzburg und klammert sich an das Haus. Doch ihre Bindungen werden zunehmend verwickelter.

Friderike und Stefan haben bei ihrer Heirat seiner Mutter das Wort gegeben, dass sie zeit ihres Lebens zusammen bleiben. Die italienische Mutter kettet ihre Lieben weiterhin an sich und aneinander. Da sie krank ist, bleibt ihr Sohn schon im Frühjahr länger als geplant in Wien. Im Herbst verpflichtet er seine Frau zur Betreuung: »Im allgemeinen haben ja solche kurzen Reisen nach Wien wenig Sinn, dagegen wird es notwendig sein, daß Du [liebe Gattin, so die Anrede] dann im Dezember hier weilst, weil wir trotz des augenblicklichen Zustandes Mama nicht allein lassen wollen. Sonst nichts Wesentliches. Herzlichst Dein Stefan«. Friderike lässt sich gern einspannen, da ihr Herz an der Schwiegermama und an deren Sohn hängt. Der scheue Mann kreist somit um drei Frauen: um seine Mama, Lotte Altmann und Friderike – *Mumu* oder *Exmumu*.

Man entschuldigt sich?

»Bei Stefans nächstem Aufenthalt in Wien [Dezember 1935] stattete der Salzburger Landeshauptmann ihm im *Hotel Regina* einen Besuch ab, um eine Entschuldigung vorzubringen«, behauptet Friderike Zweig in ihren *Spiegelungen*, und gleich darauf gesteht sie: »Daß ich diesen Besuch in die Wege geleitet hatte, war Stefan unerfreulich und veränderte seine Haltung nicht.«

Die Frau scheitert bei ihrem Vorhaben, ihren Mann ans gebrochene Haus zu binden, und er muss sich darin bestätigt sehen, dass ihn die Gattin nicht versteht. Seine politische Haltung wird nur jemand begreifen, der sich nicht an der politischen Obrigkeit – schon gar im diktatorischen Österreich – orientiert. Außerdem lassen sich Verletzungen der Menschenrechte schwerlich durch offizielle Gesten mildern oder beschönigen. Spätestens seit dem 27. August 1934 – »Stefan Zweig verläßt Salzburg« – weiß man doch Bescheid, und trotzdem macht der Landeshauptmann nicht den generösen ersten Schritt. Das betreibt vielmehr – auf Initiative von Friderike – die Quartiergeberin von Toscanini, die Präsidentin der *Hospitalitas Salisburgensis*, Baronin Baillou, Gattin des Landesamtsdirektors Franz von Baillou (er signierte gemeinsam mit Rehrl den negativen Bescheid des Ehedispenses anno 1919).

Friderike Zweig irrt, wenn sie schreibt, Landeshauptmann Franz Rehrl würde sich bei Zweig entschuldigen. Auch das geplante Treffen im *Hotel Regina* kommt nicht zustande. Der Landeshauptmann ist allerdings kein Befürworter der österreichischen Diktatur, er ist ein christlichsozialer Demokrat, der sogar erfolgreich zugunsten der inhaftierten Sozialdemokraten interveniert. Zweig hat jedoch eine schlechte Meinung über die judenfeindliche Bewegung, der Rehrl angehört, und beide meiden fünfzehn Jahre jeden Kontakt.

Rehrl liest im Brief der Baronin Baillou vom 17. Mai 1935 vornehmlich die ihr von Friderike soufflierte Meinung über Zweig: »Als ehrlicher Jude u. Zionist hat er in der heutigen Strömung natürlich hier viele Gegner (alle Nazis!), aber wir leben ja noch, Gott sei Dank, in einem freien Österreich [...]«. Welches Österreich wirklich gemeint ist, verbirgt sich hinter der Aussage der Baronin, dass Zweig überall im Ausland, wo man im öffentlichen Leben keinen Antisemitismus kenne, gefeiert werde – »nur bei uns nicht«. Das stimmt auch, denn der Weltruhmdichter zählt im eigenen, in dem von Christlichsozialen regierten Land nicht einmal zu den 24 berühmtesten Österreichern – laut Umfrage des *Neuen Wiener Tagblatts*. Dazu passt die Befürchtung, die der Landeshauptmann von der Baronin zu hören bekommt: »Ließe man Dr. Zweig wortlos ziehen, so wäre das bald Gespräch in allen Ländern – zweifellos eine Kulturschande f. Salzburg – u. wir würden in der internationalen Presse zerrissen werden.«

Nach Erhalt des Briefes spricht der vorsichtig agierende Landeshauptmann mit Bernhard Paumgartner, der mit Zweig gut bekannt ist und daher als Mittelsmann in Frage kommt. Von ihm erfährt Zweig, dass ihm der Landeshauptmann seine freundliche Gesinnung bekunde, worauf Zweig sich herzlichst bedankt und ihn für sein persönliches Werk, die Erbauung der Großglocknerstraße, aufrichtig beglückwünscht. Erst am 19. August 1935 lässt Rehrl einen höflichen Brief schreiben, der seine reservierte Haltung zum Ausdruck bringt und keinerlei Entschuldigung enthält: »Ich darf mich diesbezüglich auf die Mitteilungen beziehen, welche Herr Professor Paumgartner über meine Bitte Ihnen gemacht hat und kann nur noch der Versicherung Ausdruck verleihen, dass Sie bei uns in Salzburg ein stets gerne gesehener Gast [sic] sein werden und es mich sehr freuen wird, Sie anlässlich Ihrer Durchreise hier begrüßen zu können.«

Zweig möchte sich lieber verkriechen, als sich zum wiederholten Mal rechtfertigen. Dafür hat der lavierende Landesherr viel Verständnis, denn er entzieht sich ja selbst jeder Entschuldigung für den ungewollten Staatsterror. Überdies weiß Rehrl von der resoluten Madeleine Baillou, dass die Villa Zweig verkäuflich ist. Salzburg wird um eine Attraktion ärmer sein und wirtschaftlichen Schaden erleiden. Dessen ist sich zumindest die Baronin bewusst, die Rehrl gegenüber mit Nachdruck bemerkt: »Aus eigener Erfahrung kann ich Ihnen aber sagen, dass Dr. Zweig u. sein Haus zu den größten Attraktionen der Fremden hier gehört.«

Zweig selbst ist hier ein Fremdling, der wie einst im zerfahrenen Fin de Siècle im Dichten und Reisen Entlastung und Befreiung sucht: »Jedenfalls, Reisen ist mir kein fremder Zustand mehr, sondern beinahe ein natürlicher. Man hat sich stärker losgelöst von den Bindungen und Gewohnheiten, von Haus und Besitz – beides fragwürdig geworden und kaum mehr entbehrt. Zwei Koffer, in dem einen die Garderobe, die irdische Notwendigkeit, in dem anderen Manuskripte, die geistige Bereitschaft und man ist überall zu Hause. [...] Also entlastet in den Waggon! Rollen ist Ruhe, Reisen ist Rast in der Unruhe der Welt.« (Tagebuch 27. 9. 1935)

Seine literarischen Arbeiten werden en passant nachgetragen: Für Alexander Moissi übersetzt Zweig das Stück *Non si sa come* von Luigi Pirandello. Noch vor der Wiener Uraufführung stirbt der nicht ganz 55-jährige Moissi – als Salzburger Jedermann schon eine Legende. Im Frühjahr 1935 lässt Reichner die Biografie *Maria Stuart* ausliefern. Ein Geschenkexemplar erhält die Studienbibliothek (27. 6. 1935). Ein weiteres darf Frau Meingast in die Redaktion des *Salzburger Volksblattes* tragen. Hier erscheint schon am 13. Juni eine Kritik, seltsamerweise aus der Hand von Thomas Mayrhofer, dem Chefredakteur, der seit den Februar-Unruhen unfreiwillig im Ruhestand ist.

Das pensionierte Fossil aus dem deutschfreiheitlichen Bildungsbürgertum vergleicht gekonnt die Bearbeitungen von Friedrich Schiller, Sir Walter Scott und Stefan Zweig. Letzterer allein wird gerühmt: für die Psychogramme der Widersacherinnen Maria und Elisabeth und für die Darstellung ihrer Intrigen und Leiden, ihrer Entschlossenheit beziehungsweise Wankelmütigkeit – »immer blieb und bleibt noch vieles ein ungeklärtes Ge-

MAN ENTSCHULDIGT SICH?

heimnis. Hier aber setzt das Wirken des Dichters ein, der mit einem retrospektiven Sehertum Zusammenhänge erahnt und durchschaut. Und so ist das Buch Stefan Zweigs, wenn es auch das ernst zu nehmende Werk eines gewissenhaften Geschichtsforschers ist, doch letzten Endes dichterische Arbeit von hohem geistigen und poetischen Wert.«

Der Rezensent kann es sich nicht verkneifen, einige für Zweigs Politikverständnis charakteristische Stellen »kommentarlos« zu zitieren, um sich unzensiert zu äußern – als Beispiel: »Aber Politik ist allezeit die Wissenschaft des Widersinns. Ihr widerstreben die einfachen, die natürlichsten, die vernunftmäßigen Lösungen; Schwierigkeiten sind ihre liebste Lust, Zwist ist ihr Element.«

Zerwürfnisse können anderswo vermieden werden. Emil Fuchs hat seinen Wiener Posten als Lektor, sonst würde *Maria Stuart* – Zweigs Druckmittel – nicht im Programm stehen. Mit Erwin Rieger sitzt ein weiterer Konfident im Verlag Reichner. Auch die Sekretärin Anna Meingast wird unbarmherzig eingespannt, wie ihr Zweig verspricht, damit ja der Verdacht auf Entlassung ausgeräumt wird. Längst recherchiert er für das historische Bild, in dem er sich wiedererkennt: Castellio, sein Gewissen gegen den gewalttätigen Calvin, den Reformator und Dogmatiker vom Genfer See, in dessen Nähe auch Romain Rolland lebt. Das mag bedeuten, dass sein politischer Kniefall vor dem »teuren Genossen Stalin« und das gestörte Verhältnis zu Zweig eine kleine Rolle spielen.

Bald nach dem Ehrentag des siebzigjährigen Rolland ist die Biografie *Castellio gegen Calvin* auf dem Markt, doch weder in Deutschland und Italien noch in der Schweiz und der UdSSR. Darauf schreibt Zweig seine jüdische Legende *Der begrabene Leuchter* über die Diaspora-Juden im alten Rom, das von den germanischen Vandalen überfallen wird – die Legende als Prophezeiung eines Unheils? Indessen widmet sich Friderike Zweig, um ihr Alleinsein zu verkraften, abermals ihrer Pasteur-Biografie. Ihr Erstlingsroman *Ruf der Heimat* läuft weiterhin im Programm des völkisch-nationalen Verlages *Das Bergland-Buch*, der in Deutschland einen beträchtlichen Absatz erzielt.

Ob das Ehepaar sich noch einmal der Illusion eines gemeinsamen Lebens hingibt, ist mehr als fraglich. Er äußert sich nach der jeweiligen Laune und Stimmung, ihren Höhen und Tiefen – ein Wickelwackel. »Salzburg soll bestehen, so lange es Dir Freude macht – als Sommerwohnung und eben solange es auch im anderen Sinne geht, ich habe nicht die Absicht, jemandem die Heimat zu rauben«, darf die Frau im Oktober 1935 lesen. Er will unbedingt übersiedeln und besichtigt in der Hallam Street 49 ein unmöbliertes Apartment mit fünf Räumen inklusive zwei Schlafzimmern. Sie soll sich sofort um die Modalitäten der Übersiedlung kümmern: »Vielleicht machst Du Dir eine Liste über das, was brauchbar wäre. Es sind ja im Hause [Kapuzinerberg] so viel Sachen, daß es deshalb dennoch völlig intakt wirken würde.« Und Friderike Zweig kommentiert: »Um Stefan in der Wohnungssuche und Entscheidung zu entlasten, hielt ich mich kurze Zeit in London auf, und wir mieteten die unmöblierte Wohnung in der Hallam Street.« Hinter dem Wir steht wie anno 1917 die entschlossene Frau, längst erfahren in praktischen Dingen. Damit glaubt sie retten zu können, was nicht zu retten ist.

Der Mann wünscht einen reibungslosen Transport – Bücher sehr reichlich – nach London. Um den 17. De-

zember 1935 ist Zweig persönlich auf dem Kapuzinerberg, um seine Betriebsauflösung voranzutreiben. Eine
Nächtigung ist auszuschließen, seine Schreibarbeit verrichtet er im düsteren Wien, wo er Frau Meingast über
die Feiertage hinweg braucht. Von dort meldet Zweig
– als Morosus – dem Komponisten Strauss die nächste
Station: »für vier Wochen Adresse Fräulein Lotte Altmann *Hôtel Westminster*«. Zweig und seine Londoner Sekretärin sind wie im Vorjahr in Nizza, desgleichen die
Ehefrau, die kurz vorbeischaut und der Salzburger Sekretärin berichtet: »ohne Störung« (SM). Versteckt
Zweig seine Geliebte vor der Schnellvisite der Ehefrau,
oder teilt diese mit beiden ihr intimes Geheimnis – eine diskrete Dreierbeziehung?

Friderike Zweig möchte bloß die schwierige Londoner Haushaltsgründung auf ihrem selbstlosen Treue-
konto verbucht wissen (Kommentar im Briefwechsel):
»Im Jänner, nach einem Aufenthalt in Nizza, fuhr ich voraus nach London, um die Wohnung in der Hallam
Street, in einem noch im Bau begriffenen Haus, mit den
aus Salzburg eingetroffenen Möbeln, Bildern, Büchern
einzurichten. Stefan hatte unter starker Gemütsbewe-
gung einige Monate zuvor an der Sichtung und teilwei-
sen Auflösung seiner Briefschaften, seiner Manuskripte
und Entwürfe mitgearbeitet. Ich trachtete nun, sein Arbeitszimmer in der Hallam Street genau seiner Bibliothek
in Salzburg nachzubilden, mit der gleichen roten Tapete,
die er liebte, der Masereel'schen Landschaft über seinen
Bücherschränken, die aber gegenüber den zirka 10.000
Bänden in Salzburg zunächst nur ein Zehntel dessen ent-
hielten. Im Mai fuhr ich wieder nach Salzburg.«

Sie lässt ein Bündel voller Erinnerungen und Verpflichtungen zurück, um ihrem Mann den Wunsch nach

einem neuen Leben zu verleiden. Der Salzburger Schreibtisch – und darauf das Holzlämmchen? – garantiert immerhin den Halt, den Zweig so dringend braucht. Bald nach der Rückkehr aus Nizza, etwa Anfang März 1936, kann sich der Schriftsteller an seinen bewährten Arbeitstisch setzen. Zweig ist noch enthaltsam, hat aber seine schlimmsten Tage bereits hinter sich: Starke Zigarren möchte er nicht mehr paffen – ein weiterer Österreich-Entzug von mittlerer Dauer. In diese Zeit fällt die Anmeldung des neuen Wohnsitzes bei der Londoner Polizei. Stehen auf dem Formular außer Stefan Zweig auch Lotte Altmann und Friderike Zweig?

Auch die Leidensgefährtinnen und ihr wackeliger Gespons werden sich die Frage stellen, wie denn die Dreiecksgeschichte weiterlaufen soll? Die Ehe kann schwerlich geschieden werden, solange die Mutter lebt. Die Trennung verläuft aber in Etappen. Zuerst wird das Kapuzinerreich feinsäuberlich ausgeweidet – schmerzlicher als der zeitweilige Österreich-Entzug. Heimlich wie unheimlich: im Frühjahr 1936 lässt Zweig seine Reliquien – darunter seinen weltseitigen Goethe – durch das Wiener Antiquariat Heinrich Hinterberger anonym versteigern: *Eine berühmte Sammlung repräsentativer Handschriften* (Katalog, 1. Teil). Das komplette Angebot inklusive der nicht publizierten Sammlung kauft Martin Bodmer, ein Schweizer.

Selbst Friderike Zweig wird nicht zur Gänze in die Transaktion eingeweiht, sie weiß beispielsweise nicht, was mit den Beethoven-Reliquien passiert, sieht aber freilich, wie die Schätze verschwinden, und sucht Trost bei Joseph Roth, der seinem Freund Zweig offenbart: »Es ist, glaube ich, keine Indiskretion, wenn ich Ihnen sage, daß ich es ihr geraten habe [nämlich von Salzburg eine Zeitlang wegzufahren]. Ich hätte es doch vor Ihnen beiden offen gesagt. Vergessen Sie aber niemals, lieber Freund, daß sie ein außergewöhnlich treuer Mensch ist und daß sie Rücksicht verdient und daß sie sich in einem Alter befindet, in dem jede Frau fürchtet, verlassen zu werden. Es ist das Alter der Panik. Und sie hat in den letzten Jahren gewiß nicht weniger gelitten als wir.«

Im Juni 1936 ist Zweig wieder in Österreich, vor allem um seine Mutter zu sehen und nebenher Fahnen zu korrigieren. Um den 16. Juni soll er einmal auf dem Kapuzinerberg nächtigen, mutmaßlich zum letzten Mal. Die Ehefrau darf ihn jedenfalls nach Wien begleiten. Ein gemeinsamer Urlaub ist aber nicht vorgesehen, denn diesen verbringen Zweig und Lotte Altmann in verschiedenen Hotels von Ostende. Dafür gibt es mindestens vier Zeitzeugen: den Wiener Lektor Emil Fuchs, den Exilschriftsteller Hermann Kesten, schließlich Roth und seine neue Gefährtin Irmgard Keun. Zweigs Einladung gilt seinem »Rothi« allein, für den das belgische Schnapsverbot von Vorteil wäre. Der Freund steckt noch immer in seinen verschlissenen Röhrenhosen – peinlich in pikfeinen Lokalen. Deshalb lässt ihm sein Gönner beim sündteuren Tailleur flatternde Modehosen anmessen. Bei nächstbester Gelegenheit schüttet Roth ein giftgrünes Gesöff auf seinen alten Rock, damit sein ausgemergelter Leib ebenso elegant ausstaffiert wird, was der beschämte Spender prompt nachholt.

Aus der Festspielstadt eilt eine sentimentale Botschaft nach Ostende (bemerkenswerterweise der erste Brief Friderike Zweigs nach drei Jahren Stillschweigen in der publizierten Korrespondenz): »Unzählige Leute grüßen Dich und lassen gute Reise wünschen. Von dem Andrang hier kannst du Dir keine Vorstellung machen. Es ist, als gäbe es für alle Automobilisten, alle Neugierigen der Welt kein anderes Ziel als die Festspiele, dabei ist die deutsche Grenze noch nicht geöffnet [Aufhebung der besagten Tausend-Mark-Sperre erst Ende August 1936]. Bei uns oben ist es oasenhaft still und die wenigen Besucher atmen auf. [...] Meine Aufnahmenfähigkeit für die Festspiele ist aber leider matt, weil mir immer die Tränen im Hals sitzen. Ich lege Dir sehr ans Herz, auf Deine Gesundheit zu achten. Herzlichst F.«

Im Salzburger Haus empfängt Friderike reichlich Post (neun publizierte Briefe) vom Turbinendampfer *Alcântara*, dann aus Rio de Janeiro, São Paolo und Buenos Aires. In Rio wird Zweig vom österreichischen Attaché betreut, der ihn auch in die nahe Kaiserstadt Petrópolis chauffiert. Sie erinnert den Globetrotter an den Luftkurort Semmering. Beim Besuch von São Paolo blasen die Zuchthäusler die österreichische Kaiserhymne – »zum erstenmal im Leben mir zu Ehren«, so witzelt der Stolze.

Derweilen reist die Ehefrau nach London in die Hallam Street, um seine Arbeitsverhältnisse zu ordnen: »Hier wirst Du alles in Ordnung finden. Es war mir eine große Freude, wieder hier zu wohnen und Dich trotz Meerferne näher zu spüren«, schreibt sie am 29. September 1936 »to Mr. Stefan Zweig, Passenger per Almanzora«. Sie erwartet ihn auf dem Pier von Southampton. Die Partner sind eine knappe Woche beisammen – dann vorzeitiger Abschied aus ungenannten Gründen. Den zitierten Brief vom 29. September kommentiert sie folgendermaßen: »Dies ist der letzte Brief aus unserer gemeinsamen Wohnung in der Hallam Street in London, in die ich dann nie wieder zurückkehrte.«

Für ihre überstürzte Abreise ins Pariser *Hôtel Louvois* muss es gravierende Gründe geben. Sie gratuliert ihrem Mann freilich zu seinem 55. Geburtstag, aber der jammernde Zweig – vier Wochen ohne Zigarrenqualm – möchte sich am liebsten verdrücken: »Die Gansleber ist mir vom Zoll avisiert worden und wird mir Montag zugestellt. In der Sache des Hauses sieht der Advokat noch einige Pferdefüße. [...] Ich wäre froh, irgend ein kleines anonymes Leben irgendwo führen zu können und von dem unablässig rollenden Kampfwagen abzusteigen. Herzliche Grüße St.«

Die folgende Londoner Post wird nicht an das Salzburger Haus adressiert, vielmehr an die Wiener *Pension Atlanta* und Yella Hertzka, die Wiener Friedensfreundin, bei der Friderike, ihre Töchter und Herr Johann wohnen dürfen. Reibereien mit dem Diener werden zwar angedeutet, deren Hintergründe aber sorgsam verschwiegen.

Unzensierte Intimpost

All die verdunkelten Motive und Vorgänge können nicht annähernd plausibel gedeutet werden – unmöglich jedenfalls anhand des lückenhaften Briefwechsels. Außerdem ist der vierte und letzte Band der Zweig-Briefe noch nicht erschienen. In dieser misslichen Situation hat der Herausgeber der Werke und Briefe im S. Fischer Verlag, Knut Beck, seine Hilfe angeboten. Ihm und dem *Willi-*

ams Verlag, bei dem die Weltrechte liegen, gebührt unser Dank, dass wir einen Stoß von Originalbriefen – in Form von Kopien freilich – lesen, transkribieren, zitieren und deuten dürfen.

Die Korrespondenz der Eheleute Zweig ist hochspannend und niederschmetternd zugleich: einerseits ohne die lästigen blinden Flecken – Wörter oder Passagen, die Friderike in ihrem ausgewählten und publizierten Briefwechsel auslässt oder zensiert – und andererseits mit etlichen unveröffentlichten, völlig unbekannten, brisanten und erhellenden Briefen. Diese werden unter dem Code (W) zitiert, andernfalls, etwa beim Vergleich mit einem Text aus dem allen zugänglichen Briefwechsel Friderike Zweigs, unter dem Code (B) – dazu sprechende Vergleichsbeispiele:

(B): »Leider Besuch bei Rolland höchst unerfreulich, er sieht müd und alt aus; bei der Beratung über jene Veranstaltung ... Ich und Rolland waren ganz konsterniert. Madeleine wollte wie ich, daß die Gesamtheit Rollands gezeigt wird. ... Unter diesen Umständen habe ich wenig Lust weiter mitzutun und hoffe, Paris kürzen zu können.«

Die hier ausnahmsweise markierten Lücken sind Auslassungen im doppelten Sinn, da Zweig auch verbal entgleist (W): »Leider Besuch bei Rolland höchst unerfreulich, er sieht müd und alt aus; bei der Beratung über jene Veranstaltung [gemeint ist die Ehrung des 70-jährigen Romain Rolland] brach zwischen den beiden Frauen [der Schwester Madeleine und der Ehefrau Marie, geborene Maria Pawlowna Kudaschewa] eine furchtbare Scene aus, die einen aufgestauten tödlichen Hass aufdeckte (ich und Rolland waren ganz consterniert.) Madeleine wollte (wie ich), dass die Gesamtheit Rs. gezeigt

wird, während die stupide Kuh will, dass es in eine bol-
schewistische Apotheose verwandelt werde – wie blöd
verrannt sie ist [...].«

Die Auslassungen derartiger Entgleisungen haben
freilich den Vorteil, dass Friderike Zweig weniger zu erklären braucht. Eine andere Art von Auslassung kann als
nachträgliche Normalisierung der intimen Beziehung
im Sinne einer Friedensstiftung verstanden werden, beispielsweise wenn sie den Ehemann zensiert, weil er über
sie und ihren Duzfreund witzelt (B): »Dagegen Roth, ein
geliebter Alpdruck, er ist russisch versoffen, also grenzenlos, redet schon wie ein Verblendeter.« – (W): »Dagegen Roth Dein Beichtvater, ein geliebter Alpdruck
[...].«

Über ihn lässt die Herausgeberin des Briefwechsels
eine ganze Passage verschwinden, die im Original so beginnt (W): »Die Sachen Roth sind zu vier Fünftel pseu-
dologia phantastica (eine Erscheinung, die ich von der
Nähe studiert habe.) Er hatte nie 3000 und kaum je 300
Florine [Gulden], die Irmgard Keun sauft seit Ostende
mit ihm Tag für Tag [...].« Ein weiterer Vergleich (B):
»L. F., eben Deinen Brief.« – (W): »L. F. Eben Deinen
Brief (mit allen kleinen eingebauten Spitzen, aber ich
habe eine harte Haut.)« Beider Briefe enthalten also Anspielungen und Sticheleien, die sie tunlichst kappt, um
ihre gemeinsame Vergangenheit in weicherem Licht erscheinen zu lassen. Deshalb unterschlägt sie auch jenen
Namen, der in den Originalbriefen gelegentlich auftaucht: entweder als Vertraute oder als Fräulein A (Lotte
Altmann).

Auch die Sammlung der Originalbriefe hat Lücken,
da im Exil vornehmlich Post aus Salzburg verloren geht.
Daraus resultiert das einseitige und verzerrte Psycho-

gramm. Beim Vergleich vorhandener Texte springt einem etwas ins Auge: Publizierte Briefe sind üblicherweise gedruckt, Zweig schreibt seine persönlichen oder intimen Briefe aber grundsätzlich mit der Hand, nur in London geht er des Öfteren davon ab. Der Ehefrau sind die diktierten und getippten Briefe ein Gräuel, da diese durch die Hände jener Sekretärin laufen, die uns im publizierten Briefwechsel verheimlicht wird. In der Regel wirken die Maschinentexte kaltschnäuzig wie amtliche Verfügungen. Es hat aber den Vorteil, dass der Blick auf die Vorgänge weniger Schlieren hat. Man kann daher etwas klarer auf den Komplex Salzburg schauen, unter dem die getrennten Zweige leiden.

Madeleine Baillou bemerkt am 17. Mai 1935: »heute ist die Villa Zweig verkäuflich!« Das kann die Baronin nur von Friderike Zweig wissen, die über das Vorhaben ihres Mannes entsetzt sein muss. Er beauftragt sie zudem, die Verkaufsverhandlungen zu führen, und stellt dazu in barschem Ton seine Bedingungen, wie aus einem Schreiben vom 8. Mai 1935 an den Salzburger Immobilienhändler Silber hervorgeht (W) – zusammengefasst: Ganz diskret muss der Verkauf abgewickelt werden, der Interessent muss in der Lage sein, bar und prompt zu bezahlen, mit dem Haus muss ein Teil des Inventars übernommen werden, im Preis inkludiert.

Den Wunschpreis nennt Zweig nicht – bedauerlich, denn bald sieht die Ehefrau sich mit dem Vorwurf konfrontiert, sie würde durch ihre unerfüllbare Vorstellung den Verkauf verschleppen. Die Zeiten sind allerdings schlecht, es purzeln die Löhne und Preise. Zweig möchte sein Haus nicht verschleudern, die drohende Steuerlast setzt ihn aber unter Druck, denn er soll etwa 19.000 Schilling pro Jahr zahlen (etwa 54.000 Euro nach heutigem Wert). Anhand des Bescheides wird Zweig eine einfache Rechnung anstellen: Die Summe von vier oder fünf Jahressteuern entspricht dem Wert des Hauses. Doch der Marktwert sinkt und die Belastung im Grundbuch droht. Außerdem beklagt er seine enormen Verluste in England und in Deutschland infolge der Abwertung des Pfunds beziehungsweise des Ausfalls der Honorare. Für die Verweigerung der Steuern wird Zweig noch andere Gründe haben: die ihm zugefügte Kränkung in Salzburg einerseits, das Verständnis, das er in London erfährt, andererseits. Zweig forciert sein Vorhaben jedenfalls nach der Nizza-Szene.

Selbst anhand des unpublizierten Briefwechsels lässt sich das außereheliche Liebesverhältnis nur unscharf beschreiben. Anfang 1935 schickt ihm seine Sekretärin einen Brief, den die Ehefrau in ihre Hände bekommt und abschreibt – daraus ein Kurzzitat (W): »Ich möchte Dir noch einmal sagen oder habe ich es Dir noch nie gesagt, wie gerne ich dich habe und wie glücklich Du mich durch Deine Freundschaft gemacht hast. Wenn ich auch nach außen kalt erscheine – vielleicht auch Dir gegenüber, ohne es zu wollen –, so habe ich doch, glaube ich, ein ganz großes Bedürfnis nach Liebe und Freundschaft und die hast Du mir gegeben und ich bin Dir so dankbar dafür mehr als Du es ahnst. Du weißt ja nicht, wie einsam ich mich innerlich gefühlt habe, bevor Du kamst [...].«

Lotte Altmann meint es offenbar ernst, sie weiß jedenfalls, wie sie sich zu verhalten hat: sie spielt das Unschuldslämmchen, das er in der kritischen Zeit vermisst und braucht. Sie ist jünger als sein Lamm von damals: »Ich bin immer Dein Lamm, das mit Dir froh sein will.« Friderike ist aber schon lange nicht mehr gefügig, ihre ganze Liebe gilt ihren Töchtern, nicht zuletzt wegen des Bruchs ihrer ersten Ehe und der Probleme mit ihrem zweiten Ehemann, und sie ist obendrein die Hausherrin, die ihre Heimat und ihren Wohnsitz nicht aufgeben will. Das muss auch Lotte Altmann in London bemerken, wenn sie die Post der energischen Frau liest und die harschen Reaktionen des Mannes tippt. Dieses Vertrauen genießt auch Anna Meingast.

Wien, am 9. September 1935 – Zweig diktiert Frau Meingast einen langen Brief, der hier sinngemäß wiedergegeben wird (W): Dringend bittet er zweimal hintereinander um die Schließung des Hauses Kapuzinerberg 5. Die liebe Gattin möge sich mit Suse oder beiden Töchtern sowie mit dem Diener Johann in Wien eine kleine möblierte Wohnung nehmen. Bei diesem Wiener Aufenthalt soll Friderike das einzig Wichtige tun und sonst nichts anderes: sie soll ihre Töchter verheiraten. Er will seine Stieftöchter loshaben.

Nebenbei registriert die Ehefrau im Haus wachsende Spannungen, die aus dem Treueverhältnis von Johann und Frau Meingast gegenüber ihrem Dienstgeber resultieren. Gegenseitige Verdächtigungen sind die Folge. London, den 4. Oktober 1935 (W): Zweig behauptet, ihr Verdacht wäre ungerechtfertigt, und fordert, sie möge sich nicht immer mit Frau Junger beraten, die von seinen Bedrängnissen nichts verstünde. Am Rand dieses Brief notiert er handschriftlich: »And please do not talk about those things with nobody even with your family, before we have not settled all. Do the best in this time, to marry your daugther, that at least one [should have sattled?].«

Es ist freilich verständlich, wenn Friderike Zweig ihre beste Freundin ins Vertrauen zieht, denn sie hat ihren Wiener Verwandten und Bekannten gegenüber zu schweigen, in erster Linie der kranken Schwiegermutter wegen. Herauslesen kann das Friderike selbst im folgenden Brief, getippt auf einer britischen Maschine am 8. Oktober 1935 – eine fantastische Kuriosität, denn Zweig ist sowohl das Ich als auch das Er, sein Erasmus von London (W):

»Ich habe hier einen der tüchtigsten Doktoren über den Zustand des Patienten gesprochen, leider gibt er nicht die geringsten Aussichten. Es ist ein schleichendes Uebel, das sich noch ein paar Jahre bestenfalls fortschleppen kann, doch ist auch eine plötzliche Krise nicht ausgeschlossen. Jedenfalls sind für die Familie schon heute Vorsichtsmassnahmen geboten. Ich kenne den Arzt sonst als sehr zurückhaltend und war einigermassen bestürzt über seinen pessimistischen Befund. Hoffentlich irrt er sich. Zu meiner eigenen Arbeit habe ich ein neues Geschäft, weil mich mein Freund Erasmus jetzt mit seinen Wohnungsangelegenheiten belästigt. Er hat einen ganzen Pack Vorschläge von Agenten bekommen, aber es ist natürlich hier in London für ihn schwer [...].

Heute sah ich mit ihm zum ersten Mal etwas, was vielleicht passend sein könnte, gerade um die Ecke hier, Hallam Street, in einem eben fertig werdenden Gebäude. Es sind vier Zimmer, davon zwei für hiesige Verhältnisse sogar gross, für unsere bestenfalls normal [...].

Soviel er [Erasmus] mir sagte, wäre seine Absicht, Ende November oder Anfang Dezember zurückzukommen [nach Wien und Salzburg], seine Verwandten zu besuchen und dabei schon alles, was er übersiedelt, zu inspizieren. Er wäre Dir nun sehr dankbar, wenn Du Dich ungefähr über die Modalitäten einer solchen Übersiedlung erkundigen würdest, ob man einen Waggon voll haben muss oder ein halber genügt. Er möchte nur mitnehmen einen Schreibtisch, allenfalls noch den seines musikalischen Freundes [...].

Vielleicht bist Du ihm dabei behilflich, aber wenn Du Dich erkundigst, so tue es in diskretester Form und sprich auch sonst zu niemandem darüber. Seine Chefs brauchen nicht zu wissen, dass er seine Stellung aufgibt und auch das ganze Verwandtengeschwätz ist ihm verhasst.«

Zweigs Erasmus-Brief ist launig, spritzig und komödiantisch. Die Ehefrau will aber halbwegs klare Verhältnisse schaffen und reist dazu eigens nach London, ins *Langham Hôtel* am Portland Place, wo sie in nüchternem Ton einen Brief verfasst (W): »Lieber Stefan, um nochmals unsere Besprechungen festzuhalten: Wir nehmen hier einverständlich eine Wohnung, die Du als Dein pied à terre [Zweitwohnung] betrachtest. Ich leite nach Deinen Wünschen die Übersiedlung zu einem noch zu besprechenden Termin zu Beginn 1936. [...] Stefan«

Auf den ersten Blick nur Ungereimtheiten: Das Paar wohnt getrennt am selben Londoner Platz, doch sie schreibt an ihn einen Brief, den er unterschreibt: Es ist ein schriftlicher Vertrag. Anschließend eilt das Paar auseinander, sie über Paris nach Salzburg. Am 28. Oktober erwidert er in London (W): »L. F. ich freue mich, dass Du eine gute Reise gehabt hast. [...] − bitte gib diese törichte Eifersucht auf, die passt (leider!!) ganz und gar nicht zu unseren Jahren und ich habe andere Dinge im Kopfe und auf dem Zwerchfell. Wahrscheinlich kommt es jetzt bald zum Abschluss und ich habe wenigstens diesen Complex erledigt, der mich so viel Zeit und Nerven gekostet hat.« − Er wird beiden noch viel Zeit und Nerven kosten.

Es wird schon Gründe geben, dass Zweig seine Salzburger Eintagesvisite vom 16. Juni 1936 mit großem Zeitaufwand mehrmals ankündigt (W): »Im ganzen bin ich schon dieser unablässigen Anstrengungen müde – nie ein Theater, ein Vergnügen, man versäumt sein Leben. Ich bereite für nächste Woche alles vor und will gegen 16. für einen Tag in S. sein (*Bristol* wegen der Einfachheit) und dann gleich nach Wien. Viele Grüße S.« – »Nach dem *Hôtel Bristol* wollte ich, weil jene Angelegenheit doch noch immer nicht geregelt ist und ich gerne auch den kleinsten Anschein vermeiden will – es ist ärgerlich, gewiss, aber nicht meine Schuld. Ich denke etwa Sonntag zu reisen, Dienstag in S. zu sein, kann dann auch gleich nachts weiter. [PS] Am liebsten würde ich ja S. auf dem Hinweg überhaupt auslassen! Es geht eine herrliche Flugverbindung hier um 7 Uhr früh und ist um 1 Uhr in Wien, ohne in Deutschland zu landen. Ich telefoniere noch.« – »In Salzburg bitte niemandem zu sagen, dass ich komme, sondern bloss durchreise und auf der Rückkehr für einen oder zwei Tage mich einstellen werde. [...] Liebe Grüße S.«

Kommt S. nun nach S., nächtigt S. im Salzburger *Bristol*, oder überlegt S. es sich noch einmal und überfliegt S. seinen Komplex S.?

Nach dem Kurerlebnis in Ostende mit Lotte Altmann, Roth und Keun und knapp vor der Schiffspassage nach Rio flattert Salzburger Luftpost ins Londoner Haus, auf die Zweig am 7. August grantig reagiert (W): »Wegen Deiner Londoner Reise habe ich ja schon geschrieben. Ich würde gegen sechs Tage prinzipiell nichts einzuwenden haben, denn die ersten Tage nach der Rückkunft habe ich vermutlich nur Briefe zu diktieren und arbeite noch nicht. Aber steht es für so wenige Tage dafür? Ist es nicht wirklich wichtiger, dass Du die Lebensform, die Deine und die der Töchter, endlich in Ordnung bringst, dieses Hin und Her ist doch kein Dauerzustand für Dich. [...] Ich erkläre aber ausdrücklich, dass ich ein Herkommen von Töchtern ablehne. Wenn Du ein paar Tage früher kommst [vor seiner Rückkehr aus Rio], so geht es nicht anders als dass Du Frl. A. an meine oder ihre Adresse schreibst, sie soll Dir die Schlüssel hinterlegen (Hausschlüssel hast Du ja) und allenfalls die Checks der Westminsterb. [-bank] herausnehmen. Aber wie gesagt, ich hielte es für wichtiger, wenn Du die Stabilisierung der Töchter und der Wiener Wohnung vornimmst, dieses ununterbrochene Her und Hin ist wirklich unhaltbar.«

Es ist ihre und seine Wohnung, seine Zweitwohnung. Sie hat zwar den Schlüssel für das Londoner Haus, nicht aber für die Wohnung und für das Banksafe. Lotte Altmann hat während seiner Absenz die Schlüsselgewalt. Die Konfrontation kommt unausweichlich auf die Frauen zu, will der Mann sagen – eine Warnung. Zweig versucht der Ehefrau auszureden, nach London zu reisen und gar mit ihren Töchtern, die dort nichts verloren hätten. Die Mutter möge sich um ihre ureigenen Dinge kümmern und sich mit ihren Töchtern im fernen Wien niederlassen – neuerlich eine Order zur Sperre des Hauses Kapuzinerberg 5.

Trotz aller Drohungen und Seitenhiebe sucht Friderike Zweig die Konfrontation. Darüber schweigt sie in ihrem Brief vom 29. September »to Mr. Stefan Zweig, Passenger per Almanzora«, um ihm sein Vergnügen nicht zu verderben. Doch im handschriftlichen Original – auf seinem Briefpapier, 49, Hallam Street, London W 1 – sind unscheinbare Spitzen eingestreut (W): » Lieber Ste-

fan, es ist nichts riskiert, Dir diesen Gruß entgegenzusenden, wenn auch sehr zweifelhaft, daß er Dich erreicht. Die *Royal Mail* gab mir wenig Hoffnung. Unterwegs wirst Du ja aber bereits von Frl. A. Bericht gehabt
haben. Es scheint nichts Wichtiges – allenfalls eine Filmanfrage nach Salzburg. [Randnotiz:] Die hiesige Post an
Dich geht ungeöffnet an Frl. A., die alle 2ten Tag kam.
[...] und am 12ten oder 13ten fahre ich wieder weg. Ich
komme bis Southampton, damit ich möglichst wenig
von Dir versäume. Von Mama habe ich sehr liebe Nachricht.«

Die Hausherrin kontrolliert jedwede Korrespondenz, bevor sie Frau Meingast zu Gesicht bekommt. In
London zumindest wird diese Arbeit allein von Lotte
Altmann erledigt. Sie darf auch die Liebespost lesen.
Doch beim Streit in der Hallam Street geht es weniger
um den guten Ruf des Mannes, vielmehr um die Macht
der Frauen, die alles andere als dumme Lämmer sind.
Denn die angeblich so schweigsame Frau spricht sicherlich ein Machtwort, das die Konkurrentin reizt. Friderike Zweig hingegen versucht es auf subtile Weise, indem sie ihrem Mann durch die Blume einreden will, sie
empfange ihn quasi als liebe Mama, die ihren Sohn durch
den Schwur der ewigen Treue an sich bindet.

Kaum ist sie wieder auf dem Kapuzinerberg, muss sie
sich zum x-ten Mal seine Klagen, Anschuldigungen und
Sticheleien aus London anhören (W): »Schade! Ich habe
in Filmsachen immer Pech. Überhaupt wie viel Angelegenheiten immer, die nur Arbeit machen und nichts einbringen! [Randnotiz: Die Hälfte wäre seit fünfzehn Jahren vermieden, wenn meine Sachen übersichtlich
geordnet gewesen wären, auch die Zahlungen immer
kontrolliert.] Deinen Brief aus Paris habe ich erhalten.

Sonderbar, dass Du Pensionatsmutter wirst statt Groß-
mutter, wie es sich längst gehörte! Dies nur in äusserster
Eile! Herzl ... S.«

Die herzlose Titulierung der Frau als Pensionatsmutter bezieht sich auf ihren Wunsch, weiterhin mit ihren
ledigen Töchtern im Haus wohnen zu dürfen. Um dem
Mann die Betriebskosten zu ersparen, macht sie den
Vorschlag, im Haus ein Antiquariat einzurichten oder
aufzunehmen. Im Londoner Brief vom 2. November
1936 bezeichnet er ihre Rettungsversuche als »Phantas-
tereien – sieh doch endlich ein, dass ich mich bei meiner Arbeit entlasten muss und entkomplicieren«. Auch
im Brief vom 12. November wird das leidige Thema an-
geschnitten und nebenher ein zufälliges Treffen mit Carl
Zuckmayer in London geschildert. Zweig verschweigt
dabei, dass sich der Freund wie auch dessen Frau um die
Versöhnung der zerstrittenen Eheleute bemühen – vergebens. Der Mann ist taub gegen jedes Wort, das er als
Einmischung in seine Privatsphäre empfindet.

Zweig möchte bei seiner Durchreise im Dezember
1936 dem Herrn Johann und der Frau Meingast die
Hand schütteln – doch nicht der Ehefrau? Sie und der
Winterpelz des Gatten sind gemäß seinem Auftrag –
Wintersperre! – zu diesem Zeitpunkt schon in Wien:
Pension Atlanta. Dahin adressiert Zweig bereits seinen
Brief vom 8. November 1936 (W). So kann die Dauer
des Wiener Aufenthalts von Friderike, ihrer Tochter Su-
se und von Johann präziser bemessen werden: etwa vier
Monate (bis Mitte März zuerst in der genannten Pen-
sion, dann in einem Bungalow bei Hertzka und im *Hotel
Regina* laut Postadresse).

Es kann aber kein finanzielles Motiv für die Wintersperre des Hauses Kapuzinerberg 5 geben, da die Fami-

lie Schirl nach wie vor dort wohnt und der Zentralofen geheizt werden muss. Offensichtlich will Zweig seine Familie von ihrem Haus entwöhnen – eine weitere Etappe zur endgültigen Schließung. Dafür gibt es ein zusätzliches Motiv, das auf dem Rat eines mit Zweig befreundeten Juristen beruht: Mit dem Auszug der gesamten Familie könnte das Steuerproblem gelöst werden.

In der *Pension Atlanta* empfängt die Ehefrau auch den Londoner Brief vom 12. Dezember 1936. Zuerst bedauert Zweig seinen versoffenen »Rothi«, diesen herrlichen Menschen, der da zugrunde gehe, und darauf übermannt ihn seine Hauswut (W): »Wegen Johann [der gegen Friderike und ihre Töchter rebelliert und bald entlassen wird] schrieb ich nicht. Du verstehst mich leider nicht. Ich habe Dir erklärt, dass ich vom ganzen Complex Salzburg, den ich gegen Euren Widerstand seit drei Jahren abstoßen wollte, nichts mehr hören will. Du hast das zu Deiner Sache gemacht – ich will nichts mehr hören davon. / [Randnotiz] Was gehen mich Deine [= Johanns] Gehaltsremunerationen an! / Ich kann mit den hunderterlei Geschäften meine Arbeit nur fortführen, wenn ich andererseits auch abstoße – deshalb habe ich auch meine Autographensammlung geopfert. Ich habe circa 15 Briefe im Tag, Contracte, Geldschwierigkeiten, Angelegenheiten – nichts natürlicher (was jeder ausser Du begreifen würde), dass ich Salzburg, das doch Euer [= vor lauter Wut dreimal unterstrichen] Hobby ist, endgiltig [= einmal unterstrichen] abgeschaltet habe mit allem, was daran hängt. Von mir aus kann das Haus einstürzen [...].«

Das Haupt dreier Kontobücher

Seinen vandalischen Ingrimm muss die Frau erst verdauen. Gelegentlich wird sie eine sentimentale Rückschau halten: penibel geordnete Heiligtümer in Glasvitrinen, der Beethoven-Sekretär im großen Saal, das weltmännische Direktionsbüro der *Bibliotheca Mundi*, die Karrierekette rund um den Globus, und in der geflügelten *Villa in Europa* das sogenannte Hauptbuch (Hauptbuch und Korrespondenz aus der Sammlung Anna Meingast befinden sich im Salzburger Literaturarchiv, mit dessen Einverständnis die noch unveröffentlichten Briefe gelesen und zitiert werden dürfen: Code SM = Sammlung Meingast).

Zweig hat geraume Zeit die größten Probleme mit den diversen Verlagen, Ausgaben, Auflagen, Stückzahlen, Papierqualitäten, Einbänden, Übersetzungen, Dramatisierungen, Verfilmungen, Verträgen, Honoraren et cetera. Er ist längst ein Großschriftsteller, dem sein Betrieb über den Kopf gewachsen wäre, hätte er sich nicht das Hauptbuch zugelegt: ein großformatiges Kontobuch, das er nach eigenen wie kaufmännischen Vorstellungen im Jahr 1932 fabrizieren lässt. Im Hauptbuch wird über sein bisheriges Schaffen und dessen Verwertung Bilanz gezogen, und es wird von seiner Sekretärin laufend aktualisiert. Das übernimmt Frau Meingast auch für die Bibliografie, die im Jahr 1931 im *Insel Verlag* herauskommt und alsbald überholt ist. Deshalb werden ihre maschinellen Ergänzungen sorgfältig eingeklebt.

Der nach dem Februar 1934 sich entwickelnde Komplex ist schwer durchschaubar: Zweig als Haupt der Betriebsstätten Salzburg, Wien und London, mehr oder weniger leicht zu verfolgen anhand des Hauptbuches, der Einzelblätter und des Reisebüchleins. Diesbezüglich wird Frau Meingast einmal von der Ehefrau instruiert (SM): »[...] und Sie haben ja das große Buch, in das Sie hoffentlich alles lückenlos eingetragen haben. Mein Mann vermisst nämlich in Ihrem kleinen Bücherl, das er mithat, die jeweilige Anmerkung, ob z. B. Vertrag vorhanden ist. [...] und ich werde jetzt darauf sehen, daß bei neuen Verträgen der Ort der Aufbewahrung entweder mit S. oder L. gekennzeichnet ist.«

Frau Meingast hat das Hauptbuch immer in Ordnung zu halten, andernfalls werden beide Frauen getadelt. Für den Verlag Reichner muss die Sekretärin noch fliegende Blätter anfertigen, auf denen der neueste Stand der Rechte und des Absatzes vermerkt ist. Beim ersten Probeexemplar bemängelt Zweig noch einiges, aber im Laufe des Jahres 1935 scheint sich alles gut einzuspielen. Es folgen für die Bibliografie noch detaillierte Anweisungen, die von Frau Meingast umgehend befolgt werden, sogar übereifrig, da ihr Zweig sagen muss, dass unselbständige Werke wie *Die Stadt als Rahmen* nicht eingeklebt zu werden brauchen. Frau Meingast wird ebenso den Auftrag erledigen, die Mitgliedschaft bei der deutschen *Goethe-Gesellschaft* zu kündigen und die obsolete Korrespondenz mit deutschen Verlagen, Literaturvereinen und Zeitungen zu vernichten – ein bedauerlicher Verlust.

Der heikelste Punkt zeigt sich im Brief vom 11. Jänner 1936 aus Nizza. Da bemerkt Zweig gegenüber Frau Meingast (SM): »Natürlich ist es furchtbar schwer, solange ich unterwegs bin, aber wir [!] wollen dann in London die Sache gründlich einrichten und Fräulein Altmann wird sich nur freuen, wenn sie direkt mit Ihnen in

Verbindung treten kann.« Auf der Rückseite stehen einige nette Zeilen aus der Feder Lotte Altmanns: »Ich möchte gerne alles tun, um die briefliche Zusammenarbeit, die sich ja späterhin zwischen uns fortsetzen wird, zu einer angenehmen und reibungslos laufenden zu machen [...].«

Damit wird eine Vertrauensbasis zwischen den Sekretariaten in London und Salzburg hergestellt. Zweig schenkt Frau Meingast die Gunst des Vertrauens, sonst niemand anderem im Haus Kapuzinerberg 5. Beispielsweise darf Frau Meingast an Johann nur etwas zahlen, wenn der Auftrag aus London kommt, keinesfalls vonseiten der Ehefrau. Als sie auf Geheiß ihres Mannes die Wintermonate 1936/37 in Wien verbringt, läuft ihr der Diener davon, was Zweig in London von Frau Meingast erfährt – seine Replik (SM): »Sie können sich denken, wie schmerzlich mir die Nachricht war. Ich kann mir natürlich kein gerechtes Bild von der Ferne machen, aber ich kenne leider den Ton, welchen die jungen Damen anzunehmen belieben, wenn ihnen etwas nicht passt. Auch ich bin vor diesem Ton und diesem Benehmen ausgerückt wie jetzt Johann.«

Hinter der Fassade der *Villa in Europa* herrscht also seit längerem ein Hauskrieg zwischen dem Herrn und den Stieftöchtern, deren Mutter, seiner Impresaria. Ohne sie läge Zweig allerdings nicht in seinem Ruhmesbett. Doch seine Familie, sein Haus und der Betrieb sind ihm mittlerweile nur mehr eine Last. Sind einmal die Reliquien der Geistesväter abgestoßen, dann, so sagt er wutentbrannt, möge das Haus einstürzen: eine radikale Selbsttherapie, doch nicht konsequent genug ausgeführt, da er sein Londoner Refugium von der Ehefrau mit Erinnerungsstücken aus Salzburg vollstopfen lässt.

Zweig hat mehr als ein Gesicht, doch politisch gewinnt er an Profil. Gemeinsam mit Thomas Mann,
Albert Einstein und dem Zionisten Chaim Weizmann
verschreibt er sich einem humanitären Manifest, das
allerdings nicht zum Tragen kommt. Zum 80. Geburtstag von Sigmund Freud besorgen Thomas Mann,
Rolland und Zweig eine gelungene Glückwunsch-
adresse. Anfang 1937 signiert Zweig den Aufruf zur Bildung eines Thomas-Mann-Fonds, womit sich der allseits
kritisierte Erasmus gegen seine Gewohnheit weit aus
dem Fenster lehnt.

Das Hausdrama

Die Nizza-Szene wird sich nicht wiederholen, da Lotte
Altmann und Zweig in den Wintermonaten 1937 das
milde italienische Klima vorziehen. Die Ehefrau macht
auch keine Anstalten, das Paar zu überraschen, sie verharrt lieber in ihrem Wiener Bungalow, wo auch Post
ihres Mannes eintrifft: »Es ist sehr richtig, daß Du jetzt
in Wien bleibst – im Hause wird es ja grässlich unfreundlich sein und es ist besser, daß Suse mit Dir ist.
Herzlichst S.« – »In Wien scheint es eben so kalt zu sein
wie hier sonnig und still, jedenfalls besser, Du ziehst nicht
in das ausgefrorene Salzburger Haus, ehe es wirklich
Frühling ist. Herzlichst S.« Er ist geschäftlich und ironisch obendrein, und er instruiert seine L. F. ohne Um-
schweife: »Wegen Johann, was soll ich da sagen. Ich

kämpfe seit drei Jahren darum, nicht noch den Komplex Haus Salzburg im Kopf zu haben. Deshalb wollte ich Schluss machen um allen Preis. Die Sache Johann ist nun Deine Sache. Also bitte koch sie aus.«

Noch ist es ein Geplänkel, doch daraus wird ein wilder Streitwechsel, den Friderike Zweig in ihrer Briefsammlung bewusst ausspart. Im Zeitraum vom 4. März bis zum 9. Mai 1937 sind es mehr als ein Dutzend unpublizierter Briefe. Der erste ist ein Londoner Maschinendiktat mit dem strikten Auftrag an Frau Friderike Zweig (W): »Da jetzt Johann entlassen worden ist, der mir persönlich die einzige Sicherheit für die noch im Haus befindlichen mir gehörigen Objekte und deren Erhaltung bot, da ferner erwiesenermassen das Haus nur gerade in den Festspielwochen bewohnt wird und dies nicht die fortwährende Entwertung und notwendigen Reparaturen rechtfertigt, da es ferner ein Luxus ist, elf Zimmer ständig im Stand zu halten für die zweimonatliche Benützung durch zwei oder höchstens drei Personen, ein Luxus, der für mich heute schon ein ganz ungerechtfertigter ist, überdies aus andern Gründen, die nur mich allein angehen, erkläre ich hiermit unter dem heutigen Datum, dass ich die sofortige ganzjährige Vermietung eines Teils des Hauses oder den sofortigen [= unterstrichen] Verkauf dringend wünsche. [...] Geschieht es nicht durch Dich, der ich trotz Deines unbegreiflich langen Zögerns und Verhinderns in der loyalsten Weise freie Hand gelassen habe, so werde ich genötigt sein, selbst und zu welchem Preise immer das Haus abzustossen und Euch vor vollzogene Tatsachen zu stellen. [...] Stefan Zweig 4. März 1937«

Ihre Entgegnung vom 8. März steht auf dem Briefpapier des *Hotel Regina*, Wien IX, Dollfußplatz. Dabei hat die völlig konfuse Frau mit der Hand einiges durchgestrichen und hineingeflickt. Er möge ihr einen Verkaufspreis nennen und sie werde das Angebot der Realitätenkanzlei Silber reklamieren. Darauf zeigt sie auf ihre Schmerzstelle. Stefan wolle ihren Verbleib in Salzburg sowie ihre Unterkunft in London verhindern (W): »Ich kann mich jedoch nicht darauf einlassen, auf die Straße gesetzt zu werden wie Du es anzudeuten scheinst, und muß daher bevor Du das Haus verkaufst [wenn Du das um jeden Preis zu tun gedenkst / = gestrichen, ersetzt durch: / damit ich keiner Bedrohung ausgesetzt bin] mich unterbringen. Ich ersuche Dich dafür eine Summe zur Sicherung der Miete einer Wohnung oder des Erwerbes eines kleinen Hauses auszuschreiben und zwar so [...].« – Eine Stelle ist wegen der vielen Kritzelei beinahe unleserlich, doch eines ist klar: Friderike Zweig kämpft gegen den Hausverlust, um die dräuende Scheidung abzuwenden.

Sie erhält ein weiteres Diktat aus London, auf das sie – verwirrt und fassungslos – eingeht. Dennoch ist sie imstande, seine Anschuldigungen zurückzuweisen (W): »Mich vor Deiner ›Vertrauten‹, die eine so traurige Rolle in meinem Leben spielt, wie eine Diebin hingestellt zu haben, die Dich um Dein Eigentum bringt, das werde ich nie verschmerzen können. Es zeigt wie weit es mit Dir gekommen und unter welche Einflüsse Du geraten bist. Ich schäme mich für Dich und angesichts aller derer, die Dich achten und lieben [...]. Schuld ist, dass Du zuerst Dich abmeldetest, bevor Du Deine Angelegenheit wie jeder gute Hausvater und Bürger getan hätte in Ordnung brachtest.«

Die Ehefrau lehnt es ab, das Opfer seiner bösen Stunden zu sein, und trifft auch gleich den wunden Punkt:

Ihre Töchter, die der Stiefvater über die Jahre hin versorgt, die ihn aber ständig nerven, kann und will sie nicht zur Heirat bewegen. Wenn er das Haus verschleudern möchte, dann muss er seine Bürophobie überwinden, selbst die Initiative ergreifen und die Frau samt Kindern delogieren lassen. Das liegt freilich nicht in ihrem Interesse, daher appelliert sie an seine Vernunft und glaubt sogar, ihm ein ernstzunehmendes Offert zu machen (W): »Wenn du mit 25.000 Sch. [Schilling] plus Hypothek (Bist Du sicher sie jetzt noch zu erhalten?) zufrieden bist, ist es ein Unrecht, mir das Haus nicht zu überlassen. Ich würde das Geld leicht aufbringen und die Hypothekzinsen schon heuer im Sommer grösstenteils hereinbringen.«

Ihr achtseitiger Salzburger Brief vom 4. April reagiert auf neuerliche Diktate aus London, gegen die sie vorweg ihre Charakterstärke in die Waagschale wirft (W): »Ich weiss, mein lieber Freund – sonst würde ich Dich nicht mehr so nennen, dass es fürchterliche Zwiespälte sein müssen, die Dich durchpeinigen, damit Du Dich so verhalten kannst, und ich möchte Dir ja all die Zeit helfen, wieder zu Dir zurück zu finden. Ein moralischer Verfall wäre doch ein Selbstmord an Dir, trotz pflichtvollster Arbeit.«

Die Frau vergisst allerdings zu sagen, dass ihm ein Leben nach seinen Idealen vergällt worden ist, und sucht die Ursache seines Salzburg-Komplexes allein in seiner psychischen Verfassung (W): »Du, Freudianer, musst wissen, wie gut es wäre, wenn du den wahren Grund erkennen würdest, die Handhabe, an der weder Alix von WINTERNITZ noch mein angebliches Festhalten um jeden Preis hier schuld war, sondern einzig Deine ›Vertraute‹ oder Deine Angst, sie zu verlieren, weil Du krankhaft an Gewohnheiten hängst.«

Mit der Hervorhebung des Familiennamens will die Mutter offenbar darauf anspielen, dass Alix das Kind eines anderen Mannes ist – der Stiefvater aber kinderlos. Doch Neid ist sicherlich nicht das Motiv für seine Abneigung, die übrigens auf Gegenseitigkeit beruht. Es mangelt auch an Anerkennung vonseiten der schon 29-jährigen Stieftochter. Alix ist beinahe gleich jung wie Lotte Altmann. Die Ehefrau zielt womöglich auf seine Vorliebe für junge Frauen, vielleicht auf bestimmte sexuelle Praktiken.

Auffällig ist jedenfalls, dass Friderike Zweig die politischen Gründe für das Hausdrama ignoriert und alle Beteiligten einer Zerfleischung aussetzt (W): »Vor einem Jahr, als ich Dich wieder mit Deiner ›Vertrauten‹ vertraut antraf, hast Du, um die Situation zu bereinigen, mir deine Trefferanleihe und das Haus angeboten und noch andere Zusicherungen in Aussicht gestellt. Da Du es in der Art eines Loskaufes in undelikatester Form tatest, musste ich verzichten, weil Du mir um Geld nicht feil bist. Jetzt sträuben sich Dir geradezu die Haare, bei der Zumutung, mir das Haus zu lassen, wo Du es doch verschenken willst […].«

Selbst wenn sie mit ihren Vorhaltungen Recht hat, hilft ihr das wenig. Sie möchte nicht als Verliererin dastehen, muss aber dennoch klein beigeben (W): »Mit Käufern unter Siebzigtausend [Schilling für das Haus] verhandle ich nicht. Das musst Du dann schon allein tun, versteigern, als Sensation der Saison oder was schöner wäre, wenn auch über meinem Kopf – verschenken. Heute habe ich endlich etwas ernstere Käufer heraufgedrängt. Ob diese mit cirka 70.000 [Schilling] anbeissen werden, wird sich sehr bald, wie sie mir sagten entscheiden. Gerne werde ich dann alles mit Dr. Singer [ihrem

Rechtsanwalt] machen. Wenn du willst auch meine Angelegenheiten, wenn Du wirklich an Separation fest-
hältst.«

Trennung oder Scheidung – der Mann reagiert darauf nicht. Die neun unveröffentlichten Briefe, die
Zweig vor seinem Flug am 4. Mai 1937 diktiert oder
selber schreibt, handeln vornehmlich vom Haus. Er will
um jeden Preis verkaufen: um 50.000 Schilling oder sogar darunter. Doch seine Frau lässt ihren Rechtsanwalt
Emmerich Singer verhandeln, der, wie aus seinem
Schreiben vom 15. April an Frau Zweig hervorgeht, das
mündliche Angebot des Kaufmannes Viktor Gollhofer
akzeptiert: 63.000 Schilling, wovon 40.000 sofort und
der Restbetrag mit 5% Verzinsung binnen zwei Jahren
fällig sind. Außerdem erläutert der Rechtsanwalt die
Auffassung der Steuerbehörde: Zweig sei in Österreich
steuerpflichtig, solang die Ehegattin ihren Wohnsitz hier
habe, gleich ob in Salzburg oder in Wien, es bleibe der
Mittelpunkt des Lebensinteresses.

Hocherfreut zeigt sich Zweig über den Abschluss,
kann sich aber selbst danach nicht verkneifen, seine Frau
wegen ihrer Preisvorstellung und der Verzögerungen der
Sabotage zu bezichtigen. Da er das Haus nicht schon viel
früher verkauft habe, müsse er sich nach drei Jahren und
trotz seiner Bürophobie mit der Steuerbehörde herumschlagen. Nach dem Verkauf sollte sich Zweig eigentlich von seinem Salzburg-Komplex befreien können.
Das ist aber nicht der Fall, wie sein Londoner Diktat
vom 19. April zeigt. Er spricht sich dagegen aus, dass sich
seine Frau in Salzburg ein Haus mietet und Zimmer an
Festspielgäste vermietet, denn er fürchtet um seinen Ruf:
es könnte darüber getratscht werden, wie schlecht es der
von ihm getrennten Frau wohl gehe, wenn sie nach dem

Verkauf der Villa genötigt sei, sich als Zimmervermiete-rin ihren Unterhalt zu verdienen.

Alles, Haus, Telefon et cetera, muss unter dem Namen der Töchter laufen, weder ein ihm gehörendes Möbel noch ein ihm persönlich gewidmetes Buch darf dort bleiben. Jedes Utensil, das nur im entferntesten auf die mögliche Anwesenheit von Dr. Zweig schließen lässt, muss seinem Bruder geschickt oder dem Antiquar Hinterberger ausgehändigt werden. Eine betreffende Er-klärung wird Zweig vom Rechtsanwalt abfassen und notariell beglaubigen lassen.

Der Name Stefan Zweig sollte demnach in Salzburg auf ewig ausgelöscht sein. Es muss seine Frau schwer tref-fen, dass er ihr die Erinnerungen nehmen möchte. Zweig ist zornig, da sie weiterhin in der Stadt Salzburg bleiben will, (W) »welche durch die mir ziemlich öf-fentlich angetane Beleidigung als Wohnstätte mir un-möglich geworden war«. Rücksichten möchte er endlich fallen lassen, indem er droht, in die Welt zu posaunen, (W) »dass ich wegen der damals bei mir durchgeführten Hausdurchsuchung Salzburg verlassen habe und eine Rückkehr schon deshalb für mich ehrenhafterweise aus-geschlossen ist«. Eine Drohung, die er in milderer Form schon im August 1934 im *Salzburger Volksblatt* wahrge-macht hat.

Hier erscheint am 20. April 1937 ein Artikel über den Verkauf der Zweig-Villa mit der Schlussbemerkung: »Dr. Zweig, obwohl politisch nie tätig gewesen, fühlte sich seit den Februartagen des Jahres 1934 in Salzburg nicht mehr wohl, lebte viel im Ausland und hat jetzt dau-ernden Aufenthalt in London genommen. Diese Um-stände veranlaßten ihn, seinen Besitz um verhältnismäßig wenig Geld abzustoßen.«

Am 20. April 1937 erfolgt die detaillierte Londoner Weisung zur Vorbereitung des sogenannten Abstoßens und Verbrennens (W): »Die Sachen im Gang (alte Contocorrente etc), die überflüssig sind, bitte ich jetzt [= zweimal unterstrichen] schon zu verbrennen, damit die Übersicht für mich leichter ist. Suse soll jedenfalls da sein und auch Alix sich möglichst frei nehmen, damit man rascher fertig ist.«

Indessen ereignen sich in Salzburg Dinge, die nicht auf Anhieb zu erklären sind und durch die Reaktion aus London völlig zum Rätsel werden. Am 21. April – dieses Datum steht auf dem Briefpapier, der Poststempel ist unleserlich – schreibt Zweig (W): »Eben den Ausschnitt aus der ›Chronik‹ erhalten mit meiner ›St. Schuld‹. Mich regt gar nichts auf [...].« Die *Salzburger Chronik* ist das Zweig gegenüber immer unfreundliche christlichsoziale Regierungsblatt, und »St. Schuld« kann wohl nur Steuerschuld bedeuten. Die *Chronik* vom 19. April vermeldet allerdings lediglich, dass die Zweig-Villa auf dem Kapuzinerberg an den Salzburger Kaufmann Viktor Gollhofer verkauft werde. Etwas ist daran eigenartig: Die mündliche Vereinbarung dringt überraschend schnell nach außen, schon drei Wochen vor dem schriftlichen Vertragsabschluss. Doch Zweig registriert nur die Nachricht über die Steuerschuld, obschon in der Rubrik »Aus Stadt und Land« davon kein Wort steht.

Sein Londoner Brief ist mit 21. April datiert, folglich kann er die *Chronik* vom 22. April noch nicht gelesen haben. Um darin auf die besagte Nachricht zu stoßen, muss man sogar die Kriminalspalte lesen: zwischen Berichten über den Versicherungsbetrug eines Hausbesitzers und den Selbstmord eines Wahnsinnigen steht die lancierte Notiz zur enormen Steuerschuld eines abgewirtschafteten Schlossbesitzers: »Das Paschingerschlößl auf dem Kapuzinerberg, das, wie wir berichteten, aus dem Besitz der Familie des bekannten Dichters Dr. Stefan Zweig um 60.000 Schilling in den des Salzburger Kaufmannes Gollhofer übergegangen ist, wurde um 90.000 Kronen im Oktober 1917 von Dr. Zweig erworben. Der damalige Kaufschilling entspricht einem Jetztwert von etwa 68.000 bis 70.000 Schilling. Auf das Schlößl erscheint eine Steuerschuld des vormaligen Besitzers von rund 47.000 Schilling [entspricht dem heutigen Wert von 134.000 Euro] grundbücherlich sichergestellt.«

Zweig hat seine Replik offensichtlich falsch datiert. Außerdem enthält sie eine Ungereimtheit (W): »Dass es für Euch in S. unangenehm ist, solche Dinge im Wochenblättchen zu lesen, glaube ich gern. Ich will natürlich keine Berichtigungen.« Die *Chronik* ist eine Tageszeitung, ein Wochenblatt aus dem selben politischen Haus ist der *Salzburger Volksbote*, der einst den Moskau-Reisenden mit dem Terror gegen die Kirche in Verbindung gebracht hat und nun in seiner Ausgabe vom 2. Mai 1937 den Schlossbesitzer Dr. Stefan Zweig als Steuerbetrüger hinstellt, der von der Behörde geschont werde: »Besonders auffallend war die Tatsache, daß an erster Stelle eine Steuerschuld von 47.000 S intabuliert [im Grundbuch eingetragen] war, ohne daß etwa eine Zwangsversteigerung eingeleitet wurde.«

Vom heimtückischen Untergriff kann Zweig noch nichts wissen, als er am 23. April erstmals seiner Frau den Vorgang der Steuerbehörde zu erklären versucht (W): »Sondern am Tage, wo die eine Instanz (noch nicht die allerletzte) gegen mich entschieden hat (ohne Angabe von Gründen übrigens mit dem trockenen Bescheid ›aus freiem Ermessen‹) übermittelte man mir nach Wien [an die Adresse Verlag Reichner] die Aufforderung, zunächst einmal den enormen Betrag von vierundvierzig [-tausend Schilling] binnen acht Tagen zu erlegen (als ob man so etwas in der Westentasche hätte). Ich erhielt das via Wien an dem fünften Tage, sagte sofort telefonisch nach Wien, man solle statt dessen als Sicherheit die entsprechende Summe in Trefferanleihe erlegen oder die Behörde [solle] sich die Bankgarantie geben lassen. Statt dessen legte man sofort (ohne einen Tag länger zu warten) ohne Verständigung eine Hypothek auf das Haus [Rückstandsausweis des Salzburger Steueramtes vom 6. April wird am 7. April 1937 im Grundbuch eingetragen]. Sowohl mein Wiener Anwalt als mein Bruder und andere Leute, die in diesen Dingen jahrelange Erfahrungen haben, waren einhellig der Ansicht, dass sie von einem solchen brüsken Vorgehen noch nie gehört hätten und es ein direkt animoses und feindseliges sei. So behandelt man einen Schwindler, einen Schlittenfahrer, von dem man fürchtet, dass er am nächsten Tage abpascht und nicht jemand, der durch siebzehn Jahre nicht eine Stunde je in Rückstand mit seinen Zahlungen geblieben ist. Ich für meine Person gestehe willig zu, dass ich das als Ohrfeige Nummer zwei empfinde und voraussehe, dass nicht vom Rechtsstandpunkt aus, sondern aus dieser innern Einstellung die Leute nur noch alle denkbaren Schwierigkeiten machen werden.«

Stefan Zweig, der größte Steuerzahler in Salzburg, wie die Präsidentin Baillou in ihrem Brief an den Landeshauptmann behauptet, ist nun in den Augen der Öffentlichkeit der größte Steuerbetrüger. Für das Debakel und die Rufschädigung gibt es ein Motiv: Antisemitismus. Friderike Zweig, die an ihrem christlichsozialen

Salzburg hängt, will das wieder einmal nicht wahrhaben. Andernfalls müsste sie sich konsequenterweise eingestehen, seit der Hausdurchsuchung falsch zu handeln. Ihr Mann braucht sich nur den Vorwurf zu machen, zu lange auf den falschen Rat des Wiener Rechtsanwaltes Stiassny gehört zu haben: Zweigs Steuerpflicht würde mit Februar 1934 enden, seine Gattin solle bis auf weiteres ihren Salzburger Wohnsitz beibehalten – und schließlich die wirre Bemerkung des Anwalts (W): »So lange Sie das Kapuzinerschlössel besitzen, werden Sie an einen endgültigen Bruch mit Salzburg nicht denken und es ist darum besser auf die Empfindlichkeit oder richtiger gesagt auf die Niedertracht der Mitbürger Bedacht zu nehmen.«

Schon Anfang März 1937 avisiert Zweig seine Salzburg-Reise, die letzte im Rückblick gesehen. Er will zwei Tage bleiben, um alle Sachen zu ordnen und zu verbrennen, was nicht verkauft wird. Am 30. April konkretisiert er seine Pläne: »L. F., ich hoffe, daß ich am 5. in Salzburg eintreffe. Wohne in der *Traube*, möchte mittags ganz einfach zu Hause essen, um keine Zeit zu verlieren und möglichst niemanden sehen. Ich hoffe, daß schon ziemlich viel abverkauft ist. [...] Es war vorsorglich von mir, schon vor 14 Tagen meinen Flugzeugplatz zu bestellen, es ist alles für Abfahrt und Zufahrt ausverkauft.« Zweig flüchtet vor dem Londoner Getümmel um die Krönungsfeier von George VI. Zweig fliegt nach Wien und ist am 5. und 6. Mai in Salzburg, wo er außer Haus, im *Hotel Traube* in der Linzergasse nächtigt. Von dort sind es auf dem Knüppelweg entlang den Kreuzstationen bloß fünf Gehminuten ins Kapuzinerreich.

Für das drohende Hausdrama erwartet Friderike Zweig Beistand: Joseph Roth, der ihre Einladung annimmt und mit Irmgard Keun von Paris über Lemberg und Wien nach Salzburg reist. Hier logieren beide etwa von Mitte April bis Mitte Mai 1937 im *Hotel Stein*. Als Zweig seinen Flug avisiert, sagt er forsch, er wünsche in Salzburg niemanden zu sehen, und obendrein (W): »Ich will auch Roth gar nicht sehen, ich muss meinen Kopf vollständig concentriert haben.« Zweig und Roth, der eine im *Hotel Traube* und der andere im nahen *Hotel Stein*, werden sich allerdings einmal über den Weg laufen. Dabei scheint Zweig seinen Freund gehörig vor den Kopf zu stoßen.

In einem undatierten Brief aus dem *Hotel Stein* poltert Roth: »Lieber Freund, es ist unerhört, was Sie mir antun. Sie haben die PFLICHT, mich anzuerkennen, als Freund, ob ich Ihnen zehn oder zwanzig 1000 Jahre nicht schreibe; oder ja. Mit Scheißkerlen verkehren Sie viel intimer, als mit mir. (Das weiß ich durch Zufall.) Ihre Frau hat damit NICHTS zu tun. Wenn es der Fall wäre, ich würde es Ihnen (UND IHR, ihr vor allem) sagen. Sofort! In dem Augenblick, wo Sie anfangen, an meiner Freundschaft zu zweifeln, geben Sie sie lieber gleich auf. Ich werde Ihnen das hoch anrechnen, nicht ›übel nehmen‹. Sie wissen nicht, Sie ahnen nicht, wie miserabel ich bin; wie ich mich verliere, mehr und mehr, von Tag zu Tag; Sie ahnen GAR NICHTS. Ich bin, bis Sie mir die Freundschaft kündigen, Ihr alter J. R.«

Kummer und Schnaps fressen ihn, trotzdem ist Roth auf seiner vorletzten Salzburger Station wach genug, die kuriose Tafel am Rathaus-Bogen zu bemerken – das böse Anschluss-Omen. Zweig zerbricht sich freilich über andere Dinge den Kopf. Einmal muss er sich im Haus über den grässlich versoffenen Roth und die schluchzende Frau Meingast ärgern. In einem Brief an Lotte Altmann spricht er auch von Kämpfen in S. – mit Friderike

selbstverständlich. Sie kämpft um die gemeinsamen Güter und Erinnerungen, er um Trennung und Auslöschung. Seine Bibliothek wird komplett ausgeräumt,
entweder nach London geschickt oder verkauft, zum
kleineren Teil an Rechtsanwalt Singer und den Schriftsteller Georg Rendl verschenkt, doch immer ohne Exlibris und Widmungen, die Friderike auf Anweisung
ihres Mannes herausreißt, aber für sich in ihrem Reliquienschrein verwahrt.

Doch alle Schätze aus dem Beethoven-Saal wie
Sekretär, Reisepult, Geldkassette, Geige, Haarlocke und
Schöpfer verlassen Salzburg für immer, werden vorerst
bei einem Freund in Wien gut verborgen. Gegenüber
der Ehefrau spricht Zweig mehrmals von einer Tapete,
sie muss demnach von Wert sein. Der Antiquar Hinterberger, den Zweig für einen Tag hinbestellt, bekommt jedenfalls eine Tapete, mutmaßlich die Panoramatapete
Monumente von Paris aus dem Atelier Joseph Dufour.

Rückblickend beurteilt ist Zweigs Auslöschung ein
gelungener Schachzug, denn in welchem arischen Haus
stünde heute beispielsweise der Beethoven-Sekretär?
Die Frage stellt sich für die persönliche Habe von Friderike Zweig, für alles, was sie noch im Mai in ihr Nonntaler Haus schafft: ihre 2.000 Bände umfassende Bibliothek, darunter die ihr von ihrem Mann gewidmeten 650
Bücher und handschriftlichen Entwürfe, die aus seinen
Büchern entfernten Widmungsblätter und vor allem das
ihr so kostbare *Jeremias*-Manuskript mit Stefans Gedicht,
dann noch ihre Korrespondenz, ihre Möbel, Teppiche,
Porträts und Bilder, schließlich das teure Gästebuch.

Es sind lauter Lebensreliquien, die ihr keinesfalls von
ihrem Mann geraubt werden. Die böse Erfahrung bleibt
aber in ihrem Gedächtnis haften, hat allerdings eine Un-

schärfe, wenn sie die zweitägige Heimsuchung in ihren Memoiren *Wie ich ihn erlebte* in das Frühjahr 1936 verlegt: »Zwei Tage lang rauchte dort der Zentralheizungsofen von einem Autodafé Jahrzehnte alter Korrespondenz und unendlich vieler Schriftstücke. Stefan selbst stand dabei als ein Wächter des Feuers, das ihn irgendwie befreite. [...] Stefan ging, weil ich noch Dringendes im Haus zu tun hatte, den Berg allein hinab. Ein Freund, der ihm auf dem Weg begegnete, sagte später, er wäre über sein Aussehen erschrocken gewesen.«

Der Notariatspakt

Friderike Zweig scheint nicht zu wissen, was ihr verwirrter Mann vorhat, als er aschfahl zum allerletzten Mal auf dem Knüppelweg vom Kapuzinerreich hinabtaumelt und nach Wien flüchtet. Die Frau will erst nach und nach erkennen, dass mit dem Hausdrama eine entscheidende Weiche für die Scheidung gestellt wird.

In ihren *Spiegelungen* heißt es: »Er ergriff jedoch die Gelegenheit, eine notarielle Angelegenheit daraus zu machen, in der er weitläufige Abmachungen festlegen ließ, die die Zukunft betrafen. Obwohl in diesen vertragsartigen Papieren nichts von etwaiger Scheidung besprochen war, befremdete mich der Vorgang, ohne daß er mich alarmiert hatte. Als wir in Wien, vom Notar kommend, ins Hotel zurückkehrten, warf sich Stefan tief erschöpft auf sein Bett [...]. Ich reiste wie geplant am selben Tage nach Salzburg zurück, wo ich ihn zwei oder drei Tage später auf der Durchreise nach der Schweiz am Bahnhof sehen sollte. Zu meinem Erstaunen erhielt ich einen nach meiner Abfahrt in Wien geschriebenen Brief [vom 12. Mai], der bewies, daß Stefan in den getroffenen Abmachungen bereits die Grundlage einer Trennung vorgesehen hatte.«

Ihr notariell beglaubigter Pakt behandelt private Angelegenheiten: Auflösung des gemeinsamen Haushalts, Aufteilung des ehelichen Vermögens und Unterhalt. Friderike Zweig schweigt über den Inhalt – befremdlich. Folgt man den Aussagen im unpublizierten Briefwechsel (W), dann sind Zweifel an ihrer späteren Darstellung angebracht. Es ist sogar denkbar, dass der Vertrag auf ihr Betreiben zustande kommt, denn er wehrt sich dagegen noch am 9. April mit eindeutigen Worten (W): »Bitte gib gründlich den Gedanken auf, dass ich innerhalb der Familie, solange Du dich dazu zählst, Verträge bei Advocaten mache – ich wüsste nicht, wo das noch üblich ist.«

Nach dem Salzburger Hausdrama reisen sie getrennt nach Wien. Die Frau hat einen Termin bei einem Anwalt, sicherlich in Absprache mit ihrem Mann, da er am 11. Mai bemerkt: »L. F., ich erhalte eben von Dr. M. [Meiler] die Verständigung, daß Du Freitag [= 14. Mai] bei ihm bist und Ihr dann mit meinem Anwalt die Sache festlegt. Nur auf Deinen besonderen Wunsch würde ich bei dieser zweiten Konferenz dabei sein. [...] Ich habe keinen innigeren Wunsch, als daß die Regelungen in beidseitigem Vertrauen und freundschaftlichsten Formen erledigt werden. An mir wird es da nicht fehlen. Herzlichst Stefan.«

Mag sein, dass sie mittlerweile Bedenken hat, die sie auch ihm gegenüber äußert – Post, die verschollen ist.

Seine Entgegnung steht jedoch im Telegramm vom 12. Mai (W): »BRIEFE BEWUSST UNKLAR MUESSTE FREITAG MITTAGS ZU MEINER ARBEIT ZU-RUECK VERLAENGERE NUR FALLS DEIN AN-TRAG ENDGILTIGER BEREINIGUNG WIRK-LICH DURCHGEFUERT WIRD SONST BLEIBE DU DORT UND ERSPARE DIR UEBERFLUES-SIGE ADVOCATENKOSTEN STOP DEIN HER-KOMMEN BEDEUTET MIR ENDGILTIGE ER-LEDIGUNG ICH BLEIBE DANN AUF HALBEM WEGE NICHT STEHEN ICH BENOETIGE NOCH HEUTE ANTWORT«

Soweit ist der Verlauf zu rekonstruieren: Sie möchte die Verhältnisse geregelt haben, zaudert aber, doch er besteht auf dem Vertrag und beide unterschreiben. Hinterher ändert sie ihre Meinung, spricht sogar von Nötigung. Er dementiert freilich (W): »Nur eines tut mir jetzt weh, dass Du tust in Deinem Brief, als wenn ich Dich als Nichtsahnende nach Wien gelockt oder geschleppt hätte – wo, ich schwöre, ich schwöre und habe die unableugbaren Beweise – genau das Gegenteil der Fall ist.«

Bei ihren Einwänden und Anschuldigungen mag sein Abschiedsbrief vom 12. Mai von Bedeutung sein, den sie erst nach ihrer Rückkehr am 14. Mai in Salzburg zu lesen bekommt. Einige Tage später harren Friderike, ihre Töchter und Joseph Roth der Ankunft des Zuges, in dem Zweig sitzt. Die folgende Szene schildert Friderike Zweig in ihren Memoiren: Als das Ehepaar auf dem Salzburger Bahnhof ein diskretes Vieraugengespräch führt, soll ihn Reue überfallen. Auf sein Drängen soll sie einwilligen, den Notariatsakt zu annullieren, also ihre Vereinbarungen rückgängig zu machen. Daraufhin steigt sie, wiederum auf sein Drängen, mit ihm in den Zug. Beide fahren nach Zell am See, wo sie aussteigt und ein Telegramm aufgibt, das an den Wiener Notar gerichtet ist. Ehe das Paar voneinander Abschied nimmt, soll er sie noch inständig darum bitten, ihm bald nachzureisen. Sie steigt in den Gegenzug, der erst um Mitternacht in Salzburg ankommt. Hier erwarten sie ihre Töchter und Roth, die – tief beunruhigt über ihr langes Ausbleiben – knapp daran sind, die Polizei zu alarmieren.

Friderike Zweig dramatisiert, gelinde gesagt. Zudem erscheint ihr Ehemann als extrem wankelmütiger Mensch. Aus Zürich, wo ihn die an Asthma leidende Lotte Altmann empfängt, erhält Friderike Zweig die Order, dass sie ihm – entgegen seiner Bitte – keineswegs nachfolgen soll. Außerdem lässt er sie wissen, dass der Notariatsakt bereits registriert und der Wiener Anwalt schon auf Urlaub sei. Mit dieser Begründung soll der Vertrag nicht mehr aufgehoben werden können – der Schluss einer insgesamt nicht ganz schlüssigen Darstellung. Nach der Auflösung des gemeinsamen Haushalts ist die Vereinbarung für Friderike Zweig doch von Vorteil, jedenfalls im Hinblick auf die weiteren Ereignisse. Obschon die Angelegenheit ruht, solang seine Mutter lebt, muss die Ehefrau alsbald erkennen, dass mit dem Vertrag die Weiche für die Scheidung gestellt ist.

In ihren Memoiren verweist sie mehrmals auf seinen Brief aus Wien vom 12. Mai, der auch in ihrem Briefwechsel abgedruckt ist. Darin kommen seine Beweggründe für die Trennung aber kaum zum Ausdruck, bei weitem nicht so deutlich wie im handschriftlichen Original aus dem *Hotel Regina*, adressiert an Frau Friderike Zweig, Salzburg, Kapuzinerberg 5, frankiert mit 24 Groschen, ein Salzburg-Motiv – der letzte Brief an die Adresse seines Hauses: »[...] jener Schlag von Deutschland her hat uns alle tiefer getroffen als Du vermutest, und alles Festliche, Vergnügliche ist mir gespenstisch fremd geworden.« Und mit dem Deutschland-Komplex ist der Salzburg-Komplex vermengt, der allerdings in die Tiefe der Beziehungskrise reicht, freilich nur im Original, keinesfalls im publizierten Brief – seine blinden Flecken sind hier sichtbar gemacht (W):

»Liebe Fritzi [...] ich weiss genau, wer Du bist **und weiss auch, dass all das, was uns getrennt hat, nur Liebesschwäche zu Deinen Kindern war, eine Unkraft gegen ihre Wünsche Dich zu wehren. Aber es war eben ein entscheidender Augenblick, da Du nicht ganz zu mir hieltest und dass ich gerade in jenen der furchtbaren Jahren, da sich die Welt gegen einen verschworen hatte, noch zu Hause kämpfen musste um Alles und Jedes, hier war das Verhängnis.**

Ich bitte Dich, glaube mir, dass ich nichts Anderes wünsche als Dich zufrieden zu wissen – auch Deinen Kindern wünsche ich alles Glück. **Freilich, ich hätte ihnen eine andere Art Glück gewünscht, als das sie suchen, jene Beglückungen wie wir sie hatten an geistigen Dingen und heiligen Werten.** Wenn ich unzufrieden mit ihnen war, so doch nur, **weil sie mit Kleinem und Törichtem sich immer begnügten,** weil sie nichts von jenem brennenden Eifer des Lernens **und Erlebens** hatten, von dem wir doch beide wissen, dass er der Sinn und die Schönheit unserer Jugend war.

Du hast sie gewiss geliebt, aber ihnen nicht gut getan durch Güte, die eine Schwäche war von Dir und ein Schaden für sie und dieser Antagonismus zwischen ihnen und uns hat schliesslich alles aus dem Gleichgewicht gebracht. Um ihretwillen bist Du so oft unwahr, oft feindselig gewesen gegen mich – ich sage mir

DER NOTARIATSPAKT

in aufrichtiger Ehrlichkeit, ich habe es gut gemeint mit ihnen und es wäre besser geworden, wäre ich härter, strenger gewesen. Aber ich kann gegen niemanden streng sein, weil ich zu sehr selbst meiner eigenen Unzulänglichkeit bewusst bin, ich bin kein Erzieher und stelle die Anforderungen nicht einmal an mich.

Aber ich wiederhole und wiederhole Dir, es ist kein Tropfen Bitternis in mir gegen Dich, nur ein großes Bedauern – hättest Du Enkel gehabt zur rechten Zeit, alles wäre vermieden gewesen und Du weisst auch, dass die endgiltige Trennung auf Dein Drängen kam. Vielleicht ist es besser so, denn wirklich, ich will nicht mehr verantwortlich sein und kein Recht mehr haben, Einspruch zu erheben – wir müssen jeder selbst an uns genug jetzt durchstehen, wenigstens ich fühle diese Zeit als allergrausamsten Druck. [...] Ich danke Dir für Alles und vergesse nichts von dem Guten und Gemeinsamen dieser Jahre und werde es nie vergessen. Immer Dein Stefan«

Dem Verständnis dieser Analyse, die zu spät kommt, dienen weitere unpublizierte Handschreiben, jene vom 27. Juni und 26. Juli 1937. Daraus geht hervor: Seine Ehefrau, der selbstbewusste Widerspruchsgeist, wird ihm einfach zu groß. Um sich dagegen aufzubäumen, würde ihm die Kraft fehlen. Zweig gebärdet sich aber weiterhin als Vormund und lässt ihr sogar 1.100 Schilling von seinem Wiener Verlagskonto überweisen, wohl für die Vorauszahlung ihrer Jahresmiete.

Die große Wohnung im Nonntal ist ihm trotzdem ein Dorn im Auge. Seine Frau möge sich gefälligst bescheiden. Demnach will er als Zahler das letzte Wort haben. Das gelingt ihm schon im Kapuzinerreich schlecht. Zankapfel ist das Benehmen der Töchter, denen die Mutter ihren leiblichen Vater entzieht und daher ihre ganze Liebe zuwendet. Diese tummeln sich fortwährend in der Spaßgesellschaft, was ihren Stiefvater und Versorger nervt. Seine Ehe bleibt kinderlos, worüber er kein Wort verliert. Er vermisst aber Enkelkinder – ein Vorwurf an die Adresse der Mutter. Er räumt das Haus, stößt es ab und glaubt, damit den Widerspruchsgeist seiner Frau brechen zu können, doch sie wählt als Wohnsitz weiterhin gerade Salzburg, jene Stadt, die ihn mehrmals beleidigt, gekränkt und entehrt hat.

Zweig erklärt seinen Komplex auch gegenüber Romain Rolland: »Sie wissen, dass ich mein Haus verkauft, meine Bibliothek und fast alle meine Autographen verstreut habe; meine Frau ist in Salzburg geblieben, sie will diese Stadt nicht verlassen, die mir seit meinen Erfahrungen mit der Polizei und durch die Nachbarschaft Adolf H.s verhasst ist. Wir sehen uns von Zeit zu Zeit freundschaftlich, aber leider habe ich mit ihren Töchtern nicht auskommen können, die in anderen Ideen als den unseren leben. Mein Freund, all das war hart.«

Stefan Zweig kann über den Verlust seiner Wahlheimat hinwegkommen, aber Salzburg und seine Lage als Grenzstadt bedeuten ihm mehr: seine Karriere im *Insel Verlag*, im Goethe-Deutschland. Diesen Verlust kann er zu seiner Lebzeit nicht verschmerzen – »Sie können Deutschland nicht verwinden! Nur wenn Deutschland vorhanden ist, sind Sie Kosmopolit!«, sagt Joseph Roth.

Salzburg ist für Zweig also abgetan, doch materielle Schäden versucht er so gering wie möglich zu halten. In einem Brief warnt er seine Frau vor ihrer Großzügigkeit, die ihr nur Scherereien bereiten würde, was er ihr an einem Beispiel vor Augen führt und anhand des Grundbuches Zell am See belegt werden kann: Zweig, der im

Jahr 1931 das Haus Blaickner, Thumersbach, Seeuferstraße 76, für einige Wochen mietet, sieht sich nach sechs
Jahren gezwungen, vor Gericht zu gehen, um seine Forderung an die Hausbesitzer geltend zu machen: 8.000
Schilling, 4% Zinsen, 6% Verzugszinsen und Kostenkau-
tion. Trotz des Beschlusses des Landesgerichtes vom
27. August 1937 wird das Darlehen, das Zweig den ver-
schuldeten Hausbesitzern gewährt, nie zurückgezahlt
(das Pfandrecht wird allerdings nach fünf Jahrzehnten im
Grundbuch gelöscht).

Dem Gläubiger ist Schuldenmachen fremd und zuwider, das lässt sich anhand des Grundbuches der Stadt
Salzburg belegen: EZ 481, Kapuzinerberg 5. Im B–Blatt
stehen die Einverleibungen des Eigentumsrechtes: am
1. März 1918 für Dr. Stefan Zweig und am 25. Mai 1937
für Friederika Gollhofer. Im C–Blatt steht die Einverlei-
bung des Pfandrechtes für die vollstreckbare Forderung
des Steueramtes Salzburg von 47.206,91 Schilling an Dr.
Stefan Zweig; darunter wird das oben eingetragene
Pfandrecht wieder gelöscht; es folgen drei Einverleibungen des Pfandrechtes: erstens für die Kaufrestforderung
Zweigs von 23.000 Schilling samt 5% Zinsen und Kaution an Frau Gollhofer, zweitens und drittens für die
Darlehensforderungen zweier Personen von 25.000
Schilling an Frau Gollhofer.

Mit anderen Worten: Zweig bezahlt innerhalb weniger
Wochen seine verbücherte Steuerschuld, womit sie noch
vor dem Verkauf des Hauses gelöscht werden kann (unge-
löscht bleibt die Verleumdung Zweigs in der Salzburger
Presse). Seine Forderung an Frau Gollhofer steht im dritten Rang, da er großzügig einwilligt, dass ihre hier ungenannten Darlehensgeber vorgereiht werden. Im Falle einer
Zwangsversteigerung würde also Zweigs Kaufrestforde-

rung erst nach den anderen Forderungen erfüllt werden.

Der Kaufvertrag befindet sich nach wie vor in der Urkundensammlung: Dr. Stefan Zweig, vorübergehend wohnhaft im *Hotel Traube*, erteilt am 5. Mai 1937 dem Salzburger Rechtsanwalt Dr. Emmerich Singer die Vollmacht zum Verkauf der Liegenschaft und zur Einräumung des Pfandvorranges zugunsten der Darlehensgeber von Frau Gollhofer. Zweigs Kaufrestforderung von 23.000 Schilling an Frau Gollhofer ist spätestens am 1. Juni 1939 fällig. Zweig, der im Jahr 1917 für das Paschingerschlössl 90.000 Kronen (cirka 70.000 Schilling) bar bezahlt, bekommt am 18. Mai 1937 von Frau Gollhofer wenigstens 40.000 Schilling ausgehändigt. Zweig muss unter dem Druck der Verhältnisse und Denunziationen die Bedingungen akzeptieren und seine Liegenschaft weit unter ihrem Wert verkaufen (114.000 Euro nach heutigem Wert), wobei vorausschauend einkalkuliert wird, dass die Käuferin und Schuldnerin den Fälligkeitstermin für den aushaftenden Betrag samt Zinsen und Kaution verstreichen lässt.

Nonntaler Maienlied

Unauslöschlich ist die Erinnerung an das Hochzeitsgeschenk für Stefan Zweig: das kunstvolle Eisentor vor dem ansteigenden Garten ins Kapuzinerreich. Noch vor der beschlossenen Räumung des Hauses entscheiden sich Friderike Zweig und ihre Töchter für den neuen

Wohnsitz: eine große Villa mit Garten neben dem alten *Römerwirt*, Nonntaler Hauptstraße 49, EZ 230 laut Grundbuch. Seit Anfang 1937 sind Dr. Alois und Luise Staufer je zur Hälfte die Eigentümer.

In ihrem Haus wohnen – gemäß der Meldekartei – seit 1. Juni 1937 Suse (Susanna Benedictine) und Alix (Alexia Elisabeth) Winternitz. Deren Mutter darf sich auf Wunsch ihres Mannes nicht mehr anmelden. Er will endlich einen Schlussstrich unter die Steuersache ziehen. Es muss außerdem in ihrem Interesse liegen, seinem Wunsch zu folgen, da sie als Ehefrau für etwaige Schulden ihres Mannes haftet. Es überrascht daher einigermaßen, dass sie als Private im Adressenbuch eingetragen ist. Ihr Meldeschein ist allerdings nicht vorhanden, vielleicht geht er – wie jener des Ehegatten – verloren (beide verschwinden in der Steuerakte oder werden von einem Souvenirjäger aus dem Zettelkasten gezupft). Inwieweit Friderike Zweig in seine noch laufenden Verfahren und Beschwerden eingeweiht ist, lässt sich aus dem Briefwechsel nicht ermitteln.

Die Verhältnisse sind eben verworren. Es ist jedoch gewiss, dass Friderike Zweig und ihre Töchter im Mai 1937 in die Nonntaler Villa übersiedeln. Zum Einstand spendiert ihnen Zweig das Goethe-Autograf *Mailied*: »Zwischen Weizen und Korn, / Zwischen Hecken und Dorn, / Zwischen Bäumen und Gras, / Wo geht's Liebchen? / Sag mir das!« Es hängt gerahmt im Nonntaler Haus, das sie sofort lieb gewinnt, wie sie in ihren *Spiegelungen* gesteht: »Nun aber umgab mich dies alles noch [der ihr später geraubte Reliquienschrein] in dem reizenden Haus. Es lag nicht weit von dem Kloster der Erentrudis, die kranke Augen geheilt hatte und deren Nonnen noch bis zum heutigen Tage den Gregoriani-

schen Gesang pflegen. Von den Abhängen des Kloster-
berges zogen sich damals noch unbebaute Wiesenhänge
hin, von dem in den Königssee [wohl eher in die Salz-
ach] mündenden Almbach durchflossen, der auch durch
unseren Garten plätscherte und Forellen und Wildenten
heranbrachte.«

Zu den vertrauten Hausgästen zählen der über alle
Jahre hin treue Franz Theodor Csokor und freilich Joseph Roth, den es im Sommer 1937 zum allerletzten Mal
nach Salzburg verschlägt: »Auch Joseph Roth war zu
jener Zeit in Salzburg und er hielt sich tagsüber stundenlang arbeitend und zechend in dem Gasthaus [im
Römerwirt] neben unserem Haus auf, denn so gerne er
meine Nähe suchte: sein Vertrauen ging nicht so weit
vorauszusetzen, daß ich ihn genügend mit Alkohol versorgen würde.«

Er ist ihr vertrauter Beichtvater, wie Zweig stichelt. Sein
vertrauter Helfer ist Emil Fuchs, wie sie dagegen stichelt.
Im Juli 1937 weilt der Griechisch und Latein wie seine
Muttersprache meisternde Schachfuchs in London, zeitgleich mit Moriz Scheyer vom *Neuen Wiener Tagblatt*. Über
die Besucher urteilt Zweig gegenüber seiner Frau (W):
»[...] da Fuchs dann schon hier ist und der Einäugige und
der Lahme – beide in englischer Sprache – sich dann gemeinsam die Wunder Londons anschauen können.«

Indessen erwägt Zweig eine Normalisierung der Beziehungen, was bereits in seinem Schreiben vom 7. Juli
an die Adresse Nonntaler Hauptstraße 49 zum Ausdruck
kommt (W): »Fuchs ist hier, bescheiden wie immer, fällt
mir gar nicht zur Last und wir arbeiten fleissig. Er ist Dir
treu gesinnt, viel besser als die Du Deine Freunde nennst
und vorbildlich discret. Bei dieser Gelegenheit: er wird
im Falle meines Todes (nicht früher!) Dir einen Brief

(verschlossen) übergeben, der für Dich gewisse Verfügungen und Sicherungen enthält, die ich anderweitig
nicht verlautbaren will. Du kannst Dich immer auf ihn
verlassen.Vielleicht kommt er durch S. [Salzburg], wahrscheinlich aber nicht. Es war sehr lieb, dass Du ihn eingeladen hast.Aber ich beschwöre Dich, lade nicht so frei-
gebig ein.«

Zweig gibt sich wieder einmal geheimnisvoll, er
denkt jedenfalls an alle Eventualitäten, auch an seinen
Tod. In diesem Fall ist Friderike grundsätzlich erbbe-
rechtigt, doch nur als nicht geschiedene Ehefrau. Andernfalls ist sie auf seine Großzügigkeit angewiesen.Wie
sie auf seine dunkle Nachricht reagiert, ist nicht bekannt.
Sicher ist nur, dass sie seinem Freund Emil Fuchs nicht
über den Weg traut. Denn Zweig erwidert am 22. Juli aus
Marienbad (W): »Mit Fuchs hast Du Unrecht. Es muss
doch jemand da sein, auf den Du und ich [uns] verlassen
können und Du könntest keinen besseren und discrete-
ren finden. Ich denke doch immer auch an meinen To-
desfall. «

In der Rückschau glaubt Friderike Zweig in ihrer
Nachfolgerin Lotte Altmann die Schuldige zu erkennen:
»Ich war dankbar für diesen Vorsatz und er fiel mir dann
viele Jahre später ein. Fuchs, damals von Berlin wieder
in Wien zu Hause, wußte, von Csokor befragt, nur zu
sagen, daß er jenen Brief nicht erhalten hatte, da Stefan,
nie allein gelassen, Szenen gefürchtet habe.«

Im Juli 1937 fliegt er ganz allein von London nach
Prag, um in Marienbad abzuspecken. Indessen schmie-
det er Urlaubspläne, die auch seine Frau einschließen.
Ihren Vorschlag, er möge während der Festspiele bei ihr
im Nonntal logieren, weist er jedoch schroff zurück
(W):»Du begreifst nicht (oder willst es nicht wahrhaben)

dass S. für mich seit vier Jahren ein Alpdruck ist und ich mich dort unerträglich fühle – vergiss doch nicht, dass ich schon früher die Festzeit hasste und ihr entflüchtete. Nur jetzt erst gar, all diese Fragerei und Geklatsch. Nur das nicht, nur das nicht. [Randnotiz] Ich weiss doch auch, wie es mit den dortigen ›Freunden‹ steht.«

Er will niemandem über sein Privatleben Rechenschaft ablegen und selbst seiner Frau nicht im Voraus verraten, ob er nach seiner Marienbader Kur entweder von Prag mit der Bahn über Wien und Salzburg am Kapuzinerreich vorbei in die Schweiz rollt oder ganz unbeschwert darüber hinwegfliegt. Friderike Zweig wird es freilich herausbekommen, als beide in Luzern urlauben. Ihn zieht es darauf noch in den Tessin, ehe er über Paris nach London zurückkehrt.

Knüppelweg auf den Kapuzinerberg

(Salzburger Stadtarchiv)

IX

Österreich, das erste Opfer

Zweig, längst wieder auf seiner Insel, sinniert: »Vergessen
Sie nie, daß ich 55 Jahre vorbei bin und, da wir doch
ununterbrochen Kriegsjahre erleben, manchmal müde –
ich flüchtete geradezu herüber, um hier mich an den
Schreibtisch zu klammern, unseren einzigen Halt.« Sein
einziger Halt ist der Salzburger Schreibtisch. Der Adressat dieser Zeilen ist Joseph Roth, dem sein Freund seit
der Salzburger Bahnhofsszene nicht mehr über den Weg
laufen will, nicht einmal in Paris, einer Durchgangs-
station seiner Reise. Roth ist gekränkt. Anfang November 1937 wird noch dazu sein Zuhause, das schäbige *Hôtel Foyot* demoliert – ein schwerer Schlag.

Zweig verspricht ihm ein Wiedersehen und nennt
seine Reisepläne: zuerst im Dezember auf 14 Tage nach
Wien und vielleicht einen Monat nach Paris. In einem
leider undatierten Brief bemerkt Zweig pessimistisch:
»[...] fällt Österreich jetzt um, so sind wir alle erledigt. Es
wird kein Buch von uns mehr deutsch erscheinen und
was ich in blöder Anständigkeit und ehrlichstem Patriotismus dort an Besitz habe, ist dahin und ich habe für ein
Dutzend Leute dort zu sorgen. [...] Ich fahre wahrscheinlich noch diese Woche nach Wien – ich möchte
es noch einmal (und meine alte Mutter) wiedersehen.«

Millionen von Leser der *Welt von Gestern* erinnern
sich an die dramatisch geschilderte Szene, in der es unter anderem heißt: »Es war der Tag, an dem Lord Hali-

fax nach Berlin flog [...].« Zwischen den Zeilen des Londoner *Evening Standard* will Zweig die Preisgabe Österreichs herauslesen. Was kann das Treffen von Lord Halifax und Adolf Hitler anderes bedeuten? Zweig schließt mit den Worten:»Ich wollte noch einmal meine alte Mutter, meine Familie, meine Heimat sehen. Zufälligerweise bekam ich ein Billett, warf rasch ein paar Dinge in den Koffer und flog nach Wien.«

An diesen Tagen herrscht in Österreich knisternde Spannung. Auch in der *Salzburger Chronik* vom 20. November 1937 ist die Mordsaufregung dokumentiert, die der Empfang des Lordpräsidenten beim Führer am nahen Obersalzberg auslöst. Das Tête-à-tête scheint der Presse einige Rätsel aufzugeben, es findet sich darin aber kein Wort von der Preisgabe Österreichs. Das ständestaatliche Salzburg wähnt sich noch in Sicherheit, zelebriert sogar den Geburtstag des Kaisersohnes Otto von Habsburg im Festspielhaus, wo auch die Proben zu Hans Pfitzners *Deutscher Seele* unter Bernhard Paumgartner aufgenommen werden. Freilich ist auch Salzburg nicht ganz sicher: des Nachts wird in das Pelzmodengeschäft Gollhofer eingebrochen. Die Leute haben noch ihre eigenen kleinen Sorgen. Zweig hat mit seiner Sorge freilich recht, dass England im Fall Österreich eine Zuschauerrolle spielen wird.

Die Prophezeiung deckt sich weitgehend mit dem Bild, das der österreichische Gesandte Baron Franckenstein in seiner Depesche vom 22. November an Guido Schmidt, Staatssekretär im Wiener Außenamt, über die englische Haltung vermittelt:»Die Eingliederung Österreichs in irgendein System engerer Einheit mit den anderen Deutschen sei nicht weniger natürlich und unvermeidlich als der Zusammenschluss der deutschen Staaten unter Bismarcks Führung. Ohne eine Wiedervereinigung mit der Masse ihres Volkes hätten die Österreicher keine große und sichere Zukunft. Diese bedeutungsvolle Frage müsse zwischen den Deutschen selbst entschieden werden. Großbritannien habe damit nichts zu tun. Es wäre ein Wahnsinn, sich da einzumischen und unter keinen Umständen würde die britische Regierung wegen Österreich in den Krieg ziehen [...].«

Baron Franckenstein zitiert ausschließlich britische Quellen, weshalb nirgendwo der Name Zweig auftaucht. Dennoch soll er österreichischer Konfident sein, auf den Guido Schmidt sich noch berufen wird – dies in Vorschau auf den nach dem Zweiten Weltkrieg gegen den vormaligen Staatssekretär geführten Wiener Hochverratsprozess. Zweig, der nach dem 12. Februar 1934 von staatlicher Seite der Gräuelpropaganda gegen Österreich bezichtigt wird, ist vor dem Anschluss willkommener Zeitzeuge der Opferrolle Österreichs, sogar Prophet seines wie des eigenen Unterganges.

Zum allerletzten Mal reist er nach Wien. Etwa fünf Tage nach der Halifax-Reise erfährt sein Verleger mit der Bitte um Diskretion, dass er seine Mutter besuchen wolle und sonst nur Joseph Gregor und Emil Fuchs Bescheid wüssten. Um den 28. November 1937 ist der 56-jährige in seiner Geburtsstadt. Es kann bloß ein Abstecher sein, denn sein nächster Brief aus London ist vom 3. Dezember.

Aber rollt er tatsächlich zum allerletzten Mal auf der Schiene durch Österreich in die neutrale Schweiz wie anno 1919 der Exkaiser Karl? Der fliegende Exilzug müsste freilich Salzburg passieren. In der *Welt von Gestern* heißt es an einer Stelle, die an Dramatik nicht zu überbieten ist: »An Salzburg, der Stadt, wo das Haus stand, in dem ich zwanzig Jahre gearbeitet, fuhr ich vorbei, ohne auch nur an der Bahnstation auszusteigen. Ich hätte zwar vom Waggonfenster aus mein Haus am Hügel sehen können mit all den Erinnerungen abgelebter Jahre. Aber ich blickte nicht hin. Wozu auch? – ich würde es doch nie wieder bewohnen. Und in dem Augenblick, wo der Zug über die Grenze rollte, wußte ich wie der Urvater Lot der Bibel, daß alles hinter mir Staub und Asche war, zu bitterem Salz erstarrte Vergangenheit.«

Es ist der verbitterte Erinnerungsblick des vertriebenen jüdischen Weltruhmdichters auf seine Welt, es ist zugleich eine Flucht vom wirklichen Gestern ins erfundene Gestern. Bloß in seiner düsteren Vorstellung rollt der Goethe-Deutsche als Altösterreicher wie der Exkaiser zum allerletzten Mal über die österreichische Grenze, kurz vor seinem Tod in der Ferne, in der Neuen Welt, in Petrópolis, in seinem Haus am Hügel, wo er sein Erinnerungsbuch *Die Welt von Gestern* abschließt. Doch Anfang Dezember 1937 wird Zweig vielmehr mit der *Imperial Airways* von Wien über Deutschland nach London fliegen und dabei ein letztes Mal von oben auf jene intakten Städte schauen, durch die den Wahlsalzburger anno 1919, am Anfang seiner Weltkarriere, seine erste große Vortragstour geführt hat.

Anerkennung vonseiten der christlichsozialen Partei und der österreichischen Regierung hat Zweig nicht zu erwarten, und wenn er in seinem Leben doch einmal viel öffentliches Lob einheimst, muss das eine besondere Bewandtnis haben. Einige Blätter, auch die *Salzburger Chronik* in ihrer Ausgabe vom 17. Dezember 1937, bringen folgende Meldung: »**Widmung Dr. Stephan Zweig an die Nationalbibliothek.** Die Nationalbibliothek empfing dieser Tage eine hervorragende Spende, die ihr Stephan Zweig aus seinen Sammlungen zugewendet hat. Es handelt sich um eine Kollektion von 101 Handschriften, die von 80 hervorragenden Autoren der Gegenwart herrühren und einen vollständigen Überblick über das internationale Schrifttum der Gegenwart, wie es sich im Autograph darstellt, gewährt. Neben der Handschrift von der ersten Skizze bis zum luxuriös gebundenen, fertigen Werke sind alle Stadien vertreten. Die Kollektion beginnt zeitlich mit dem Wirken Gerhart Hauptmanns und umfaßt hauptsächlich österreichische, deutsche, französische, englische und russische Autoren. Unter diesen sind namentlich hervorzuheben Leopold Andrian, Richard Beer-Hofmann, Hans Carossa, Franz Karl Ginzkey, Maxim Gorki, Hugo von Hofmannsthal, Heinrich Mann, Thomas Mann, Max Mell, Jules Romains, Wilhelm von Scholz, Albert Schweitzer, Eduard Stucken, Franz Werfel und Anton Wildgans, von denen die Nationalbibliothek nunmehr ansehnliche Handschriftenproben, zumeist ganze Werke, besitzen wird.«

Das kleine Österreich erhält einen Schatz zum Geschenk – unerklärlich angesichts der Ignoranz und Aggression, die der Schriftsteller über viele Jahr hin zu spüren bekommt. Gegen ihn läuft immerhin ein Verfahren, mit dem sogar das Ministerium für Finanzen befasst ist: Zahl 280/37. Die Akte enthält ein bestechend schönes Autograf, einen drei Seiten umfassenden Bittbrief Stefan Zweigs vom 23. August 1937 aus London: »Eure Excellenz! Sehr verehrter Herr Bundesminister! Wenn ich diesen Brief durch einen persönlichen Freund übermitteln lasse, so soll damit durchaus nicht die persönliche Protection Eurer Excellenz in Anspruch genommen werden. Ich möchte mich nur an den obersten Leiter des Finanzwesens direct wenden. [...]«

Am 27. August bestätigt Gregor seinem Freund, dass er wegen der Steuersache vom Ministerium in lächerlicher Weise sekkiert werde. Am 16. Oktober schreibt er an Zweig: »Mit großer Freude für die Sammlung sehe ich Deinen schönen Spenden entgegen, womit es aber in keiner Weise eilt.« Doch Eile ist geboten, und zwar wegen des sekkanten Verfahrens, gegen das Zweig nach eigener Aussage eine gerichtliche Beschwerde führt. Inzwischen ist das Salzburger Haus entlastet und verkauft. Damit hat Zweig in Österreich keinen ordentlichen Wohnsitz mehr. Doch nach wie vor sitzt ihm die Finanz im Nacken – eine reine Ermessenssache und Schikane gegen den angeblich größten Steuerzahler von Salzburg. Er soll noch immer 19.000 Schilling zahlen, trotz der sinkenden Einkünfte in Österreich und der gesperrten Honorare in Deutschland.

Es gibt freilich einen Einwand gegen den angedeuteten Zusammenhang zwischen Steuersache und Schenkung: Schon im Juni 1933 äußert Zweig gegenüber Gregor die Absicht, seinen Autografenschatz der Theatersammlung zu schenken. Daraus wird aber nichts, zum einen wegen der Schenkung an die jüdische Nationalbibliothek, zum andern wegen des österreichischen Staatsterrors. Allerdings sind Zweig und Gregor, Leiter der Wiener Theatersammlung, weiterhin befreundet. Daraus erklärt sich auch die Schenkung des Manuskripts *Die schweigsame Frau* (ÖNB 012.066). Vor dem Jahr 1937 verweigert Zweig noch jede öffentliche Geste, zu der er sich aber wegen des gegen ihn laufenden Verfahrens gezwungen sieht. Vorweg muss er seine Hemmung vor einem Kniefall überwinden. Er bittet um Protektion, was er – trotz gegenteiliger Beteuerung – auch in seinem Schreiben an den Finanzminister zum Ausdruck bringt.

Überdies intervenieren sein Wiener Freund und dessen Chef, der Generaldirektor der Nationalbibliothek, bei der Ministerialbürokratie, worüber Gregor am 17. September 1937 eilfertig nach London berichtet: »Verehrter lieber Freund! Ich freue mich, Dir heute schnell die Mitteilung machen zu können, daß mein Besuch bei Dr. N. gewirkt hat. Durch den mir befreundeten Sektionschef Dr. Weigl ließ ich den Referenten bearbeiten und fand, daß Dr. N. tatsächlich bereits mit ihm gesprochen hatte. Der Referent sagte wörtlich: ›Alles, was an Entgegenkommen im Rahmen des Gesetzes nur irgendwie möglich ist, wird geschehen.‹ Man ließ mich nur nochmals versichern, daß Du Deinen Wohnsitz bestimmt nicht mehr in Österreich hast. Heute vormittag ist überdies Dein Anwalt beim Referenten und dürftest Du daher schon zugleich mit diesem Briefe einen Bericht von ihm bekommen. Meiner Überzeugung nach wird man in dieser Frage zu einem Kompromiß gelangen und ich hoffe nur so sehr, daß das Ergebnis in Deinem Sinne ist.«

Ein Kompromiss wird angestrebt: ein Entgegenkommen in der lästigen Steuersache im Falle einer großzügigen Spende von Autografen an die Nationalbibliothek. Von Zweig, der seine Ruhe haben will, werden aber noch persönliche Gaben erwartet. Darüber weiß man Bescheid dank seiner fehlerhaften Schreibung der Namen des Finanzministers und des Sektionschefs. Gregor rügt daher seinen lieben Freund: »Es ist sehr gütig von Dir, daß Du auch die Widmungen der Bücher nicht vergißt. In einem der Namen ist in Deinem Briefe schon ein Irrtum, ich wiederhole sie hier daher nochmals, um zu verhindern, daß durch einen Schreib- oder Titelfehler das Buch unbrauchbar werde: Bundesminister für Finanzen Dr. Rudolf Neumayer / Sektionschef Dr. Heinrich Weigl. Für Dr. Weigl genügen 2 bis 3 Bücher, die Dedikation an Dr. Neumayer muß wohl etwas größer sein, ich stelle mir vor: das gesamte Werk. Es ist ungemein lieb von Dir, daß Du an die Nationalbibliothek denkst und mit dieser Spende auch meinen Namen verbinden willst. Ich denke, darüber sprechen wir am besten, wenn du kommst, die Dedikationen an die obigen Herren würde ich aber doch denken, bald zu veranlassen.«

Diese Geschenke hätte Zweig sich ersparen können, da der Bundesminister schon Anfang November intern entscheidet, dass die Steuersache bereinigt werden soll. Das erfährt Zweig aber erst bei seinem letzten Besuch in Wien.

Die kleine Nation kann ihren Großkulturschatz um 101 Autografen vermehren. Doch der Spender ist pingelig: Es soll unbedingt eine gesonderte, katalogisierte und benutzbare Kollektion in der Österreichischen Nationalbibliothek sein. Der Widmungsbrief ist symbolisch mit 28. November 1881 datiert, vom Jubilar verfasst am 28. November 1937 auf dem Briefpapier des *Hotel Regina*, Wien IX, Dollfußplatz: »Ich habe meinem Freunde Prof. Josef Gregor die im beiliegenden Verzeichnis angefügten Originalhandschriften zeitgenössischer Autoren, die ich im Laufe der Jahre von ihnen oder durch sie erhalten habe, als Geschenk für die Nationalbibliothek übergeben und wünsche, dass diese Collection geschlossen für immerwährende Zeiten an Seite der Collection Hugo Thimig und Josef Kainz verwahrt, katalogisiert und benützt bleibe. Veröffentlichungen daraus sind unbeschadet des Rechts der Autoren von meiner Seite gestattet, ebenso wissenschaftliche Benützung und

Ausstellung. Ergebenst / Dr. Stefan Zweig / 28. November 1881« (ÖNB 2169/1937)

Mit dem Hinweis auf das Vertrauensverhältnis zu Gregor soll von vornherein jeder Verdacht vermieden werden, dass im Hintergrund eine krumme Tour läuft. Außerdem verstärkt der Dank von Generaldirektor Bick und Unterrichtsminister Pernter an Zweig den legalen Anstrich des Widmungsaktes (ein Vorbote jener abgepressten Schenkungen, die es nach 1945 den Juden erlauben, die Reste ihrer geretteten Schätze auszuführen).

Etwa Mitte Dezember 1937 wird die noble Geste des Spenders öffentlich gemacht, sodass auch das christlich-soziale Salzburg informiert ist. Unerwähnt bleibt allerdings eine Spende, die Salzburg betrifft: ein Exemplar des Romans *Brot* von Karl Heinrich Waggerl mit dessen Widmung: »Stefan Zweig herzlich zugeeignet Ostern 1931 Wagrain K. H. Waggerl« (mit einer Selbstkarikatur). Daraus lässt sich mitnichten auf gegenseitige Anerkennung oder gar Freundschaft schließen. Zweig hegt zu Recht Misstrauen gegen die »dortigen Freunde«, obschon er nichts Konkretes über die Vorgänge in Salzburg wissen kann, denn selbst in der Presse wird darüber geschwiegen, dass beispielsweise der wegen illegaler Betätigung eingesperrte Nazi Kajetan Mühlmann auf Betreiben von Waggerl freigelassen wird.

Fliegend entfernt Zweig sich von seiner Wahlheimat. Die Salzburger Studienbibliothek – in ihren Bestand kommen noch seine *Maria Stuart* und der von Suse Winternitz herausgegebene Fotoband *Arturo Toscanini* – verpasst ihre einmalige historische Chance auf einen großen Bücherposten. Zweig beklagt gegenüber seinem Freund Felix Braun, dass vieles Makulatur werde, da in Salzburg nicht einmal die Bibliotheken an seinen Büchern

ÖSTERREICH, DAS ERSTE OPFER

interessiert seien. Vor dem österreichischen Sturz in das Nazi-Reich ist Zweig aber noch einmal in Salzburg präsent: Sein Geburtstagsbrief an Hermann Bahr aus dem Jahr 1923, publiziert im Essayband *Begegnungen mit Menschen, Büchern, Städten*, wird in der *Chronik* vom 14. Jänner 1938 abgedruckt, jedoch zur Erinnerung an den Salzburger Bahr anlässlich seines fünften Todestages.

Seit Jahresbeginn sind Friderike Zweig und ihre Tochter Suse in Paris. Dorthin reisen, von Portugal kommend, auch Lotte Altmann und Zweig. Die Sekretärin muss aber nach London vorausfahren, um seinen Roman zu tippen. So darf das Ehepaar ein paar schöne Stunden verbringen, die allerletzten gemeinsamen vor ihrer Scheidung. Erst Anfang März wird er den Ärmelkanal überqueren, um Halt an seinem Schreibtisch zu suchen. Indessen ist Salzburg nicht verwaist: Alix und ihr Spaniel Schuschu hüten das Nonntaler Haus einstweilen. In Paris ist Friderike Zweig wohl beunruhigt, als sich die politischen Ereignisse in Österreich überschlagen, sonderbarerweise verliert sie in ihren Memoiren aber kein Wort über die Erlebnisse ihrer Tochter.

Andere hingegen haben bleibende Eindrücke, mancher schwelgt sogar in seinen Jugenderinnerungen, beispielsweise Ekki Müller (aus seiner Niederschrift): »Eines abends treibt mich etwas Unglaubliches aus meinem Elternhaus am Kranzlmarkt – ein blutrotes Licht am Salzburger Himmel. Es hat den Anschein, als ob es überall brennt – Großfeuer! Ich warte leider vergeblich auf das Heulen der Sirenen – unheimliche Stille. Die alten Leute sind recht abergläubisch, reden dauernd von der Himmelsbotschaft aus dem nahen Reich – Nordlicht oder Aurora borealis. Es fühlt sich aber keine fürsorgliche Obrigkeit dazu berufen, uns über das lodernde

Geheimnis am gestirnten Himmel aufzuklären. Vom Kampfhäusl am Obersalzberg wird lange nur gemunkelt, aber die Hakenkreuzlerei ist plötzlich am helllichten Tag in unserem Salzburg, sogar vorm Rathausbogen. Unter der Anschluss-Tafel brüllt der uniformierte Chor: Schuschnigg verrecke! – Heil Schuschnigg!, erwidert einer. Er ist bald darauf verschwunden.«

Gut zwei Jahrzehnte dient die Mozartstadt als politische Drehscheibe. Vieles wendet sich in dieser Zeit zum Aufbruch oder zur Heimkehr in das Reich. Beim Abkommen von Berchtesgaden vom 12. Februar 1938 spielt der freigelassene Nazi Kajetan Mühlmann die heimliche Zuträgerrolle. Kanzler Schuschnigg und sein Sekretär Guido Schmidt werden am Obersalzberg eisig empfangen. Sie erliegen der Erpressung des Emporkömmlings aus Braunau. Kaum sind die Österreicher zurück in Salzburg, übermannt sie der Katzenjammer. »Entsetzlich, entsetzlich!«, ruft Landeshauptmann Rehrl, der sich vergeblich gegen die Aufnahme illegaler Nazis in die Regierung stemmt.

Auch Zweig, zu dieser Zeit noch in Paris, äußert Freunden gegenüber sein Entsetzen: »Dies ist ein trauriger Tag für uns Österreicher – ein Vaterland für immer verloren, ein letzter Halt zerbrochen. Ich persönlich war seit vier Jahren darauf gefasst, nichts konnte meine Überzeugung trügen [...].« Nach dem durchaus verständlichen Verzicht Toscaninis auf die Mitwirkung bei den künftigen Nazi-Festspielen erhebt Zweig seinen Tadelfinger: »Toscaninis Absage war gut gemeint, aber voreilig, und ein taktischer Fehler. Er durfte Österreich nicht aufgeben, solange es sich noch wehrt, und der einzige Effekt wird sein, dass jetzt Furtwängler und Strauss schon dieses Jahr Salzburg zur deutschen Festspielstadt gestal-

ten. Ich bin glücklicherweise von jener Stadt längst losgelöst. Mir hat ein Gott oder ein Teufel verliehen klar zu
sehen und mich nicht von meiner nächsten Umgebung
töricht machen lassen.« Zweigs Argumentation ist zwiespältig: er wirft anderen vor, Österreich voreilig preiszu-
geben, und kehrt selbst seiner Heimat den Rücken.

Auch von Herbert Reichner will er sich loseisen. Der
Mann hat zwar Zivilcourage, aber gegen die Normalisierung der kulturellen Beziehungen und den Geheimhandel mit dem Nazi-Reich ist kein Kraut gewachsen.
Auch dafür sind Staatssekretär Schmidt und Unterrichtsminister Hans Pernter mitverantwortlich. Niemand bekundet dezidiert Interesse an den sogenannten
Judenverlagen Herbert Reichner, Paul Zsolnay und
Franz Deuticke (der ist zwar kein Jude, aber der Verleger
von Sigmund Freud). Ihr Ruin ist damit beschlossene
Sache. Und es ist obendrein der Anfang vom Ende der
kulturellen Eigenständigkeit Österreichs. Damit begräbt
Österreich auch seine Verantwortlichkeit für die Juden,
die in die Bredouille getrieben werden: etwa Herbert
Reichner und sein in über zwei Dutzend Sprachen ge-
lesener Weltautor, von dem noch ein Prospekt mit Konterfei erscheint: sein *Magellan* als Vorzugsausgabe und
sein *Begrabener Leuchter* als Liebhaberausgabe.

Es ist durchaus verständlich, dass Reichner sein Zug-
pferd nicht freilassen möchte. Von ihm vermarktet der
Verlag im Dezember 1937 noch fast 5.000 Bücher, über
100.000 im ganzen Jahr 1937, und in der vierjährigen
Vertragszeit erscheinen einschließlich der Liebhaber-
drucke achtzehn Titel: *Die unsichtbare Sammlung, Jeremias,
Joseph Fouché, Marie Antoinette, Die Heilung durch den
Geist, Baumeister der Welt* (= *Drei Meister, Der Kampf mit
dem Dämon, Drei Dichter ihres Lebens*), *Die Kette* (Novel-

len), *Kaleidoskop* (Erzählungen, Legenden und Stern-
stunden, teils neu), *Begegnungen mit Menschen, Büchern,
Städten* (Essays); Pirandellos *Man weiß nicht wie* (von
Zweig für Alexander Moissi übertragen); die Originale
*Erasmus, Maria Stuart, Castellio gegen Calvin, Sinn und
Schönheit der Autographen, Arturo Toscanini, Der begrabene
Leuchter, Georg Friedrich Händels Auferstehung* und *Magel-
lan – Der Mann und seine Tat.*

Mit seinem *Magellan* begründet der delikate Klein-
verlag die erste deutschsprachige Gesamtausgabe. Sie
sollte innerhalb von drei Jahren fertiggestellt sein und
den fälligen Roman einschließen: *Ungeduld des Herzens.*
Mit der Flucht aus der *Villa in Europa* startet die Dich-
terreise ins Wien von Gestern: »Das letzte Mal in Wien
suchte ich abends, von allerhand Besorgungen abgemü-
det, ein vorstädtisches Restaurant auf …«

Tatsächlich liebäugelt Zweig mit der Flucht ins Exil,
wobei ihm sein Verlag, gegen den er schon eine Zeit lang
Vorwürfe erhebt, die allesamt nicht stimmen, noch im
Weg steht. Herbert Reichner handelt überlegt, er verla-
gert im letzten Moment etwa 4.000 Zweig-Bücher in
die Schweiz und flüchtet selbst dorthin mit allen Zweig-
Verträgen im Gepäck. Derweilen soll der Lektor Emil
Fuchs, wohnhaft in Ottakring, Menzelgasse 19, dekoriert
mit dem schützenden Hakenkreuz am Revers, im Wiener Verlagshaus sämtliches Material verbrennen – im
Auftrag oder zumindest im Interesse von Zweig, der
noch nicht weiß, dass seine Verträge vom Verleger in
Sicherheit gebracht worden sind. Hinterher wird das
Haus von der Geheimen Staatspolizei beschlagnahmt
und geplündert. Der Verlag Herbert Reichner, der Kon-
kurrent sogenannter Arier wie Karl Heinrich Bischoff,
wird auf dessen Betreiben in Wien kurzweg liquidiert.

Da der Verlag und sein Eigentümer in der deutschen Schweiz dahinvegetieren, möchte Zweig, während er seinen Roman über das falsche Mitleid beendet, kurzen Prozess machen: er kündigt seine Verträge mit Reichner. Als dies nichts fruchtet, beauftragt er einen Wiener Rechtsanwalt, beim zuständigen Bezirksgericht gegen den Verleger Klage einzureichen – ohne handfestes Ergebnis. Aber im Nazi-Wien vervielfacht sich der Schaden für Reichner durch eine Klage seines Buchdruckers und durch den Raub von etwa 86.000 Büchern, davon über 22.000 allein von seinem Starautor. Die riesige Bücherbeute wird von der Nationalbibliothek gehortet, um die Rückgabe wird Reichner nach dem Krieg streiten müssen.

Bei all diesen Kämpfen ist Moral ein Fremdwort, Freundschaft ebenso. Was verbindet und was trennt etwa die Wiener Freunde Stefan Zweig und Joseph Gregor? Der eine ist der Geist, der andere sein Handlanger. Gregors Buch über Richard Strauss, von Zweig angeregt, soll doch wie jenes über das spanische Welttheater bei Reichner erscheinen. Es kommt freilich anders: *Richard Strauss. Der Meister der Oper*, R. Piper & Co. Verlag, München 1939, mit dem Stempel der Studienbibliothek und Geschichtsklitterungen Gregors.

Unvergesslich ist ihm *Die schweigsame Frau* des Opernmeisters und seines Textautors – Ben Jonson! Darauf präsentiert Gregor das gemeinsame Werk, beginnend mit der Einladung des Meisters, ihm die Librettoskizze *24. Oktober 1648* oder *Friedenstag* vorzulegen, danach *Daphne* und schließlich das sicht- und hörbare Ereignis: »Als erste Uraufführung der beiden Einakter hatte Clemens Krauss den Friedenstag im Rahmen der Münchner Festspiele 1938 am 24. Juli gebracht«, und Gregor schließt mit harmonischen Klängen: »[...] Ströme des Herzens / Endloser Jubel! / Flamme der Liebe, / aufwärts, aufwärts – / Herrscher Geist, zu Dir!« (gleich daneben abgestempelt mit Reichsadler und Hakenkreuz).

Dem verheimlichten Friedensgeist hat Gregor nichts mehr zu sagen – nur einmal am 18. Oktober 1938 nach dem Anschluss, doch nicht aus Wien, sondern aus Tripolis: »Wenn Du mir wohl willst, so lasse, bitte, nicht einmal die Tatsache dieses Briefes verlauten!«

Zweig hat vier Wiener Freunde: Joseph Gregor, Emil Fuchs, Erwin Rieger und Felix Braun. Zwei von ihnen sind alsbald angepasst – zwar keine Partei-Mitglieder, aber sogenannte Konjunkturmenschen. Bleiben Erwin Rieger und Felix Braun: Der eine verschwindet auf unerklärliche Weise in Tunis, der andere kann sich zwar nach London retten, wird aber dem Freund auf seinen weiteren Stationen nicht folgen.

Im Namen des deutschen Volkes

Am 2. Mai 1938 schreibt Zweig aus London an Romain Rolland: »[...] Aber wo nahm sie sich [Friderike Zweig] ein neues Haus? Ausgerechnet in Salzburg, der Stadt, die am stärksten nazistisch war, der Stadt, die mich gedemütigt hatte – und der Stadt, die gestern als erste in Österreich unsere Bücher verbrannt hat. Ich wusste das, ich litt unter dieser Atmosphäre. Ich war angewidert von diesen Menschen, die man feierte, diese Innitzer, Dollfuß, selbst

Schuschnigg – und ausgerechnet für diese Stadt machte
sie aus einer Art heimlicher Ranküne, sicher unbewusst,
eine närrische Reklame, sie machte Salzburg-Propaganda
für die Stadt, die mir verhasst geworden seit dem Tag, als
vier Polizeibeamte mich aus dem Bett geholt und mich
gezwungen hatten, jede Schublade zu öffnen (auch den
Sekretär Beethovens) – ich weiß übrigens, dass sie Sie
eingeladen hat, noch dieses Jahr zu kommen. Salzburg
war für sie eine Art Obsession, ein Fanatismus. Und ich
war der Verrückte, der Wahnsinnige, der in seinem Pes-
simismus Gespenster sieht. Nun, ich habe die Nazis
kommen sehen, ich habe gewusst, dass sie mit einem
Schlage da sein würden, und wäre ich ihrem Willen ge-
folgt, wäre ich heute in einem Konzentrationslager oder
schon ermordet.«

Salzburg ist unzweifelhaft die einzige Stadt im Nazi-
Österreich, in der »unsere Bücher« verbrannt werden: am
Abend des 30. April 1938 auf dem Residenzplatz vor
dem Dom. Inszenator ist Karl Springenschmid, Heimat-
dichter, Geopolitiker und seit dem Anschluss auch Leiter der Salzburger Schulverwaltung.

Seine Hassrede und kruden Flammensprüche werden im *Salzburger Volksblatt* vom 2. Mai 1938 zitiert:
»Landesrat Springenschmid hielt eine treffliche Anspra-
che, in der er ausführte: ›Wir haben uns hier eingefun-
den, um die Bücher jüdischer und klerikaler Autoren zu
verbrennen. [...]‹ – Ein Soldat rief: ›Otto von Habsburg,
dem letzten würdelosen Gliede jenes Geschlechtes, das
sich selbst verriet und Land und Volk verschacherte, ist
dieses Buch geschrieben. Ins Feuer Otto den Letzten!‹
Und ein Mittelschüler: ›Ins Feuer werf ich das Buch des
Juden Stefan Zweig, daß es die Flammen fressen wie
alles jüdische Geschreibe. Frei erheb sich, geläutert, der

deutsche Geist!‹ Dann ein Musikmann: ›Der Jude Siegfried Jakobson schrieb das Buch über den Juden Max
Reinhardt. Mög das Feuer auch Schimpf und Schand
verzehren, die unserer deutschen Stadt von diesem Ge-
schmeiß geschah. Frei und deutsch sei die Stadt Mozarts!‹ ...«

Die Kunde vom theatralischen Feuergericht dringt
überraschend schnell nach London, offensichtlich schon
am 1. Mai, dem Weltfeiertag der Arbeit. Zweig wird vermutlich über britische Medien oder direkt aus Salzburg
– durch einen Anruf seiner Stieftochter oder seiner Sekretärin – informiert worden sein. Über Nacht hält er
die Stadt, in der ihm wiederholt Demütigungen wider-
fahren sind, für die am stärksten nazistische in Österreich. Doch nach wie vor richtet sich sein tiefsitzendes
Ressentiment gegen das katholische Österreich. Auf den
ersten Blick schwer verständlich, sind doch weder die
Staatspolizisten der Razzia noch Dollfuß und Schuschnigg oder gar Kardinal Innitzer für das Verbrennen
»unserer Bücher« verantwortlich, und werden doch vorwiegend Bücher des überwältigten Regimes wie *Dreimal Österreich* von Kanzler Schuschnigg und *Das Herz
Europas – Ein österreichisches Vortragsbuch* in die Flammen
geschmissen.

Auch letztgenanntes stammt aus den geplünderten
Büchereien der *Vaterländischen Front*, die sogar für die
Zusammenstellung der Autoren gesorgt hat, darunter:
Leopold von Andrian, Hermann Bahr, Felix Braun,
Franz Theodor Csokor, Engelbert Dollfuß, Franz Karl
Ginzkey, Hugo von Hofmannsthal, Ernst Lissauer, Wil-
helm Miklas, Kurt von Schuschnigg, Ignaz Seipel, Ernst
Rüdiger von Starhemberg und Stefan Zweig – *Die Stadt
als Rahmen*.

Selbst dieser Essay verkohlt in der braunen Mozartstadt, deren Machthaber sich zum erklecklichen Teil aus
vormals Deutschfreiheitlichen rekrutieren. Ebenso erstaunlich ist der radikale Gesinnungswandel des *Salzburger Volksblattes*. Sein vom österreichischen Regime im
Jahr 1934 wegen Nazi-Sympathien abgesetzter Kulturredakteur Franz Krotsch gilt nun als politisch Verfolgter
und macht darauf seine Karriere im Gaupropaganda-
Amt. Einen anderen Weg geht der frühere Salzburger
Nazi-Führer Hans Prodinger, den Zweig einmal im Zusammenhang mit der antisemitischen Kampagne gegen
seine *Marie Antoinette* erwähnt. Prodinger, der seit seinem
Absprung und Parteiwechsel als Nazi-Verräter gilt, wird
nach dem Anschluss ins Konzentrationslager gesteckt,
wo er bald umkommt. Landeshauptmann Franz Rehrl,
der ebenfalls eingesperrt wird, überlebt schwer leidend
den Nazi-Terror. Die Salzburger Juden hingegen werden
beraubt und großteils vertrieben. Jene, die zurückbleiben, werden ermordet, unter ihnen der Opernsänger
Heinrich Schönberg, ein Verwandter des berühmten
Komponisten.

Zweigs düstere Prophezeiungen nach dem österreichischen Staatsterror vom Februar 1934 bewahrheiten
sich, und in diesem Sinne soll auch sein Brief vom 2. Mai
1938 verstanden werden, der zugleich eine Abrechnung
mit dem seiner Meinung nach falschen Verhalten seiner
Ehefrau ist, die deshalb die Folgen mitzutragen hat: »Wir
beschlossen, unsere Ehe zu beenden. Ich habe ihr vor fast
einem Jahr vor dem Notar, unterschrieben und gestem-
pelt, mein gesamtes Vermögen in Österreich abgetreten,
eine Rente, und wir haben beide am Gericht die Scheidung beantragt. Danach begann sie zu bereuen, sie bat
mich, das laufende Verfahren um ein weniges aufzu-

halten, was nach dem Gesetz unmöglich war. Es gelang mir mit unerhörten Mühen, die Verhandlung vier Monate hinauszuzögern.«

Eine Mordsverwirrung, die er diesmal allein anrichtet: Seine Darstellung gegenüber Rolland würde nämlich bedeuten, dass das Ehepaar unmittelbar nach dem Notariatspakt, also im Mai 1937, die Scheidung beantragt – am Ort des letzten gemeinsamen Wohnsitzes freilich. Es gibt im reaktionären Österreich allerdings keine einvernehmliche Scheidung. Um einen schwierigen Prozess zu unterbinden, muss ein sogenannter Streitteil die Schuld auf sich nehmen, erst dann kann der andere die Klage ohne großes Prozedere einreichen. Im konkreten Fall scheint es aber so zu sein, dass weder der eine noch der andere Streitteil sich für schuldig erklären will. Anfang Mai 1938 läuft jedenfalls noch kein Verfahren am Salzburger Landesgericht. Zweig sagt daher seinem Freund gegenüber die grobe Unwahrheit.

Sicher ist, dass Friderike und Stefan Zweig einander in den Haaren liegen, was sich aus dem überlieferten Briefwechsel zwischen Rolland und Zweig einigermaßen rekonstruieren lässt. Die Ehefrau wendet sich an den gemeinsamen Freund, der daraufhin unerfreuliche Post nach London schickt. Darin zitiert Rolland aus ihrem verzweifelten Brief: Sie werde von Stefan gezwungen, in die auf Gegenseitigkeit beruhende Scheidung einzuwilligen, andernfalls würde er ihre Dispensehe annullieren lassen. Nach welchem Ehegesetz der Mann seine Drohung wahrmachen will, fragt sie nicht. Sie mutmaßt aber, dass er bei seinem Ansinnen auf die britische Staatsbürgerschaft spekuliert. Das macht sie ebenso.

Der Grund liegt darin: Wenn Friderike und Stefan Zweig die österreichische Staatsbürgerschaft verlieren,

als Juden die reichsdeutsche aber nicht annehmen kön-
nen oder wollen, ist die britische natürlich willkommen
– Zweig liebäugelt seit längerem mit der Naturalisation.
Der Insulanerpass wäre ebenso die Rettung für die im
Pariser Exil lebende Ehefrau, ist aber im Falle der vor-
zeitigen Scheidung hinfällig. Zweig möge sich erst als
Brite von Friderike scheiden lassen, bittet der väterliche
Freund, und zwar »aus Zuneigung zu Ihnen beiden«. Dabei ignoriert Rolland das Londoner Liebesverhältnis und
Lotte Altmanns Situation als vertriebene Jüdin. Auch sie
möchte Britin werden. »[...] denn ein Mensch ohne Pass
ist ja heute wie ein Fisch ohne Kiemen«, sagt Zweig,
dessen österreichischer Pass abläuft und nicht mehr verlängert wird. Er bemüht sich daher um eine britische
Identitätskarte als Ersatz – sie wird im August 1938 ausgestellt.

Die Erwiderung an Rolland wischt alle Bitten und
Spekulationen vom Tisch: »Ich bin nicht hart, mein
Freund, Sie sehen, es ist alles unwahr, dass ich jetzt Eng-
länder werden will und die Scheidung (sie hat selber den
Antrag viermal unterschrieben!!) gegen ihren Willen
fordere – ich will nur den Frieden für sie, für mich und
für alle Welt. Ihr getreuer Stefan Zweig.« Zweig verne-
belt dabei die grausame Wahrheit: Erniedrigung, Ent-
ehrung und Kränkung, die der honorige Weltmann in
Salzburg erleiden muss und die er seiner mittlerweile
ebenso vertriebenen Frau zufügt – eine Genugtuung?

In der Rue Obligado resigniert Friderike, sie artiku-
liert ihren Lebensüberdruss gegenüber ihrem Vertrauens-
freund aus Villeneuve: »Sie haben recht, ich werde nicht
kämpfen, weil er [Stefan] brutal ist, ich habe die Kraft
nicht mehr in dieser furchtbaren Zeit [...]. Danke, mein
großer Freund, dass Sie mich mit meinen Kindern trös-

ten. Sie hindern mich, meine Leiden zu beenden und das zu tun, was so viele Menschen und Freunde in diesen Tagen der Hölle getan haben. Verzeihen Sie mir, lieber Freund! Meine herzlichen Grüße Ihrer lieben Frau und Ihrer Schwester und meine tiefe Dankbarkeit / Friderike Z.«

Selbst wenn sie ihren Widerstand aufgibt, wird sie auf ihren materiellen Ansprüchen bestehen und erst nach seinem Bekenntnis der Alleinschuld in die Scheidung einwilligen und die Klage einbringen: am Ort des letzten gemeinsamen Wohnsitzes, also in Salzburg. Nach dem Anschluss sind die Rechtsverhältnisse aber ziemlich verworren, weshalb Friderike und Stefan Zweig sich gut beraten lassen und noch zuwarten müssen, nicht zuletzt aus Rücksicht auf Ida Zweig, die schwer krank und überdies im rassistischen Wien gefährdet ist. Dorthin besteht weiterhin Verbindung.

Anfang August wird Ida Zweig mit der Scheidung behelligt – von welcher Seite aber? Der Sohn sieht sich jedenfalls bemüßigt, seiner Mutter reinen Wein einzuschenken (W): »Liebe Mama [...] Du deutest etwas an, offenbar hat es Dir Fritzi geschrieben, als ob eine Scheidung vollzogen wäre. Das ist – leider! – nicht richtig. Ich habe es seinerzeit vor 1 ½ Jahren, obwohl Alles vorbereitet war, nicht durchgeführt aus Rücksicht auf Dich; ich wollte nicht, dass sie [Fritzi] oder Verwandte Dich damit behelligen sollten. Jetzt ist es leider viel schwerer durchzuführen und kann jetzt auch nicht herumreisen, ich habe viel zu tun. Leicht hat sie es nicht mit ihren Töchtern, die jede Gelegenheit einer anständigen Heirat in ihrer dummen Vergnügungssucht versäumt haben – ich bin nur froh, dass ich die beiden jungen Damen nicht mehr sehe. [...]«

IM NAMEN DES DEUTSCHEN VOLKES

Am 10. August 1938 schreibt Stefan seiner Mutter: »Liebe Mama, ich hoffe Dich in Wien zurück und einigermassen erholt; was gäbe ich darum, wenn ich ein paar Tage zu Dir könnte, aber es ist ja aus verschiedenen Gründen nicht möglich. Der Gedanke, dass Du so allein bist, bedrückt uns beide sehr: solche Zeiten hat der arme Papa nie erlebt [...]. Die Angelegenheit mit Fritzi wird jetzt bald erledigt werden müssen, sie ist leider schrecklich unverlässlich und was sie heute zusagt, nimmt sie morgen zurück. Sie hat es natürlich auch nicht leicht – aber warum hat sie vor vier Jahren, als ich meinen Aufenthalt ändern wollte, so auf Salzburg bestanden, warum wollte sie immer die Gescheitere sein, statt sich dem zu fügen, der für alles sorgen und sich mühen musste! Liebe Grüsse an Fräulein Josefine und herzlichst Dein Stefan.«

Beide Söhne können ihrer Mutter nicht mehr beistehen, und vom Gram der 84-jährigen Frau weiß der Totenschein freilich nichts zu berichten: Ida Zweig, geborene Brettauer, 5. Mai 1854 in Ancona, zuletzt wohnhaft in Wien IX, Garnisongasse 10, daselbst gestorben am 23. August 1938 um 18 Uhr an Herzlähmung.

Bis zu ihrem Tod halten Friderike und Stefan Zweig ihr Wort. Mit der Vertretung in der leidigen Angelegenheit werden die Salzburger Anwälte Walter Haupolter und Emmerich Singer aber schon am 20. und 22. August betraut. Die Ehefrau, wohnhaft in Paris 16e, 1 rue Obligado, ist die Klagepartei. Ihr Anwalt Dr. Singer verfasst die Klage auf Ehescheidung, datiert mit 31. August 1938. Auf der betreffenden Akte ist ein Stempel mit Einfügungen: »Landesgericht Salzburg / Eingelangt am 1. SEP. 1938 ... Uhr ... Min., 2fach, mit 3 Beilagen, 1 Rubrik.«

Der Vorgang ist etwas verzwickter, als er in der Akte erscheint. Wenn Juden sich unter den Nazi-Macht-habern scheiden lassen wollen, brauchen sie Anwälte, die einander vertrauen und einen engen Draht zum Richter haben, der die Absenz der Eheleute, die sich im Deutschen Reich verständlicherweise nicht anschauen lassen wollen, pardonieren muss. Damit verzichtet er auf den verordneten Sühneversuch. Beweise müssen dennoch vorgetragen werden: der letzte gemeinsame Wohnsitz, die Entfremdung und Kinderlosigkeit der Eheleute, die unheilbare Zerrüttung der Ehe, was durch Alix Elisabeth Winternitz dem Scheidungsbegehren entsprechend bezeugt wird. Sein Verfasser weiß das Verfahren geschickt zu lenken, alles in Abstimmung mit seinem Kollegen, dem Vertreter der beklagten Partei, und mit dem Richter, Oberlandesgerichtsrat Dr. R.

Am 8. November 1938 findet die erste öffentliche Verhandlung statt, in der Stefan Zweig durch seinen Vertreter laut Protokoll erklärt, »die Behauptungen der Klage als richtig zugeben zu müssen«. Hierauf verkündet der Richter, dass die Beweise durch Vernehmung der Zeugin zugelassen werden – im Grunde nur mehr eine Formsache. Am 22. November, etwa zwei Wochen nach der sogenannten Reichskristallnacht, ist die zweite und letzte öffentliche Verhandlung. Zu Beginn wird die Nationalität der Streitparteien festgestellt: vormals österreichische und daher nun deutsche Staatsangehörige – Erklärungen, die das Gericht akzeptiert, und da auch die heiklen Fragen nach der Abstammung der Parteien und dem Grund ihrer Abwesenheit nicht zur Debatte stehen, schreitet der Richter gleich zur Einvernahme der beeideten Zeugin: Elisabeth Winternitz, 31 Jahre, römisch-katholisch, Tochter der Klägerin aus erster Ehe.

Im Namen des deutschen Volkes

Sie äußert kein Wort über politische Hintergründe, nichts über ihr gespanntes Verhältnis zum Stiefvater. Ihre mündliche Aussage – offenkundig ganz im Sinne der Absprache mit den beiden Anwälten – wird protokolliert und niedergeschrieben: »Meine Mutter und ihr zweiter Mann, der Beklagte, waren früher österreichische Staatsangehörige. Die Mutter hat bestimmt keine andere Staatsangehörigkeit erworben ausser der deutschen Staatsangehörigkeit durch die Eingliederung der Ostmark an das Reich, vom Beklagten ist mir diesbezüglich nichts zu Ohren gekommen. Ich habe mit Unterbrechungen im Haushalt der Streitteile gelebt. In der ersten Zeit der Ehe war ich noch zu jung, um über die Gestaltung dieser Ehe kritische Beobachtungen machen zu können, dann war ich lange Zeit weg und erst ab 1929 wieder hier; von dort an war der Beklagte sehr viel verreist, er blieb oft lange Zeit, monatelang, einmal sogar ein ganzes Jahr weg und kümmerte sich um die Mutter ziemlich wenig. Im Jahr 1933 war er nur sehr wenig zu Hause, seit Anfang 1934 blieb er dem Hause überhaupt fern. Seither hat eine häusliche Gemeinschaft zwischen den Streitteilen nicht mehr bestanden, wenn der Beklagte auf kurze Zeit nach Salzburg kam, ging er nicht nach Hause, sondern wohnte im Hotel. Ich habe in den Zeiten, wo der Beklagte hier war, die Beobachtung gemacht, dass es oft Reibereien gab, es ging oft laut zu, es bestand keine Harmonie zwischen den Ehegatten, der Beklagte ging immer allein weg und liess seine Frau allein zu Hause. Meine Mutter hat sich darüber sehr gekränkt. Die Streitteile haben sich zwar bemüht, vor mir keine Szenen zu machen, ich habe aber trotzdem gemerkt, dass es in dieser Ehe nicht stimmte. So kam es z. B. vor, dass beim Mittagessen überhaupt kein Wort gespro-

chen wurde. Ich habe den unbedingten Eindruck, dass
es mit dieser Ehe nicht mehr gegangen wäre, dass sie also vollkommen zerrüttet ist. Meine Mutter ist erst anfangs dieses Jahres nach Paris gereist. Solange die häusliche Gemeinschaft bestand, war diese im Haus des Beklagten, Sbg, Kapuzinerberg 5.«

Eine halbe Stunde dauert die Streitverhandlung inklusive der mündlichen Verkündung des Urteils – Scheidung der Ehe aus dem Alleinverschulden des Beklagten –, was am selben Tag in die Maschine diktiert wird:
»Im Namen des deutschen Volkes!« Hinter den Ent-
scheidungsgründen wird handschriftlich hinzugefügt:
»Kein Rechtsmittel eingelangt. Urteil rechtskräftig.
S. 24. 12. 1938 [Unterschrift].« Das Landesgericht
Salzburg verrechnet für das Verfahren 177,27 Reichsmark, die wie alle Streitkosten der Beklagte zu bezahlen
hat – wie vorher einvernehmlich ausgemacht.

Die Betroffenen vermeiden in ihren Briefen und
Memoiren jeden Hinweis darauf, dass sie im Nazi-Regime, noch dazu während der Pogrome geschieden
werden. Friderike Zweig macht in ihren *Spiegelungen*
nur eine dunkle Andeutung: »Schwersten Herzens und
voll Angst, Stefan könne zu einem verräterischen
Schritt getrieben werden, willigte ich in die Scheidung
ein, die in Salzburg durch sein Verschulden erfolgte.«
Nirgendwo werden die Erlebnisse und Erfahrungen ihrer Tochter erzählt, die in der »am stärksten nazisti-
schen« Stadt ausharrt und bestimmt von jemandem be-
schützt wird – von ihren Freunden oder von Rechtsanwalt Singer und Polizeirittmeister Schirl, der samt
Familie noch im Haus Kapuzinerberg 5 wohnt und die
Hunde Daisy und Jonny betreut. Es bestehen noch
Kontakte, doch Friderike Zweig bemerkt lediglich ein-

mal, dass sie in Paris sehnsüchtig und ängstlich auf Alix wartet.

In Salzburg verliert Friderike Zweig mehr als nur ihre Ehe, wie sie in ihrem Briefwechsel anmerkt und in ihren Memoiren schildert. Die Briefe ihres Mannes, von Rolland und Rilke, werden von der Freundin Josefine Junger versteckt. Die übrige Habe, das Inventar, die etwa 650 Bücher und Manuskripte mit Widmungen von Zweig, darunter der kostbare *Jeremias*, das Gästebuch et cetera werden verpackt, zum Transport ins Ausland vorbereitet und bei einer Spedition deponiert. Alles das bewerkstelligt Alix Winternitz, die mit ihrem Springerspaniel Schuschu in Salzburg ausharrt. Hier unterschreibt sie die ihr aufgezwungene Vermögensanmeldung – »Verzeichnis über das Vermögen von Juden« (15. 7. 1938): Sparbücher der Länderbank und des Wiener Bankvereins, Salzburger Filialen, im Wert von 11.190,30 Reichsmark und sonstiges Vermögen (ohne Anlagen).

Friderike Zweig macht eine separate Anmeldung, die am 28. Juli 1938 in Paris unterzeichnet wird: etliche Wertpapiere (Österreichische Trefferanleihe und Wiener Stadtanleihe): 37.880,33 Reichsmark; eine Lebensversicherung bei der *Riunione Adriatica di Sicurita* (Schweiz): 4.124,74 Reichsmark; Guthaben bei den Salzburger Filialen der Länderbank, der Creditanstalt und der Postsparkasse: 24.536,65 Reichsmark; sonstiges Vermögen, das in den beiden Anlagen genau aufgeschlüsselt ist: Silber, Schmuck, Ehering, Aquarelle und Ölbilder, darunter welche von Anton Faistauer, alles geschätzt vom gerichtlich beeideten Schätzmeister Karl Schwarz im Wert von 3.823,82 Reichsmark.

In Summe sind es über 80.000 Reichsmark, wobei die Lebensreliquien nicht verzeichnet sind, die sich in ihrem Wert gar nicht beziffern lassen – jedenfalls geraubtes Vermögen. In Salzburg ist von Stefan Zweig nur mehr wenig vorhanden, da seine Vertrauensperson selbst nach dem Anschluss rührig ist. Frau Meingast wird von Lotte Altmann instruiert, den Kontakt auf das rein Sachliche zu beschränken. Zweig ersucht um Auflassung des Salzburger Postfaches und bangt um die Auszahlung seines letzten Schecks – vor der drohenden Sperre seines Postsparkassenkontos. Es scheint Frau Meingast zu gelingen, das Geld abzuheben und der Gestapo ein Schnippchen zu schlagen. Darauf bittet Zweig um die Kontostände bei der Postsparkasse, der Bayrischen Vereinsbank und der Länderbank für Anmeldezwecke, also für die Anmeldung des sogenannten Judenvermögens.

Er bittet auch, seine Sekretärin möge die Bibliografie und das Hauptbuch ruhig bei sich behalten. Damit währt ihre Vertrauensstellung auf Lebenszeit. Frau Meingast erhält noch einen empfindsamen Abschiedsbrief, aus dem hier eine kurze Passage wiedergeben werden soll: »Aber ich sehe doch Salzburg nur weggleiten in dem allgemeinen Sturz meiner Existenz, die von Grunde auf neugebaut werden müsste ...« (SM).

Die Gestapo ist darauf erpicht, jeden Groschen im Besitz eines Juden aufzulisten. Das kann aber nur im Verein mit den Banken, Versicherungen und Gerichten (Grundbuch) funktionieren. Gegen Ende 1938 zieht die Gestapo ein bürokratisches Resümee ihrer Beutezüge: »Aufstellung über das Vermögen, das durch Einziehung oder auf andere Weise in das Eigentum des Reiches, des Landes Österreich, der Partei oder von Parteigliederungen überführt worden ist. [vier Seiten] i.V. Dr. Hueber.« Das undatierte Papier des Gestapochefs Hubert Hueber beginnt mit Punkt 1 (Max Reinhardt) und schließt mit

Punkt 8 (Stefan Zweig): Bargeld 383,32 Reichsmark, Bankguthaben 921,27 Reichsmark und bei Friederika Gollhofer ein Restguthaben von 15.333,32, das im Juni 1939 fällig wird.

Jede Beschlagnahme wird der Wiener Vermögenszentrale gemeldet – mit dem riesigen Stempel »Geheim!«: »Mit Verfügung vom 1. November 1938, II B 3 – 479/38 wurde dem Schriftsteller Stefan Zweig, geboren am 28. 11. 1881 in Wien, wohnhaft in Paris [sic], das Vermögen, bestehend aus einem Barbetrag von RM 1.358,14, ein Guthaben des Zweig von Friederike Gollhofer in Salzburg, Kapuzinerberg Nr. 5, in Höhe von RM 15.333,33, welches am 1. 6. 1939 zur Zahlung fällig ist, ein Ölgemälde, ein Kassenschrank und eine Schreibgarnitur aus rotem Marmor im Werte von unbekannt beschlagnahmt und zu Gunsten des Deutschen Reiches (Reichsführer SS und Chef der Deutschen Polizei) eingezogen. [...]«

Die Gestapo hat bei der Österreichischen Creditanstalt das Sonderkonto A 783, auf dem sich die Raubgelder häufen. Die Forderung von Zweig an Gollhofer ist erst nach der Beschlagnahme fällig und soll zum genannten Termin ebenso auf das Sonderkonto der Gestapo eingezahlt werden. Dazu wird die Schuldnerin offenkundig nicht aufgefordert. Sie lässt den Fälligkeitstermin für den aushaftenden Betrag samt Zinsen und Kaution verstreichen. Stefan Zweig wird jedenfalls beraubt. Seine Vermögensanmeldung landet seltsamerweise beim Berliner Finanzamt in der Luisenstraße 33/34. Dort wird der Bescheid über die Judenvermögensabgabe oder Sühneleistung ausgestellt: 48.600 Reichsmark.

Poor Austrian Beethoven

Seit dem Salzburger Hausdrama schreibt Zweig an seinem Österreich-Roman, dessen Inhalt kurzweilig gerafft wird: Österreich-Ungarn vor der Ermordung des Thronfolgers und dem Ausbruch von Weltkrieg Numero Eins; irgendein Garnisonsstädtchen im ungarisch-österreichischen Grenzraum, jedenfalls die finsterste Provinz mit dem strahlenden Traumschloss der Monarchie, freilich ein rein fiktiver Ort, an dem Lämmel den mächtigen Karrieresprung vom bitterarmen Judenbuben zum steinreichen Schlossherren schafft: das jüdische Märchen, das wie sein deutsches Gegenstück böse endet. Die Tochter des Juden ist ein »Gebrest« (körperbehindert), ein kleiner Leutnant hat Mitleid mit ihr. Er, der Ich-Erzähler, ist allerdings ein willensschwacher, ängstlicher, bestechlicher Mann, der die seelenmörderische österreichische Frotzelei fürchtet, vor seinem Versprechen gegenüber dem »Gebrest« flieht, sich umbringen will, aber schließlich hochdekorierter Kriegsheld wird. Der Roman *Beware of Pity* oder *Ungeduld des Herzens* erscheint im November 1938 bei Cassels in London und bei Bermann-Fischer in Stockholm.

Fortan werden im neutralen Schweden die Bücher des deutschsprachigen Exilautors verlegt, der niemals einen reichsdeutschen Pass führen möchte, wie er dem Home Office mitteilt: »It is a question of honour for me not to apply for a new passport to the Germans as my books have been forbidden and burned by the Germans. I have, therefore, not registered at the German Consulate and prefer to be of [no] nationality rather than to become German.« Zweig und Lotte Altmann erhalten die

ersehnten britischen Identitätspapiere für ihre Amerika-
tour, die erst nach seiner Scheidung stattfinden soll, und
beide bitten noch vor ihrer Abreise um Naturalisation in
Großbritannien. In New York kommt es zu einem
Wiedersehen mit seinem Bruder Alfred, der als tsche-
chischer Jude das annektierte Österreich und Sudeten-
land nicht mehr betreten darf; er bleibt in New York und
wird dort uralt.

Kaum ist Zweig zurück in London, schimpft er über
den Lebensstil der geselligen Friderike und ihrer unern-
sten Töchter in Paris – ein Dauerkomplex, den er auch
nach seiner Scheidung nicht abzulegen vermag. Andererseits sorgt er sich um seinen Freund Emil Fuchs, der
gerade die Fronten wechselt: vom Verlag des Juden Herbert Reichner zu dem des Deutschen Karl Heinrich Bischoff, der den Wiener Verlag von Paul Zsolnay arisiert.

Noch einmal äußert Zweig den Wunsch nach einem
Wiedersehen mit Joseph Roth, der doch sagen möge,
was ihm lieber sei: ihn aufzusuchen oder ihm auszuwei-
chen. Sie meiden einander seit der Salzburger Bahn-
hofszene. Ehe sie einander wiedersehen können, stirbt
Roth, vom Alkohol elendig zugrunde gerichtet. Er wird
auf dem Pariser Cimetière Thiais bestattet. Friderike
Zweig versteht sich nach französischer Sitte als Vertrete-
rin der abwesenden Familie Roth. In dieser Eigenschaft
überreicht ihr der Vertreter des Kaisersohnes Otto einen
Kranz – angeblich mit der Aufschrift oder der Bemerkung: »Dem treuen Kämpfer der Monarchie, im Namen
seiner Majestät, Otto von Österreich.«

Die Pariser Totenfeier ist ein buntes Tohuwabohu,
nicht anders als die ewiggestrige Monarchie. Am 30. Mai
1939 nehmen Katholiken, Juden und Sozialisten gemeinsam, aber nach eigenen Ritualen Abschied von

Roth. Aus seinem Freundeskreis fehlt einer: Zweig, der keinen gültigen Pass besitzt und daher seinen Nachruf in London schreibt (erstmals publiziert in *Österreichische Post*, Paris, 1. 7. 1939).

Mehrmals kuren Lotte Altmann und Zweig in Bath, römische Aquae Solis, ein berühmtes englisches Bad am Avon, zugleich Grafschaft und Bischofssitz. Es erinnert den Österreicher an seine Sommerfrische, an das kaiserliche Salzkammergut, ein bisschen an das Refugium Salzburg. Es ist überdies bemerkenswert, dass Zweig wieder Tagebuch führt und noch dazu auf Englisch: *Diary of the second war* (1. September bis 17. Dezember 1939).

Am ersten Septembertag ist er wie geplant im Standesamt von Bath, um einen Trauungstermin zu vereinbaren. Dort hört er vom deutschen Angriff auf Polen. Nun ist Zweig quasi im Feindesland, denn mit dem Eintritt Englands in den Zweiten Weltkrieg werden die Österreicher gleich den Deutschen als »alien enemies« eingestuft. Zweig ist zwar im Gegensatz zu Felix Braun nicht internierungspflichtig, hat aber einen sehr engen Bewegungsradius und fühlt sich in seiner persönlichen Freiheit beschnitten. Er kritisiert, dass England die Annexion Österreichs stillschweigend hinnimmt und Österreicher mit Deutschen gleichsetzt.

Am 6. September werden die 31-jährige Sekretärin und ihr 57-jähriger Dienstherr in Bath getraut. Damit ist die wilde Ehe beendet – für Friderike Zweig laut eigener Darstellung ein Schock. Sie weiß von seinen Plänen allerdings schon seit der Einwilligung zur Scheidung, soll auch weiterhin seinen Namen tragen und erhält sogar eine Leibrente – aus den einverständlich umgewandelten Schweizer Versicherungen, auf die die Gestapo keinen Zugriff hat.

In der Londoner Hallam Street ist Friderike noch mit ihrem Salzburger Mobiliar präsent. Das neue Heim in Bath, *Rosemount* am Lyncombe Hill, ein Hügelchen, dem Kapuzinerberg in Salzburg nicht vergleichbar, aber gleichfalls mit großem Garten, wird diesmal von Lotte Zweig eingerichtet, allerdings mit dem Mobiliar aus der Hallam Street, und erlesene Stücke kommen auf Umwegen aus Salzburg. Am 19. September notiert der genervte Hausherr: »Then waiting for the vans in Rosemount. I forgot to mention the stupid Zwischenfall with the Bauernschrank yesterday. I wait from 8 ½ and it becomes 10, 11, 12, 1, 2, 3, 4, 5 o'clock, I phone three times, four times to London, quite convinced that something terrible must have happened with my furniture (poor Beethoven) two man from Wooster [Versicherung] wait with me and go finally. In this moment 5.35 the two vans arrives. We unpack all.«

Fortan steht sein Salzburger Schreibtisch im neuen Heim, ebenso sein »poor Beethoven« der große Sekretär, das kleine Reisepult, oder beide? Zweig ist schweigsam, seine Privatsphäre ist ihm heilig, lediglich in seinem Briefwechsel mit Rolland kommen die Beethoven-Reliquien zur Sprache. Ende Februar 1938 bemerkt er über zwei Porträts nebenher in Klammer: »(leider sind sie in Wien, mit allen anderen Gegenständen seines Totenzimmers, die ich von Breuning erwarb)« – Rolland reagiert empört, da er nur über den Sekretär Bescheid weiß, nicht aber über die anderen Schätze, und daher die Geheimnistuerei als Verletzung des Vertrauensverhältnisses betrachtet.

Zweig beeilt sich, die Wogen zu glätten: »Nein, ich besitze keine großen Beethoven-Schätze. Ich habe vor fast acht Jahren (und hatte es Ihnen erzählt) den Sekretär Beethovens erworben, seine kleine Geldkassette, seinen kleinen Arbeitstisch, seine Violine aus der Jugend, einen Silberlöffel, die beiden Porträts – alles von Herrn Breuning, dessen Großvater das Ganze in dem Sterbezimmer gekauft hatte. Das habe ich in Wien gelassen, weil man nicht erlaubt hätte, diese Reliquien außer Landes zu bringen (oder es hätte großen Lärm darum gegeben). Ich hatte sie in meinem Testament der Stadt Wien vermacht; diese Verfügung will ich jetzt ändern. Außerdem besitze ich das Skizzenbuch des Malers Teltscher mit den drei Zeichnungen, die er von dem sterbenden Beethoven machte [...].«

Demnach sollen die Beethoven-Reliquien aus der aufgelösten Salzburger Sammlung vor dem Anschluss noch in Wien sein. Ein Verkauf ins Ausland würde viel Wirbel verursachen, meint Zweig, der weiß, dass die Ausfuhr von österreichischem Kulturgut bewilligungspflichtig ist. Er scheint daher gezwungen zu sein, seine Schätze der Stadt Wien zu stiften – eine testamentarische Verfügung, die er vor dem drohenden Anschluss ändern will: Ein Raub ist zu befürchten. Zweig lässt seine Beziehungen spielen, um »poor Beethoven« ins Ausland zu retten. Das Unternehmen glückt. Aus den Memoiren des englischen Verlegers Desmond Flower geht allerdings hervor, dass sich wertvolle Stücke schon vor dem Anschluss in Hallam Street 49 befunden haben: »There was his large blake drawing, and his desk – what a desk! A noble piece of furniture which had belonged to Beethoven.«

Doch wie Zweig die Ausfuhr bewerkstelligt, verrät er nicht. Soviel steht fest: am 18. September 1939 erwartet Zweig in Bath voller Spannung den Transport seiner restlichen Sammlung aus London, darunter der große

Schreibtisch (Sekretär), das Handschreibpult, die Geldschatulle, die zwei Miniaturporträts und anderes mehr, doch offensichtlich nicht alles, denn der Silberlöffel (Obersschöpfer) und die kleine Schwarzwälder Geige befinden sich »leider noch in Wien«, und Beethovens Haarlocke wird noch beim Freund Friedrich Meiler aufbewahrt – laut einer undatierten maschinschriftlichen Liste, auf der Zweig mit eigener Hand Randnotizen macht und seine Adresse vermerkt: »Stefan Zweig, Bath, Lyncombe Hill Rosemount«.

Unter den vierzehn aufgelisteten und beschriebenen Stücken ist eines, das er erst am 19. Juni 1939 in London erwirbt: die Zeichnung Josef Danhausers mit der Aufschrift »Beethoven, den 28. März, an seinem Totenbett gezeichnet 1827«. Das einzigartige Porträt stammt aus einer Wiener Sammlung, die gerettet worden sei, laut Zweig »nach der Hitlerbesetzung Oesterreichs« – erstaunlich!

Nach Kriegsbeginn vermisst Zweig drei Beethoven-Reliquien. Beethovens Haarlocke – »zur Zeit bei Meiler« – kommt irgendwann in das vorbestimmte Domizil: »jetzt im Schreibtisch« wird von fremder Hand auf der erwähnten Liste vermerkt. Geige und Obersschöpfer – »leider noch in Wien« – scheinen verschollen. Werden sie geraubt? Zumindest die Geige kann gerettet werden, da sie offenkundig noch während des Krieges nach Amerika gelangt – wie, ist unklar. In Wien bleibt jedenfalls das Widmungsexemplar des publizierten Mozart-Briefes: »Für die Musikabteilung der Nationalbibliothek / gestiftet von St. Z.« (ÖNB 587.026 – B. MUSS).

Über den Verbleib der vier Briefe an das Augsburger Bäsle schweigt der Sammler jedoch gegenüber Rolland:

»Zahlreicher sind meine Autographen von Mozart. Die meisten sind verkauft, aber es bleiben vor allem zwei Kleinode, hier in London nach meinem großen Verkauf erworben – das *Veilchen* von Goethe und das *Thematische Verzeichnis*, von dem eine Reproduktion gefertigt wurde. Ich füge ein Exemplar bei, es war Ihnen im voraus bestimmt, und ich hoffe, es bereitet Ihnen Freude.« – Selbst gute Freunde sollen nicht erfahren, dass es Zweig mit Mozarts Bäsle-Briefen, jenem »Sauglockengeläute« laut Sigmund Freud, ins Exil verschlägt.

Mit der Vertreibung des Geistes aus Österreich strandet auch der todkranke Freud auf der Exilinsel. Die 83-jährige Weltkoryphäe stirbt in London. Sonntag, den 24. September 1939 notiert Zweig im Tagebuch: »On the broadcast I hear that Freud has died yesterday night – the great friend, the dear master. I will of cause [course] to the funeral.« Mit Erlaubnis der Polizei von Bath darf der Freudianer an der Beisetzung teilnehmen und die Abschiedsrede im Krematorium halten. In einem Brief räsoniert Zweig: »Ich hatte als einer der ältesten und innigsten Freunde die bittere und verantwortliche Aufgabe, am Sarge Sigmund Freuds zu sprechen, ehe man seinen Leib den Flammen übergab – zum zweitenmal Totenredner eines Freundes innerhalb eines Vierteljahrs. [...] Humanität hat keine Schulterklappen, sie ist überall und überall selten, aber, wo immer, ist sie und sei sie unser wahres Vaterland.«

Ab dem 15. März 1940 ist seine Nationalität großbritisch: »I, STEFAN ZWEIG, swear by Almighty God that I will be faithful and bear true allegiance to His Majesty, King George the Sixth, His Heirs und Successors, according to law. [Signature Stefan Zweig]«. Die Naturalisation erfolgt gemäß »British Nationality and Status of

Aliens Act, 1914«, was bedeutet, dass Zweig kein voll-
wertiger Brite ist. Selbst in seinem Pass, der ihm seinen
globalen Radius verschaffen soll, prangt der Stempel
»alien enemy«, womit er als Deutscher gilt, wohl eher als
deutscher Jude, denn wirkliche Feinde werden kaum
eingebürgert. Auch Lotte Zweig erhält den selben Status wie ihr Ehemann.

Das große Umsonst?

Um diese Zeit spielt er mit dem Gedanken an eine
Autobiografie. Er startet seine Arbeit mit ziemlicher Sicherheit noch in Bath auf dem Salzburger Tisch. Mit seiner zweiten Heirat und dem Zweiten Weltkrieg beginnt
das Heute, die Katastrophe, die Auslöschung seiner Welt
von Gestern, wie er im April 1940 seinem Freund Felix
Braun weissagt: »[...] und nur Kinder können an die
Märchen von einer Wiederherstellung Österreichs glauben. [...] Wichtig ist jetzt, sich innerlich gewahr zu sein,
daß die alte österreichische Welt, in der wir wuchsen und
lebten, vom Erdbeben verschüttet ist und endgiltig dahin; daß wir leben, wirken müssen ohne sie und nicht
mit Gespenstern hausen, um nicht selbst Lemuren und
Schatten zu werden.«
Für seinen geplanten Pariser Vortrag im *Théâtre Ma-
rigny* ringt er um ein positives Bild vom alten Wien, dessen Bewohner entweder liebevoll oder abschätzig als
Phäaken – sonnige Lebeleute und Genussmenschen –

apostrophiert werden. Zweig fährt allein nach Paris, da die geschiedenen Eheleute einander sehen wollen. Friderike Zweig erinnert sich an wonnige Frühlingstage, an denen er sie und ihre verlobten Töchter sogar in ihrem Haus in Croissy sur Seine besucht. Für den geplanten Abstecher nach Vézelay, wo Rolland und dessen Frau Marie seit dem Sommer 1938 leben, fehlt anscheinend die Zeit. Die Freunde können einander seit drei Jahren nicht sehen und werden sich nie mehr die Hände reichen.

Zweig ist immerhin über zwei Wochen in Paris, und am 26. April 1940 spricht er bestens vorbereitet über sein *Wien von Gestern* – eine radikale Abkehr von seinem Wien-Bild in der *Postfräulein*-Geschichte. Er mokiert sich sogar über seine Säulenheiligen Goethe und Schiller und verteidigt sein verschwundenes Phäaken-Wien gegen alle Kritiker. Es sei das höchste Recht des Menschen, unbekümmert zu leben, frei, neidlos und gutwillig, »wie wir in Österreich gelebt haben«. Verblüffend für alle Freunde und vor allem für Friderike Zweig ist seine »uneingeschränkte Bejahung Österreichs, das deutliche Eingeständnis, was seinen Worten Leuchtkraft gab, daß er ihm aus vollem Herzen nachtrauerte, er, der mein und meiner Kinder innerliches Festhalten geradezu als Treuebruch gegen ihn angesehen hatte.«

Sein Vortrag *Das Wien von Gestern*, der noch im Exil erscheint und heute im Bändchen *Auf Reisen* nachzulesen ist, enthält wesentliche Ingredienzien, die für die spätere Nationswerdung Österreichs von Bedeutung sind: 1. Wien als Vorposten und Metropole einer zweitausendjährigen abendländischen Kultur, der römisch-katholischen Kirche und des Habsburgerreiches; 2. alle Kulturgrößen wie Beethoven als zugereiste Österreicher; 3. Hofmannsthal als rot-weiß-rote Galionsfigur der gelungenen Völkermischung: je ein Viertel Jude, Italiener, Wiener und Oberösterreicher; 4. die Wiener Gemeindehäuser und Salzburger Festspiele als Exempel des Aufbaus und Lebenswillens; 5. die Österreicher als das lebensfroheste und kunstsinnigste Volk ohne Hass und Aggression, im Gegensatz zu den Barbaren aus dem Norden. Zweig resümiert: »Fünf Jahre lang hat es [Österreich] standgehalten mit allen Kräften; und erst als sie [die Residenz- und Bundeshauptstadt Wien] verlassen wurde in der entscheidenden Stunde, ist diese kaiserliche Residenz, diese ›capitale‹ unserer altösterreichischen Kultur, zu einer Provinzstadt Deutschlands degradiert worden, dem es nie zugehört hatte.«

Nunmehr versteht er sich als vertriebener Altösterreicher, purzelt dabei aber aus dem eigenen Rahmen. Denn im Gegensatz zu allen zugereisten Wienern wie Mozart und Beethoven, für die das kulturelle Klima der Entfaltung ihrer Kunst im Wien von Gestern überaus günstig gewesen sei, macht der gebürtige Wiener seine Weltkarriere im angeblich barbarischen Norden.

Er hegt daran sicherlich Zweifel, reagiert allerdings zunehmend fatalistisch auf Hitlers Blitzkriege, selbst in dem noch sicheren Bath, in seinem *Rosemount*, von wo er am 18. Mai 1940, kurz nach dem Angriff auf Frankreich, seinem Freund Max Herrmann-Neisse berichtet: »Was soll aus Europa werden, wenn die freien Länder wie Holland (und schließlich auch die Schweiz) uns verloren sind! Wohin sind wir geraten! Selbst ich als Schwarzseher hatte nicht von solchen Abgründen geträumt. Aus Verzweiflung schreibe ich die Geschichte meines Lebens. Ich kann nicht concentriert arbeiten. So will ich wenigstens ein Dokument hinterlassen, was wir geglaubt, wofür wir gelebt haben; ein Zeugnis ist heute vielleicht wichtiger als ein Kunstwerk. Nie ist eine Generation so geprüft, so gepeinigt worden wie die unsere. Sagen wir es der nächsten zur Warnung. Vorläufig ist alles fragmentarisch. Aber diese Arbeit tröstet, bald da, bald dort ein Blatt seines Lebens aufzuschlagen.«

Von Mai bis Juni 1940 schreibt Zweig auf Deutsch sein *Notebook war* – daraus einige ausgewählte Zitate: »Ich weiß, was uns nach dem Kriege bevorsteht – Haß für beides, daß man Deutscher [!] Sprache ist und Jude.« (22. 5.) – »[...] und auch was uns hier nach dem Kriege als Juden oder als Deutschgeborene erwartet, wird nicht minder grauenhaft sein. [...] Trotz allem aber, vielleicht auch um mich zu isolieren arbeite ich rüstig an meiner Selbstdarstellung [...].« (24. 5.) – »Jedenfalls, man täte gut, ein Fläschchen mit Morphium jederzeit bereit zu haben.« (26. 5) – »Wir, die wir mit und in alten Begriffen leben, sind verloren; ich habe ein gewisses Fläschchen schon bereitgestellt. Denn ich halte alles für möglich jetzt, auch die Deutschen in England [...].« (28. 5.) – »Dazu die lähmenden Nachrichten – die Hakenkreuzflagge auf dem Eiffelturm! Hitlersoldaten als Garde vor dem Arc de Triomphe. Das Leben ist nicht mehr lebenswert. Ich bin fast 59 Jahre und die nächsten werden grauenhaft sein – wozu all diese Erniedrigungen noch durchmachen.« (14. 6.) – »Gepackt oder doch vorbereitet. Jetzt zwei drei Tage warten auf das Commando.« (19. 6.)

Mit dem auf dem Salzburger Schreibtisch begonnenen Manuskript der *Welt von Gestern* – seinen schwarzen Gedanken und jenem Fläschchen? – im Handgepäck wird Stefan Zweig der alten Welt den Rücken zukehren. Schreibtisch, Beethoven, Mozart, Goethe, Korrespondenz, Tagebuch, Bibliothek, *Balzac*-Manuskript, seine

Habe und Lebensreliquien müssen in Bath zurückbleiben. Dem Bombardement — Bristol ist sehr nahe — entwischen Lotte und Stefan Zweig: New York, Rio de Janeiro und wieder New York.

Kurz vor dem Nazi-Einfall in Paris gelingt der gewachsenen Familie Zweig-Winternitz, Friderike, Alix und Herbert, Suse und Karl sowie Schuschu, ihre gefahrvolle Flucht: von Croissy über Montauban nach Marseille, im letzten Moment mit den lebenswichtigen Papieren zu Fuß über die Pyrenäen nach Spanien, Portugal und von dort auf dem Dampfer nach New York in ihre Freiheit.

Im Jänner 1941 laufen die Spuren im Wolkenkratzer Broadway No. 25 zusammen: eine beidseitig überraschende Begegnung zwischen Friderike und Stefan Zweig. Sie korrespondieren miteinander und wohnen sogar nahe beisammen. Das Ehepaar Zweig ist zuerst in New Haven, dann in Ossining on Hudson bei New York, wo sich davor schon die geschiedene Frau samt ihrer großen Familie ansiedelt. Das erlaubt ein zeitweiliges Aufleben des alten Betriebes und eine gemeinsame Etappe der *Welt von Gestern*.

Nach dem Verschwinden Erwin Riegers in Tunis und Moriz Scheyers in Frankreich sinniert Stefan Zweig: »L. F., Die Totenliste mehrt sich von Tag zu Tag. Auch Oscar Loerke ist in Berlin gestorben, alle jünger als ich. Wegen der Konfiskation mache Dir keine Sorgen. Es ist fast besser, alles schon glatt verloren zu wissen, statt darum jahrelang zu kämpfen und es doch zu verlieren. — Auch ich gebe ja in England alles verloren.«

Er bezieht seine Feststellung auf eine Nachricht Friderikes, die abhanden kommt, im Briefwechsel aber kommentiert wird: »Es handelte sich um meine gesamten Sachen und Erinnerungswerte, welche die Gestapo in Salzburg versteigerte.« Folglich müssen Anfang 1941 noch Verbindungen zwischen Salzburg und New York bestehen. Friderike Zweig wird wohl von guten Freunden informiert worden sein.

Tatsächlich steht in der nach dem Krieg von Rechtsanwalt Singer im Namen der geschädigten Eigentümerin Friderike Zweig eingebrachten Anmeldung des verlorenen Vermögens folgende Notiz: »die Erwerber sind unbekannt. Meine unter 1.) bezeichneten Fahrnisse wurden am 17. 11. 1940 beim Lokal Schwarz, Kaigasse, von mehreren Personen eingesteigert. Informiert: Josefine Junger, Salzb. Makartplatz 6.« Unter Punkt 1 wird das zwangsversteigerte Vermögen nur umrissen: Kunstgegenstände, Möbel und sonstiger Hausrat.

Ergiebiger ist eine andere Quelle, das von Friderike Zweig im Juli 1938 ausgefüllte »Verzeichnis über das Vermögen von Juden«. In den Anlagen A und B fehlen zwar die ihr so am Herzen liegenden Manuskripte, ihre Wertsachen sind aber detailliert aufgelistet: Silber-Besteckkassette 12teilig (400 RM), Silber-Toilettegarnitur 13teilig (200 RM), 53 verschiedene Utensilien wie Schreibzeug, Service und Tischglocke aus Silber (400 RM), ein Ölbild von Anton Faistauer, Blumenstück (67 RM), 10 Holzschnitte, 17 Ölbilder und 20 Aquarelle (813 RM), Uhren, Broschen, Hänger und Ringe aus Silber und Gold mit Perlen, Brillanten und Diamanten (1.943 RM).

Die im Anschluss-Jahr von Karl Schwarz geschätzten und für den Transport ins Ausland bestimmten Wertsachen werden vom Zoll zurückgehalten und nach zweijähriger Lagerung in einer Salzburger Spedition von der Gestapo beschlagnahmt. Auf ihr Konto geht auch die Zwangsversteigerung, die als »Freiwillige Versteigerung«

DAS GROSSE UMSONST?

in den Wochenendausgaben der *Salzburger Landeszeitung*
und des *Salzburger Volksblattes* vom 16. November 1940
angekündigt wird: für den 18. und 19. November in der
Auktionshalle Schwarz, Kaigasse 8. Hier werden Friderike Zweigs Bilder, Hausrat, 12teiliges Tafelsilber, Gram-
mophon und Radio sowie Möbel samt dem geblümten
Ohrenfauteuil des Hausherrn aus dem Kapuzinerreich
zwangsversteigert.

Dafür gibt es einen Zeitzeugen, der Namen und Dinge nennen kann, selbst aber ungenannt bleiben muss. Er
möchte jedoch etwas kategorisch ausschließen: die Versteigerung von Schmuck, Manuskripten und Büchern.
Es wäre ihm bestimmt aufgefallen. Auch lose Buchblät-
ter mit Widmungen des verpönten Dichters würden
niemals unter den Hammer kommen, und schon gar
nicht das überaus gefragte Gästebuch. Demnach muss
der von der Gestapo geraubte Reliquienschrein in dunklen Kanälen verschwinden. An eine Vernichtung glaubt
der Zeitzeuge nicht, denn er weiß aus Erfahrung, dass
kulturhistorisch bedeutsame Objekte unter der Hand
versilbert oder in Museen geschafft werden. Die Regel
kennt allerdings Ausnahmen: Bestens in Erinnerung ist
dem Zeugen, einem Künstler, die Versteigerung einiger
Holzschnitte von Masereel, etlicher Stiche von Naumann, dem hochfürstlichen Kabinettzeichenmeister, einer Landschaft von Olivier, eines Stadtbildes von Utrillo und eines Blumenstücks von Faistauer.

In der Kleinstadt weiß man im Nu, aus welchem
Haus die Wertsachen stammen und was es mit der Auktion auf sich hat. Doch niemand wird freiwillig zurück-
geben, was er einmal in Treu und Glauben bei einer »freiwilligen« Versteigerung erworben hat. Hinzu kommt,
dass zu dieser Zeit kaum einer am Sieg der Deutschen

zweifelt, es genügt schon ein Blick auf die Schlagzeilen der hiesigen Presse: »Ununterbrochener Bombenhagel auf London« – »Über 530.000 kg Spreng- und Brandbomben auf Coventry« – »Gestern Bristol in Trümmer gelegt« – »In England Flüchtlingsströme ohne Ende«. Indessen läuft im Salzburger *Mirabell*-Kino der Pogrom-Streifen *Jud Süß* mit Werner Krauß – wegen des Ansturms von Besuchern um einige Wochen verlängert.

Im fernen Exil wird Zweig neunundfünfzig Jahre alt. Er bedankt sich bei seiner geschiedenen Frau für ihre Glückwünsche und bemerkt: »*The Tide of Fortune* ist in England nicht erschienen, weil die ganze Herbstproduktion Cassells, darunter mein ausgedrucktes Buch, in der Buchbinderei durch Bombenangriff vernichtet wurde.« – In einem New Yorker Restaurant treffen einander Zweig und Zuckmayer, wobei der Geburtstagsfeier im Münchner Gasthaus Schwarz gedacht wird, das wie alle jüdischen Betriebe mittlerweile ausgelöscht ist – beim November-Pogrom zertrümmert. Zweig macht auf den Freund einen geknickten Eindruck, sieht in den Verbannten nur Lemuren, denen die normale Welt verschlossen bleibt. Rückhalt findet er noch in seiner geschiedenen Frau, sie ist längst wieder gefasst, extrovertiert und lebensfroh. Ihre Biografie über den französischen Nationalhelden Louis Pasteur erscheint auf Deutsch in der Schweiz und auf Französisch noch vor der Flucht aus Paris.

Auch Zweig ist hyperaktiv wie ehedem. Gemeinsam mit dem befreundeten Regisseur Berthold Viertel schreibt er ein Drehbuch zur *Postfräulein*-Geschichte, die allerdings stark verändert im Künstler-Milieu spielt – ihre Verfilmung gelingt erst nach dem Krieg. Werke, an denen Zweig parallel arbeitet, sind – rückblickend gesehen – sein Nachlass aus letzter Hand: zwei Novellen, die Biografie des Forschers Amerigo Vespucci, das Erinnerungsbuch *Die Welt von Gestern* und dazu ergänzend seine Exil-Vorträge *Geschichtsschreibung von morgen* und *Die Geschichte als Dichterin.*

Im letzteren erläutert Zweig ein einprägsames Sprachbild: »Diese Anekdote, die auch Goethe liebte, ist immerhin lehrsam, sie zeigt, was wir aus der Psychologie wissen, daß Wahrheit Schichten hat wie eine Artischocke, daß hinter jeder Wahrheit meist noch eine andere verborgen sitzt, daß es eine absolute Chronik der Seelentatsachen, ein wahrheitsgemäßes Protokoll der Geschichte nicht gibt, sondern – und hier kehre ich zu meinem Thema zurück – daß Geschichte bis zu einem gewissen Grad immer etwas Gedichtetes sein muß.«

Einen schönen Erfolg erzielt Zweig mit einem Buch, dessen brasilianische Ausgabe er schon im Juli 1941 in seinen quirligen Händen halten darf: *Brasil – País do Futuro*. Darin manifestieren sich Begeisterung und politische Naivität: Brasilien als exotisches Land ohne Rassenprobleme, Hass und Aggression. Deshalb hält sich lange das böse Gerücht, das Buch sei nichts anderes als eine Auftragsarbeit des brasilianischen Propagandaministeriums. Es zeigt sich aber schon anhand der Essays *Salzburg 1933* und *Das Wien von Gestern*, dass Zweig seine wiederkehrenden Depressionen mittels Schönfärberei und Schwärmerei zu vertreiben sucht.

Im Sommer 1941 bietet ihm seine geschiedene Frau noch Rückhalt. Auch die Dreierbeziehung ist ausbalanciert. Im Umfeld registriert man aber, dass er nicht mehr der geschniegelte Wiener Stenz ist. Er wirkt ramponiert. Lotte Zweig reagiert auf seinen Zustand psychosomatisch, mit Asthma, und er scheint Mitleid zu haben. Schon

Mitte August dampfen sie an Bord der *S. S. Uruguay* nach Rio. Für Friderike und Stefan Zweig ist es ein Abschied für immer, für ihn überdies der Sturz in die Isolation, in das Grübeln über den Sinn im Widersinn, das sich auch in seinem Erinnerungsbuch niederschlägt: »Man trieb sie [die Juden] aus den Ländern und gab ihnen kein Land. Man gab ihnen Schuld und verweigerte ihnen jedes Mittel, sie zu sühnen. Und so starrten sie sich an auf der Flucht mit brennenden Augen – warum ich? Warum du? Warum ich mit dir, den ich nicht kenne, dessen Sprache ich nicht verstehe, dessen Denkweise ich nicht fasse, mit dem mich nichts verbindet? Warum wir alle? Und keiner wußte Antwort. Selbst Freud, das klarste Ingenium dieser Zeit, mit dem ich oft in jenen Tagen sprach, wußte keinen Weg, keinen Sinn in diesem Widersinn.«

Zweig versteht zwar einige Fremdsprachen, schreibt seine Literatur aber ausnahmslos in seiner Sprache und hält sich auch weiter für einen deutschen Dichter. In Gedanken verweilt er als Goethe-Deutscher im Kreise seiner vormaligen Freunde Anton Kippenberg, Hans Carossa und Erwin Guido Kolbenheyer. In der *Welt von Gestern* erinnert er sich sogar an seine Wiener Universitätskarriere: »mit Erwin Guido Kolbenheyer, einem literarischen Jugendfreund, der heute daran vielleicht nicht gerne erinnert wird, weil er einer der offiziellen Dichter und Akademiker Hitlerdeutschlands geworden ist, büffelte ich die Nächte durch.«

Die Freundschaft besteht noch in den 20er Jahren, als Kolbenheyer für eine Romantrilogie in Salzburg das Wirken des daselbst verstorbenen Arztes und Denkers Paracelsus erforscht. Die ersten beiden Teile werden von Zweig rezensiert. Über den letzten – *Das dritte Reich des Paracelsus* – äußert er sich kollegial. Da Kolbenheyers

Nachlass noch auf Eis liegt, ist das Motiv ihrer Entfremdung unbekannt – vermutlich distanziert er sich von
Zweig. Kolbenheyer darf in Deutschland eine unbeschei-
dene politische Karriere machen, während die rein literarische seines Freundes eben dort gewaltsam beendet wird.

Der Ausschluss trifft ihn offenbar sehr tief und wirkt
traumatisch. Das äußert sich in jenen verqueren Erklärungen, wie Zweig sie in seiner *Welt von Gestern* bietet:
»Denn war eine absurdere Situation einem Menschen zu
erdenken, der längst ausgestoßen war aus einem Deutschland, das ihn um seiner Rasse und Denkart willen als
widerdeutsch gebrandmarkt, als nun in einem anderen
Land [England] auf Grund eines bürokratischen Dekrets
einer Gemeinschaft zugezwungen zu werden, der er als
Österreicher doch niemals zugehört?« Eine schwere
Sinn- und Identitätskrise lässt sich offenbar durch Flucht
ins verflossene Habsburger-Reich oder ins exotische
Land der Zukunft nicht bewältigen. Was ist, wenn man
draufkommt, dass das, was einem ein Leben lang wert ist,
der Mühe nicht wert war? – Das große Umsonst?

Dr. B. und sein Schachroboter

Brasilien ist laut Verfassung eine Republik, faktisch eine
Diktatur unter Getúlio Vargas. Die Metropole Rio de
Janeiro liegt an der riesigen Guanabara-Bucht. Nach an-
derthalb Stunden landeinwärts und stetig bergauf
erreicht man die von Kaiser Pedro II. gegründete Stadt

Petrópolis, für wohlhabende Großstädter der nächst-
gelegene Höhenkurort, freilich feucht und mit dem
trockenen Semmering nicht zu vergleichen. Zweig –
seine Frau bleibt ungenannt – soll es im stickigen Rio
nicht aushalten, wiewohl dort seine Bücher und Bekannten zu Hause sind, etwa Siegfried und Clarissa
Burger, der ältere Bruder und die Schwägerin von Friderike Zweig.

Ihr berichtet Zweig gleich nach seiner Ortswahl am
10. September 1941: »Das Entscheidende ist der Entschluss, in Petrópolis ein Häuschen zu mieten, dessen
Hauptbestandteil (für mich das Entscheidende) eine
riesige Veranda ist. Ich hoffe, daß dieser Schatten einer
Seßhaftigkeit [mir oder uns] gut tun wird. Petrópolis ist
ein kleiner Semmering, nur primitiver, so wie anno 1900
das Salzkammergut, die Hotels und Häuser auf dieser
Stufe, bis auf das Palais. Es gibt hier eben noch keinen
breiten Mittelstand, entweder ganz reich oder ganz bescheiden. Mit dem Bus oder der Bahn ist es eine Stunde und 40 Minuten zur Stadt [Rio]. So wird man den
heißen Sommer überdauern und wer denkt über März
und April hinaus. Ich will dort die Autobiographie
durcharbeiten und vielleicht etwas Neues beginnen.«

Mitte September bezieht das Ehepaar sein gemiete-
tes Landhaus in der Rua Gonçalves Dias 34, an der Peripherie von Petrópolis unweit der Landstraße nach Rio.
Das neue Domizil steht zwar ebenso auf einem Hügel
wie jenes von Bath, aber keineswegs auf einem Berg wie
das Kapuzinerreich, und ist bei weitem bescheidener: ein
Wohnzimmer, zwei Schlafzimmer, eine Küche, ein win-
ziger Garten auf der Rück- und eine große Veranda auf
der Vorderseite. Dazu gehört die Bedienung, die schwarze Donna mit Sklavengesten. Auch das Ambiente ist

Dr. B. und sein Schachroboter

exotisch und pittoresk, lauter Esel, die mit ihren Schweifen wedeln, dahinter das mickrige *Café Elégante*, alles andere als das Wiener Literatencafé *Beethoven*.

Zweig ist nun abseitiger Dorfbürger von Petrópolis
und nur im Geiste Kosmopolit. Das Häuschen am Hügel mit Aussicht ist sein Ersatz für die entschwundene
Welt und Heimat – »alle Dinge aus den Zeiten meines
Vaters und Großvaters tauchen hier wieder auf«, aber
keineswegs in der Realität. Es ist das Panoptikum Alt-
österreich, an dem er tief versunken feilt, wie Friderike
Zweig erfährt: »Hier korrigiere ich viel an der Autobiographie, habe eine kleine Schachnovelle entworfen,
angeregt davon, daß ich mir für die Abgeschiedenheit ein
Schachbuch gekauft habe und täglich die Partien der
großen Meister nachspiele.«

Er spielt mit seiner Frau, einem Freund oder allein,
Weiß gegen Schwarz. Es sind Meisterpartien, die nach-
gespielt werden, und zwar anhand eines voluminösen
Buches, das Zweig in Brasilien erwirbt, aber aus seiner
Geburtsstadt stammt: *Die hypermoderne Schachpartie* von
Savelij G. Tartakower (Verlag der Wiener Schachzeitung,
2. Auflage 1925). Es dokumentiert »150 schöne Meister-
partien aus den Jahren 1914 – 1925«. Von der Partie
Nummer 13, einem Duell zwischen Aljechin (Weiß)
und Bogoljubow (Schwarz), das unentschieden endet, ist
Zweig offenkundig so beeindruckt, dass er sie in seine
Novelle aufnimmt, wobei er von der Vorlage etwas ab-
weicht.

Die Handlung ist frei erfunden, selbst wenn er sich
dazu – entweder noch an Bord der *S. S. Uruguay* oder
bald nach der Ankunft in Rio – von Erzählungen einer
aus Wien vertriebenen Persönlichkeit inspirieren lässt.
Die Suche nach Vorbildern für die literarischen Figuren

kann allerdings in die Irre führen. Dr. B., der sich viele Jahre vom Schachbrett fern hält, ist quasi ein Traumspieler. Schachweltmeister Mirko Czentovic, »dieser unmenschliche Schachautomat«, soll hingegen keine einzige Partie blind spielen können. Schon darin unterscheidet er sich von lebenden Meistern wie Aljechin und Bogoljubow, die bestimmt keine primitiven Roboter sind, obschon sie Sympathien für das Nazi-Regime hegen. Sie sind übrigens die berühmtesten Teilnehmer an den internationalen Turnieren, die der Großdeutsche Schachbund im Juni 1942 und 1943 in Salzburg veranstaltet.

Schach lernt Zweig gewiss nicht beim Studium von Meisterpartien. Er beherrscht das Metier nach den vielen Abenden im *Café Mozart*, und vielleicht spielt er noch im Geiste mit dem Schachfuchs, seinem vertrauten Freund, der nun als Lektor beim Bischoff Verlag in Berlin oder in der Wiener Filiale (Zsolnay) arbeitet. Dort erscheint um die Jahreswende 1941/42 ein Werk von Emil Fuchs: *Romantisches Schachbüchlein*, Nr. 20 der Reihe *Die hundert kleinen Bücher*, das sogar im Unterhaltungstross der deutschen Wehrmacht an die Fronten rollt, für die zumindest die Einleitung bestimmt ist: «Und in der Tat: Schachspielen heißt kämpfen, mit der ganzen restlos eingesetzten Kraft des Geistes. Das Schachspiel ist Sinnbild und Abbild des Krieges. Zwei Heere stehen einander gegenüber, auf beiden Seiten schart sich ein ganzes Volk mit all seinen Ständen und Klassen um seinen König, um seine Königin. Es gilt, wie im männermordenden Krieg, den Gegner mit Waffengewalt niederzustrecken, und klügste Strategie und Berechnung führen diese Waffen. Alles ist im Kampfe erlaubt; jede List, jede Finte – wenn nur das Kriegsziel, die Vernichtung des Gegners, das Schachmatt, erzwungen wird. Kein Spiel der Welt ist so sehr wie das Schachspiel geeignet, ja geradezu vorausbestimmt, den Geist im Kampfe zu ertüchtigen und zu stählen. Diese Erkenntnis haben wir Deutsche schon lange gewonnen, und daher erfuhr das königliche Spiel bei uns jede nur denkbare Förderung und Unterstützung. Unsere Feldherren auf den vierundsechzig Feldern haben mit den berühmtesten Gegnern aus aller Herren Ländern ihre Klingen erfolgreich gekreuzt und ihre Heere zum Siege geführt.«

Das Kriegsbuch wird Zweig niemals zu Gesicht bekommen, doch er kennt offenkundig aus Erzählungen das Traumschach als Kriegsvorbereitung, die Schachdämonie und Schachvergiftung sowie die fantastische Geschichte vom Altwiener Schachautomaten, bestehend aus einer kostümierten Spielerattrappe und einem Kasten, in dem ein gut verborgener Schachmeister seine Künste mittels einer besonderen Technik praktiziert haben soll.

Eine Beschreibung dazu findet sich auch im *Romantischen Schachbüchlein*: »Der Apparat stellte einen Mann (wir würden sagen: Roboter) in natürlicher Größe dar, türkisch gekleidet, der vor einem dreieinhalb Fuß langen, zwei Fuß breiten und zweieinhalb Fuß hohen Kasten in Form eines Schreibtisches saß. Auf diesem stand ein Schachbrett mit Figuren. Der Türke spielte öffentlich mit jedem beliebigen Gegner Schach und gewann auch die Mehrzahl der Partien. Da das Innere des Mannes jedes Mal vor Spielbeginn gezeigt und leer befunden wurde, blieb die Erfindung ein mystisches Geheimnis, das die Schaulust der Wiener ganz besonders reizte und die seltsamsten Erklärungen und Lösungsversuche des ›Wunders‹ hervorrief.«

Zweigs Novelle spielt an Bord eines Passagierdampfers auf der Nord–Süd–Reise in der Neuen Welt, hat aber eine Binnenhandlung im Wiener *Hotel Metropole*, das die Welt von gestern repräsentiert, doch der Gestapo als Hauptquartier dient, wo jener Dr. B., der aus »einer hochangesehenen altösterreichischen Familie« stammt, seine Isolationshaft verbüßt, und zwar mit einem bei einer Vernehmung aus einem fremden Mantel entwendeten Buch: »dieses mit so ungeheurer Gefahr erbeutete, mit so glühender Erwartung aufgesparte Buch war nichts anderes als ein Schachrepetitorium, eine Sammlung von hundertfünfzig Meisterpartien«. Diese kann er nach einer Weile blind nachspielen – »eine Art Traumschach«, wobei er in einen abnormen Zustand gerät: »diese Spaltung in ein Ich Schwarz und ein Ich Weiß«. Dr. B. muss die Kämpfe, den Krieg gegen sich oder mit sich selbst austragen. Er wird vom Schachdämon befallen, verfällt in Wahnsinn, wird entlassen und kann auf einem Schiff flüchten.

An Bord ist auch der Schachweltmeister Mirko Czentovic, jener »unmenschliche Schachautomat«, der nur mit einem Brett vorm Kopf spielen kann. Als ihm eine hohe Geldsumme geboten wird, erklärt er sich bereit, gegen eine Gruppe von Passagieren anzutreten. Der Weltmeister gewinnt die erste Partie, wie allgemein erwartet. Die Revanchepartie, in die Dr. B. eingreift – »Ausweichen vor allem!« –, endet zur Überraschung mit Remis.

Nun sieht sich Czentovic in der Rolle des Herausforderers. Es kommt unausweichlich zum Zweikampf, zum Zusammenprall der Gegensätze: zuerst der für alle Zuschauer unbegreifliche Sieg des Dr. B., dessen Triumph und Provokation; Hass und Feindschaft der beiden Spieler, die sich gegenseitig zu vernichten trachten; und schließlich die Revanche bis zum neunzehnten Zug, bei dem die Welt endgültig auseinander bricht: Czentovic hält sich an die sichtbare Konstellation auf dem Brett, Dr. B. spielt jedoch im Kopf eine andere und unsichtbare Partie – »Schach! Schach dem König!« – Abbruch des Zweikampfes, ein offenes Ende, das niemand anderer als der Autor beschließt.

Auch Stefan Zweig kämpft als Ich Schwarz und als Ich Weiß, die komplementären Hälften verteilt auf zwei verschiedene Rollen im Schnittpunkt der entzweiten Welt – Technik und Geist. Dabei muss er den Krieg mit und gegen sich selbst austragen – sein Schachalbtraum, in dem das Ja und das Nein zum Leben zusammenfallen. Zweig verschließt sich ganz in der Rua Gonçalves Dias 34, um gegen seine schwarzen Gedanken anzukämpfen, um ja nicht zu verlieren, genauso wie Emil Fuchs an der Wiener Glaubensfront. Die Verliererpartie wird für Fuchs mit der Winteroffensive der *Roten Armee* und für Zweig mit dem japanischen Angriff auf Pearl Harbour eröffnet. Des Kampfes Ende ist noch offen.

Diesseits und jenseits von 60

Im Oktober 1941, als Zweig noch an seiner Autobiografie und *Schachnovelle* arbeitet, möchte er aufs Neue den Sisyphosstein hinaufwälzen, wie er gegenüber Friderike andeutet: »Ich träume von einer Art österreichischen Roman, aber dazu müsste ich zehn Jahrgänge Zeitungen durchlesen, um die Einzelheiten zu bekommen – und das ginge nur in New York und dahin will ich auf absehbare Zeit nicht zurück. Dazu noch der Gedanke, daß man nie mehr Haus, Heimat, Verlag haben wird [...]«

Der Melancholiker hat Heimweh. Der Rückwärtsmensch – ein Ausdruck, den er erstmals beim Sturz der Habsburger Monarchie gebraucht – träumt von einem großen Roman, der ihm die geistige Heimkehr erlaubt. Seine Ausflüchte sind aber wenig plausibel und vielmehr ein verdecktes Eingeständnis seines Scheiterns. Vor seinem 50er entpuppt sich sein *Postfräulein* als Verliererin, vor seinem 60er scheut er den Kampf mit seinem erträumten Untergangsroman – *Clarissa* (Entwurf im Nachlass).

Gegenüber Friderike bemerkt er am 20. November: »Ich bin etwas bestürzt, daß Ihr ein Festbuch gemacht habt, denn zu Festen ist nicht die Zeit ...« Die Festschrift zu seinem runden Geburtstag wird dennoch fabriziert und zugestellt. Er wird als großer Europäer gefeiert, allerdings nicht auf Deutsch. Es gibt zumindest zwei Ausgaben, eine französische und eine englische, die auch greifbar ist: *Stefan Zweig – GREAT EUROPEAN* by Jules Romains (New York, The Viking Press 1941).

Der November-depressive Zweig, der sich als Hundertjähriger fühlt, flieht an seinem schwarzen Tag – wie schon vor einem Jahrzehnt aus Salzburg ins nahe München – aus Petrópolis nach Teresópolis, um den Gratulanten zu entwischen. Seiner fernen Friderike gesteht er durch die Blume, was ihm eigentlich fehlt – Nachwuchs: »Ein Glück, daß Du die Kinder bei Dir hast – alles andere ist ja im Vergleich dazu nebensächlich.« – Von seinem Begehren weiß der brasilianische Verleger

Abrahão Koogan und er schenkt seinem Autor ein haariges Ersatzkind: den Foxterrier Plucky, der zwar weniger gescheit ist als der Salzburger Sohn Kaspar, aber in Petrópolis ein bisschen Heimatgefühl aufkommen lässt. Das schafft auch die Gansleber, die dem Wiener Geburtstagskind so echt erscheint, als wäre sie aus der Leopoldstadt mit ihrem Judenviertel von gestern. Sein Dank an Friderike schließt eine ihrer beiden Töchter ein (W): »Suse noch vielen Dank für ihre Wünsche und alles Gute von uns beiden. Herzlichst Stefan«

Zweig erwähnt ein weiteres Geschenk, einen Essay Hippolyte Taines, der offenbar Erinnerungen an seinen Studienabschluss an der Wiener Universität weckt: *Die Philosophie des Hippolyte Taine*, eingereicht zur Erlangung des philosophischen Doktorates bei Professor Friedrich Jodl. Am 19. Juli 1904 erwirbt der Studiosus seinen in der gestrigen Welt so bedeutsamen Titel, das Adelsprädikat des Bürgerlichen und Juden. Der junge Doktor bekundet seinen Stolz gegenüber seiner Mama, seinem Papa und Bruder sowie seinem neidischen Bekanntenkreis: »Stefan Zweig gestattet sich, Ihnen seine Promotion zum Dr. Phil. ergebenst mitzuteilen.«

In der *Welt von Gestern* zieht er ein Resümee: »Dann hatte die Universität mir gegeben, was einzig ich von ihr wollte: ein paar Jahre voller Freiheit für mein Leben und für die Bemühung in der Kunst: universitas vitae.« Er kann sich seinen Erinnerungen ganz ohne bitteren Beigeschmack hingeben, da er nie erfährt, dass ihm seine erworbene akademische Würde geraubt wird.

Anhand der archivierten Senatsakten der Universität Wien lässt sich der Vorgang rekonstruieren. Im Schreiben des Berliner Reichsministeriums für Wissenschaft, Erziehung und Volksbildung vom 2. Oktober 1940 wird festgestellt: »Gegen den Juden Dr. phil. Stefan Z w e i g, geboren am 18. [!] 11. 1881 in Wien, letzter inländischer Wohnsitz: Salzburg, Kapuzinerberg Nr. 5, jetziger Aufenthalt: bis zur Besetzung Paris [!], jetzt unbekannt, habe ich ein Verfahren auf Aberkennung der deutschen Staatsbürgerschaft gemäß § 2 des Gesetzes vom 14. 7. 1933 (Reichsgesetzblatt I, Seite 480 ff.) – in Verbindung mit § 1 des Gesetzes über die Aberkennung der Staatsangehörigkeit und den Widerruf des Staatsangehörigkeitserwerbes in der Ostmark vom 11. 7. 1939 (Reichsgesetzblatt I, Seite 1235) – eingeleitet. Zweig hat am 19. 7. 1904 an der Universität in Wien zum Dr. phil. promoviert. Ich bitte, hinsichtlich der Entziehung des Dr.-Titels das Weitere zu veranlassen.«

Das nächste Schreiben aus dem Reichsministerium enthält eine Abschrift der 198. Ausbürgerungsliste mit den Namen jener Personen, denen ihre Titel entzogen werden sollen – Stefan Zweig scheint unter der »lfd. Nr. 170« auf. Der Reichsbefehl wird am 15. Februar 1941 vom Rektor, dem Rassenbiologen Fritz Knoll, nach unten delegiert, wobei auf dessen Liste auch Stefan Zweig durch den oktroyierten Vornamen »Israel« als Jude kenntlich gemacht ist.

Am 8. Mai begründet Ernst Swoboda, Dekanstellvertreter der rechts- und staatswissenschaftlichen Fakultät, seinen Beschluss: »Laut Inhalt der 198. Ausbürgerungsliste wurde die Ausbürgerung des Stefan Z w e i g, geboren 18. [!] 11. 1881 in Wien, im Deutschen Reichsanzeiger kundgemacht. Stefan Z w e i g wurde am 19. 7. 1904 an der Universität in Wien zum Doktor phil. promoviert. Da der Genannte laut des Erkenntnisses über die Ausbürgerung der deutschen Staatsbürgerschaft unwürdig wurde, ist er umsomehr unwürdig geworden,

den ihm von der Wiener Universität verliehenen akademischen Doktorgrad weiterzuführen. Wien, am 8. Mai 1941 / Swoboda e. h. / Anschlag am schw. [schwarzen] Brett, Vorlage an den Reichsminister und die weiter erforderlichen Verfügungen.«

Der in absonderlichem Deutsch verfasste Beschluss wird freilich nicht zugestellt, obschon es darin heißt, dass innerhalb eines Monats nach Zustellung beim Reichsminister Beschwerde eingelegt werden könne. Es erübrigt sich allerdings jeder Einwand gegen Paragrafen und Spitzfindigkeiten, denn die Aberkennung des in der Habsburger Monarchie erworbenen Titels beruht allein auf der Rassenideologie, unvereinbar mit Menschenwürde.

Zweig weiß seine Würde zu wahren, er dichtet zum 28. November 1941 seine letzten Verse – sein Dank und zugleich der Abschied von seinen Lieben, von seinem Leben: »Der Sechzigjährige dankt / Linder schwebt der Stunden Reigen / Über schon ergrautem Haar, / Denn erst an des Bechers Neige / Wird der Grund, der gold'ne klar. / Vorgefühl des nahen Nachtens […].«

In seiner Geburtsstadt wird vom 28. November bis zum 5. Dezember 1941 zu Mozarts Ehren eine Reichsfeier mit monarchistischem Gepränge inszeniert. Daran soll speziell Hitlers kunstsinniger Statthalter Baldur von Schirach großen Gefallen finden. Er beschwört in seiner Feierrede Mozarts sittliche Kraft, vergleicht diese mit der Tat der grauen Helden an der Ostfront und schließt mit den pathetischen Worten: »Heute erklingt hier ein Name, aber er spricht für Deutschland und bedeutet ein Glück für die ganze Welt: Wolfgang Amadeus Mozart. Zu seinem Gedächtnis haben wir uns versammelt. In seinem Zeichen rufen wir die Jugend Europas zum Krieg für ihre Kunst.«

An Mozarts 150. Todestag kontert die *Rote Armee*, und bald nach dem japanischen Angriff auf Pearl Harbour wird auch das bislang neutrale, doch mit faschistischen Ländern sympathisierende Brasilien in den Weltkrieg verwickelt. Dessen Regime entspricht den Forderungen der USA nach Stützpunkten sowie nach Abbruch der diplomatischen Beziehungen zu Italien und Deutschland. Fortan gelten Italienisch und Deutsch als Feindsprachen, die in der brasilianischen Öffentlichkeit nicht gesprochen werden dürfen. Selbst das Mitführen von feindsprachlichen Drucksachen ist verboten. Schon im Februar 1942, etwa ein halbes Jahr vor den gegenseitigen Kriegserklärungen, werden brasilianische Handelsschiffe von deutschen U-Booten torpediert.

Am Montag, dem 16. Februar, fahren Lotte und Stefan Zweig nach Rio zum Karneval. Sie sind zu Gast bei Abrahão Koogan, mit dem sie gemeinsam in der Stadt bummeln und am Abend jüdisch speisen. Auch Zweig ist guter Laune, zum Abschluss genießt er noch seine Brasil-Zigarre. Am Karnevalsdienstag jedoch, als er die Nachricht von der Versenkung der englischen Flotte in Singapur liest, erfasst ihn eine schwere Depression. Er lässt sich selbst von Koogan nicht davon abbringen, sofort nach Petrópolis zurückzukehren, kommt aber bald darauf wieder nach Rio, um im Safe des Verlages mehrere verschlossene Umschläge zu deponieren.

Wie Koogan später feststellt, befinden sich darin einige Manuskripte, Schmuckstücke, zwei Stiche von Rembrandt, die Partitur *Das Veilchen* von Mozart (Friderike Zweig vererbt), Testament-Nachträge und ein Abschiedsbrief, datiert mit 18. Februar (Aschermittwoch) – sein endgültiger Entschluss zum Abschied von der Welt.

Bis zuletzt feilt er an seiner Schachnovelle. Es muss ihm viel daran liegen, da er einen guten Schachspieler um strenge Lektüre bittet. Ernst Feder, früher Chefredakteur des *Berliner Tageblattes*, hat offenbar weder sachliche noch sprachliche Einwände. Das Manuskript wird von Lotte Zweig in fehlerfreiem Deutsch und aus Vorsicht mit mehreren Durchschlägen getippt, denn ein Exemplar könnte verloren gehen oder gar durch einen Torpedotreffer vernichtet werden. Am Samstag, dem 21. Februar, werden im Postamt von Petrópolis drei Typoskripte seines literarischen Vermächtnisses als Einschreib-Sendungen aufgegeben, die bei ihren Adressaten in New York fast zeitgleich mit der Radiomeldung vom Tod des Autors eintreffen.

Sein Schachpartner Ernst Feder, der am Abend des 21. Februar die letzte Partie mit Zweig in der Rua Gonçalves Dias 34 spielt, berichtet rückblickend: »Ich fragte nach seinem Roman über die Inflationszeit [*Clarissa*], von dem er mir einiges erzählt hatte, den er aber vor einiger Zeit beiseitegelegt, weil er sich genauere Daten und Einzelheiten der Periode nicht habe verschaffen können. Er sprach über Österreich, wie viel Vernunft doch in dem germanisch-slawischen Völkergemisch gelegen habe. ›Wir Österreicher haben das niemals gewürdigt. Wie haben wir die Deutschen bewundert!«

Dies ist das Eingeständnis seines tragischen Irrtums, den er als Kampf mit sich selbst austrägt: Ich Weiß gegen Ich Schwarz. Sein sensibler Gast registriert noch: »Ab und zu brachte er den Ausdruck ›am Krieg sterben‹ hervor, wie man vom Sterben an einer Krankheit spricht.« Nach seiner letzten Partie verabschiedet er sich von Ernst Feder mit den dunklen Worten: »Also entschuldigen Sie meine schwarze Leber!«

Am Sonntag, dem 22. Februar, schreibt Zweig noch einige Briefe, freilich händisch, darunter einen besonders lieben an seine geschiedene Frau (W): »Dear Friderike, when you get this letter I shall feel much better than before. [...] Love and friendship and cheer up, knowing me quiet and happy Stefan« – Gift steht parat, dazu Mineralwasser der Marke *Salutaris* – auf die Gesundheit. Zeugen gibt es nicht, sicher ist nur, dass Lotte und Stefan Zweig am Montagvormittag noch leben. Die Bedienerin hört ein starkes Atmen oder Röcheln, getraut sich aber nicht, das Schlafzimmer zu betreten. Am Nachmittag ruft sie ihren Mann, der nachschaut und umgehend die Behörde verständigt. Ein Arzt bescheinigt, dass der Tod am Montag, dem 23. Februar, um 12 Uhr 30 eingetreten sei: »... ingestão de substancia toxica – suicidio«. Schamlose Polizeifotos zeigen das Totenbett: Er liegt bekleidet – mit Krawatte – auf dem Rücken, sein Mund halboffen, sie kauert an seiner Seite, ihn umarmend, Halt suchend bei dem, der selbst keinen Rückhalt mehr hat.

Stefan Zweig hinterlässt wohlgeordnet intime Abschiedsbriefe in Französisch und Englisch, auch seine für die Öffentlichkeit bestimmte »Declaração«, die aber in Deutsch abgefasst ist, das bis zum letzten Exilwinkel als Feindsprache gilt: »[...] Mit jedem Tage habe ich dies Land mehr lieben gelernt und nirgends hätte ich mir mein Leben lieber vom Grunde aus neu aufgebaut, nachdem die Welt meiner eigenen Sprache für mich untergegangen ist und meine geistige Heimat Europa sich selber vernichtet. [...]«

Zweig verabschiedet sich als deutscher Dichter und Europäer. Er will nur mehr Jude sein, doch sein letzter Wille, auf einfache und diskrete Weise auf dem jüdischen Friedhof in Rio de Janeiro beerdigt zu werden, wird missachtet. Auf Order des brasilianischen Diktators bekommen Lotte und Stefan Zweig ein Staatsbegräbnis, und zwar auf dem katholischen Friedhof in Petrópolis, doch immerhin nach jüdischer Sitte schon am folgenden Tag, dem 24. Februar: Geschäfte sind geschlossen, Kirchenglocken läuten, Repräsentanten des öffentlichen Lebens tragen die beiden Särge, dahinter mehrere Wagen voller Kränze und Tausende Menschen – ein pompöser Trauerzug, der sich langsam von der Literaturakademie zum Friedhof bewegt. Unweit des kaiserlichen Mausoleums liegt das Grab, vor dem ein Rabbiner das Totengebet spricht. Noch scheint die Sonne, rasch verdunkelt sich der Himmel und im Platzregen sinken die Särge hinab. Oben strahlt wieder die Sonne.

»Nun hat auch Stefan Zweig, der Österreicher vom Kapuzinerberg Salzburgs, sein Grab in fremder Erde gefunden«, Worte, mit denen Egon Erwin Kisch, der rasende Reporter, in seinem Nachruf auf den Verlust des letzten Wohnsitzes mit muttersprachlicher Bindung hinweist. Andere Exilanten wie Thomas Mann äußern ihr Unverständnis und ihre Kritik an der Tat Stefan Zweigs: Selbstsucht, Pflichtversäumnis, Entmutigung der Vertriebenen, Sieg und Triumph der Nazis.

Diese sehen in der Flucht und im Selbstmord des Juden Zweig ihr rassistisches Feindbild bestätigt. In der Rubrik »Kulturelles Leben« der *Salzburger Landeszeitung* vom 25. Februar 1942 steht folgende gehässige Notiz: »**Selbstmord Stefan Zweigs.** Der jüdische Schriftsteller Stefan Zweig ist mit seiner Frau in Rio de Janeiro unter Umständen erschossen aufgefunden worden, die, wie eine englische Meldung besagt, auf Selbstmord schließen lassen. Damit hat wieder ein jüdisches Emigrantenleben seinen typischen Abschluß gefunden. Zweig war Ostjude, wurde in Wien erzogen, erwarb aber 1940 die englische Staatsbürgerschaft. Als es in England zu brenzlig wurde, floh er weiter nach Brasilien. Der englische Rundfunk zitiert als Nachruf auf den wandernden Juden folgenden Ausspruch Zweigs, der wirklich außerordentlich charakteristisch ist für die ganze jüdische Literatur vom Schlage Zweigs: ›Ein Schriftsteller gehört jenem Lande an, dessen Sprache er spricht, aber seine geistige Heimat liegt dort, wo er sich am wohlsten fühlt. Meine geistige Heimat ist England oder genauer gesagt London.‹«

Die Nazi-Presse verliert kein Wort über die Vertreibungen und Deportationen. Die Verbrechen bleiben allerdings nicht unbemerkt, jedenfalls nicht bei deren Nutznießern. Anhand von bislang unbekannten Dokumenten aus Reichenberg (Liberec) und Berlin lässt sich der Raub des Zweigschen Vermögens aufrollen. Die von Moritz Zweig anno 1882 erworbene Textilfabrik in Ober-Rosenthal bei Reichenberg in Böhmen ist seit 1917 je zur Hälfte im Eigentum der Söhne Alfred und Dr. Stefan Zweig. In der nach dem Zerfall der Habsburger Monarchie gegründeten Republik Tschechoslowakei bleiben die Eigentumsverhältnisse unangetastet. Doch nach der deutschen Okkupation im Jahr 1939 wird die Textilfabrik einschließlich der Villa Zweig beschlagnahmt und an die Vereinigte Färberei AG mit Sitz in Wien I, Rudolfsplatz 13a, verkauft (laut Grundbuch des Gerichtes Reichenberg am 3. März 1941 eingetragen).

Auf Antrag des Finanzamtes Moabit-West wird das Vermögen der »Judeneheleute Stefan Israel und Friederike Sara Zweig«, Salzburg, Kapuzinerberg 5 (letzter inländischer Wohnsitz), dem Deutschen Reich für verfallen erklärt. Im vorliegenden Schreiben der Berliner Behörde werden allerdings ausschließlich Werte aus dem Vermögen Stefan Zweigs aufgelistet: der halbe Anteil des Hauses Wien IX, Garnisongasse: 41.000 RM; Barbetrag: 44.998,62 RM; Forderung an den Insel-Verlag in Leipzig: 3.940,40 RM; Forderung an Dora und Felix Blaickner (im Grundbuch Zell am See eingetragene Schulden der Pensionsbesitzer in Thumersbach, Seeuferstraße): 2.632,16 RM; Forderung an Friederika Gollhofer in Salzburg: 15.333,33 RM; in Summe 107.904,51 Reichsmark.

Das Wiener Elternhaus, Garnisongasse 10, das den Brüdern Alfred und Stefan Zweig je zur Hälfte gehört, wird am 8. Juni 1942 als Eigentum der Reichsfinanzverwaltung im Grundbuch der Gemeinde Alsergrund, EZ 878, eingetragen.

Am 12. März 1942 schreibt der Oberfinanzpräsident aus Berlin an Frau Friederika Gollhofer in Salzburg, Imberg 5 (in der Nazi-Zeit die Bezeichnung für Kapuzinerberg): »Nach meinen Feststellungen schulden Sie aus dem Verkauf des Hauses Imberg 5 in Salzburg den Betrag von 15.333,33 RM. Die Zahlung dieses Betrages war am 1. Juni 1939 fällig. Ich bitte um Überweisung des Betrages an die Oberfinanzkasse Berlin / Brandenburg unter Angabe obigen Aktenzeichens auf das Konto / [= Nr. 791 85 bei der Reichsbank Berlin 1/1111] dem Reich verfallende Vermögenswerte.«

Die Schuldnerin leistet der Aufforderung offenkundig Folge, da am 1. April 1944, also mit einiger Verzögerung, die Löschung des Pfandrechtes für die Forderung Stefan Zweigs im Grundbuch der Stadt Salzburg eingetragen wird.

Friderike Zweigs Handkoffer mit ihren restlichen Lebensreliquien, ihren Briefen von Stefan, bleibt in der Obhut von Josefine Junger. Sie erwartet die Ankunft der *Rainbow Division*.

Österreichische Briefmarke, Ehrung Stefan Zweigs anlässlich seines
100. Geburtstages

(Salzburger Literaturarchiv)

X

Im Neuen Österreich

In der Tageszeitung *Neues Österreich* vom 4. Mai 1945 eröffnet Oskar Maurus Fontana seine Serie *Gestalter österreichischen Geistes* mit Stefan Zweig. Es sollen Kränze des
Dankes an den Gräbern derer niedergelegt werden, die
im Kampf für Österreich, für seinen Sinn und sein Überdauern ihr Leben gelassen haben – der feierliche Sieg der
österreichischen Idee:»In der *Schachnovelle* gab er im Bild
eines Spielers, der, in einer Gestapozelle sitzend und auf
den Tod wartend, um sein Leben spielt, fast etwas wie ein
unheimliches letztes Selbstporträt. In den Memoiren *Die
Welt von Gestern*, denen er den bezeichnenden Untertitel
Erinnerungen eines Europäers gab, leuchtet noch einmal
sein herrliches Auge auf, das jedes wachsende, jedes zum
Licht Drängende wahrnahm, spiegelte und festhielt.
Diese oft ergreifenden Lebenserinnerungen machen
auch endgültig klar, wer Stefan Zweig war und was er
bedeutete: In ihm vollzog die Welt von gestern über das
Heute hinweg den Schritt ins Morgen.«

So werden große Österreicher der versunkenen Welt
heraufbeschworen und in die Ahnengalerie des soeben
befreiten Landes gestellt (laut Moskauer Deklaration
vom Oktober 1943 gilt Österreich als erstes Opfer der
deutschen Aggression, das von der Fremdherrschaft befreit werden müsse). Die Unabhängigkeitserklärung vom
27. April 1945, unterzeichnet von den Vorständen der
künftigen Regierungsparteien (SPÖ, ÖVP und KPÖ),

enthält Formulierungen, die sich wie Zitate aus Zweigs Vortrag *Das Wien von Gestern* anhören – zum Beispiel: Mit der Annexion Österreichs sei die Hauptstadt Wien, die vielhundertjährige glorreiche Residenzstadt, zu einer Provinzstadt degradiert worden; kein wahrer Österreicher habe jemals Gefühle der Feindschaft oder des Hasses gegen die bekriegten Völker gehegt. Mit der Proklamation der Österreich-Gründer wird jedenfalls nicht zum erstenmal das Österreichische als Gegensatz zum aggressiven Deutschtum definiert.

Recht schwer ist der Anfang im Wiener Theater *Die Insel*, das Direktor Leon Epp als Theater der Dichtung versteht: Dichtung als spezifische Sprache, Musik oder Melodie des Wortes, eine Insel fern jeder Politik. Der Theaterdirektor muss sich aber des Öfteren hineinregieren lassen. Schon als er *Die Insel* mit dem »österreichischen« Kammerspiel *Legende eines Lebens* im Oktober 1945 eröffnen möchte, verlangt die provisorische Regierung, dass aus Rücksicht auf die sowjetischen Befreier nur ein russisches Stück infrage komme.

Leon Epp sieht sich gezwungen, die kurz aufeinanderfolgenden Premieren umzustellen: zuerst Tschechows *Onkel Wanja*, dann Shaws *Zu wahr, um schön zu sein* und schließlich Zweigs Kammerspiel *Legende eines Lebens*, das laut Textbuch nicht als Schlüsselstück angesehen werden soll: Die Biografie des Dichters Frank wird von dessen Witwe geglättet und veredelt – ein Bild der Vollkommenheit und abgöttischen Verehrung, woran der um eigene Entfaltung ringende Sohn zu zerbrechen droht. Doch mit dem Auftritt der einstigen Geliebten des Vaters zerbröckelt dessen Denkmal, kommt das Menschliche und Versöhnliche zum Vorschein. Dies wird auch in Theaterkritiken hervorgehoben, da es sich um Eigenschaften handeln würde, die den Österreicher charakterisieren und auszeichnen.

Österreich entstehe aus der Versöhnung seines Volkes, heißt es wiederholt im *Neuen Österreich, Organ der demokratischen Einigung*, das die Gründerparteien gemeinsam herausgeben, doch unter starkem Einfluss der Kommunisten steht. Chefredakteur ist der aus dem sowjetischen Exil nach Österreich zurückgekehrte Schriftsteller und Journalist Ernst Fischer, im Befreiungsjahr auch Leiter des provisorischen Staatsamtes für Volksaufklärung, Unterricht und Erziehung (später Unterrichtsministerium). Unter seiner Ägide macht Emil Fuchs, früher ebenfalls Sozialdemokrat und Freund Stefan Zweigs, Karriere: kommissarischer Verwalter der Wiener Filiale des deutschen Bischoff-Verlags (Paul Zsolnay), Verwaltungsdirektor der Zeitung *Neues Österreich* und überdies Geschäftsführer des gemeinsam mit Fontana und Fischer gegründeten gleichnamigen Buchverlags, der die absatzstarke Reihe *Die hundert kleinen Bücher* des Bischoff-Verlags fortsetzt, freilich ohne Reminiszenz an Frontausgaben wie *Romantisches Schachbüchlein*.

Emil Fuchs versteht sich nunmehr als Pazifist und Brückenbauer, wie aus der Botschaft des *Erasmus Verlages* hervorgeht, den er allein im Jahr 1945 gründet: »Erasmus von Rotterdam kann man als den Vater des Pazifismus bezeichnen und als den größten Gegner des Krieges [...]. Der neugegründete *Erasmus Verlag* übernimmt daher nach dem schrecklichsten aller Kriege in unserer nicht weniger zerrissenen Zeit mit dem Namen zugleich ein Programm und eine Verpflichtung: Der *Erasmus Verlag* wird zwischen den Ideen und den Ansichten der verschiedensten Richtungen vermitteln; die bei ihm erscheinenden Werke werden der Völkerverständigung und dem in der demokratischen Weltanschauung verankerten Frieden dienen.«

Unüberhörbar sind die Anleihen, die der Verleger Emil Fuchs bei Stefan Zweig und dessen *Erasmus* macht, womit allerdings ideologische Differenzen begraben und politische Verstrickungen vergessen werden sollen. In den ersten Jahren nach der Befreiung durch die alliierten Armeen dient der *Erasmus Verlag* als Sammelbecken für österreichische Autoren wie Alexander Lernet-Holenia (Erzählung *Der 20. Juli*) und Ernst Fischer (Gedichtband *Herz und Fahne*) – ein breites politisches Spektrum, das von schöngeistigen Opfer- und Österreich-Bekenntnissen zusammengehalten wird.

Gemeinsamkeit und Harmonie sind von kurzer Dauer. Empfindlich gestört wird das politische Klima durch den Ausgang des spektakulären Hochverratsprozesses gegen Guido Schmidt, den ehemaligen österreichischen Staatssekretär und Nazi-Karrieristen (Vorstandsmitglied der Göring-Reichswerke et cetera). Im Frühsommer 1947 wird er von der Anklage des Hochverrates am österreichischen Volk freigesprochen, nicht zuletzt dank seiner Verteidigungsrede vom 1. März, in der er die Schuld am Untergang Österreichs den ausländischen Mächten zuschiebt und für seine Reinwaschung einen berühmten Österreicher als Zeugen anführt, der sich nicht mehr wehren kann: »Stefan Zweig, der Gelegenheit hatte, die englischen Verhältnisse zu studieren, erklärte, er kenne die Männer, die entschlossen seien, in der österreichischen Frage nachzugeben, er habe gesehen, wie diese Kreise, um den Frieden zu erhalten, bereit wären, Österreich zu opfern.«

Im Verlauf des Ost-West-Konflikts werden alte Gräben wieder aufgerissen. Die Kommunisten verlassen den

Weg der demokratischen Einigung. Außerdem werden Hunderttausende belastete Nazis rehabilitiert und integriert. Wirtschaftliche Probleme und Streiks verschärfen die Lage. Um 1950 beendet der *Erasmus Verlag* seine eigenständige Produktion; er übernimmt vornehmlich gut gehende Titel von Zsolnay, womit Emil Fuchs sich wieder einmal dem Zeitgeist unterwirft. In der Laudatio auf ihn – von ihm selbst verfasst für das *Neue Österreich* vom 24. November 1955 – heißt es beschönigend und unbescheiden: »So ist Emil Fuchs, der langjährige Weggenosse Stefan Zweigs und Lernet-Holenias, der Freund Romain Rollands, Erwin Riegers, Frank Thieß' und vieler anderer namhafter Dichter nun ein Siebziger geworden, der auf der Höhe seines Schaffens stehend, Rückschau halten darf auf ein Lebenswerk von seltener Vielseitigkeit und geistiger Ausstrahlung.«

In seiner Rückschau fehlt wohl nicht zufällig der kommunistische Weggenosse Ernst Fischer, immerhin ein österreichischer Politiker der ersten Stunde, der in seiner kurzen Amtszeit in der provisorischen Regierung eine Menge Verordnungen unterzeichnet, darunter die Hochschulverordnung, die mit Schreiben vom 27. Juli 1945 dem Rektorat der Universität Wien zur Kenntnis gebracht wird: »[...] Nach § 4 der genannten Verordnung kann an Personen, denen ein akademischer Grad in der Zeit vom 13. März 1938 bis zur Befreiung Österreichs aus ausschließlich politischen Gründen aberkannt wurde, der akademische Grad rückwirkend vom Tage der Aberkennung ohne weitere Voraussetzungen neuerlich verliehen werden.«

Wie mit dieser »kann«-Bestimmung umgegangen wird, ist heute kaum zu begreifen. Tatsache ist, dass der im April 1945 gewählte Rektor Ludwig Adamovich noch vor der Hochschulverordnung die Namen der in der Nazi-Zeit entwürdigten Akademiker eruieren lässt. Das Ergebnis wird ihm bereits am 21. Juni 1945 vorgelegt: eine Liste mit 195 Namen. Aus einem Schreiben des Rektors geht hervor, dass eine größere Zahl von Anträgen auf Wiederverleihung zu Unrecht aberkannter Doktorate erwartet werde. Dies bedeutet, dass die Universität Wien im Befreiungsjahr 1945 eine generelle Wiederherstellung des Rechts nicht in Betracht zieht, obschon bekannt sein muss, dass die vertriebenen Akademiker weder über die Aberkennung ihrer Würden noch über ihren Anspruch im neuen Österreich informiert sein können.

In den folgenden Jahren werden zwar aberkannte Titel wiederverliehen, doch lediglich »in Einzelfällen«, demnach auf Antrag von Betroffenen – entsprechend der Verordnung zur Rückstellung geraubten Vermögens. Erst Anfang Mai 1955, wenige Tage vor dem rühmlichen Staatsvertrag, wird an der Universität Wien der überfällige Beschluss gefasst, allen Personen, »die in der Liste des Rektoratsaktes GZ 561 aus 1944/45 aufscheinen und denen der Doktorgrad ausschließlich aus politischen Gründen aberkannt wurde, den akademischen Grad rückwirkend vom Tage der Aberkennung wiederzuverleihen und zwar in der Form, dass die Pedellenkanzlei über den Auftrag des Rektorates diesen Vermerk in den Promotionsprotokollen sogleich anbringt, aber eine Verständigung an die Betreffenden zu unterbleiben hat«.

Die Betreffenden, denen der Beschluss nicht zugestellt werden kann, sind vornehmlich ausgebürgerte Juden, die vom offiziellen Österreich nie zur Heimkehr eingeladen werden. Auch Mitschuld am Unrecht wird nicht einbekannt. Der verschwiegene Akt der Wieder-

verleihung birgt einen weiteren Mangel in sich: Als
Grundlage dient die besagte Liste vom 21. Juni 1945, auf
der 32 Namen fehlen, beispielsweise Bruno Bettelheim
und Stefan Zweig, was erst nach vielen Jahrzehnten zum
Vorschein kommt.

Dichteraugen sehen Salzburg

Die mit US-amerikanischer Hilfe auferstandenen Salzburger Festspiele erinnern an das unvergleichliche Flair,
die Internationalität und Weltoffenheit unter dem Zau-
berschirm Max Reinhardts, der im Exil gestorben ist. An
die unterbrochene Tradition und Glanzzeit soll ange-
knüpft und jede Aufführung als spezifisch österreichisch
zelebriert werden: Schnitzlers *Liebelei*, Hofmannsthals
Der Tor und der Tod, freilich auch *Jedermann*, das Spiel vom
Sterben des reichen Mannes.

Über die Vernichtung der Juden berichten die *Salzburger Nachrichten*, die anfänglich von der US-Militärre-
gierung herausgegeben werden. Am 25. September
1945 erscheint hier ein Auszug des Essays *Die Stadt als
Rahmen* von Stefan Zweig, allerdings unter dem klin-
genden Titel *Dichteraugen sehen Salzburg*, wobei unlieb-
same Attribute wie deutsch oder erzdeutsch retuschiert
sind – ohne Auslassungszeichen, ganz im Sinne der alliierten Österreich-Politik. Geraume Zeit sind die Grenzen zu Deutschland abgeschottet, und überdies sind viele österreichische Nazi-Funktionäre, darunter Franz

Krotsch, im Camp Marcus W. Orr (Lager Glasenbach) interniert.

In den *Salzburger Nachrichten* wird Zweigs Abschiedsbrief (Declaração) anlässlich der Wiederkehr seines Todestages am 23. Februar 1946 publiziert – einschließlich der schwer verständlichen Formulierung: »[...] nachdem die Welt meiner eigenen Sprache für mich untergegangen ist und meine geistige Heimat Europa sich selbst vernichtet.« Der Schriftsteller Georg Rendl versucht in seiner Gedenkrede, die vom Salzburger US-Sender *Rot-Weiß-Rot* ausgestrahlt wird, den Selbstmord zu erklären: »Stefan Zweig ist der Hetzjagd dieser Täter zum Opfer gefallen, er wurde in den Tod getrieben. [...] es war der Schmerz darüber, seine Heimat Salzburg und das von ihm so sehr geliebte Österreich, mit dem er mit tausend Wurzeln lebendig verbunden war, nicht wiedersehen zu können.« Das Sterben des Dichters an seiner Verzweiflung ist für Rendl eine bleibende Anklage »wie der gewaltsame Tod all der Millionen, die dem teuflischen Wahn des Antisemitismus zum Opfer gefallen sind«.

Österreich bleibt von Anklagen verschont, solang ausschließlich eigener Opfer gedacht wird. In Salzburg widmet sich dieser Aufgabe vornehmlich Ernst Schönwiese, der die Kleinbuchreihe und Zeitschrift *das silberboot* sowie das Literaturfach des Senders *Rot-Weiß-Rot* betreut. Die Reihe *Österreichische Dichter* bringt Leseproben und Hörspiele von ehemals verfemten Autoren wie Felix Braun, Hermann Broch, Franz Kafka, Theodor Kramer, Karl Kraus, Robert Musil und Stefan Zweig: *Der verwandelte Komödiant* (20. 12. 1945). In der Zeitschrift *das silberboot* wird beispielsweise das Kapitel *Das Haus am Kapuzinerberg* aus den Memoiren Friderike Zweigs abgedruckt.

Äußerst gefragt ist das *U. S. Information Center* am Alten Markt, wo auch amerikanische Ausgaben der Bücher von Friderike und Stefan Zweig aufliegen: *Stefan Zweig* (= *Wie ich ihn erlebte*), *The Royal Game* und *The World of Yesterday*. Deutsche Erstausgaben der Exilbücher sind im Buchhandel nicht erhältlich. In den ersten Nachkriegsjahren erscheinen in Stockholm noch Neuauflagen, die ihren Weg sogar in die Salzburger Studienbibliothek finden und dort aus unerklärlichen Gründen in den Bestand der schon im Jahr 1933 eröffneten Hermann Bahr-Bibliothek aufgenommen werden: *Ausgewählte Novellen*, *Legenden* und *Zeit und Welt* (Gesammelte Aufsätze und Vorträge, darunter *Das Wien von Gestern* und *Worte am Sarge Sigmund Freuds*).

Gehörig ist die Resonanz beim Erfolgstitel *Die Welt von Gestern*, der 1948 in der Wiener Filiale von Bermann-Fischer erscheint. In den *Salzburger Nachrichten* vermag Gustav Canaval so himmlisch schönzureden: »Wenn dieser prachtvolle Gedanke nicht barock ist, ist Salzburg nicht Salzburg, dem Zweig, der Weltwanderer, als seiner geistigen Heimat viele gute Worte gibt.« Diese gibt er vornehmlich seiner Geburtsstadt, was die Wiener *Furche*, die noch zum politischen Katholizismus neigt, in ihrer Kritik geflissentlich übersieht: »Es ist dem Manne, der fern von Europa den Tod gefunden hat, in seinem Leben vielleicht zu leicht gemacht worden. [...] er sah nur ein rationalistisches, dem Fortschrittsglauben huldigendes Europa, die metaphysische Schau eines Abendlandes als Synthese von Christentum, Antike und Volkstum war ihm fremd.« Im Gestern hätte man noch offen gesagt, im leichtlebigen Selbstmörder zeige sich der Jude. Im Heute werden Feindbilder und Vorurteile – die jüdische Liberalität und Moderne – unterschwellig wiederbelebt.

Auch Juden, die nach Österreich zurückkehren, bekommen die Feindschaft zu spüren. Als der Dichter und Regisseur Ernst Lothar in amerikanischer Uniform seine in Salzburg geraubten Möbel sucht, fragt ihn ein Einheimischer: »Leiden S' in Amerika auch so unter die Juden?« Damit, so reflektiert Lothar, sei im Grunde alles gesagt, worin noch heute die Gefahr liege: in der Unbelehrbarkeit, Unversöhnlichkeit und Frevelhaftigkeit mangelnder Einsicht. Sein im Verlag *das silberboot* publiziertes Buch *Die Rückkehr* wird brüsk abgelehnt: Sein Vorwurf, in Österreich schlage jüdischen Emigranten Hass entgegen, wäre unberechtigt und würde auf den Autor zurückfallen.

Erwünscht ist vielmehr ein Verhalten, das Felix Braun, ein zum katholischen Glauben konvertierter Jude, nach seiner Rückkehr zeigt, wofür er auch gelobt wird: Er sei trotz des Erlittenen immer nur Versöhnender und wolle vom Hass der Emigranten nichts wissen. In Salzburg veröffentlicht der willkommene Heimkehrer seine *Briefe in das Jenseits*, darunter ist einer an Zweig: »Lieber Stefan! [...] Das große Gedicht der Selbstanklage mit dem stetig zurückkehrenden Refrain: ›Du bist erkannt!‹, hier hörte ich es von Dir wieder, und jetzt erst verstand ich es. Damals, da Du es mir vorgelesen – noch waren wir beide jung –, begriff ich es bloß als literarisches Kunstwerk: was Du darin von Dir selbst eingestandest, zu erfassen, reichte meine Jugend nicht zu, ob sie gleich um Dein verheimlichtes Dunkel wußte. In diesem Gedicht – sogar unser größter Dichter [Hugo von Hofmannsthal], der Dir nicht wohl wollte, ließ es gelten – gabst Du dem Trieb aller Künstler nach, das Verborgenste zu verraten oder doch bloßzustellen.«

Braun deutet Zweigs Gedicht *Ballade von einem Traum* (1923) als Selbstanklage oder verschlüsseltes Eingeständnis sexueller Neigungen. Er unterdrückt hingegen Klagen über die Leiden der Juden, da ihm die Versöhnung mit seinem katholischen Österreich über alles geht. Im Jahr 1951 wird er mit dem *Großen österreichischen Staatspreis für Literatur* ausgezeichnet.

Ehrenspiele

Im amtlichen Kulturbericht der Salzburger Landesregierung vom November 1951 heißt es: »Stefan Z w e i g, der große österreichische Dichter, der am 12. [23.] Februar 1942 im 61. Lebensjahre in Petropolis in Brasilien gestorben ist, hätte am 28. November [1951] seinen 70. Geburtstag begangen. Seine großen historischen Romane *Marie Antoinette*, *Maria Stuart*, *Magellan* und *Balzac* sind Allgemeingut der Weltliteratur geworden. Aber auch seine Novellen *Sternstunden der Menschheit*, seine von wunderbarer Poesie überglänzten lyrischen Gedichte, sowie seine Theaterstücke *Der verwandelte Komödiant*, *Das Lamm des Armen* oder der während des ersten Weltkrieges entstandene *Jeremias*, ein Antikriegsstück, das Romain Rolland besonders geschätzt hat, haben dafür gesorgt, daß sein Gesamtwerk in die österreichische Literaturgeschichte eingegangen ist. [...]«

Tatsache ist, dass zumindest *Die unsichtbare Sammlung* als Klassenlesestoff an österreichischen Mittelschulen zugelassen ist (Erlass des Bundesministeriums für Unterricht Zl. 32.795–IV/12/49 vom 28. 10. 1949). Im Oktober 1950 wird das Salzburger Programm der *Österreichischen Kulturwoche* vorgestellt: Eröffnung im Landestheater mit Festreden politischer Repräsentanten und dem Spiel *Der verwandelte Komödiant*. Die Reden werden gehalten, doch an Stelle des Stückes von Stefan Zweig wird Goethes *Vorspiel auf dem Theater* gezeigt. Dazu gibt es nur eine allgemeine Erklärung des Salzburger Theaterdirektors: Man müsse eben seine großen Meister ehren.

Im subventionierten österreichischen Theaterbetrieb der Nachkriegszeit ist Zweig noch ein Fremdling. Das elitäre Wiener Theater *Die Insel* präsentiert immerhin drei Stücke: *Legende eines Lebens*, *Lamm des Armen* und *Man weiß nicht wie* (österreichische Erstaufführung des Pirandello-Stückes, das Zweig für Alexander Moissi übersetzt hat). Anfang des Jahres 1951 muss das Theater der Dichtung aus wirtschaftlichen Gründen schließen – es mangelt an Subventionen und Wohlwollen vonseiten der regierenden Parteien (SPÖ und ÖVP). Noch im selben Jahr wird der gescheiterte Theaterdirektor Leon Epp als Regisseur nach Salzburg eingeladen, denn nur er würde das schwierige Experiment wagen: die Inszenierung des Buchdramas *Jeremias* auf der Landesbühne, die durch hohe Subventionen die Theaterkrise überstehen kann.

Initiator und Arrangeur des Zweig-Gedenkens ist Gustav Pichler, sozialdemokratischer Kulturreferent der Salzburger Landesregierung, von dem auch der eingangs zitierte Kulturbericht stammt. Großen Zuspruch erfreut sich die Matinee im Kaisersaal der Residenz, wo Gedichte und Erzählungen Zweigs vorgetragen werden, darunter *Episode am Genfer See* (Erstveröffentlichung am 23. 12. 1920 im *Salzburger Volksblatt*).

Die Attraktion der Matinee ist allerdings der Interpret, wie man aus der Presse erfährt: »[...] Was die Lesung aber besonders auszeichnete, ist wohl dem glücklichen Zufall gutzuschreiben, der Kammerschauspieler Raoul Aslan nach Salzburg führte, da sich diese Stadt anschickte, das Andenken eines ihre größten Bewohner gebührend zu feiern. So stand Stefan Zweig wohl einer der besten Interpreten zur Verfügung, während seinen ehemaligen Mitbürgern – bekanntlich lebte Stefan Zweig von 1917 bis 1937 in unserer Stadt – der Name Raoul Aslan von vornherein eine Gewähr für das hohe Niveau dieser Lesung gegeben hatte.«

Im Sender *Rot-Weiß-Rot* wird über die Persönlichkeit, das Werk und die Beziehungen des Dichters zu seiner Wahlheimat Salzburg gesprochen – »anschaulich, klar und leicht verständlich«, heißt es in einer Kritik. Mehr wird dazu nicht gesagt. Es ist aber anzunehmen, dass Zweig auch im Radio als großer Salzburger und Österreicher vereinnahmt wird, doch bestimmt nicht als Jude. Dieses Wort fällt nicht einmal im Zusammenhang mit dem Drama *Jeremias*, das im Mittelpunkt des Salzburger Festprogramms steht: »Die Premiere unter der Regie Leon Epps findet bereits am 21. November statt. Die Aufführung selbst soll festlichen Charakter tragen und stellt an eine Landesbühne auch gewaltige Anforderungen. Für die Hauptrolle wurde Heinrich Ortmayr von der Wiener Josefstadt verpflichtet. Das Drama selbst wurde in sechs Bildern zusammengefaßt und darf mit Recht in Salzburg und über die Stadt hinaus mit Spannung erwartet werden.«

Das Drama, dessen Schauplatz das alte Jerusalem zur Zeit seiner Vernichtung ist, wird inklusive der Festvorstellung am 70. Geburtstag fünfmal gespielt. Die Resonanz übertrifft alle Erwartungen. Viel wird über die Stärken und Schwächen des Stückes und seiner Inszenierung geschrieben, wobei man bereitwillig der Interpretation des Autors in seiner *Welt von Gestern* folgt. Doch jene Passage, in der er selbst die Aktualität seines *Jeremias* betont, wird missachtet: »[...] Aber unbewußt hatte ich, in dem ich ein Thema der Bibel wählte, an etwas gerührt, das in mir bisher ungenützt gelegen: an die im Blut oder in der Tradition dunkel begründete Gemeinschaft mit dem jüdischen Schicksal. War es nicht dies, mein Volk, das immer wieder besiegt worden war von allen Völkern, immer wieder, immer wieder, und doch sie überdauerte dank einer geheimnisvollen Kraft – eben jener Kraft, die Niederlage zu verwandeln durch den Willen, sie immer und immer wieder zu bestehen? Hatten sie es nicht vorausgewußt, unsere Propheten, dies ewige Gejagtsein und Vertriebensein, das uns auch heute wieder wie Spreu über die Straßen wirft [...].«

Als die Salzburger Landesbühne ihr Experiment bei den Wiener Festwochen 1952 präsentiert, macht der eigensinnige Katholik Friedrich Heer in der *Österreichischen Furche* einige Andeutungen, die vom Ritual der Vereinnahmung und Schuldabwehr etwas abweichen: »Viel wäre anlässlich dieses Stückes zu sagen, von vielem zu sprechen: von der Haltung der Dichter, der Intellektuellen und der Gottesmänner in den letzten beiden Kriegen; von der Einsamkeit und vom Schimpf, der gestern wie heute auf alle jene fällt, die wider den Stachel der Einpeitscher zu löcken wagen; nur eines kann hier angedeutet werden; auch dies ist mahnendes Exempel: das Gefäß, dem diese zeugnislegenden Worte (1915) anvertraut waren, erwies sich selbst als zu schwach, dem großen Worte nachzufolgen. Zweig selbst ging nicht den Weg des Jeremias; er zerbrach in Brasilien [...].«

Vor dem 75. Geburtstag am 28. November 1956 läuft im Gemeinderat der Stadt Salzburg eine abwegige Groteske um die Bennennung des Passionsweges auf den Kapuzinerberg nach einem Juden. Vizebürgermeister Hans Donnenberg, der die symbolische Heimkehr Stefan Zweigs mutig anregt, setzt sich ungewollt in die judenfeindlichen Nesseln seiner christlichen Fraktion, die »religiöse Bedenken« vorgibt. Daraufhin wird in Absprache mit dem erzbischöflichen Ordinariat vorgeschlagen, eine Gasse am Fuße des Kapuzinerbergs umzubenennen. Doch eine unansehnliche enge Gasse eigne sich schlecht zur Ehrung des Dichters Stefan Zweig, lautet der Einwand des Vizebürgermeisters. Nun findet er einen Kompromiss, dem seine eigene Fraktion zustimmen kann: Der Passionsweg mit seinen Adressen Kapuzinerberg 1 bis 6 bleibt unangetastet. Nach dem Kloster und großen Kruzifix beginnt der in den Wald führende Wanderweg, der auf Beschluss des Gemeinderates den Namen Stefan Zweig erhält, wie im *Amtsblatt der Landeshauptstadt Salzburg* verlautbart wird: »[...] Stefan Zweig, dessen Werke in der Weltliteratur der Gegenwart einen bedeutenden Platz einnehmen, hatte bekanntlich lange Jahre seinen Wohnsitz in Salzburg (Zweig-Villa auf dem Kapuzinerberg). Für die zur Straßenneubenennung notwendigen Kosten von 1000 S wurde die HKZ 6640-524 aus Verstärkungsmitteln erhöht.«

»Volpone den Kopf herausstreckend: Du Schurke, warum hast du nicht gesagt, daß ich tot bin?« Zweigs »lieblose Komödie«, die am 21. September 1956 Premiere hat und vor dessen 75. Geburtstag siebenmal aufgeführt wird, bekommt ausnahmslos gute Kritiken: »Das

EHRENSPIELE

Landestheater Salzburg darf für sich in Anspruch nehmen, mit seiner *Volpone*-Inszenierung eine der besten Schauspielaufführungen zu bieten, die man in den letzten Jahren zu sehen bekam. Die Regie Gustav Dieffenbachers vermeidet jeden Leerlauf, fördert durch Tempo die spritzigen Dialoge und erlaubt Pathos nur dort, wo Zweig den Heuchlern die Maske vom Gesicht reißen will.«

Die Landesbühne eröffnet und beschließt ihr Spieljahr 1956/57 mit Zweig. Anlässlich der letzten Premiere am 21. Mai 1957 bemerken die *Salzburger Nachrichten*: »Stefan Zweig, der Librettist der *Schweigsamen Frau*, war dem damaligen Regime nicht genehm und es gelang auch Strauss nicht, die Aufnahme der Oper bei den Salzburger Festspielen durchzusetzen, ›... die Leute dort sind so engherzig in ihrem Beginnen. Immer *Jedermann* oder *Faust* – mir sagen sie, daß sie diese Werke noch verzinsen müßten ...‹, schrieb damals Joseph Gregor an den Meister nach München. Auch in Wien zögerte man zu lange, *Die schweigsame Frau* für die Staatsoper zu gewinnen, so daß Graz 1936 mit der österreichischen Erstaufführung [unter der Leitung Karl Rankls] voranging. Seitdem ist die Oper in Österreich nicht mehr aufgeführt worden. Es gilt also hier für die Salzburger Festspiele und für die Staatsoper ein Versäumnis gutzumachen, und man wird der Ambition unseres Landestheaters und ihrem sichtbaren Erfolg um so weniger die Anerkennung schuldig bleiben dürfen.«

Der Erfolg der *Schweigsamen Frau* am Salzburger Landestheater ist dem Dirigenten Ernst Märzendorfer zu danken, der mit seiner Einstudierung »die reifste und aparteste Operndarbietung dieses Jahres präsentiert«. Auch der Librettist wird gelobt, weil er »die Beziehungen der Menschen untereinander viel wahrer zeichnet, als mancher andere, der in komplexbeladener Ethik hängen bleibt«.

Nun wäre Wien am Zug, »doch Wien säumt selig wie eh und je«, heißt es in einer Kritik. Unüberwindbare Besetzungsprobleme hat die Staatsoper bestimmt nicht, da ihre besten Kräfte wie Hilde Güden, Hans Hotter und Hermann Prey an der »Salzburger Fassung« der *Schweigsamen Frau* mitwirken, die am 8. August 1959 im Salzburger Festspielhaus Premiere hat. Am Pult steht Karl Böhm, der als reichsdeutscher Generalmusikdirektor die Uraufführung in Dresden dirigiert hat, was die Presse zu allerlei Reminiszenzen inspiriert. In der *Frankfurter Allgemeinen Zeitung* ist zu lesen: »Am Pult stand der Mann, der heute wie kaum ein anderer den spezifischen Interpretationsstil Straußscher Opern beherrscht, der Dirigent der Dresdner Uraufführung: Karl Böhm. Es muß ihm eine Genugtuung gewesen sein, diese Strauß–Oper, die 1935 aus finsteren ›rassischen‹ Motiven erdrosselt wurde, nun unter so außergewöhnlich günstigen Voraussetzungen herausgebracht und zu einem späten Triumph geführt zu haben.«

Auch österreichische Kritiker sehen im Festspiel eine späte, doch bestens gelungene Rehabilitierung der Oper. Zudem erläutert *Die Presse* aus Wiener Sicht die Werkgeschichte: »Beinahe ein Vierteljahrhundert mußte seit der Dresdner Uraufführung vergehen, bis *Die schweigsame Frau* endlich nach Salzburg heimgefunden hat. Sie gehört hierher, dem Geiste, dem Stil, dem Wesen nach. Die Festspielstadt ist für sie auch insofern heimatlicher Boden, als dem Gedankenaustausch, der zwischen dem Landhaus von Richard Strauss in Garmisch und Stefan Zweigs Dichtersitz auf dem Salzburger Kapuzinerberg

gepflogen wurde, dieses entzückende Operngeschöpf
sein Dasein verdankt. [...] Gewiß, Stefan Zweigs brillan-
tes Libretto hat weder die Symbolkraft noch die Weite
des geistigen Horizonts wie eine der Hofmannsthal-
schen Operndichtungen, aber dafür ist es metierhafter,
dem Genre und den Konventionen sorgloser angepaßt.«

Die *Illustrierte Kronen-Zeitung* schließt ihren Bericht
mit den Worten: »Begeisterung und Freude über soviel
Schönheit, auf die kein einziger nennenswerter Schatten
fiel, tobte sich schon nach dem ersten Akt und erst recht
nach dem Finale aus.«

»Morosus (strahlend beglückt sich in den Sessel zu-
rücklehnend) ... Wie schön ist doch das Leben, – aber
wie schön erst, wenn man kein Narr ist und es zu leben
weiß!«

Hinter den Festkulissen herrscht jedoch Missstim-
mung, da sich das österreichische Fernsehen weigert,
Aufnahmen zu machen – wegen der hohen Kosten, wie
man in Wien behauptet. *Die schweigsame Frau* kann jedenfalls nicht wie vorgesehen am 14. August 1959 im
Eurovisionsnetz ausgestrahlt werden. Damit vergibt
Österreich seine Chance, Zweig als großen Europäer zu
ehren.

Die US-Bürgerin Friderike Zweig ist Ehrenpräsidentin der *Stefan-Zweig-Gesellschaft*, die im Herbst 1957
in Wien ins Leben gerufen wird. Prominente Mitbegründer sind Franz Theodor Csokor und Alexander
Lernet-Holenia, alte Freunde aus vergangenen Zeiten.
Präsident des zentralen Vorstands ist der junge und umtriebige Wiener Lehrer, Maler und Schriftsteller Erich
Fitzbauer. Er ist auch Herausgeber einiger Sonderpublikationen und bibliophiler Zweig-Ausgaben wie *Fragment einer Novelle*, *Im Schnee*, *Der Turm zu Babel* und *Früh-*

lingsfahrt durch die Provence. Im internationalen Beirat ist
die Zweig-Forschung immerhin durch Harry Zohn,
Professor an der *Brandeis University* bei Boston, vertreten.
Professoren der Wiener Universität, an der Zweig promoviert hat, fehlen allerdings.

Gelegentlich wird zwar materielle Unterstützung
vom österreichischen Unterrichtsministerium gewährt,
doch bei weitem zuwenig, um auch den Wunschtraum
der *Internationalen-Stefan-Zweig-Gesellschaft* zu verwirk-
lichen: ein repräsentatives Zweig-Haus für internationale
Forschungen und Begegnungen. Dazu wird anfänglich
das Paschingerschlössl auf dem Kapuzinerberg ins Auge
gefasst, doch der Eigentümer verweigert sogar die An-
bringung einer Gedenktafel.

Dennoch bleibt Salzburg primärer Gedächtnisort.
Der nächste Anlass ist Stefan Zweigs 80. Geburtstag.
Während der Festspiele 1961 läuft in der Salzburger Residenz die Gedächtnisschau *Stefan Zweig 1881 – 1942*,
wobei auch die Weltgeltung des Dichters im Heute
hervorgehoben wird. Dies ist das Verdienst des Haupt-
gestalters Erich Fitzbauer und des amerikanischen Wis-
senschaftlers Harry Zohn, der bei der Eröffnung die
Festrede hält, die in der Presse verkürzt zitiert wird: »[...]
Dieser [Professor Zohn] war es, der auf den Kernpunkt
des Schaffens Stefan Zweigs treffend hinwies: Seine
Tätigkeit als Mittler in der Weltliteratur, sein lebensläng-
liches Bestreben, sprachliche, menschliche, weltanschau-
liche Klüfte zu überbrücken, zu vermitteln, anzuregen
und Begeisterung zu erwecken über literarische, nationale und persönliche Grenzen hinweg. Es ist bemerkenswert, wenn Professor Zohn, Übersetzer Zweigs, mit
jugendlicher Begeisterung berichtet: ›Immer wieder er-
lebe ich es mit Genugtuung, wie die amerikanischen

Studenten sich an dem Werke Zweigs, des Humanisten, meisterhaften Erzählers und Psychologen aus Leidenschaft delektieren, wie sie im sprachlich hinreißend virtuosen Originaltext Schulausgaben von Werken wie *Die Augen des ewigen Bruders*, *Die unsichtbare Sammlung*, *Buchmendel*, *Sternstunden der Menschheit* und neuerdings *Schachnovelle* genießen.‹ Schulausgaben, die, nebenbei gesagt, vom Redner herausgegeben und in englischer Sprache kommentiert wurden. [...]«

Um die Defizite der institutionellen Forschung und Lehre in Österreich zu kaschieren, beeilt sich der Berichterstatter zu sagen: »In ebenso guter Hut wie die Zweig-Forschung in den Staaten ist auch bei uns das Werk des Meisters in den besten Händen. Mit bewunderungswürdigem Fleiß hat Erich Fitzbauer, der Präsident der internationalen Stefan-Zweig-Gesellschaft (mit dem Sitz in Wien), einen Katalog der Ausstellungsstücke erarbeitet, der allein schon in seiner Übersichtlichkeit ein vorzüglicher Führer durch das dargebotene Lebenswerk Zweigs ist. [...] Seine berühmte Autographensammlung, die er zum Teil der Nationalbibliothek in Wien, zum Teil der Universität in Jerusalem gewidmet hat, fehlt. Der Zugang zu dieser am Berge Scopus wird den Israelis durch die Jordanier mit stets bereiten Feuerwaffen verwehrt. Wo mag sich Zweigs Schreibtisch befinden, den einst schon Beethoven benützt hat? Nichtsdestoweniger wird der Kenner und Verehrer Zweigs diese nüchterne Lebensschau mit ehrfürchtiger Anteilnahme besuchen. Vom Geburtszeugnis bis zum Abschiedsbrief an seine Freunde findet der Besucher doch fast alles, was der Dichter irgendwie erlebt, erlitten und geschaffen hat in seinem dreiteiligen Leben: in den Jahren des Wachsens und Reifens, in seinen fruchtbaren und glücklichen Salzburger Jahren und in seiner langen Wanderschaft in den Tod [...]«.

Das Fehlen der Wiener Sondersammlung, die sich Zweig bei seinem allerletzten Wien-Besuch ausbedungen hat, wird nicht begründet, obschon man weiß, dass sie in der Theatersammlung der Nationalbibliothek noch nicht einsigniert und daher auch nicht benutzbar ist – ein Versäumnis Joseph Gregors. In Salzburg scheint aber noch unbekannt zu sein, dass die geretteten Beethoven-Reliquien vom Schweizer Sammler Hans Conrad Bodmer erworben und im Jahr 1956 dem Bonner Beethoven-Haus testamentarisch vermacht werden. Dort ist seither auch der große Sekretär zu besichtigen, der in der Salzburger Ausstellung vermisst wird.

Seltsamerweise wird über den in der *Welt von Gestern* beklagten Verlust des Gästebuches kein Wort verloren, obwohl das an der Gedächtnisschau mitwirkende Stadtmuseum *Carolino Augusteum* einige Briefe Friderike Zweigs aufbewahrt, worin sie höflichst um Mithilfe bei der Ausforschung ihrer geraubten Lebensreliquien bittet. Eine Präsentation dieser berührenden Briefe würde freilich der Tendenz zur Beschönigung der jüngsten Vergangenheit zuwiderlaufen. Es gilt ein unausgesprochenes Schweigegebot, denn das festliche Österreich scheut jeden Blick in seine Abgründe.

Dennoch ist zu sagen, dass hier jahrzehntelang nichts Gleichwertiges geboten wird. Der Dank gebührt allein Erich Fitzbauer, der 300 erlesene Exponate zusammenstellt, etwa die Buchwidmung »Stefan Zweig zum 50. Geburtstag in alter Verbundenheit Ernst Lissauer«, die Partitur des unvollendeten Oratoriums *Virata* von Horst Ebenhöh, Kostümentwürfe für *Jeremias*, *Volpone* und *Die schweigsame Frau*, Szenenfotos aus dem Streifen *Schach-novelle* mit Mario Adorf als Czentovic und Curd Jürgens als Dr. von Basil (= Dr. B.), schließlich eine Reihe von Dokumenten, aus denen beispielsweise hervorgeht, dass Zweig am 26. April 1919 das Heimatrecht in Wien (!) erworben hat, demnach kurz vor seinem Einzug in das Haus Kapuzinerberg 5.

Im Ausstellungskatalog wird der Knüppelweg entlang den Kreuzstationen als »Stefan-Zweig-Weg« bezeichnet – wohl ein Irrtum. Auch in dem ausgestellten Buch *Stefan Zweig – Eine Bildbiographie*, das Friderike Zweig herausgibt, befindet sich ein Foto mit der Erklärung: »Erinnerung an Stefan Zweig: der nach ihm benannte Weg in Salzburg« (S. 128). Das Foto zeigt weder den Passionsweg noch den in den hauslosen Wald führenden *Stefan-Zweig-Weg*, sondern einen Baum, an dem ein auffallend großes ovales Schild mit der Aufschrift »Stefan-Zweig-Weg« hängt. Im Hintergrund sieht man den Untersberg, die Festung, den Dom, das Glockenspiel, den Rudolfskai und die Salzach – ein herrliches Panorama der schönen Stadt und Landschaft. Diese professionelle Aufnahme stammt vom prominenten Salzburger Fotografen Carl Pospesch, der reich an ungewöhnlichen Ideen ist.

Diese Ehrung kann Friderike Zweig selbst nie zu Gesicht bekommen, da es im Bericht über die Ausstellungseröffnung heißt: »[...] Und dann fügte Prof. Zohn seinen anregenden Ausführungen Worte hinzu, die man nicht leicht vergißt: ›In Neu-England an der Ostküste Nordamerikas ist mir die Zweig-Welt räumlich wie geistig nahe, schon durch die Anwesenheit meiner verehrten mütterlichen Freundin Friderike Maria Zweig, die 25 Jahre lang Stefan Zweigs Leben teilte. Wissende Herzen werden es verstehen, warum Frau Friderike bisher nach Salzburg nicht zurückgefunden hat. Im Geiste ist sie heute jedenfalls an unserer Seite.‹«

Die Zweigsame

Im Jahr 1949 erscheint in Deutschland Friderike Maria Zweigs Buch *Wunder und Zeichen*, das sie ihrer Freundin Josefine Junger widmet – auch als Dank für den geretteten Koffer, der im Mai 1949 Susanne Höller-Winternitz bei einem Salzburg-Besuch ausgehändigt wird. Ihre Mutter, in den USA naturalisiert und in Stamford (Connecticut) sesshaft, macht zwar einige Europa-Fahrten, kommt jedoch nie mehr nach Salzburg. Hier würden die seelischen Wunden der betagten Dame aufreißen, wenn sie vor dem verschlossenen schmiedeeisernen Tor, ihrem Hochzeitgeschenk, am alten Leidensweg stehen müsste. Noch hofft Friderika St. Zweig, wie sie sich als Witwe Stefan Zweigs nennt, auf ihr altes Familiensilber, auf das ledergebundene *Jeremias*-Manuskript mit seinem Gedicht, auf das Gästebuch mit Eintragungen von Madeleine und Romain Rolland, auf den Ohrenfauteuil, das Geburtstagsgeschenk für ihren Mann, und auf alle anderen verschollenen Lebensreliquien.

Im Grunde wäre es eine Bringschuld des geretteten Österreich, in Wirklichkeit muss sich jeder Jude um seine Güter streiten. Mehrfach steht auf dem »VEAV-Formular Nr. 75«, das Rechtanwalt Dr. Singer am 15. November 1946 ausfüllt, der lakonische Vermerk »unbekannt«. Darauf wendet sich Friderike Zweig an diverse österreichische Stellen, auch an das Salzburger Museum *Carolino Augusteum*, das die Korrespondenz aufbewahrt. Die ersten der insgesamt fünf Briefe aus Stamford sind noch von einem erwartungsvollen Ton getragen – Stamford, 4. März 1949: »Sehr geehrter Herr Direktor, [...] Ich schließe mein Anliegen auf einem beiliegendem Briefbogen ein und hoffe, daß ich nicht zu viel Mühe verursache. Da ich von vielen mir teuren Dingen und meinem gesamten Besitz in Österreich bisher nur 10 kleine Zeichnungen (Illustrationen) wiedererhielt und meine materielle Lage sich hier recht verschlechterte, wäre mir in doppelter Hinsicht jede Rückerstattung eine Erleichterung. [...] Indem ich meinen herzlichsten Dank voraussende, bin ich mit ergebenen Empfehlungen Ihre Friderike M. Zweig«

Beiliegend schickt sie ein Foto eines Bildes von Maurice Utrillo, das sie im Sommer 1935 oder 1936 in der Salzburger Galerie Welz erworben hat. Der Museumsdirektor Rigobert Funke erfährt von Rechtsanwalt Singer, dass der nach dem Anschluss beschlagnahmte Utrillo von Dr. Otto Schiessl ersteigert und an die Galerie Welz weiterverkauft worden sei. Diese Information bestätigt die Betriebsprüfung aus dem Jahr 1943: M. Utrillo, *Pariser Vorstadt*, verkauft von Dr. Schiessl um 1.000 Reichsmark. Gegenüber dem Rechtsanwalt behauptet der Galerist Friedrich Welz aber, der Utrillo sei im Jahr 1945 von den Amerikanern beschlagnahmt und ihm nie mehr zurückgegeben worden. Diese Aussage kann anhand verschiedener US-Dokumente überprüft werden. Tatsächlich befindet sich unter den aufgelisteten Beschlagnahmefällen ein Utrillo: *Allee in Vincen-*

nes (Inventar-Nr. 326 der Salzburger Landesgalerie, Foto im Katalog der Ausstellung 1941). Außerdem hat Friedrich Welz selbst ein umfangreichesVerzeichnis angelegt, in dem jene Objekte vermerkt sind, die von Amerikanern beschlagnahmt (»geplündert«) worden seien. Utrillos *Pariser Vorstadt* ist nicht darunter, wohl aber *Allee in Vincennes*, ein Bild, das von der amerikanischen Militärregierung ordnungsgemäß an Frankreich restituiert wird, weil es aus dem von Deutschland besetzten Paris stammt und daher als Raubgut gilt.

Der mit Friedrich Welz eng kooperierende Salzburger Museumsdirektor Funke schreibt am 6. Februar 1950 nach Stamford: »Es konnte wohl erhoben werden, dass Ihr Utrillo anlässlich einer Auktion bei Schwarz veräussert wurde, auch ist der erste Käufer bekannt. Es konnte aber bisher nicht mit Bestimmtheit festgestellt werden, welche Wege das Gemälde später genommen hat; jedenfalls ist es derzeit unauffindbar.« Der zweite Käufer, der GaleristWelz, bleibt hier ungenannt. DerVerdacht ist aber keinesfalls ausgeräumt, wie aus den Akten hervorgeht: »Da auch die Antiquitätenhändler in Salzburg verständigt und die Gegenstände hier gut bekannt sind, besteht derVerdacht, daß das völligeVerschwinden der Objekte auf absichtliches Zurückhalten derselben zurückzuführen ist.«

Man spricht also von verschwundenen und zurückgehaltenen Objekten. Als diese in den folgenden sieben Jahren nicht auftauchen, wendet sich die nun schon 75-jährige Dame aus Stamford an das Bundesdenkmalamt inWien und ebenso an das Bundesamt für äußere Restitutionen in Bad Homburg – abermals ohne Erfolg. Hierauf unternimmt Friderike Zweig eine beschwerliche Reise nach Deutschland und Österreich.

Das Bonner Beethoven-Haus weckt Erinnerungen an das Haus Kapuzinerberg 5, denn zu ihrer großen Überraschung und Freude findet sie dort vermisste Lebensreliquien: Sekretär, Reisepult und anderes mehr. Auf ihrer Weiterfahrt im Mai 1958 passiert sie auch Salzburg (ihre Freundin Josefine Junger ist mittlerweile gestorben). Nur sieben Tagen weilt sie in ihrer Geburtsstadt Wien, wo sie die ihr verbliebenen alten Freunde wie Franz Theodor Csokor und Felix Braun trifft, den jungen Erich Fitzbauer kennen lernt, ihre Gedächtnisorte und das Bundesdenkmalamt aufsucht. Hernach reist sie mit Wehmut und ohne Reliquie heim nach Amerika.

Im Dezember 1958 beantwortet sie eine Anfrage des Bundesdenkmalamtes: »Ich besitze keine Abbildung des Faistauer-Bildes. Höhe etwa einen Meter, Breite ½ Meter. Der Inhalt des Ölbildes ist ein Wald mit hohen Bäumen und zwei kleinen Gestalten, Kindern, das einzige nicht Grüne im Bild. Ich kannte kein anderes derartiges Bild von Anton Faistauer. [...] Den Utrillo hat Herr Welz erworben und erklärte s. Z., er wäre ihm weggenommen worden. Mit besten Empfehlungen und Dank Friderike M. Zweig.« Da sie wenig professionell vorgeht, hat der Experte leichtes Spiel: »In obiger Angelegenheit haben wir Ihnen bereits mehrmals mitgeteilt, daß wir über den Verbleib der angeführten Bilder nichts wissen, mit Ausnahme des Utrillo ist uns auch keines der Kunstwerke bekannt. Wir sind daher auch nicht in der Lage, Ihnen gegebenenfalls Mitteilung zu machen. Faistauer Gemälde kommen hier öfters vor, doch müssen wir mindestens Fotounterlagen haben, um die Bilder aus dem Besitz von Frau Zweig agnoszieren zu können. Mit vorzüglicher Hochachtung Galerie Welz Salzburg [24. 11. 1958].«

Zumindest die von Friderike Zweig gesuchte Plastik –
Suse und Alix als Kinder – kann vom Bundesdenkmalamt
ausgeforscht werden, da deren Besitzer, der Herausgeber
des *Salzburger Volksblattes*, ungeniert zugibt:»Auf Ihr Schreiben vom 19. ds. teile ich mit, daß ich die Kinderplastik von
Ambrosi seinerzeit erworben habe; die Plastik befindet
sich in meinem Besitz (Rainerstraße 19, I. Stock). Hoch-
achtungsvoll Dr. Reinhold Glaser [27. 11. 1958]«

Ob Friderike Zweig zu ihrer Lebzeit den erwünsch-
ten Fingerzeig erhält, ist mehr als fraglich. Im Dezember
1958 glaubt die 76-jährige noch an ein Wunder, als sie
ihre vermissten Lebensreliquien auflistet, adressiert an
das geehrte Wiener Amt:»Sämtliche meines Mannes bis
1937 erschienen Bücher in Erstausgaben, auch in Übersetzungen, manche in Leder gebunden und vom Insel-
verlag mit meinem Namen versehen. Gesamtzahl der
Bücher circa 650. Ferner zwei große Kisten mit hauptsächlich Büchern französischer Autoren mit persönlichen Widmungen an Stefan Zweig. Meine eigene Bibliothek, mehr als zweitausend Bücher, darunter eine
große Zahl Dünndruckausgaben in deutscher und englischer Sprache, sehr viele Erstausgaben moderner Autoren mit Widmungen. Kunstbücher wie jene über den
Straßburger Dom und andere Kathedralen, Monogra-
fien, Nachschlagewerke. Ausserdem Ausgaben meiner
eigenen Bücher und Übersetzungen, für mich wertvoll.
U.s.w.« – Darauf folgen Angaben zu Werken, die sie
mehr oder weniger gut spezifizieren kann – hier soweit
wie möglich ergänzt:

Maurice Utrillo: Pariser Allee, Häuser (Tempera, Sig-
natur rechts unten, Abbildung);

Canaletto (zugeschrieben): Venedig, Santa Maria
della Salute (Öl);

Anton Faistauer: Vase mit Blumen und Waldbild mit zwei Kindern (Öl);

Franz Naumann: Stadtbilder (Farbstiche);

Alfred Kubin: *Jeremias*-Motive (Stiche, Holzschnitte);

Frans Masereel: unbekannte Motive (Holzschnitte);

Olivier (Johann H. F. oder Woldemar Friedrich): Berchtesgaden (Bleistiftzeichnung, Großformat);

Gustinus Ambrosi: Doppelskulptur, Suse und Alix als Kinder (Gips);

bemalter Buddha und andere Holzschnitzereien;

aus altem Familienbesitz Tafelsilber mit Elfenbeingriffen et cetera;

zahlreiche handgeschriebene Entwürfe, Autografen von Stefan Zweig, speziell das *Jeremias*-Manuskript in rotem Leder gebunden mit den Versen: »[...] Mein Werk gedieh in Deiner treuen Hut, / Wie müde war ich, oft wollt ich erlahmen, / Du aber gabst mir immer neuen Mut / Und dankbar schreibe ich zum Eingang Deinen Namen.«

Nebenher muss Friderike Zweig um die Auszahlung ihres einst beschlagnahmten Bankguthabens von etwa 75.000 Reichsmark kämpfen. Nach aufwendigen Erhebungen entscheidet der österreichische *Fonds zur Abgeltung von Vermögensverlusten politisch Verfolgter* im Jänner 1962, dass die Antragstellerin sofort 6.856,85 Schilling erhalte. Im Bericht der Erhebungsabteilung wird abschließend festgestellt, dass Frau Friderike Zweig keine sonstigen Vermögenswerte angegeben habe, obschon sie als Witwe Erbin nach Stefan Zweig sei: »Die Verlassenschaft wurde nach den Unterlagen beim Finanzoberpräsidenten offensichtlich zu $\frac{1}{2}$ Ant. der Friderike Zweig und zu je $\frac{1}{4}$ Anteil Dr. Manfred Altmann und Dr. Hanna Altmann eingeantwortet.«

Tatsache ist jedoch, dass im Rückstellungsverfahren das Elternhaus in Wien IX, Garnisongasse 10, je zur Hälfte dem Bruder Alfred Zweig und den Erben nach Lotte Zweig zugesprochen wird. Aus den vorhandenen Dokumenten geht allerdings nicht hervor, dass auch die anderen geraubten Vermögenswerte Stefan Zweigs restituiert werden: das Barvermögen und Bankguthaben, die Forderungen an den *Insel Verlag*, an die Pensionsbesitzer Blaickner und an Friederika Gollhofer – in Summe 66.904 Reichsmark, exklusive Zinsen und Wertsteigerung. Die von Stefan Zweig geschiedene Frau ist jedenfalls nicht die Erbin seines Vermögens.

Im Jahr 1967 wendet sich Friderika St. Zweig, Gründerin des New Yorker *Writers Service Center* und der *American-European Friendship Association*, Ehrenpräsidentin der *Internationalen-Stefan-Zweig-Gesellschaft*, zum letzten Mal an das offizielle Österreich, das sie mit ihrem Wunsch nach einem Zweig-Archiv in Wien aber abblitzen lässt. Darauf verkauft sie ihre Korrespondenz mit Stefan Zweig für 2.800 Dollar an die *State University of New York College at Fredonia*, wo am 4. Dezember 1967, an ihrem 85. Geburtstag, das *Stefan Zweig Center* feierlich eröffnet wird. Anfang 1971 stirbt Friderike Maria Zweig im 89. Lebensjahr. Ihr Hausfreund Harry Zohn arrangiert die Hommage: *Greatness Revisited* (Boston 1972). Im selben Jahr erscheint die Biografie Stefan Zweigs *European of Yesterday* von Donald A. Prater (University of Canterbury, New Zealand).

Im Jahr 1972 wird in Salzburg die erste Monografie nebst Verzeichnis der Werke von Anton Faistauer publiziert. Der Kunst- und Museumsexperte Franz Fuhrmann vermerkt unter der Nummer 179: »Blumenstrauss in gebauchtem Krug / der Strauß von Sumpfpflanzenblättern umrahmt. Öl auf Leinwand/Karton, 63 x 43 cm, rechts oben: A. Faistauer 1919. – Salzburg, Privatbesitz (Vorbesitzer Stefan Zweig).«

Es ist eines der im November 1940 zwangsversteigerten und von Friderike Zweig vermissten Bilder. Doch es vergehen wiederum Jahrzehnte, ohne dass irgendetwas geschieht. Derweilen sind auch die Erbinnen Elisabeth Störk und Susanne Höller in den USA verstorben. Erst im Dezember 1998, als der Salzburger Besitzer das Stillleben im Wiener Dorotheum zur Versteigerung bringt, wird die Sache ruchbar. Nach einem Bericht der Journalistin Renate Lachinger im österreichischen Fernsehen und der unvermeidlichen öffentlichen Erregung wird das Bild zurückgezogen. Doch der Besitzer kann glaubhaft machen, dass er gemäß österreichischem Recht einen gutgläubigen Erwerb (bona fide) getätigt hat, was bedeutet, dass die Erbengemeinschaft nach Störk-Höller keinen Anspruch auf das einst geraubte Gut hat. Deren Rechtsvertreter können dennoch einen außergerichtlichen Vergleich erwirken, wovon die Öffentlichkeit allerdings nichts erfährt. Es ist anzunehmen, dass beim Verkauf des Bildes der Erlös aufgeteilt wird.

Stefan Zweig lebt

Die schweigsame Frau wird erstmals im Frühjahr 1968 an der Wiener Staatsoper einstudiert, weitere Male im Herbst 1978 und im Dezember 1996. Bis Anfang 2001 sind es insgesamt 61 Vorstellungen – eine Erfolgsserie, die der Geburtsstadt Zweigs alle Ehre macht.

An seinem hundertsten Geburtstag erscheint die Biografie von Donald A. Prater auf Deutsch: *Das Leben eines Ungeduldigen* (inzwischen leider vergriffen). Auch in Österreich rührt sich einiges: Zweigs Konterfei schmückt eine Sonderbriefmarke (vier Schilling). Bedeutsamer ist aber, dass die kritische Literaturwissenschaft sich dem lange vernachlässigten Autor widmet: »Stefan Zweig 1881/1981 Aufsätze und Dokumente«, worin Hildemar Holl und Klaus Zelewitz ein unangenehmes Kapitel aufgeschlagen: »Hausdurchsuchung 1934«. In einer Ausstellung, die in der Salzburger *Max-Reinhardt-Forschungs- und Gedenkstätte* im Schloss Arenberg stattfindet, werden aus der Sammlung Anna Meingast beispielsweise das Hauptbuch und andere bislang unbekannte Dokumente gezeigt (Salzburger Literaturarchiv).

Devotion ist freilich immer dabei. Auf Anregung des Landeshauptmannes Wilfried Hauslauer schafft der Bildhauer Josef Zenzmaier eine Porträtbüste des Dichters, die im Herbst 1983 vor der Mauer des Kapuzinerklosters aufgestellt wird – ein Gedenkort, von wo man durch einen Maschendrahtzaun auf die einstige Zweig-Villa schauen kann.

Der Dichter selbst hat seiner Wahlheimat ein bislang unbekanntes literarisches Denkmal gesetzt. In der Erzählung *Ein Mensch, den man nicht vergißt,* die 1987 im Band *Praterfrühling* erscheint, heißt es: »Ich lernte diesen einzigartigen Menschen auf ganz einfache Weise kennen. Eines Nachmittags – ich wohnte damals in einer Kleinstadt – nahm ich meinen Spaniel auf einen Spaziergang mit. Plötzlich begann der Hund sich recht merkwürdig zu gebärden. Er wälzte sich am Boden, scheuerte sich an den Bäumen und jaulte und knurrte dabei fortwährend.« Im titellosen Entwurf dieser Erzählung lautet die zitierte Passage folgendermaßen: »Ich wohnte, als ich ihm zum erstenmal begegnete, in Salzburg, das damals noch nicht die versnobte Festspielstadt war, sondern eine enge, behagliche, kleinbürgerliche, abseitige Stadt, in der man gut spazierengehen und arbeiten konnte.« (laut Mitteilung von Knut Beck, dem Herausgeber der Zweig-Werke)

Ab den frühen 80er Jahren werden im Frankfurter Verlag S. Fischer die Werke seines Dichters neu oder aus dem Nachlass herausgegeben, etwa *Rausch der Verwandlung, Auf Reisen, Tagebücher* und *Briefwechsel* (der vierte Band fehlt noch). Alsbald spricht man vom Zweig-Revival, das auch ungeahnte Lebensgeister in Salzburg weckt, speziell am Institut für Germanistik, das sich mit der Habilitation von Klaus Zelewitz und dem Literaturarchiv unter der Leitung Adolf Haslingers als jüngstes Zweig-Zentrum etabliert.

»Stefan Zweig wäre sehr erstaunt, wenn er den Elan und das mediale Feuer sehen könnte, mit dem sich Salzburgs Kulturpolitik heute um ihn bemüht. Nicht seine Geburtsstadt Wien, sondern seine Wohnstätte und Wahlheimat Salzburg, die ihm, einem der ›höchsten Steuerträger‹ damals, durch die fünfzehn Jahre seines Aufenthalts von 1919 bis 1934, nicht gleich hohe Anerkennung zollte«, bemerkt Adolf Haslinger, als die Festspielstadt anlässlich der fünfzigsten Wiederkehr des Todestages im Jahr 1992 darangeht, sich als Zweig-Stadt zu präsentieren, wobei auch zukunftsweisende Akzente gesetzt werden sollen.

Einige Vorhaben gelingen bestens, darunter der Kongress *Exil und Suche nach dem Weltfrieden*, den die Professoren Gelber und Zelewitz im Schloss Leopoldskron leiten, und die Ausstellung *Für ein Europa des Geistes*, die Renoldner, Holl und Karlhuber gestalten. Mit der vom Stadtkulturamt finanzierten und organisierten Schau *Ein Österreicher aus Europa* wandert Stefan Zweig als Kulturbotschafter zur Frankfurter Buchmesse 1995 und dann in die weite Welt, beispielsweise nach Bath, São Paolo und Jerusalem – mit regem Zuspruch, wie versichert wird.

Zumindest einmal wird der nach Zweig benannte Literaturpreis verliehen (1992 verteilt auf Wulf Kirsten und Christoph Janacs), seither wartet man vergeblich auf neuerliche Ausschreibung. Manches bleibt aber schon im Anlauf stecken: etwa jene Akademie, die über das Jahr 1992 hinausgehend im Sinne Stefan Zweigs wirken sollte, aber bald der Vergessenheit anheim fällt. Ungebrochen ist das Engagement des von Tomas Friedmann geleiteten *Salzburger Literaturhauses*, wo beispielsweise in der Veranstaltung *Ein Zweig fällt aus dem Rahmen* gegen die offiziöse Sicht und das Verschweigen unliebsamer Dinge Stellung bezogen wird. Erinnert wird an die Bücherverbrennung auf dem Residenzplatz und an den Antisemitismus, der sich im halbierten *Stefan-Zweig-Weg* manifestiert. Auch an diese unrühmlichen Orte führen die alljährlich vom Literaturhaus organisierten *salzburger literatouren*. Hartnäckigkeit und Engagement fruchten, als im März 1996 auf Antrag der Bürgerliste im Gemeinderat der einstimmige Beschluss fällt, dass der gesamte Weg auf den Kapuzinerberg nach Zweig benannt wird. Ein entsprechendes Schild wird auch an der Klostermauer gegenüber der einstigen *Villa in Europa* angebracht.

Im Oktober 1998 versammelt sich die globale Zweig-Forschung erneut in Salzburg, diesmal im *Hotel Stein* unter dem Motto *Stefan Zweig lebt*. Zu diesem Anlass wird die mittlerweile liquidierte *Internationale-Stefan-Zweig-Gesellschaft* wieder ins Leben gerufen – jedoch mit Sitz in Salzburg. Hier werden im Sommer 2002 wunderschöne Autografen der Sammlungen Stefan Zweig und Martin Bodmer (Cologny-Genève) gezeigt: »Die Noten Wolfgang Amadeus Mozarts stellen ein herausragendes Glanzlicht im Reigen der Handschriften dar.« Mozarts unfeine Bäsle-Briefe sind allerdings nicht darunter, denn diese hütet die *British Library*. Im September 2002 veranstaltet die *Auslandsgesellschaft Nordrhein-Westfalen* in Dortmund den internationalen Kongress *Stefan Zweig im Zeitgeschehen des 20. Jahrhunderts*, wo Gert Kerschbaumer sein bescheidenes Forschungsdebüt gibt: »Der Festspieldichter Stefan Zweig«.

Postskriptum

Anstöße kommen bekanntlich von außen. Einer ist mir noch bildhaft in Erinnerung. Im Oktober 1998 fragt mich Donald A. Prater auf der Dachterrasse des *Hotel*

Stein: »Auch Zweigianer?« Eine peinliche Situation für mich, als ich ihm gestehen muss, dass ich nicht einmal seine Biografie gelesen habe. Lächelnd erwidert er, ich soll mich doch nicht in der riesigen Sekundärliteratur verheddern, lieber davon unbelastet Zweig lesen und so nebenher sein kaum ergründetes Verhältnis zur schönen Kleinstadt erforschen. Daraufhin pafft Prater schweigend seine Pfeife.

Im neuen Jahrtausend begebe ich mich – eingedenk seiner Worte – auf Spurensuche, die angesichts der verzweigten Wege nicht auf Salzburg beschränkt und selbst nach Fertigstellung dieses Buches nicht abgeschlossen sein kann. Denn so manches liegt noch im Dunkeln.

Selten erhellt sich etwas so rasch wie Zweigs Entwürdigung an der Wiener Universität. Bald nach meiner Anfrage im Dezember 2002 werde ich zu einem Gespräch in das Rektorat eingeladen, das schon im Jänner stattfindet. Am 11. Februar 2003 schreibt mir Rektor Dr. Winckler: »[...] Dr. Stefan Zweig zählt mit Recht zu den wichtigsten österreichischen Schriftstellern von Weltrang und zu den bedeutendsten Absolventen der Alma Mater Rudolphina Vindobonensis. Vordringliche Aufgabe der Universität Wien ist es daher, die akademische Ehre von Dr. Stefan Zweig sowie der übrigen 27 Akademiker wiederherzustellen und die eigene Schuld an der Beteiligung an Unrecht einzubekennen. [...] Die Universität Wien wird diesen Beschluss im Rahmen einer offiziellen Gedenkfeier verkünden und dem Andenken an Dr. Stefan Zweig sowie aller anderen Absolventen, denen die akademische Ehre geraubt wurde, einen würdevollen Rahmen bereiten. Abschließend möchte ich mich noch einmal für Ihre umfassenden Forschungen und Recherchen bedanken. Ihr geschätztes Buch hat bereits vor dem Erscheinen einen großartigen Erfolg errungen: die Wiederherstellung der akademischen Würde eines der bedeutendsten Absolventen der Alma Mater Rudolphina Vindobonensis, Dr. Stefan Zweig. Mit vorzüglicher Hochachtung Georg Winckler e. h.«

Schlussendlich danke ich allen namentlich – ohne Titel, Pardon! –, die meinen *Fliegenden Salzburger* schon beflügeln:

Knut Beck, Oskar Dohle, Margareta Doppler, Erich Fitzbauer, Gernot Fuchs, Peter Fuchs, Helmut Gaigg, Franz Gartner, Murray G. Hall, Adolf Haslinger, Hildemar Holl, Robert Holzbauer, Rudolf Jeràbek, Wolfram Kastner, Willi Kaufmann (gest.), Thomas Kazianka, Alfred Kohler, Fritz Koller, Heinrich Koller, Franz Kreibich, Renate Lachinger, Michael Ladenburger, Gerald Lehner, Albert Lichtblau, Franz Mahr, Oliver Matuschek, Wilhelm Meingast, Herbert Moritz, Kurt Mühlberger, Ekki und Wolfram Müller, Karl Müller, Arnold Nauwerck, Oskar Pausch, Erika Pfefferle, Gerhard Plasser, Donald A. Prater (gest.), Lindi Preuss, Gisela Prossnitz, Alfred Rinnerthaler, Annemarie Rossin, Dagmar Sachsenhofer, Nikolaus Schaffer, Walter Schlegel, Heike Schroll, Herfried Thaler, Stephan Templ, Vera Tomaselli, Gerhard Ungar, Thomas Weidenholzer, Heidrun Weiss, Jarmila Weißenböck, Georg Winckler, Margit Winkler, Klaus Zelewitz …

Das Ich des erschöpften Autors füllt die Leerstelle eines Groß–
schriftstellers

(Foto Margit Winkler, Salzburg)

Wegschild zu Ehren Stefan Zweigs und Panorama der Stadt Salzburg
(Foto Carl Pospesch, Salzburg)

Quellen und Literatur

Williams Verlag in Zürich: Autografen Friderike und Stefan Zweig sowie Londoner Maschinendiktate = Code W. (© Williams Verlag AG, Zürich, 1976)

Salzburger Literaturarchiv: Forschungsbibliothek Donald A. Prater und Sammlung Anna Meingast = Code SM.

Archiv der Salzburger Festspiele: Pressespiegel zur Schweigsamen Frau (1959). Almanache und Mitteilungen der Festspielhausgemeinde. Dokumente zur Entstehung der Festspiele.

Salzburger Stadtarchiv: Plan von Friderike Zweig für ein Gartentor am Haus Kapuzinerberg 5. Protokolle und Ämterberichte zur Straßentaufe nach Stefan Zweig. Gästebuch Steinlechner und Hermann Bahr-Stüberl. Zettel und Programme des Landestheaters. Adressenbücher.

Salzburger Landesarchiv: Meldekartei. Grundbuch der Stadt Salzburg: EZ 481 (Kapuzinerberg 5) und EZ 230 (Nonntalerhauptstraße 49). Gesuch von Friderike Zweig um Dispens von Ehehindernissen, Abweisung, Berufung, abermalige Abweisung, Dispens durch das Staatsamt für Inneres (LRA 1919 V/G/10). Nachlass Dr. Franz Rehrl (Autografen 1935/1310/2122). Klage der Friderike Zweig auf Scheidung und Urteil des Landgerichtes Salzburg (Cg 1938 Nr. 591/38).

Museum Carolino Augusteum in Salzburg: Theatersammlung. Restitutionsanspruch von Friderike Zweig (Autografen GZ 181/49, 233/49, 311/49, 530/49).

Museum der Stadt Linz – Nordico: Exlibris von Aloys Wach.

Archiv Erich Fitzbauer: Autografen und Publikationen der Internationalen-Zweig-Gesellschaft.

Magistrat Wien, Abteilung 61: Ziviltrauung von Friderike Maria Winternitz und Stefan Zweig (Ehebuch).

Archiv der Republik in Wien: Gesuch von Stefan Zweig beim Bundesminister für Finanzen (Autograf 1326/37). Rückstellung der Liegenschaft EZ 878 (Garnisongasse 10, Wien IX). Abgeltungsfonds (1370/7).

Bundesdenkmalamt Salzburg und Wien: Landeskonservator (GZ 538/1921). Restitutionsanspruch Friderike Zweig (GZ 6764/49). Ausfuhrakten 1937ff.

Archiv der Universität Wien: Senatsakten betreffend Aberkennung und Wiederverleihung von akademischen Titeln (GZ 1386 aus 1939/40, 561 aus 1944/45).

Landesarchiv Berlin: Vermögenswerte von Stefan Zweig (GZ O 5210-1987/40).

Bezirksgericht Reichenberg (Liberec, Tschechien): Grundbuch der KG Ober-Rosenthal: EZ 10 und 109 (Villa und Fabrik Moritz Zweig, Alfred und Stefan Zweig).

Salzburger Volksblatt: Das Haus am Meer (27. 2. 1913). Der verwandelte Komödiant (24. 5. 1919). Legende eines Lebens (9. 10. 1919). Jeremias (17. 10. 1919). Serenade des ungeliebten Liebhabers (1. 1. 1920). Salzburger Literarische Gesellschaft (10. 7. u. 14. 8. 1920). Verhaeren, Fahrten und Drei Meister (30. 9. 1920). Episode vom Genfer See (23. 12. 1920). Internationale Frauenliga für Frieden und Freiheit (1. u. 4. 8. 1921). Arthur Rimbaud (17. 9. 1921). Kapitän Scotts letzte Fahrt (2., 3., 4. u. 5. 1. 1922). Das Leben Tolstois (4. 2. 1922). Erwin Rieger (23. 3. 1923). Thomas Mann (20., 21. u. 26. 3. 1923). Die unsichtbare Sammlung (14. 10. 1926). Volpone (11. 11. 1926; 25. 4. 1928; 4. 12. 1928). Verwirrung der Gefühle (20. 12. 1926). Marceline Desbordes-Valmore (31. 10. 1927). Drei Dichter ihres Lebens (21. 6. 1928). Erwin Rieger: Stefan Zweig (17. 7. 1928). Tolstoi-Feier in Moskau (17. 9. 1928). Reise nach Russland (30. 10. 1928). Das Lamm des Armen (20. 3. u. 25. 4. 1930). 50. Geburtstag (28. 11. 1931). Vortrag in Florenz (19. 5. 1932). Marie Antoinette (22. 12. 1932). Nazi-Index (8. 5. 1933). Stefan Zweig verlässt Salzburg (27. 8. 1934). Maria Stuart (13. 6. 1935). Die schweigsame Frau (25. u. 26. 6., 5. u. 15. 7. 1935). Hausverkauf (20. 4. 1937). Bücherverbrennung in Salzburg (2. 5. 1938). Jeremias (23. 11. 1951). Die schweigsame Frau (10. 8. 1959).

Salzburger Wacht: Das Haus am Meer (27. 2. 1913). Romain Rolland (30. 10. 1919). Der Turm zu Babel (24. 12. 1919). Godiva-Drama (3. 3. 1920). Der Rhythmus von New York (3. 4. 1920). Salzburger Literarische Gesellschaft (10. 7. 1920). Bilanz eines Jahres (28. 12. 1920). Dem Gedächtnis Alfred H. Frieds (14. 5. 1921). Internationale Frauenliga für Frieden und Freiheit (3. 6.; 1. u. 2. 8. 1921). Rousseau (24. 12. 1921). Tolstois Antlitz (15. 4. 1922). Schnitzler (13. 5. 1922). Gerhart Hauptmann (14. 11. 1922). Erwin Rieger (23. 3. 1923). Thomas Mann (28. 3. 1923). Der Amokläufer (19. 4. 1924). Hölderlin (4. 5. 1925). Romain Rolland (28. 1. 1926). Das Gewissen Europas (29. 1. 1926). Émile Verhaeren (27. 11. 1926).

Verwirrung der Gefühle (16. 12. 1926). Paul Zechs Rimbaud (12. 2. 1927). Marceline Desbordes-Valmore (19. 11. 1927). Drei Dichter ihres Lebens (12. 5. 1928). Tolstoi-Feier in Moskau (8. 9. 1928). Vorspiel zur Tragödie Adam Lux (30. 4. 1929). Joseph Fouché und Kleine Chronik (3. 1. 1930). Sigmund Freud (17. 12. 1930). 50. Geburtstag (28. 11. 1931). Nazi-Index und Bücherverbrennung (8., 11. u. 12. 5. 1933).

Salzburger Chronik: Das Haus am Meer (27. 2. 1913). Salzburger Literarische Gesellschaft (13. 7. 1920). Literarischer Diebstahl (2. 7. 1921). Internationale Frauenliga für Frieden und Freiheit (14. u. 24. 8. 1921). Thomas Mann (30. 3. 1923). Romain Rolland (28. 1. 1926). Gesamtausgabe in russischer Sprache (19. 4. 1927). Tolstoi-Feier in Moskau (17. u. 19. 9. 1928). Brennendes Geheimnis (12. 8. 1932). Die schweigsame Frau (26. 6. u. 15. 7. 1935). Hausverkauf (19. u. 22. 4. 1937). Widmung an die Österreichische Nationalbibliothek (17. 12. 1937). Geburtstagsbrief für Hermann Bahr (14. 1. 1938).

Salzburger Volksbote: Tolstoi-Feier in Moskau (23. 9. 1928). Schlossverkauf (2. 5. 1937).

Neue Freie Presse: Salzburger Tage von Erich Ebermayer (23. 8. 1929).

Der eiserne Besen (Hauptorgan des Schutzvereines Antisemitenbund): Judenkataster (10. 1. 1924). Die richtige Antwort (21. 9. 1928). Offener Brief an Stefan Zweig (23. 11. 1928). Im Café Bazar (30. 8. 1929). Der rassenreine Jude von Salzburg (15. 8. 1930).

Schönere Zukunft: Bücherverbrennung (14. 5. 1933).

Die Fledermaus: Fidelio-Wunder (10. 8. 1935).

Wiener Zeitung: Stefan Zweig, der meistübersetzte Autor der Welt (14. 8. 1937).

Salzburger Landeszeitung: Selbstmord von Stefan Zweig (25. 2. 1942). Kulturbericht (17. 11. 1951).

Neues Österreich: Stefan Zweig (4. 5. 1945). Legende eines Lebens (27. 10. 1945). Emil Fuchs (24. 11. 1955).

Salzburger Nachrichten: Dichteraugen sehen Salzburg (25. 9. 1945). Abschiedsbrief (21. 2. 1946). Die Welt von Gestern (24. 3. 1948). Das Lamm des Armen (23. 2. 1949). Jeremias (23. u. 27. 11. 1951). Volpone (25. 9. 1956). Wegtaufe (28. 11. 1956). Die schweigsame Frau (23. 5. 1957, 8. u. 10. 8. 1959).

Demokratisches Volksblatt: Gedenkrede Georg Rendls (26. 2. 1946). Jeremias (21., 24., u. 28. 11. 1951). Volpone (25. 9. 1956). Die schweigsame Frau (23. 5. 1957, 10. 8. 1959). Ausstellung (14. u. 17. 7. 1961).

Die österreichische Furche: Die Welt von Gestern (14. 8. 1948).
Jeremias (7. 6. 1952).
Arbeiter-Zeitung: Legende eines Lebens (27. 10. 1945). Geburts-
tag (25. 11. 1951).
Die Presse: Die schweigsame Frau (11. 8. 1959).
Alpen-Journal: Salzburg, die Wahlheimat von Stefan Zweig,
Hermann Bahr und Joseph Roth (Heft 8/9, 1946).
das silberboot: Das Haus am Kapuzinerberg (Heft 2, 1947).
Amtsblatt der Landeshauptstadt Salzburg: Wegbenennung
(31. 12. 1956).

WERKE VON STEFAN ZWEIG
(HB = Hermann Bahr-Bibliothek, teils mit Widmungen von
Zweig, seit 1933 in der Studienbibliothek, heute Universitätsbibliothek Salzburg; G = datiertes Geschenkexemplar von Zweig für
die Studienbibliothek)

Silberne Saiten. Gedichte, Schuster & Loeffler, Berlin-Leipzig
1901.
Die Liebe der Erika Ewald. Novellen, Egon Fleischel, Berlin 1904.
Die frühen Kränze. Gedichte, Insel, Leipzig 1906 (Auflage 1920).
Tersites. Ein Trauerspiel, Insel, Leipzig 1907 (HB, Auflage 1919).
Scharlach, in: Österreichische Rundschau, Wien, Band XV, Heft 5
(1. 6. 1908), Heft 6 (15. 6. 1908).
Erstes Erlebnis. Vier Geschichten aus Kinderland, Insel, Leipzig
1911 (HB, Auflage 1922: G. 18. 4. 1923).
Das Haus am Meer. Ein Schauspiel, Insel, Leipzig 1912.
Der verwandelte Komödiant. Ein Schauspiel aus dem deutschen
Rokoko, Insel Leipzig 1913 (HB).
Autobiographische Skizze, in: Das literarische Echo, 17. Jg.,
Heft 4 (15. 11. 1914).
Der Flieger, in: Almanach. Verlag von Velhagen & Klasing, Berlin
1915.
Der Krüppel, in: Kriegsalmanach 1914 – 1916, o. J.
Der Turm zu Babel, in: Internationale Rundschau, Zürich, 2. Jg.,
Heft 5, 15. 4. 1916.
Die Legende der dritten Taube, in: Emil Kläger (Hg.): Legenden
und Märchen unserer Zeit (illustriert von Franz Christophe), Artur
Wolf Verlag, Wien-Leipzig 1917.

Jeremias. Eine dramatische Dichtung in neun Bildern, Insel, Leipzig 1917 (HB, Auflage 1922: G. 18. 4. 1923).

Erinnerungen an Émile Verhaeren, Privatdruck, Wien 1917 (HB, Exemplar Nr. 25).

Das Herz Europas. Ein Besuch im Genfer Roten Kreuz, Rascher, Zürich 1918.

Legende eines Lebens. Ein Kammerspiel, Insel, Leipzig 1919.

Fahrten. Landschaften und Städte, E. P. Tal, Leipzig-Wien 1919 (Exemplar Nr. 872).

Der Zwang. Eine Novelle, Insel, Leipzig 1920.

Angst. Novelle, Der kleine Roman Nr. 19, Berlin 1920 (HB).

Marceline Desbordes-Valmore. Das Lebensbild einer Dichterin, Insel, Leipzig 1920, 1927 (G. 22. 9. 1927).

Romain Rolland. Der Mann und das Werk, Rütten & Loening, Frankfurt am Main 1921 (G. 18. 4. 1923).

An die Reise, in: Festschrift der Salzburger Festspielhausgemeinde, Moderne Welt, Wien 1921.

Die Augen des ewigen Bruders. Eine Legende, Insel, Leipzig 1922 (HB).

Stefan Zweig (Einleitung mit einer autobiografischen Skizze, Faksimile: Der Brief einer Unbekannten, Salzburg 1921), Hanns Martin Elster (Hg.), Deutsche Dichterhandschriften Band 13, Lehmann, Dresden 1922.

Aufschrei des Schweigens (Salzburg 1922), in: Für unsere kleinen russischen Brüder! Gaben westeuropäischer Schriftsteller und Künstler für die notleidenden Kinder in den Hungerdistrikten Russlands, Genf o. J.

Die gesammelten Gedichte, Insel, Leipzig 1924.

Die Stadt als Rahmen, in: Festspiel-Almanach der Salzburger Festspielhausgemeinde, Karl Paul Pawel (Hg.), Salzburg 1925 (Wiederabdruck in: Führer der Salzburger Festspiele 1929).

Rezension des Buches Salzburg und das Salzkammergut von Heinrich Schwarz (Schroll-Verlag, Wien 1926), in: Die Literatur, Monatsschrift für Literaturfreunde, 28. Jg., Stuttgart und Berlin 1925/26.

Reisen oder Gereist-Werden, in: Reclams Universum 1. 7. 1926.

Volpone. Eine lieblose Komödie, Kiepenheuer, Potsdam 1927.

Die Flucht zu Gott. Ein Epilog zu Leo Tolstois unvollendetem Drama »Das Licht scheinet in der Finsternis«, Felix Bloch Erben, Berlin 1927 (Druck R. Kiesel Salzburg).

Sternstunden der Menschheit. Fünf historische Miniaturen (Die Weltminute von Waterloo, Die Marienbader Elegie, Die Entdeckung Eldorados, Heroischer Augenblick, Der Kampf um den Südpol), Insel, Leipzig 1927 (HB).

Die Hochzeit von Lyon. Novelle, in: UHU, Monatsschrift, 3. Jg., Heft 11, August 1927.

Die Baumeister der Welt. Versuch einer Typologie des Geistes (3 Bände):

Drei Meister. Balzac – Dickens – Dostojewski, Insel, Leipzig 1921 (G. 18. 4. 1923).

Der Kampf mit dem Dämon. Hölderlin – Kleist – Nietzsche, Insel, Leipzig 1925 (HB, G. Verlust).

Drei Dichter ihres Lebens. Casanova – Stendhal – Tolstoi, Insel, Leipzig 1928 (G. 1928).

Die Kette. Ein Novellenkreis (3 Bände):

Der erste Ring: Erstes Erlebnis. Vier Geschichten aus Kinderland (Geschichte in der Dämmerung, Die Gouvernante, Brennendes Geheimnis, Sommernovelette), Insel, Leipzig 1922 (G. 18. 4. 1923).

Der zweite Ring: Amok. Novellen einer Leidenschaft (Der Amokläufer, Die Frau und die Landschaft, Phantastische Nacht, Brief einer Unbekannten, Die Mondscheingasse), Insel, Leipzig 1922 (G. 18. 4. 1923).

Der dritte Ring: Verwirrung der Gefühle. Drei Novellen (Vierundzwanzig Stunden aus dem Leben einer Frau, Untergang eines Herzens, Verwirrung der Gefühle), Insel, Leipzig 1927 (G. 21. 9. 1926).

Flüchtiger Spiegelblick, in: Prospekt des Insel Verlags 1927.

Josef Fouché. Bildnis eines politischen Menschen, Insel, Leipzig 1929 (G. 27. 2. 1930).

Kleine Chronik (Die unsichtbare Sammlung, Episode vom Genfer See, Leporella, Buchmendel), Insel, Leipzig 1929 (G. 12. 5. 1930).

Der Zwang und Phantastische Nacht. Novellen, Der Strom Verlag, 1929.

Das Lamm des Armen. Tragikomödie, Insel, Leipzig 1929 (G. 12. 5. 1930).

Die Heilung durch den Geist. Mesmer – Mary Baker-Eddy – Freud, Insel, Leipzig 1931 (HB).

Geleitwort zur Festschrift der Internationalen Stiftung Mozarteum, Salzburg 1931.

Marie Antoinette. Bildnis eines mittleren Charakters, Insel, Leipzig 1932 (G. 9. 12. 1932).

Rahel rechtet mit Gott. Legende, in: Novellen deutscher Dichter der Gegenwart, Hg. Hermann Kesten, Verlag Allert de Lange, Amsterdam 1933.

Die Stadt als Rahmen, in: Robert Lohan u. a. (Hg.): Das Herz Europas. Ein österreichisches Vortragsbuch, Saturn Verlag, Wien o. J. (um 1935).

Die schweigsame Frau. Komische Oper in drei Aufzügen frei nach Ben Jonson von Stefan Zweig, Musik von Richard Strauss Op. 80, Adolph Fürstner, Berlin 1935.

BIBLIOTHECA MUNDI (Redaktion Stefan Zweig, Salzburg Kapuzinerberg 5), Insel, Leipzig 1920–1923: Charles Baudelaire: LES FLEURS DU MAL (HB). Santa Madre Teresa de Jesus: LIBRO DE SU VIDA (HB). Lord Byron: POEMS (HB). Napoleon: DOCUMENTS DISCOURS LETTRES (HB). RUSSKI PARNASS (HB Verlust).

Herbert Reichner Verlag, Wien (Wien-Leipzig-Zürich): Philobiblon, Zeitschrift für Bücherliebhaber: Dank an die Bücher (2. Jg., Sep. 1929). Meine Autographen-Sammlung (3. Jg., 7 / 1930). Die unsichtbare Sammlung. Eine Episode aus der deutschen Inflation (6. Jg., Nov. 1933). Sinn und Schönheit der Autographen (Liebhaberdruck 1935). Arturo Toscanini. Ein Bildnis, Geleitwort in Arturo Toscanini von Paul Stefan (Liebhaberdruck 1935). Kunst der Hingabe, Beitrag in Bruno Walter von Paul Stefan (Liebhaberdruck 1936). Triumph und Tragik des Erasmus von Rotterdam (Sonderausgabe 1934, Kommerzausgabe 1935). Maria Stuart (G 27. 6. 1935). Castellio gegen Calvin oder Ein Gewissen gegen die Gewalt (1936). Neuausgaben von Marie Antoinette, Joseph Fouché, Die Heilung durch den Geist und Jeremias (1936). 2 Bände Erzählungen: Die Kette und Kaleidoskop (1936). 3 Reihen in einem Band: Baumeister der Welt (1936). Begegnungen mit Menschen, Büchern, Städten (1937). Der begrabene Leuchter (1937). Georg Friedrich Händels Auferstehung (1937). Magellan (1938).
Suse von Winternitz (Hg.): Arturo Toscanini. Bilder (1937).

Bermann-Fischer, Stockholm: Ungeduld des Herzens (1939). Brasilien. Ein Land der Zukunft (1941). Die Welt von Gestern. Erinnerungen eines Europäers (1942). Schachnovelle (1943). Sternstunden der Menschheit. 12 historische Miniaturen (1943). Zeit

und Welt. Gesammelte Aufsätze und Vorträge (1943, 1946 HB).
Amerigo. Die Geschichte eines historischen Irrtums (1944). Balzac.
Der Roman eines Lebens (1946). Ausgewählte Novellen (1947 HB).
Legenden (1948 HB). Schachnovelle (1949).

Bermann-Fischer, Wien (1947–1951): Die Welt von Gestern.
Marie Antoinette. Ungeduld des Herzens. Amerigo. Sternstunden
der Menschheit. Balzac. Erasmus. Baumeister der Welt.

S. Fischer, Frankfurt am Main (Auswahl): Europäisches Erbe, Hg.
Richard Friedenthal (1960). Gesammelte Werke, Hg. Knut Beck:
Begegnungen mit Büchern. Aufsätze und Einleitungen aus den
Jahren 1902–1939 (1983). Rausch der Verwandlung. Roman aus
dem Nachlass (1985). Praterfrühling (darin: Ein Mensch, den man
nicht vergißt, 1987). Tagebücher (1988). Über Sigmund Freud.
Porträt-Briefwechsel-Gedenkworte (1989). Die schlaflose Welt.
Essays 1909–1941 (1990). Auf Reisen (darin: Salzburg 1933, 1993).
Menschen und Schicksale. Aufsätze und Vorträge aus den Jahren
1902–1942 (1994). Briefe (siehe Korrespondenzen).

Internationale-Stefan-Zweig-Gesellschaft und **Edition Graphi-
scher Zirkel**, Hg. Erich Fitzbauer, Wien: Mitteilungsblätter und
Sonderpublikationen. Spiegelungen einer schöpferischen Persön-
lichkeit (1959). Durch Zeiten und Welten (1961). Fragmente einer
Novelle (Lithos von Hans Fronius, 1961). Im Schnee (Zeichnungen
von Fritz Fischer, 1963). Der Turm zu Babel (Holzschnitte von
Masereel, 1964). Frühlingsfahrt durch die Provence (Lithos von
Fronius, 1965). Die Hochzeit von Lyon (Lithos von Fronius, Wien
1981). Spanische Reise (Zeichnungen von Fronius, 1990). Peter
Altenberg (Porträts von Fronius, o. J.).

KORRESPONDENZEN

Friderike Zweig (Hg.): Stefan und Friderike Zweig. Briefwechsel
1912–1942, Bern 1951. Unrast der Liebe. Ihr Leben und ihre Zeit
im Spiegel ihres Briefwechsels, Frankfurt am Main 1984 (Neuausgabe).
Willi Schuh (Hg.): Richard Strauss und Stefan Zweig, Frankfurt
am Main 1957.

Gisella Selden-Goth (Hg.): Stefan Zweig. Unbekannte Briefe aus der Emigration an eine Freundin, Wien 1964.
Hermann Kesten (Hg.): Joseph Roth. Briefe 1911–1939, Köln 1970.
Richard Friedenthal (Hg.): Stefan Zweig. Briefe an Freunde, Frankfurt am Main 1978.
Jeffrey B. Berlin, Hans Ulrich Lindken (Hg.): Hugo von Hofmannsthal und Stefan Zweig. Briefe (1907–1928), in: Hofmannsthal-Blätter, Heft 26, Herbst 1982.
Donald G. Daviau (Hg.): Stefan Zweig und Paul Zech. Briefe 1910–1942, Rudolstadt 1987.
Waltraud Schwarze (Hg.): Romain Rolland und Stefan Zweig. Briefwechsel 1910–1940, 2 Bände, Berlin 1987.
Jeffrey B. Berlin u. a. (Hg.): Stefan Zweig. Briefwechsel mit Hermann Bahr, Sigmund Freud, Rainer Maria Rilke und Arthur Schnitzler, Frankfurt am Main 1987.
Kenneth Birkin (Hg.): Stefan Zweig und Joseph Gregor. Correspondence 1921–1938, Dunedin 1991.
Knut Beck u. a. (Hg.): Stefan Zweig. Briefe 1897–1914, 1914–1919, 1920–1931, Frankfurt am Main 1995, 1998, 2000 (letzter Band im Entstehen begriffen).

Werke von Friderike Maria Winternitz-Zweig
(Auswahl)

Der Ruf der Heimat. Roman, Schuster & Löffler, Berlin-Leipzig 1914. Neuausgabe, Graz 1931.
Vögelchen. Roman, Berlin-Wien 1919.
Louis Pasteur. Forscher und Menschenfreund, Bern 1939.
Stefan Zweig, Crowell, New York 1946. **Wie ich ihn erlebte,** Stockholm 1947.
Wunder und Zeichen. Große Gestalten des Hochmittelalters, Esslingen 1949.
Güte, Wissen und Verstehen. Drei Lebensbilder großer amerikanischer Erzieher, Esslingen 1949.
Erik Neergard und die Schwestern. Roman, Wien 1951.
Stefan Zweig. Eine Bildbiographie, München 1961.
Spiegelungen des Lebens, Wien 1964.

Werke von Romain Rolland
(Auswahl)

Jean-Christophe, Paris 1907–1912 (HB). Johann Christof, Frankfurt am Main 1931 (Sonderausgabe).
Clerambault. Geschichte eines freien Gewissens im Kriege, Frankfurt am Main 1922 (G. 18. 4. 1923).
Den hingeschlachteten Völkern!, Zürich 1918 (HB).
De Jean-Christophe à Colas Breugnon, pages de journal de Romain Rolland, Paris 1946.
Journal des Années de Guerre 1914–1919, Paris 1952.
L'Esprit libre (Au-dessus de la Mêlée, Les Précurseurs), Paris 1953.
Richard Strauss et Romain Rolland, Correspondance, Fragments de Journal, Paris 1951.
Fräulein Elsa. Lettres de Romain Rolland à Elsa Wolff, Paris 1964.

Anderlei Quellen und Meinungen

Alois Veltzé (Hg.), R. H. Bartsch, F. K. Ginzkey, V. Hueber und Stefan Zweig (Mitarbeiter): Unsere Offiziere. Episoden aus den Kämpfen der österreichisch-ungarischen Armee im Weltkrieg 1914/15, Wien 1915.
Marga Lammasch (Hg.): Heinrich Lammasch. Seine Aufzeichnungen, sein Wirken und seine Politik, Wien 1922.
Arthur Holitscher und Stefan Zweig: Frans Masereel, Axel Junkker, Berlin 1923 (HB).
Maxim Gorki, Georges Duhamel, Stefan Zweig (Hg.): LIBER AMICORUM ROMAIN ROLLAND, Rotapfel-Verlag, Zürich-Leipzig 1926 (HB).
Moriz Scheyer: Flucht ins Gestern, München 1927.
Richard Specht: Stefan Zweig. Versuch eines Bildnisses, Leipzig 1927 (HB).
Erwin Rieger: Stefan Zweig. Der Mann und das Werk, Berlin 1928 (HB).
Ein Brief von Wolfgang Amadeus Mozart an sein Augsburger Bäsle. Zum erstenmal ungekürzt veröffentlicht und wiedergegeben für Stefan Zweig in Salzburg, Wien 1931 (Privatdruck, 50 nummerierte Exemplare).
Friderike Maria Zweig, Erwin Rieger: Licht aus Ost und West

(Vorworte von Maxim Gorki und Romain Rolland). Zum 28. November 1931 (im Selbstverlag).

Fritz Adolph Hünich, Erwin Rieger (Hg.): Bibliographie der Werke von Stefan Zweig. Dem Dichter zum 50. Geburtstag dargebracht vom Insel-Verlag, Leipzig, am 28. Nov. 1931 (500 nummerierte Exemplare).

Hanns Arens: Stefan Zweig. Der Mensch im Werk, Wien 1932.

Bayerische politische Polizei: Verzeichnis der polizeilich beschlagnahmten und eingezogenen, sowie der für Leihbüchereien verbotenen DRUCKSCHRIFTEN. Nur für den Dienstgebrauch (Typoskript 1934).

Reichsministerium für Volksaufklärung und Propaganda: Liste 1 des schädlichen und unerwünschten Schrifttums. Stand vom Oktober 1935 – Nur für den Dienstgebrauch (März 1936).

Heinrich Hinterberger (Hg.): Katalog IX. Eine berühmte Sammlung repräsentativer Handschriften, Wien 1936.

Joseph Gregor: Richard Strauss. Der Meister der Oper, München 1939.

Jules Romains: Stefan Zweig. Great European, New York 1941.

Emil Fuchs: Romantisches Schachbüchlein, Wien-Berlin 1942 (100 kleine Bücher, Nr. 20).

Der Hochverratsprozess gegen Dr. Guido Schmidt vor dem Wiener Volksgericht. Die gerichtlichen Protokolle mit den Zeugenaussagen, unveröffentlichten Dokumenten, sämtlichen Geheimbriefen und Geheimakten, Wien 1947.

Joseph Gregor (Hg.): Meister und Meisterbriefe um Hermann Bahr. Die Theatersammlung der Österreichischen Nationalbibliothek in den Jahren 1932–1946, Wien 1947.

Karl Ecker: Die Sammlung Stefan Zweig, in: Josef Stummvoll: Die österreichische Nationalbibliothek, Wien 1948.

Moderne österreichische Novellisten, 3 Bände, Wien 1950.

Ernst Feder: Begegnungen. Die Großen der Welt im Zwiegespräch, Esslingen 1950.

Harry Zohn (Hg.): Liber Amicorum Friderike Maria Zweig, Stamford 1952.

Felix Braun: Briefe in das Jenseits. Erzählung, Salzburg 1952.

Felix Braun: Das musische Land, Innsbruck 1952.

Erich Ebermayer: Buch der Freunde, Lohhof bei München 1960.

Stefan Zweig 1881–1942. Katalog der Ausstellung in der Salzburger Residenz, Salzburg 1961.

Heinrich Klang, Franz Gschnitzer (Hg.): Kommentar zum Allgemeinen Bürgerlichen Gesetzbuch, Wien 1964.

Carl Zuckmayer: Als wär's ein Stück von mir. Horen der Freundschaft, Frankfurt am Main 1966.

Robert Dumont: Stefan Zweig et la France, Paris 1967.

René Chaval: Romain Rollands Begegnungen mit Österreich, Innsbruck 1968 (Sonderheft 26).

Bertha Zuckerkandl: Österreich intim. Erinnerungen 1892–1942, Frankfurt am Main 1970.

Franz Fuhrmann: Anton Faistauer 1887–1930. Mit einem Werkverzeichnis der Gemälde, Salzburg 1972.

Peter Michael Lipburger: Stefan Zweigs Schachnovelle. Ihre Analyse und Interpretation, nebst einem Exkurs über Stefan Zweig in Salzburger Tageszeitungen (1919–1934), Hausarbeit, Salzburg 1977.

Stefan Zweig 1881/1981. Aufsätze und Dokumente, Zirkular Sondernummer 2, Wien 1981.

Stefan Zweig zum 100. Geburtstag. Katalog der Ausstellung im Schloss Arenberg, Salzburg 1981.

Donald A. Prater: Stefan Zweig. Das Leben eines Ungeduldigen, München 1981.

Donald A. Prater, Volker Michels (Hg.): Stefan Zweig. Leben und Werk im Bild, Frankfurt 1981.

»Das war ein Vorspiel nur ...« – Bücherverbrennung Deutschland 1933, Ausstellung der Akademie der Künste, Berlin – Wien 1983.

Klaus Zelewitz: Stefan Zweig, Schriftsteller. Habilitationsschrift, Salzburg 1984.

Stefan Zweig. Die Stadt als Rahmen, Festschrift zur Enthüllung des Stefan Zweig-Denkmals, Wien 1985.

Ernst Hanisch, Ulrike Fleischer: Im Schatten berühmter Zeiten, Salzburg 1986.

Mark H. Gelber (Hg.): Stefan Zweig heute, New York 1987.

Gert Kerschbaumer: Faszination Drittes Reich, Salzburg 1988.

Edda Fuhrich und Gisela Prossnitz (Hg.): Die Salzburger Festspiele, Band 1, 1920–1945, Salzburg 1990.

Desmond Flower: Fellows in Foolscap, London 1991.

Randolph J. Klawiter (Hg.): Stefan Zweig. An international Bibliography, Riverside 1991. Addendum 1, 1999.

Hermann Hakel: Dürre Äste. Welkes Gras. Begegnungen mit Literaten, Wien 1991.

Gert Kerschbaumer, Karl Müller: Begnadet für das Schöne, Wien 1992.

Ludwig Laher (Hg.): Der Genius loci überzieht die Stadt, Wien 1992.

Für ein Europa des Geistes. Katalog der Ausstellung Stefan Zweig, Salzburg 1992.

Ulrich Weinzierl (Hg.): Stefan Zweig – Triumph und Tragik, Frankfurt am Main 1992.

Stefan Zweig. Kapuzinerberg 5. Ein Lesebuch, Salzburg 1992.

Klemens Renoldner u. a. (Hg.): Stefan Zweig. Bilder – Texte – Dokumente, Salzburg 1993.

Mark H. Gelber, Klaus Zelewitz (Hg.): Stefan Zweig. Exil und Suche nach dem Weltfrieden, Riverside 1995.

Oskar Pausch: Geheimnis der Schöpfung. Die Autographensammlung Stefan Zweigs im Österreichischen Theatermuseum, Wien-Köln-Weimar 1995.

Martin Bircher (Hg.): Stefan Zweigs Welt der Autographen, Zürich 1996.

Karl Müller: Karl Heinrich Waggerl. Biographie mit Bildern, Texten und Dokumenten, Salzburg 1997.

Susanne Buchinger: Stefan Zweig – Schriftsteller und literarischer Agent, Frankfurt am Main 1998.

Sigrid Schmid, Werner Riemer (Hg.): Stefan Zweig lebt, Stuttgart 1999.

Ingrid Schwamborn (Hg.): Die letzte Partie. Stefan Zweigs Werk in Brasilien (1932–1942), Bielefeld 1999.

Gert Kerschbaumer: Meister des Verwirrens. Die Geschäfte des Kunsthändlers Friedrich Welz, Wien 2000.

Tomas Friedmann u. a. (Hg.): Salzburger Literatouren, Salzburg 2001.

Thomas Eicher (Hg.): Stefan Zweig im Zeitgeschehen des 20. Jahrhunderts, Oberhausen 2003.

Csokor, Franz Theodor *200, 213,*
309, 386f., 406, 471, 479
Czermak, Emmerich *189*

Dahn, Felix *34f.*
Danhauser, Josef *423*
d'Annunzio, Gabriele *166*
Dehmel, Richard *283*
Dieffenbacher, Gustav *469*
Dietrich, Marlene *260*
Desbordes-Valmore, Marceline
156f.
Deuticke, Fanz *401*
Döblin, Alfred *240, 280*
Dollfuß, Engelbert *309, 404, 406*
Donnenberg, Hans *468*
Dostal, Nico *134*
Dufour, Joseph *80, 375*
Duhamel, Georges *137*

Ebenhöh, Horst *474*
Ebermayer, Erich *164, 168, 182,*
199, 336
Einstein, Albert *137, 178, 188, 363*
Elster, Hanns Martin *252*
Emminger, Karl *116, 195, 299*
Epp, Leon *455, 465f.*
Erasmus von Rotterdam *196f.,*
245, 247f., 256, 290, 353f., 363

Faistauer, Anton *112, 114, 415,*
430f., 479, 481–483
Feder, Ernst *447*
Fischer, Ernst *233, 283, 456–458*
Fitzbauer, Erich *471–473, 479,*
489
Fleischer, Viktor *69, 209*
Flower, Desmond *422*
Fontana, Oskar Maurus *454, 456*
Forst, Willi *239*
Förster, Friedrich *44, 49*
Fouché, Joseph *163f., 168, 170f.,*
177
Fourès, François *163, 166*
France, Anatole *131*

Franckenstein, Georg Baron von
(Sir George) *297, 391f.*
Frank, Bruno *200*
Franz Ferdinand, Erzherzog *25, 43*
Franz Joseph, Kaiser von Österreich
und König von Ungarn, Jerusa-
lem etc. *11, 43, 48*
Freisauff von Neudegg, Rudolf *26*
Freud, Sigmund *137, 145, 147,*
151f., 157, 175, 178, 183, 188,
321, 363, 401, 424, 434
Fried, Alfred Hermann *56*
Friedenthal, Richard *169*
Friedmann, Tomas *486*
Fuchs, Emil *100, 106, 116, 194f.,*
198, 272, 289, 299, 301, 341,
345, 386f., 392, 402, 404, 419,
438, 441, 456–458
Fuchs, Martin *272, 295*
Fuhrmann, Franz *482*
Funke, Rigobert *477f.*
Furtwängler, Wilhelm *400*

Gallus, Pater *73*
Gandhi, Mahatma K. *133, 137*
Gehmacher, Friedrich *204*
Geibel, Emanuel *13*
Gelber, Mark H. *486*
Germani, Giuseppe *196, 231, 233*
Gielen, Josef *317*
Ginzkey, Franz Karl *37, 47, 105,*
118–120, 167, 187, 201, 241,
394, 406
Glaser, Reinhold *480*
Goebbels, Josef *242–244, 247, 255,*
260, 284, 307–310, 316–318
Goethe, Johann Wolfgang von *13,*
21, 35–37, 102, 119, 122, 194,
212, 217, 219–221, 249f., 273,
344, 385, 424, 426, 428, 433,
465
Göring, Hermann *134f., 457*
Gollhofer, Friederika und Viktor
368, 370f., 383f., 391, 417, 451,
482

Gorki, Maxim   *137, 157, 160f.,*
   172, 189, 254, 394
Grasmayr, Alois   *112*
Grasmayr-Mautner-Markhof,
   Magda   *112, 129, 332*
Green-Balch, Emily   *128*
Gregor, Joseph   *100, 220f., 223,*
   244, 247, 255–257, 280f., 284,
   290, 315, 320, 323, 392, 395–
   398, 403f., 469, 474
Günther, Hans   *247*
Guilbeaux, Henri   *52, 57*

Habsburg, Otto von   *391, 405*
Hakel, Hermann   *102*
Harta, Felix Albrecht (recte Hirsch)
   112, 114
Hartmann, Paul   *222*
Hasenclever, Walter   *216*
Haslinger, Adolf   *485f.*
Haupolter, Walter   *411*
Hauptmann, Gerhart   *199, 221, 394*
Heer, Friedrich   *467*
Herrmann-Neisse, Max   *427*
Hertzka, Yella   *347, 358*
Herzl, Theodor   *145*
Hesse, Hermann   *107, 215*
Hinterberger, Heinrich   *344, 369,*
   375
Hinterhuber, Carl   *26*
Hitler, Adolf   *40, 42, 117, 134f.,*
   141, 155, 189, 191, 194f., 222,
   235, 239, 241, 246, 250, 253,
   259, 275, 308–310, 314, 316f.,
   322f., 391, 423, 427f., 434, 445
Hlawna, Franz   *134*
Hofmann-Montanus, Hans   *264*
Hofmannsthal, Hugo von   *13, 78,*
   123f., 132, 141, 167f., 201, 204f.,
   207–212, 216–218, 227–229,
   235f., 258f., 262, 283, 313, 315,
   319, 321, 324, 394, 406, 427,
   460, 463, 471
Holitscher, Arthur   *136f.*
Holl, Gussy (Jannings)   *200*

Holl, Hildemar   *484, 486*
Hueber, Hubert   *416*
Hueber, Viktor   *47*

Innitzer, Theodor   *404, 406*

Jahn, Friedrich Ludwig   *27*
Janacs, Christoph   *486*
Jannings, Emil   *104, 200, 220*
Jerzabek, Anton   *129*
Jodl, Friedrich   *443*
Jouve, Pierre Jean   *45, 52f., 128,*
   131
Junger, Josefine und Hans   *112,*
   129, 183, 251, 332, 352, 415,
   430, 452, 476, 479
Junger, Mathilde (verh. Wertheimer)
   193f.
Jürgens, Curd   *475*

Kafka, Franz   *461*
Kainz, Josef   *397*
Karajan, Herbert von   *246, 260f.*
Karl, Kaiser von Österreich und
   König von Ungarn   *48, 55, 72,*
   88, 392
Karlhuber, Peter   *486*
Katschthaler, Johannes   *27*
Kerber, Erwin   *230*
Kesten, Hermann   *345*
Keun, Irmgard   *345, 349, 355, 373*
Key, Ellen   *45, 142*
Kippenberg, Anton   *21, 38f., 71,*
   97, 121–123, 176, 181, 184,
   189, 227, 232, 234, 279f., 287f.,
   321, 434
Kirsten, Wulf   *486*
Kisch, Egon Erwin   *449*
Knoll, Fritz   *444*
Kohn, Hermann   *28*
Kolbenheyer, Erwin G.   *250, 434f.*
Koogan, Abrahão   *443, 446*
Korngold, Erich Wolfgang   *133*
Kramer, Theodor   *461*
Kranz, Josef   *65*

MENSCHENREGISTER

Kraus, Karl 64, 461
Krauß, Werner 200f., 210, 432
Krauss, Clemens 229, 258, 307,
    310f., 315, 319, 403
Křenek, Ernst 133
Krotsch, Franz 144, 187, 189, 197,
    407, 461
Kubin, Alfred 481
Kummer, Ferdinand 13
Kun, Belá 194

Lachinger, Renate 483
Lammasch, Heinrich 25, 43f., 47–
    51, 55f., 58f., 88
Lange, Raoul 332
Latzko, Andreas 137
Leisching, Julius 251
Lernet-Holenia, Alexander 200f.,
    457f., 471
Lessing, Gotthold Ephraim 249
Lissauer, Ernst 42, 184, 406, 474
Loerke, Oskar 429
Lothar, Ernst (recte Müller) 463
Ludwig, Emil 249
Ludwig Viktor, Erzherzog 26
Lunatscharski, Anatoli
    Wassiljewitsch 160, 162
Lux, Adam 163, 165

Maaß, Joachim 169
Mahler-Werfel, Alma 200
Manga Bell, Königin von Duala
    269, 272
Mann, Heinrich 118, 141, 394
Mann, Klaus 279
Mann, Thomas 100, 118f., 141,
    200, 279f., 363, 394, 449
Marcelle 18, 31
Marcuse, Ludwig 291f.
Märzendorfer, Ernst 469
Matteotti, Giacomo 196, 233
Mayr, Carl 199
Mayr, Richard 199
Mayrhofer, Thomas von 340
Meiler, Friedrich 423

Meingast, Anna 91, 97, 182, 328f.,
    333, 336, 340f., 343, 352, 357f.,
    360–362, 374, 416, 484
Mell, Max 394
Meyer, Oskar 83
Miklas, Wilhelm 189, 496
Moissi, Alexander 169, 177, 183,
    210, 219, 222, 267, 332, 340,
    402, 465
Mozart, Wolfgang Amadeus 316,
    427, 446
Mühlmann, Kajetan 398, 400
Müller, Ekkehart (Ekki) 399
Musil, Robert 461
Mussolini, Benito 233

Naumann, Franz 431, 481
Neumayer, Rudolf 397
Nicolai, Georg Friedrich 128
Nietzsche, Friedrich 158

Olivier, Johann Heinrich Ferdinand
    oder Woldemar Friedrich 431
Ott, Max 28

Paracelsus (recte Theophrastus
    Bombastus von Hohenheim)
    434
Pasteur, Louis 192, 342, 432
Paul, Jean (recte Johann Paul
    Friedrich Richter) 187
Paumgartner, Bernhard 112, 230,
    260, 339, 391
Pawel, Paul (Carl) 213, 220
Pernter, Hans 398, 401
Petzold, Alfons 118
Pfitzner, Hans 259, 391
Pichler, Gustav 465
Piffrader, Sepp 246
Pirandello, Luigi 340, 402, 465
Pospesch, Carl 475
Praehauser, Ludwig 112
Prager, Hans 89
Prater, Donald A. 482, 484, 487f.
Prechner, Paul 108, 116

MENSCHENREGISTER